부산광역시교육청
교육공무직원 소양평가

시대에듀

2026 최신판 시대에듀 부산광역시교육청 교육공무직원 소양평가
인성검사 3회 + 모의고사 7회 + 면접 + 무료공무직특강

Always with you

사람의 인연은 길에서 우연하게 만나거나 함께 살아가는 것만을 의미하지는 않습니다.
책을 펴내는 출판사와 그 책을 읽는 독자의 만남도 소중한 인연입니다.
시대에듀는 항상 독자의 마음을 헤아리기 위해 노력하고 있습니다. 늘 독자와 함께하겠습니다.

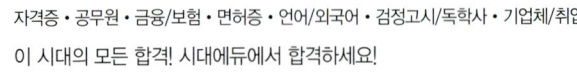

PREFACE

머리말

부산광역시교육청은 교육공무직원을 채용하기 위해 소양평가를 실시하여 지원자가 업무에 필요한 역량을 갖추고 있는지 평가한다.

채용절차는 「원서접수 ➡ 서류심사 및 소양평가 ➡ 면접시험 ➡ 합격자 결정」 순서로 진행한다. 직종별로 서류심사 및 소양평가를 구분하여 실시하며, 서류심사 및 소양평가 합격자에 한하여 면접시험에 응시할 수 있는 자격이 주어진다.

이에 시대에듀에서는 부산광역시교육청 교육공무직원 소양평가를 준비하는 수험생들을 위해 다음과 같은 특징의 본서를 출간하게 되었다.

도서의 특징

❶ **부산광역시교육청 기관 소개**
 • 부산광역시교육청 소개를 수록하여 부산광역시교육청 교육목표 및 교육공무직원 업무에 대한 전반적인 이해가 가능하도록 하였다.

❷ **5개년 기출복원문제**
 • 2024~2020년 시행된 부산광역시교육청 5개년 기출복원문제를 통해 최근 출제경향을 파악할 수 있도록 하였다.

❸ **인성검사 소개 및 모의테스트**
 • 인성검사 소개 및 모의테스트 2회분을 통해 인성검사 문항을 사전에 익히고 체계적으로 연습할 수 있도록 하였다.

❹ **직무능력검사 핵심이론 및 기출예상문제**
 • 부산광역시교육청 교육공무직원 직무능력검사 5개 영역별 핵심이론 및 기출예상문제를 수록하여 소양평가에 완벽히 대비하도록 하였다.

❺ **최종점검 모의고사**
 • 실제 시험과 같은 문항 수와 출제영역으로 구성된 모의고사 4회분을 수록하여 시험 전 자신의 실력을 스스로 점검할 수 있도록 하였다.

❻ **면접 소개 및 예상 면접질문**
 • 면접 소개 및 예상 면접질문을 통해 한 권으로 부산광역시교육청 교육공무직원 채용을 준비할 수 있도록 하였다.

끝으로 본서를 통해 부산광역시교육청 교육공무직원 채용을 준비하는 모든 수험생에게 합격의 행운이 따르기를 진심으로 기원한다.

SDC(Sidae Data Center) 씀

부산광역시교육청 소개

📄 교육방향

다함께 미래로, 앞서가는 부산교육

같이 배우고, 함께 키우는 부산

- **01** 미래역량을 기르는 교육
- **02** 믿음과 존중의 교육
- **03** 함께 성장하는 교육

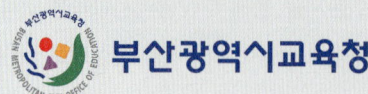
부산광역시교육청

심벌마크

A는 싱싱한 나뭇잎을 상징함과 동시에 하늘을 향해 비상하는 새의 형상을 나타내어 세계를 향해 비상하는 부산의 교육을 나타낸다.

B는 부산을 상징하는 넓고 푸른 바다를 나타내어 끝없이 펼쳐진 바다를 향해 나아가는 학생들의 기상을 표현한다.

C는 바다와 새, 나뭇잎을 타고 높이 비상하는 학생들과 소속원들을 표현하고 있으며 또한 원과 삼각형의 도형은 창의적이면서도 조화로운 인간상을 상징한다.

교육공무직원 소개

📄 교육공무직원의 8가지 의무

1 교육공무직원은 맡은 바 직무를 성실히 수행하여야 하며, 직무를 수행함에 있어 사용부서의 장의 직무상의 명령을 이행하여야 한다.

2 교육공무직원이 근무지를 이탈할 경우에는 사용부서의 장에게 허가를 받아야 한다. 다만, 불가피한 사유로 사전허가를 받을 수 없는 경우에는 구두 또는 유선으로 허가를 받아야 한다.

3 교육공무직원은 근무기간 중은 물론, 근로관계가 종료된 후에도 직무상 알게 된 사항을 타인에게 누설하거나 부당한 목적을 위하여 사용하여서는 아니 된다. 다만, 공공기관의 정보공개에 관한 법률 및 그 밖의 법령에 따라 공개하는 경우는 그러하지 아니하다.

4 교육공무직원은 직무의 내·외를 불문하고 그 품위를 손상하는 행위를 하여서는 아니 된다.

5 교육공무직원은 공과 사를 명백히 분별하고 국민의 권리를 존중하며, 친절·공정하고 신속·정확하게 모든 업무를 처리하여야 한다.

6 교육공무직원은 직무와 관련하여 직접 또는 간접을 불문하고 사례를 주거나 받을 수 없다.

7 교육공무직원은 다른 직무를 겸직할 수 없다. 다만, 부득이한 경우에는 사용부서의 장에게 신청하고 사전 허가를 받아야 한다.

8 사용부서의 장은 업무에 지장을 주거나 교육기관 특성상 부적절한 영향을 초래할 우려가 있는 경우 겸직을 허가하지 아니하거나 겸직 허가를 취소할 수 있다.

교육공무직원의 업무

구분	내용	
교육실무원	• 공문 접수 및 처리 • 학교 일지 관리 • 주간 및 월중 행사 • 계약직 교(직)원 관련 업무 지원 • 교직원 연수 안내 및 보고 • 안전공제회 업무 • 교과서 관련 업무 지원	• 학교 행사 및 각종 회의 지원 • 방송실 운영 지원 • 학교소식지 등 편집 업무 • 각종 표창 관련 업무 지원 • 각종 재정지원사업 운영 지원 • 각종 간행물 관리 • 수학여행 및 체험학습 업무 관련 지원
특수교육실무원	• 용변 및 식사지도 • 이동 및 학생생활 보조 • 적응 행동 촉진 및 부적응 행동 관리 등 문제 행동 관리 지원 • 기타 사용부서장의 업무분장에 따른 업무	• 보조기 착용 • 건강보호 등 특수교육 대상 학생 개인 욕구 지원 • 학습지료 제작 지원 등 교수학습활동 지원 • 특수학교 통학차량 탑승 지원 및 학교생활 전반 지원
돌봄전담사	• 학생 관리 • 학생귀가지도 • 월간 운영계획 작성 • 돌봄교실 이용 관련 학부모 상담	• 돌봄교실 관리 (NEIS 활용, 출결 관리, 일지 작성 등) • 생활지도, 간식(급식)지도 • 기타 사용부서장의 업무분장에 따른 업무
늘봄교무행정실무원	• 늘봄학교 운영 관련 업무 전반 • 학습형 늘봄 운영 업무 전반 • 학교 교무행정 및 교육활동 지원	• 방과후학교 운영 업부 전반 • 기타 늘봄학교 운영 관련 업무 • 기타 사용부서장의 업무분장에 따른 업무
수업지원사	• 수업계 지원(본 수업포함) • NEIS 처리 등 • DCMS 관리 • 과학실험 수업 지원	• 방과 후 학교 업무 지원 • 에듀파인 업무 지원 • 학생 상·벌점제 관리

교육행정서비스헌장

교육행정서비스헌장이란?

교육행정기관이 제공하는 ❶ 행정서비스의 기준과 내용, ❷ 제공방법 및 절차, ❸ 잘못된 서비스에 대한 시정 및 보상조치 등을 구체적으로 정하여 공표하고, 이의 실현을 민원인인 국민에게 약속하는 제도

추진방향

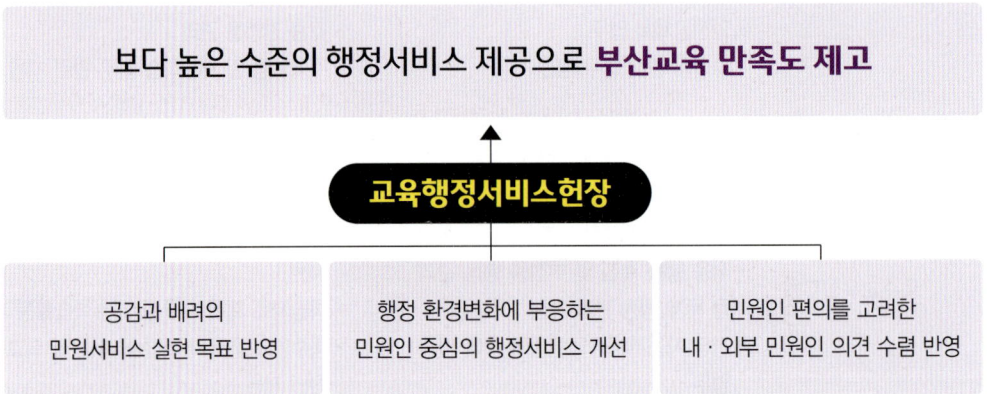

교육행정서비스헌장

부산광역시교육청 전 직원은 보다 높은 수준의 행정서비스를 제공하고 시민으로부터 신뢰받는 교육행정서비스를 구현하기 위하여 다음과 같이 노력할 것을 다짐한다.

> **우리는** 밝은 미소와 상냥한 말씨로 민원인을 정중하게 맞이한다.
> **우리는** 모든 민원을 민원인의 입장에서 신속·정확하고 공정하게 처리한다.
> **우리는** 열린 마음으로 민원인의 의견을 수렴하여 교육정책을 추진하겠으며, 최고의 교육행정서비스를 제공하도록 노력한다.
> **우리는** 민원처리 과정에서 불친절하거나 불편을 끼쳤을 경우에는 즉시 시정하고 적절한 보상을 한다.
> **우리는** 교육행정서비스 실천 노력에 대하여 민원인으로부터 평가를 받고 그 결과를 공개하여 서비스 개선에 반영한다.

우리는 이러한 다짐을 실천하기 위하여 구체적인 「서비스 이행표준」을 정하고 이를 성실히 실천할 것을 약속한다.

2024년 기출분석

> **총평**
>
> 2024년 부산광역시교육청 교육공무직원 채용은 늘봄교무행정실무원을 새롭게 채용함에 따라 2회 진행되었다. 직무능력검사 문제는 영역별로 구분되어 나오지 않고, 섞여서 출제되었기 때문에 시간 분배가 관건이었다. 특히 언어논리력과 이해력의 지문 길이가 2023년에 비해 많이 짧아졌지만 난도는 높아졌다. 또한 수리력의 비중이 늘어났으며 공간지각력과 문제해결력의 경우, 평소 많은 유형의 문제를 접해 보고 시험 시간에 당황하지 않는 것이 중요하다. 지난 시험과 같이 관찰탐구력(과학 문제) 영역은 출제되지 않았다.

📄 필기시험

구분	출제영역	문항 수	시간
인성검사	–	200문항	50분
직무능력검사	언어논리력, 이해력, 수리력, 공간지각력, 문제해결력	45문항	50분

📄 출제유형

구분	출제유형
언어논리력	• 맞춤법 `기출 키워드` 뵙게, 수놈 · 꽃봉오리 • 한자성어 `기출 키워드` 견원지간 • 글의 개요를 수정 및 보완하는 방안을 묻는 문제 `기출 키워드` 인플루엔자 • 지문 속 글쓴이의 심리 변화를 나타내는 관용적 표현 찾기 `기출 키워드` 귀가 얇다 · 눈이 높다 · 코끝이 찡하다 · 얼굴이 두껍다
이해력	• 지문과 일치 · 불일치하는 내용을 찾는 문제 `기출 키워드` 개인~대인관계 • 지문을 읽고 내용을 추론하는 문제
수리력	• 거리 · 속력 · 시간 `기출 키워드` 기차 • 정가에서 할인 판매하는 제품의 원가를 구하는 문제 • 표 · 그래프의 내용을 추론하는 문제
공간지각력	• 제시된 전개도를 접었을 때, 만들어지는 도형을 찾는 문제 `기출 키워드` 하트 • 제시된 입체도형의 개수를 구하는 문제 • 종이를 접은 다음 편칭한 후 폈을 때 나올 모양을 찾는 문제
문제해결력	• 제시된 명제를 기반으로 추론하는 문제 • 제시된 참 · 거짓 조건에 따라 범인을 찾는 문제 `기출 키워드` 등산스틱

도서 200% 활용하기

5개년 기출복원문제

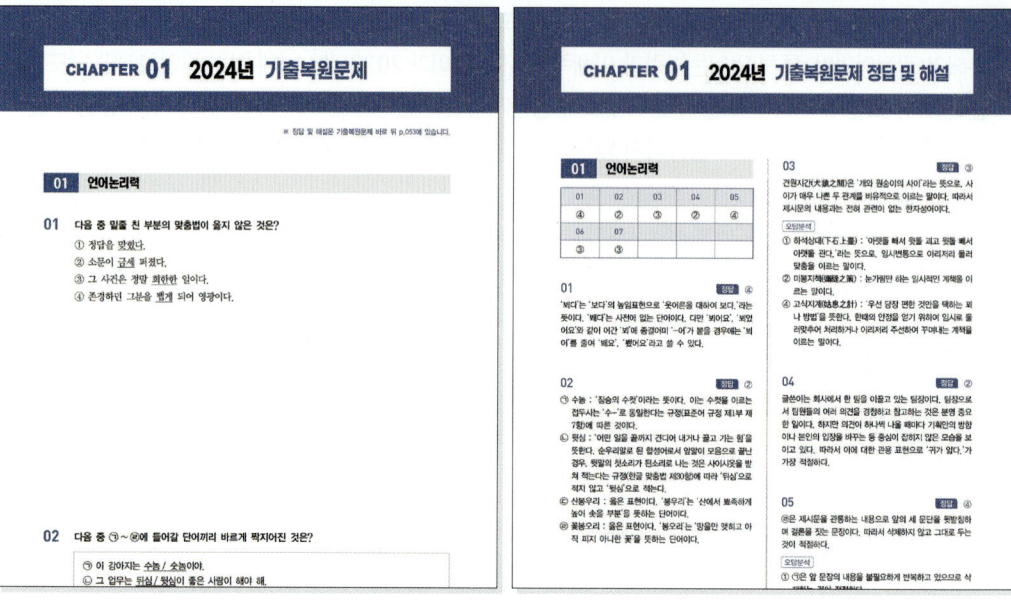

2024~2020년 시행된 부산광역시교육청 기출복원문제를 수록하여 최근 출제경향을 파악할 수 있도록 하였다.

인성검사 + 면접

인성검사 모의테스트 및 예상 면접질문을 수록하여 부산광역시교육청 인재상에 부합하는지 확인할 수 있도록 하였다.

합격의 공식 Formula of pass | 시대에듀 www.sdedu.co.kr

직무능력검사

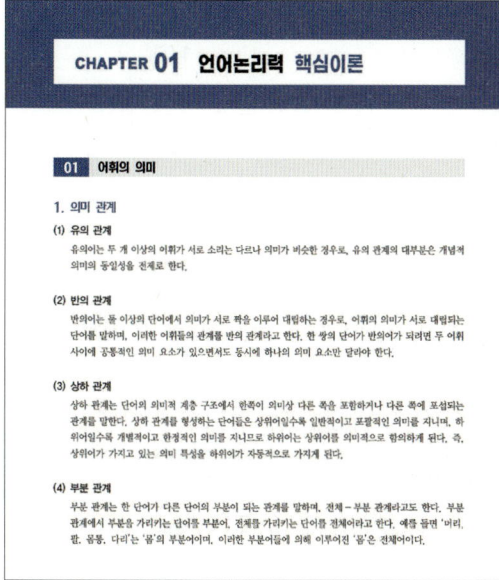
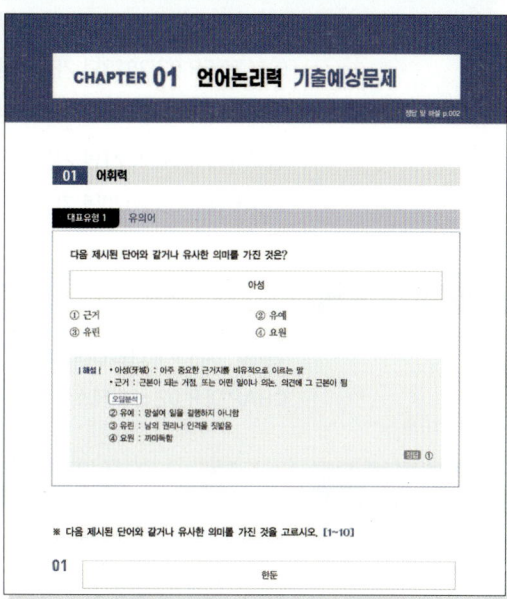

직무능력검사 5개 출제영역에 대한 핵심이론 및 기출예상문제를 수록하여 출제유형을 익힐 수 있도록 하였다.

최종점검 모의고사

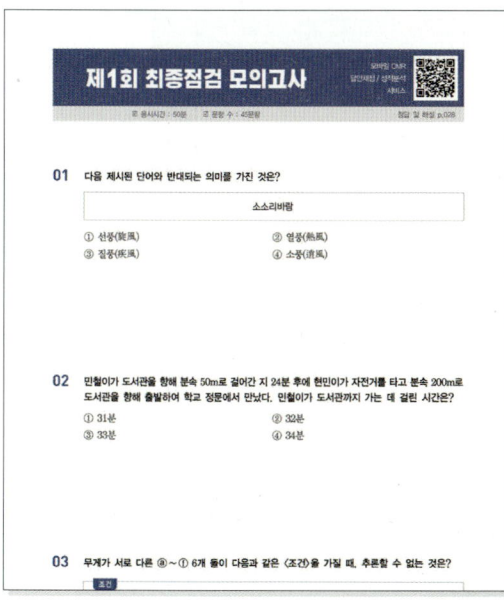
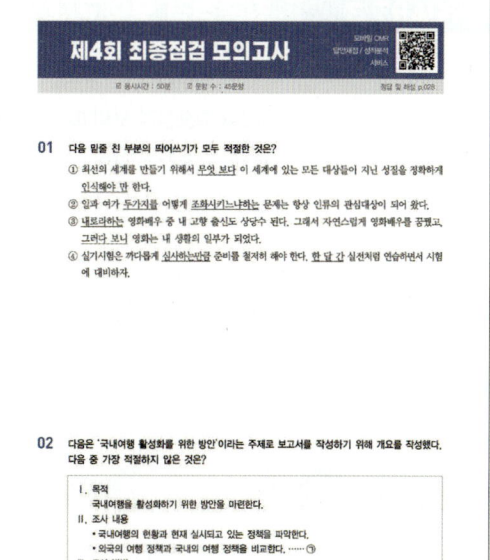

실제 시험과 유사하게 구성된 최종점검 모의고사 4회를 수록하여 소양평가에 대비할 수 있도록 하였다.

이 책의 차례

Add+ 5개년 기출복원문제

CHAPTER 01	2024년 기출복원문제	2
CHAPTER 02	2023년 기출복원문제	14
CHAPTER 03	2022년 기출복원문제	27
CHAPTER 04	2021년 기출복원문제	36
CHAPTER 05	2020년 기출복원문제	46

PART 1 인성검사

CHAPTER 01	인성검사 소개	2
CHAPTER 02	모의테스트	13

PART 2 직무능력검사

CHAPTER 01	언어논리력	30
CHAPTER 02	이해력	66
CHAPTER 03	수리력	90
CHAPTER 04	공간지각력	130
CHAPTER 05	문제해결력	166

PART 3 최종점검 모의고사

제1회 최종점검 모의고사	186
제2회 최종점검 모의고사	209
제3회 최종점검 모의고사	231
제4회 최종점검 모의고사	255

PART 4 면접

CHAPTER 01	면접 소개	278
CHAPTER 02	부산광역시교육청 예상 면접질문	286

별책 정답 및 해설

PART 2 직무능력검사	2
PART 3 최종점검 모의고사	32

Add+

5개년 기출복원문제

※ 기출복원문제는 수험생들의 후기를 통해 시대에듀에서 복원한 문제로 실제 문제와 다소 차이가 있을 수 있으며, 본 저작물의 무단전재 및 복제를 금합니다.

CHAPTER 01 2024년 기출복원문제
CHAPTER 02 2023년 기출복원문제
CHAPTER 03 2022년 기출복원문제
CHAPTER 04 2021년 기출복원문제
CHAPTER 05 2020년 기출복원문제

CHAPTER 01 2024년 기출복원문제

※ 정답 및 해설은 기출복원문제 바로 뒤 p.053에 있습니다.

01 언어논리력

01 다음 중 밑줄 친 부분의 맞춤법이 옳지 않은 것은?

① 정답을 맞혔다.
② 소문이 금세 퍼졌다.
③ 그 사건은 정말 희한한 일이다.
④ 존경하던 그분을 뵙게 되어 영광이다.

02 다음 중 ㉠~㉣에 들어갈 단어끼리 바르게 짝지어진 것은?

> ㉠ 이 강아지는 수놈 / 숫놈이야.
> ㉡ 그 업무는 뒤심 / 뒷심이 좋은 사람이 해야 해.
> ㉢ 안개가 가득 껴서 산봉오리 / 산봉우리가 잘 안 보이네.
> ㉣ 5월이 되자 아파트 화단의 장미에 꽃봉오리 / 꽃봉우리가 맺히기 시작했다.

	㉠	㉡	㉢	㉣
①	수놈	뒷심	산봉오리	꽃봉우리
②	수놈	뒷심	산봉우리	꽃봉오리
③	숫놈	뒤심	산봉오리	꽃봉우리
④	숫놈	뒤심	산봉우리	꽃봉오리

03 다음 글과 관련이 없는 한자성어는?

> 지난해 여름, 충청북도 청주시는 기록적인 폭우로 인해 심각한 수해를 겪었다. 특히 오송읍 궁평2지하차도에서는 갑작스러운 침수로 차량이 고립되어 다수의 인명 피해가 발생했다. 이 지하차도는 과거에 침수 이력이 있었음에도 불구하고, 근본적인 개선 조치는 이뤄지지 않았다. 지자체는 펌프 설치와 같은 일시적 대응에 그쳤고, 주민들의 반복된 우려에도 불구하고 실질적인 대책은 마련되지 않았다.
> 사고 발생 당시, 지하차도는 여전히 통행이 허용되고 있었으며 침수 경고나 통제 조치는 늦게 이루어졌다. 결국 차량 여러 대가 물에 잠기고, 안타까운 인명 피해로 이어졌다. 사고 후 지자체는 예기치 못한 집중호우였다고 해명했지만 주민들과 전문가들은 반복된 경고와 과거 사례들을 무시한 채 책임 있는 조치를 미뤄온 결과라고 지적했다.
> 이번 사고는 단순한 자연재해가 아니라, 반복되는 위험 신호를 외면하고 상황을 넘기는 방식의 행정이 불러온 참사였다. 눈앞의 불편함만을 줄이려는 대응은 결국 더 큰 재앙으로 돌아온다는 교훈을 남겼다. 지자체와 관련 기관들은 이번 일을 계기로, 단기적 조치가 아닌 장기적이고 체계적인 해결책 마련에 나서야 할 것이다.

① 하석상대(下石上臺) ② 미봉지책(彌縫之策)
③ 견원지간(犬猿之間) ④ 고식지계(姑息之計)

04 다음 글을 읽고 글쓴이의 심리 상태에 대한 관용 표현으로 가장 적절한 것을 고르면?

> 회의가 끝난 뒤, 팀원 한 명이 슬쩍 조언을 해왔다. 요즘 트렌드는 그런 방식보다 좀 더 유연한 접근이 낫다는 말이었다. 처음엔 그저 참고만 하려 했는데, 그날 저녁 늦게까지 기존의 기획안을 다시 뜯어보게 되었다. 다음 날 아침에는 또 다른 팀원이 반대되는 의견을 내놨고, 이번엔 그 말이 더 설득력 있게 들렸다. 결국 나는 또 방향을 바꾸었다.
> 요즘 따라 내 결정이 내 생각에서 시작된 게 맞는지 헷갈릴 때가 많다. 처음엔 팀장의 자리는 책임감이 우선이라 여겼고, 의견을 듣되 중심은 잡아야 한다고 믿었다. 하지만 누군가가 "그건 좀 아닌 것 같다."고 말하면, 나도 모르게 내 판단을 흔들어본다. 회의 때마다 바뀌는 내 입장을 눈치 챈 팀원들이 말은 안 하지만, 어떤 표정이 오가는지를 나는 알고 있다.
> 팀장이라 불리지만, 때로는 팀원들의 말 한마디에 내 기준이 무너진다. 그 순간만큼은 설득이라기보다 동요에 가깝다. 모든 의견을 수용하려는 게 아니라, 어느 쪽이든 틀리면 안 된다는 불안이 나를 밀어낸다. 중심을 잡지 못한 채 이리저리 휩쓸리는 결정을 할 때마다 내 자리가 점점 불안정해지는 기분이 든다.

① 눈이 높다. ② 귀가 얇다.
③ 코끝이 찡하다. ④ 얼굴이 두껍다.

05 다음 글에서 ㉠~㉣의 수정 방안으로 적절하지 않은 것은?

> 오늘날 유튜버는 디지털 플랫폼을 기반으로 다양한 콘텐츠를 제작하고 대중과 소통하며 영향력을 행사하는 대표적인 직업군이다. 놀랍게도 이러한 유튜버의 활동 방식은 조선시대 후기에 활동하던 전기수(傳奇叟)와 닮은 점이 많다. 전기수는 장터나 서당, 사랑방 등에서 고전소설이나 야담을 구술로 낭독하며 청중을 사로잡았던 이야기꾼이다. ㉠ 전기수는 이야기책을 전문적으로 읽어주는 이야기꾼이라고 할 수 있다.
> 유튜버와 전기수의 가장 큰 공통점은 대중을 상대로 이야기를 전달하며 반응을 이끌어낸다는 점이다. 둘 다 개인의 매력, 화술, 구성력 등을 바탕으로 ㉡ 청중을 몰입하고, 그 반응에 따라 인기도와 생계가 결정되었다. 유튜버가 좋아요, 댓글, 조회 수, 광고로 인기와 수익을 얻는다면, 전기수는 청중의 직접적인 팁과 후원으로 생계를 유지했다. 이처럼 콘텐츠의 질과 대중 반응이 곧 성공의 기준이 되는 구조는 놀랄 만큼 유사하다.
> 그러나 차이점도 분명하다. 유튜버는 인터넷, 영상 편집, 알고리즘 같은 첨단 기술에 기반해 활동하며, 일부는 사회적 유명인으로 성장하기도 한다. ㉢ 그래서 전기수는 기술의 도움 없이 구술과 몸짓만으로 대중을 사로잡아야 했고, 대부분 평민 계층으로 사회적 위상이 높지는 않았다. 또한 유튜버는 다양한 장르와 형식의 콘텐츠를 다루지만, 전기수는 주로 소설이라는 정형화된 장르 안에서 활동했다는 차이도 존재한다.
> 결국 유튜버와 전기수는 시대와 도구는 달랐지만, 사람들의 관심을 끌고 이야기를 전달하며 그것으로 생계를 유지한다는 본질은 매우 닮아 있다. ㉣ 시대를 초월한 이야기꾼의 계보 속에서, 우리는 인간이 얼마나 오래전부터 '좋은 이야기'를 찾고, 그것을 통해 공감하고자 했는지를 엿볼 수 있다.

① 앞 문장과 의미가 중복되므로 ㉠을 삭제한다.
② 호응관계를 고려하여 ㉡을 '청중을 몰입시키고'로 수정한다.
③ 앞 문장과의 연결이 자연스럽지 못하므로 ㉢을 '반면'으로 바꾼다.
④ ㉣은 글의 전개상 불필요한 내용이므로 삭제한다.

06 다음 글의 빈칸에 들어갈 내용으로 가장 적절한 것은?

> 친구와의 갈등이 생겼을 때, 우리는 흔히 그 상황 자체를 불편하게 여기고 회피하려는 경향이 있다. 마음이 상한 상태에서는 상대방의 말이나 행동이 더 나쁘게 해석되기도 하고, 자신의 감정에만 몰두해 관계 회복의 기회를 놓치기도 한다. 하지만 한 걸음 물러서서 갈등을 관계를 성장시킬 수 있는 계기로 본다면 상황은 달라질 수 있다.
> 사소한 오해로 멀어진 관계라도 서로에 대한 이해의 틈을 좁힐 수 있는 실마리는 존재한다. 때로는 먼저 말 한마디 건네는 용기만으로도 단절의 분위기를 바꿀 수 있다.
> 이럴 때 필요한 건 바로 '_____'라는 태도다. 작은 행동 하나가 상대방의 마음을 열 수 있고, 그 순간이 관계 회복의 전환점이 될 수 있다. 먼저 다가가는 사람이 결국 더 깊은 관계를 만든다는 사실을 잊지 말아야 한다.

① 장점을 봐라.
② 긍정적으로 봐라.
③ 먼저 손을 내밀어라.
④ 있는 그대로 받아들여라.

07 다음은 '인플루엔자 예방접종 서비스'의 개선을 위해 당국에 건의하는 글을 쓰고자 작성한 개요이다. 이를 수정·보완 및 자료를 제시하기 위한 방안으로 적절하지 않은 것은?

> Ⅰ. 서론 : 인플루엔자 예방접종 서비스의 운영 현황 및 실태
> Ⅱ. 본론
>   1. 인플루엔자 예방접종 서비스의 의의
>   2. 인플루엔자 예방접종 관련 문제점
>   가. 접종 기관 및 인력의 지역 불균형
>   나. 백신 수급 및 보급의 불안정성
>   다. 대상자 선정 기준의 경직성
>   라. 접종 정보 안내 및 사전 예약 시스템의 미흡
>   3. 인플루엔자 예방접종 관련 문제 해결 및 개선 방안
>   가. 지역 간 의료 인프라 격차 해소
>   나. 백신 생산·유통 체계의 안정화
>   다. 연령 및 기저질환별 맞춤형 접종 정책 도입
>   라. 정보 제공 및 예약 시스템의 디지털화 및 접근성 강화
> Ⅲ. 결론 : 인플루엔자 예방접종 서비스의 실효성 제고 및 국민 건강 보호를 위한 제도 개선 촉구

① 서론에 질병관리청의 인플루엔자 예방접종 현황 통계 자료를 추가하여 문제의 심각성을 구체화한다.
② 본론의 '대상자 선정 기준의 경직성' 항목에 실제 접종 대상 연령에서 제외된 사례를 제시해 설득력을 높인다.
③ 본론의 개선 방안에 백신 접종 의무화에 따른 강제 조치 방안을 명시하여 논지를 강화한다.
④ 결론에서 국민의 건강권 보장을 위한 예방접종 서비스 개선의 당위성을 강조한다.

02 이해력

01 다음 글의 내용으로 적절하지 않은 것은?

> 고대 그리스 철학자 아리스토텔레스는 인간을 '사회적 동물'이라 정의하며, 인간은 공동체 속에서만 자신의 본성과 가치를 온전히 실현할 수 있다고 보았다. 그는 인간이 타인과의 관계를 통해 덕을 함양하고, 이성과 감정을 조화롭게 다듬어 가는 존재라고 생각했다. 공동체는 단순한 생존 수단이 아니라, 인간 존재가 완성되어 가는 공간이라는 것이 그의 핵심 주장이다.
>
> 이에 반해 17세기 철학자 토마스 홉스는 인간을 본성적으로 이기적이고 경쟁적인 존재로 보았다. 그는 자연 상태의 인간 사회를 '만인의 만인에 대한 투쟁'이라 표현하며, 갈등을 피하기 위해 강력한 권력이 필요하다고 주장했다. 타인과의 관계는 서로에게 이익이 될 때만 유지될 수 있으며, 신뢰보다는 통제가 우선된다는 관점이다.
>
> 또 다른 관점으로, 19세기 철학자 쇼펜하우어는 인간관계의 근본적 모순을 '고슴도치 딜레마'를 통해 설명했다. 사람들은 외로움을 피하려 서로에게 다가가지만 가까워질수록 서로를 상처 입히게 된다. 이 때문에 그는 인간관계에서 일정한 거리 유지가 필요하다고 보았으며, 무리한 친밀함은 오히려 해로울 수 있음을 경고했다.
>
> 현대에 들어서며 개인과 대인관계를 바라보는 관점은 보다 유연해지고 있다. 어떤 철학자는 공동체의 유대를 강조하고, 또 다른 철학자는 자율적 거리 두기를 권한다. 그 어느 쪽이 정답이라고 단정하기보다는 상황과 사람에 따라 균형을 조절할 수 있는 역량이 중요하게 여겨진다. 인간관계는 고정된 공식이 아니라, 끊임없이 조율해 나가야 할 과제라는 인식이 점차 확산되고 있다.

① 아리스토텔레스는 인간이 고립된 상황에서도 덕을 실현할 수 있다고 보았다.
② 홉스는 인간의 본성에 내재한 갈등을 줄이기 위해 강한 통제 장치를 제시했다.
③ 쇼펜하우어는 관계의 친밀함이 때로는 상호 간 해로울 수 있다고 인식했다.
④ 현대적 관점은 인간관계에 대한 획일적인 접근보다 맥락에 따른 조율을 중시한다.

02 다음은 '플라시보 소비'에 대한 글이다. 이에 대한 사례로 적절하지 않은 것은?

> 플라시보 소비란 속임약을 뜻하는 '플라시보'와 '소비'가 결합된 말로, 가격 대비 마음의 만족이란 의미의 '가심비(價心費)'를 추구하는 소비를 뜻한다. 플라시보 소비에서의 '플라시보(Placebo)'란 실제로는 생리 작용이 없는 물질로 만든 약을 말한다. 젖당·녹말·우유 따위로 만들며 어떤 약물의 효과를 시험하거나 환자를 일시적으로 안심시키기 위한 목적으로 투여한다. 환자가 이 속임약을 진짜로 믿게 되면 실제로 좋은 반응이 생기기도 하는데 이를 '플라시보 효과'라고 한다.
> 즉, 가심비를 추구하는 소비에서는 소비자가 해당 제품을 통해서 심리적으로 안심이 되고 제품에 대한 믿음을 갖게 되면, 플라시보 효과처럼 객관적인 제품의 성능과는 상관없이 긍정적인 효과를 얻게 된다. 이러한 효과는 소비자가 해당 제품을 사랑하는 대상에 지출할 때, 제품을 통해 안전에 대한 심리적 불안감과 스트레스를 해소할 때일수록 강해진다. 따라서 상품의 가격과 성능이라는 객관적인 수치에 초점을 두었던 기존의 가성비(價性費)에 따른 소비에서 소비자들이 '싸고 품질 좋은 제품'만을 구매했다면, 가심비에 따른 소비에서는 다소 비싸더라도 '나에게 만족감을 주는 제품'을 구매하게 된다.

① 김씨는 딸 아이를 위해 비싸지만 천연 소재의 원단으로 제작된 유치원복을 구매했다.
② 최씨는 자신만의 물건이라는 만족감을 얻기 위해 다소 비싼 가격에 각인이 가능한 만년필을 구매했다.
③ 손씨는 계절이 바뀔 때면 브랜드 세일 기간을 공략해 꼭 필요한 옷을 구입하고 있다.
④ 이씨는 평소 좋아하는 캐릭터의 피규어를 비싸게 구매했다.

03 다음 글을 읽고 추론한 내용으로 가장 적절한 것은?

> 미국 사회에서 동양계 미국인 학생들은 '모범적 소수 인종(Model Minority)'으로, 즉 미국의 교육 체계 속에서 뚜렷하게 성공한 소수 인종의 전형으로 간주되어 왔다. 그리고 그들은 성공적인 학교생활을 통해 주류 사회에 동화되고 이것에 의해 사회적 삶에서 인종주의의 영향을 약화시킨다는 주장으로 이어졌다. 하지만 동양계 미국인 학생들이 이렇게 정형화된 이미지처럼 인종주의의 장벽을 넘어 미국 사회의 구성원으로 참여하고 있는가는 의문이다. 미국 사회에서 동양계 미국인 학생들의 인종적 정체성은 다수자인 '백인'의 특성이 장점이라고 생각하는 것과 소수자인 동양인의 특성이 단점이라고 생각하는 것의 사이에서 구성된다. 이것은 그들에게 두 가지 보이지 않는 결과를 제공한다. 하나는 대부분의 동양계 미국인 학생들이 인종적인 차이에 대한 그들의 불만을 해소하고 인종 차이에서 발생하는 차별을 피하고자 백인이 되기를 원하는 것이다. 다른 하나는 다른 사람들이 자신을 동양인으로 연상하지 않도록 자신 스스로 동양인들의 전형적인 모습에서 벗어나려고 하는 것이다. 그러므로 모범적 소수 인종으로서의 동양계 미국인 학생은 백인에 가까운 또는 동양인에서 먼 '미국인'으로 성장할 위험 속에 있다.

① '모범적 소수 인종'은 특유의 인종적 정체성을 내면화하고 있다.
② '동양계 미국인 학생들'의 성공은 일시적이고 허구적인 것이다.
③ 여러 소수 인종 집단은 인종 차이가 초래할 부정적인 효과에 대해 의식하고 있다.
④ 여러 집단의 인종은 사회에서 한정된 자원의 배분을 놓고 갈등하고 있다.

03 수리력

01 고등학생인 민재와 정수는 4km 떨어진 학교까지 걸어서 등교하기로 했다. 민재는 4km/h, 정수는 6km/h의 일정한 속도로 걷는다. 민재는 정수보다 10분 일찍 출발했는데, 정수가 학교에 더 일찍 도착하였다. 이때 정수는 민재보다 몇 분 먼저 도착했는가?

① 10분　　　　　　　　　　② 12분
③ 14분　　　　　　　　　　④ 16분

02 서울역에 무궁화호 기차는 3분, 새마을호 기차는 5분마다 도착한다. 3시부터 4시 20분까지 두 기차가 동시에 도착하는 횟수는 총 몇 회인가?(단, 두 기차가 맨 처음 동시에 도착한 시각은 3시 5분이다)

① 4회　　　　　　　　　　② 5회
③ 6회　　　　　　　　　　④ 7회

03 어떤 제품의 원가에 20% 이윤을 붙여 판매하다가, 매출이 저조하여 10% 할인 판매한 가격이 61,560원일 때, 이 제품의 원가는?

① 56,500원　　　　　　　　② 57,000원
③ 57,500원　　　　　　　　④ 58,000원

04 다음은 A시험의 응시 및 합격 현황에 대한 자료이다. 이에 따른 A시험의 합격률은?(단, 합격률은 1~4교시를 전부 응시한 사람 중 합격자의 비율을 의미한다)

〈지역별 A시험 지원자·응시자·합격자 현황〉

(단위 : 명)

구분	지원자 수	1~4교시 응시자 수	최종 합격자 수
수도권	2,000	1,500	360
영남권	1,500	1,200	300
호남권	1,000	800	180

① 22% ② 23.5%
③ 24% ④ 25%

05 다음은 갑국 기업의 남성육아휴직제 시행 현황에 대한 자료이다. 이에 대한 설명으로 옳은 것은?

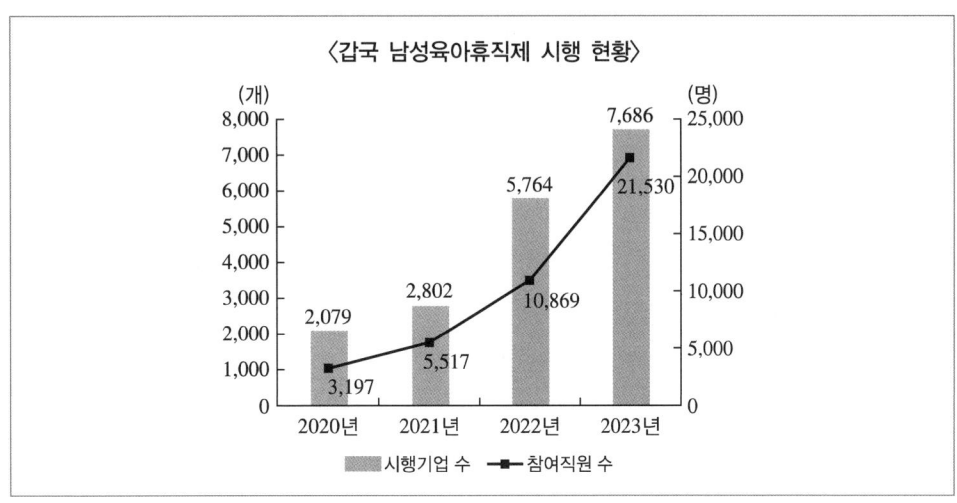

① 시행기업당 참여직원 수가 가장 많은 해는 2021년이다.
② 2023년 남성육아휴직제 참여직원 수는 2021년의 4배 이상이다.
③ 2021년 대비 2023년 시행기업 수의 증가율은 참여직원 수의 증가율보다 낮다.
④ 2020~2023년까지 연간 참여직원 수 증가 인원의 평균은 5,000명 정도이다.

04 공간지각력

01 다음 전개도로 입체도형을 만들었을 때, 만들어질 수 있는 것은?

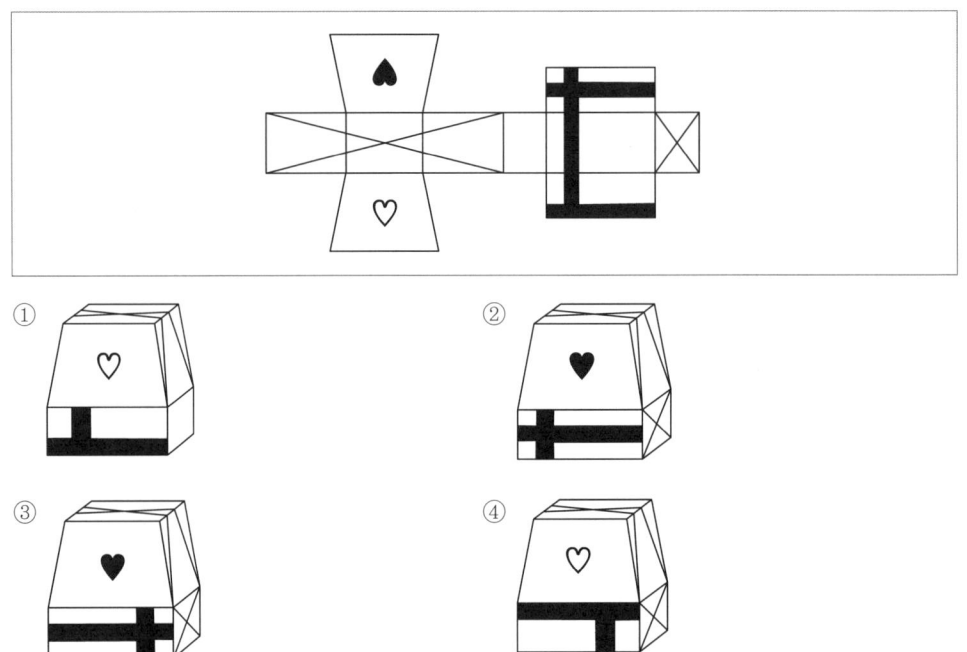

02 다음 블록의 개수는 몇 개인가?(단, 보이지 않는 곳의 블록은 있다고 가정한다)

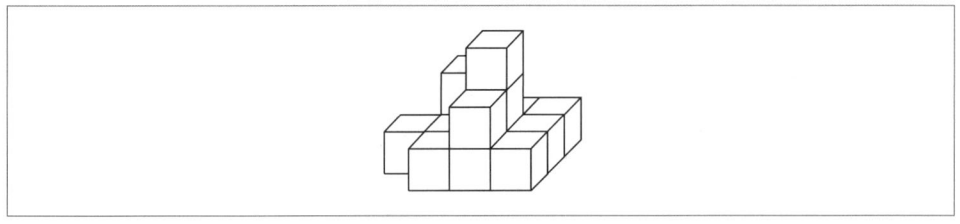

① 14개   ② 13개
③ 12개   ④ 11개

03 다음 두 블록을 합쳤을 때, 나올 수 있는 형태로 옳지 않은 것은?

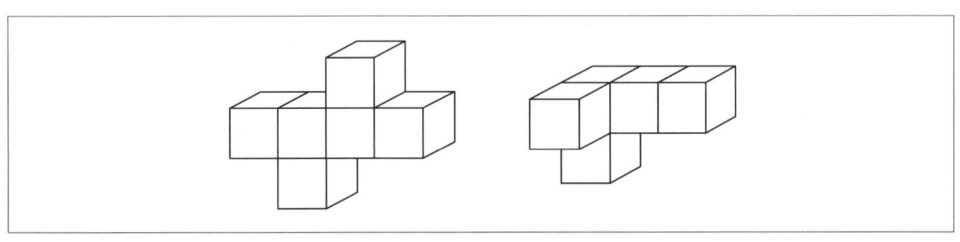

①
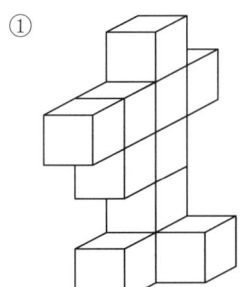

②
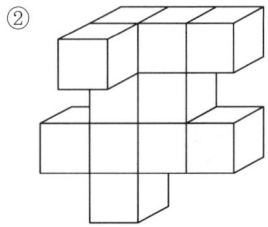

③
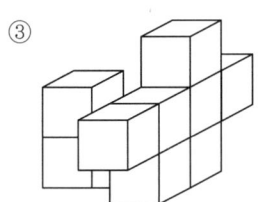

④
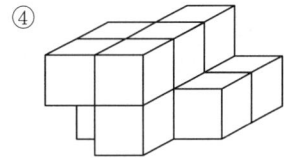

05 문제해결력

01 다음 명제가 모두 참일 때, 빈칸에 들어갈 내용으로 가장 적절한 것은?

- 삶의 목표가 분명한 사람은 편안한 삶을 산다.
- 적극적인 사람은 삶의 목표가 분명하다.
- 그러므로 _____

① 적극적인 사람이 편안한 삶을 산다.
② 편안한 삶을 사는 사람은 적극적인 사람이다.
③ 삶의 목표가 분명한 사람은 적극적인 사람이다.
④ 적극적이지 않은 사람은 삶의 목표가 분명하지 않다.

02 갑~무 5명은 함께 등산한 후 밥을 먹고, 집으로 가기 위해 식당을 나서려는데 모두의 등산스틱이 사라졌다. 이 중 1명만 진실을, 나머지 4명은 거짓을 말한다고 할 때, 범인은 누구인가?

- 갑 : 을이 범인이에요.
- 을 : 정이 범인이 확실해요.
- 병 : 저는 확실히 도둑이 아닙니다.
- 정 : 을은 거짓말쟁이에요.
- 무 : 제가 범인이에요.

① 갑　　　　　　　　　　② 병
③ 정　　　　　　　　　　④ 무

03 A~E 5명은 지난달 핸드폰 통화 요금이 가장 많이 나온 사람부터 1~5위까지의 순위를 추측하여 각자 예상하는 2명의 순위를 다음과 같이 대답하였다. 각자 예상한 순위 중 하나는 참이고, 다른 하나는 거짓이라고 할 때, 핸드폰 통화 요금이 가장 많이 나온 사람은?

- A : D가 두 번째로 많이 나왔고, 내가 세 번째로 많이 나왔다.
- B : 내가 가장 많이 나왔고, C가 두 번째로 많이 나왔다.
- C : 내가 세 번째로 많이 나왔고, B가 제일 적게 나왔다.
- D : 내가 두 번째로 많이 나왔고, E가 네 번째로 많이 나왔다.
- E : A가 가장 많이 나왔고, 내가 네 번째로 많이 나왔다.

① A
② B
③ C
④ D

CHAPTER 02 2023년 기출복원문제

※ 정답 및 해설은 기출복원문제 바로 뒤 p.057에 있습니다.

01 언어논리력

01 다음 중 표준 발음법상 발음 표기가 옳은 단어는?
① 고랭지[고냉지]
② 널찍하다[널찌카다]
③ 설거지물[설거진물]
④ 휘발유[휘발뉴]

02 다음과 같은 의미를 가진 한자성어는?

재앙과 화난이 바뀌어 오히려 복이 된다.

① 복과화생(福過禍生)
② 길흉화복(吉凶禍福)
③ 전화위복(轉禍爲福)
④ 복생어미(福生於微)

03 다음 문단을 논리적 순서대로 바르게 나열한 것은?

(가) 그렇다면 우리나라는 어떻게 신뢰를 확보할 수 있을까? 전문가들은 고위 공직자들이 솔선수범하여 스스로 부패를 없애는 일이야말로 신뢰를 쌓기 위한 첫 번째 조건이라고 말한다. 언론은 사실에 입각하여 객관적이고 공정한 보도를 하여야 독자들이 신뢰할 것이다. 가짜 뉴스는 걸러야 하며 오보는 반드시 정정 보도를 내보내야 한다. 또한 법과 원칙이 사회를 지배해야 하며, 법은 누구에게나 정의롭고 공정해야 한다. 힘 있는 사람이 법망을 빠져나가고 거리마다 자기의 주장을 외쳐대는 행위는 신뢰를 크게 무너뜨린다. 마지막으로 아프리카의 보츠와나처럼 학생들에게 어릴 때부터 청렴 교육을 할 필요가 있다.

(나) 프랑스 혁명 당시 시민혁명군이 왕궁을 포위했을 때 국왕 루이 16세와 왕비를 마지막까지 지킨 것은 프랑스 군대가 아니었다. 모든 프랑스 수비대는 도망갔지만 스위스 용병 700여 명은 남의 나라 왕과 왕비를 위해 용맹스럽게 싸우다가 장렬하게 전사했다. 프랑스 시민혁명군이 퇴각할 기회를 주었는데도 스위스 용병들은 그 제의를 거절했다. 당시 전사한 한 용병이 가족에게 보내려던 편지에는 이렇게 쓰여 있었다. '우리가 신뢰를 잃으면 우리 후손들은 영원히 용병을 할 수 없을 것이다. 우리는 죽을 때까지 왕궁을 지키기로 했다.' 오늘날까지 스위스 용병이 로마 교황의 경비를 담당하는 것은 이러한 용병들의 신뢰성 덕분이다. 젊은 용병들이 목숨을 바치며 송금한 돈도 결코 헛되지 않았다. 스위스 은행은 용병들이 송금했던 핏값을 목숨을 걸고 지켜냈다. 그 결과 스위스 은행은 안전과 신뢰의 대명사가 되어 이자는커녕 돈 보관료를 받아 가면서 세계 부호들의 자금을 관리해 주는 존재가 되었다.

(다) 신뢰(信賴)란 무엇인가? 신뢰에 대한 정의는 다양하지만 일반적으로 '타인의 미래 행동이 자신에게 호의적일 것이라는 기대와 믿음'을 말한다. 우리가 가족을 믿고 친구를 믿고 이웃을 믿는 것은 신뢰가 있기 때문이다. 하버드 대 교수 로버트 퍼트넘은 신뢰란 한 사회를 유지하는 데 꼭 필요한 요소로 사회적 자본이라고 했다. 스탠포드 대 교수 프랜시스 후쿠야마는 신뢰가 낮은 나라는 큰 사회적 비용이 발생한다고 지적했다.

(라) 한국의 신뢰지수는 아주 낮다. OECD 사회신뢰도(2016년)에 의하면, 한국은 '믿을 사람이 없다.', '사법 시스템도 못 믿겠다.', '정부도 못 믿겠다.'라는 질문에 모두 높은 순위를 기록했다. '미래에 대한 심각한 불안감을 가지고 있느냐.'는 질문에 대해 한국의 청년 응답자들은 무려 79.7%가 '그렇다.'고 답했다. 신뢰가 낮은 국가는 이해당사자 간에 발생하는 갈등을 사회적 대타협으로 해결하지 못한다. 일례로 한국에서 노사정 대타협이 성공했다는 소식을 들은 적이 없는 것 같다. 서로가 서로를 신뢰하지 못하기 때문이다.

(마) 스위스는 우리나라와 비슷한 점이 많다. 독일, 프랑스, 이탈리아, 오스트리아 등 주변국에 시달리며 비극적인 역사를 이어왔다. 국토의 넓이는 우리나라 경상도와 전라도를 합한 크기로 국토의 75%가 산이며 자원이라곤 사람밖에 없다. 150년 전까지만 하여도 최빈국이었던 스위스가 지금은 1인당 GDP가 세계 2위(2016년)인 $78,000의 선진국이 되었다. 그 이유는 무엇일까? 가장 큰 이유는 신앙에 기초를 둔 '신뢰' 덕분이었다.

(바) 이제 우리나라는 자본, 노동과 같은 경제적 자본만으로는 성장의 한계에 도달했다. 이제 튼튼한 신뢰성이 산업계 전반으로 퍼져 나감으로써 신뢰와 같은 사회적 자본을 확충해 경제성장을 도모해야 나라 경제가 부강해질 수 있을 것이다.

① (나) – (마) – (다) – (라) – (가) – (바)
② (나) – (바) – (다) – (가) – (라) – (마)
③ (다) – (라) – (가) – (나) – (마) – (바)
④ (다) – (라) – (바) – (마) – (나) – (가)

02 이해력

01 다음 글의 서술상 특징으로 적절하지 않은 것은?

> 소비자의 권익을 위하여 국가가 집행하는 경쟁 정책은 본래 독점이나 담합 등과 같은 반경쟁적 행위를 국가가 규제함으로써 시장에서 경쟁이 활발하게 이루어지도록 하는 데 중점을 둔다. 이러한 경쟁 정책은 결과적으로 소비자에게 이익이 되므로, 소비자 권익을 보호하는 데 유효한 정책으로 인정된다. 경쟁 정책이 소비자 권익에 기여하는 모습은 생산적 효율과 배분적 효율의 두 측면에서 살펴볼 수 있다.
>
> 먼저 생산적 효율은 주어진 자원으로 낭비 없이 더 많은 생산을 하는 것으로서 같은 비용이면 더 많이 생산할수록, 같은 생산량이면 비용이 적을수록 생산적 효율이 높아진다. 시장이 경쟁적이면 개별 기업은 생존을 위해 비용 절감과 같은 생산적 효율을 추구하게 되고 거기서 창출된 여력은 소비자의 선택을 받고자 품질을 향상시키거나 가격을 인하하는 데 활용될 것이다. 그리하여 경쟁 정책이 유발한 생산적 효율은 소비자 권익에 기여하게 된다. 물론 비용 절감의 측면에서는 독점 기업이 더 성과를 낼 수도 있겠지만 꼭 이것이 가격 인하와 같은 소비자의 이익으로 이어지지는 않는다. 따라서 독점에 대한 감시와 규제는 지속적으로 필요하다.
>
> 다음으로 배분적 효율은 사람들의 만족이 더 커지도록 자원이 배분되는 것을 말한다. 시장이 독점 상태에 놓이면 영리 극대화를 추구하는 독점 기업은 생산을 충분히 하지 않은 채 가격을 올림으로써 배분적 비효율을 발생시킬 수 있다. 반면에 경쟁이 활발해지면 생산량 증가와 가격 인하가 수반되어 소비자의 만족이 더 커지는 배분적 효율이 발생한다. 그러므로 경쟁 정책이 시장의 경쟁을 통하여 유발한 배분적 효율도 소비자의 권익에 기여하게 된다.
>
> 경쟁 정책은 이처럼 소비자 권익을 위해 중요한 역할을 수행해 왔지만 이것만으로 소비자 권익이 충분히 실현되지는 않는다. 시장을 아무리 경쟁 상태로 유지하더라도 여전히 남는 문제가 있기 때문이다. 우선 전체 소비자를 기준으로 볼 때 경쟁 정책이 소비자 이익을 증진하더라도 일부 소비자에게는 불이익이 되는 경우도 있다. 예를 들어, 경쟁 때문에 시장에서 퇴출된 기업의 제품은 사후 관리가 되지 않아 일부 소비자가 피해를 보는 일이 있다. 그렇다고 해서 경쟁 정책 자체를 포기하면 전체 소비자에게 불리한 결과가 되므로 국가는 경쟁 정책을 유지할 수밖에 없는 것이다. 다음으로 소비자는 기업에 대한 교섭력이 약하고 상품에 대한 정보도 적으며, 충동구매나 유해 상품에도 쉽게 노출되기 때문에 발생하는 문제가 있다. 이를 해결하기 위해 상품의 원산지 공개나 유해 제품 회수 등의 조치를 생각해 볼 수 있지만 경쟁 정책에서 직접 다루는 사안이 아니다.
>
> 이런 문제들 때문에 소비자의 지위를 기업과 대등하게 하고 기업으로부터 입은 피해를 구제하여 소비자를 보호할 수 있는 별도의 정책이 요구되었고, 이 요구에 따라 수립된 것이 소비자 정책이다. 소비자 정책은 주로 기업들이 지켜야 할 소비자 안전 기준의 마련, 상품 정보 공개의 의무화 등의 조치와 같이 소비자 보호와 직접 관련 있는 사안을 대상으로 한다. 또한 충동구매나 유해 상품 구매 등으로 발생하는 소비자 피해를 구제하고 소비자 교육을 실시하며, 기업과 소비자 간의 분쟁을 직접 해결해 준다는 점에서도 경쟁 정책이 갖는 한계를 보완할 수 있다.

① 문제점을 해결하기 위해 등장한 소비자 정책에 대해 설명한다.
② 소비자 권익을 위한 경쟁 정책과 관련된 다양한 개념을 정의한다.
③ 경쟁 정책이 소비자 권익에 기여하는 바를 두 가지 측면에서 나누어 설명한다.
④ 구체적인 수치를 언급하며 경쟁 정책의 문제점을 제시한다.

02 다음 글의 주제로 가장 적절한 것은?

유전학자들의 최종 목표는 결함이 있는 유전자를 정상적인 유전자로 대체하는 것이다. 이렇게 가장 기본적인 세포 내 차원에서 유전병을 치료하는 것을 '유전자 치료'라 일컫는다. 유전자 치료를 하기 위해서는 이상이 있는 유전자를 찾아야 한다. 이를 위해 과학자들은 DNA의 특성을 이용한다. DNA는 두 가닥이 나선형으로 꼬여 있는 이중 나선 구조로 이루어진 분자이다. 그런데 이 두 가닥에 늘어서 있는 염기들은 임의적으로 배열되어 있는 것이 아니다. 즉, 한쪽에 늘어선 염기에 따라 다른 쪽 가닥에 늘어선 염기들의 배열이 결정되는 것이다. 한쪽에 A염기가 존재하면 거기에 연결되는 반대쪽에는 반드시 T염기가 그리고 C염기에 대응해서는 반드시 G염기가 존재하게 된다. 염기들이 짝을 지을 때 나타나는 이러한 선택적 특성을 이용하여 유전병을 일으키는 유전자를 찾아낼 수 있다. 유전자를 찾기 위해 사용하는 첫 번째 도구는 DNA 한 가닥 중 극히 일부이다. '프로브(Probe)'라 불리는 이 DNA 조각은 염색체상의 위치가 알려져 있는 이십여 개의 염기들로 이루어진다. 한 가닥으로 이루어져 있는 특성으로 인해, 프로브는 자신의 염기 배열에 대응하는 다른 쪽 가닥의 DNA 부분에 가서 결합할 것이다. 대응하는 두 가닥의 DNA가 이렇게 결합하는 것을 '교잡'이라고 일컫는다. 조사 대상인 염색체로부터 추출한 많은 한 가닥의 염색체 조각들과 프로브를 섞어 놓았을 때, 프로브는 신비스러울 정도로 자신의 짝을 정확하게 찾아 교잡한다. 두 번째 도구는 '겔 전기영동'이라는 방법이다. 생물을 구성하고 있는 단백질·핵산 등 많은 분자들은 전하를 띠고 있어서 전기장 속에서 각 분자마다 독특하게 이동을 한다. 이러한 성질을 이용해 생물을 구성하고 있는 물질의 분자량, 각 물질의 전하량이나 형태의 차이를 이용하여 물질을 분리하는 것이 전기영동법이다. 이를 활용하여 DNA를 분리하려면 우선 DNA 조각들을 전기장에서 이동시키고, 이것을 젤라틴 판을 통과하게 함으로써 분리하면 된다.

이러한 조사 도구들을 갖추고서, 유전학자들은 유전병을 일으키는 유전자를 추적하는 데 나섰다. 유전학자들은 먼저 겔 전기영동법으로 유전병을 일으키는 유전자로 의심되는 부분과 동일한 부분에 존재하는 프로브를 건강한 사람에게서 떼어내었다. 그리고 건강한 사람에게서 떼어낸 프로브에 방사성이나 형광성을 띠게 하였다. 그 후에 유전병 환자들에게서 채취한 DNA 조각들과 함께 교잡 실험을 반복하였다. 유전병과 관련된 유전 정보가 담긴 부분의 염기 서열이 정상인과 다르므로 이 부분은 프로브와 교잡하지 않는다는 점을 이용하는 것이다. 교잡이 일어난 후 프로브가 위치하는 곳은 X선 필름을 통해 쉽게 찾아낼 수 있고, 이로써 DNA의 특정 조각은 염색체상에서 프로브와 같은 위치에 존재한다는 것을 알 수 있다.

언뜻 보기에는 대단한 진보를 이룬 것 같지 않지만, 유전자 치료는 최근 들어 공상 과학을 방불케 하는 첨단 의료 기술의 대표적인 주자로 부각되고 있다. DNA 연구 결과로 인해 우리는 지금까지 절망적이라고 여겨 온 질병들을 치료할 수 있다는 희망을 갖게 되었다.

① 유전자 추적의 도구와 방법
② 유전자의 종류와 기능
③ 유전자 치료의 의의와 한계
④ 유전자 치료의 상업적 가치

03 다음 글의 내용으로 가장 적절한 것은?

우리 몸에 이상이 생기면 약물을 투여함으로써 이상 부위를 치료하게 된다. 약물을 투여하는 일반적인 방법으로는 약물을 바르거나 복용하거나 주사하는 것 등이 있는데, 이것들은 약물의 방출량이나 시간 등을 능동적으로 조절하기 어려운 '단순 약물 방출'의 형태이다. 단순 약물 방출의 경우에는 약물이 정상 조직에 작용하여 부작용을 일으키기도 한다. 특히 항암제나 호르몬제와 같은 약물은 정상 조직에 작용할 경우 심각한 부작용을 초래할 수도 있다. 따라서 치료가 필요한 국부적인 부위에만 약물을 투여할 수 있도록 하는 방안의 필요성이 대두되고 있다.

이에 최근에는 약물의 방출량이나 시간 등을 능동적으로 조절할 수 있는 '능동적 약물 방출'의 연구가 활발하게 이루어지고 있다. 그중 대표적인 것으로 전도성 고분자를 활용하는 연구가 진행 중이며 '폴리피롤'이라는 전도성 고분자의 활용이 유력시되고 있다. 폴리피롤은 생체 적합성이 우수하고 안정성이 뛰어날 뿐만 아니라 전압에 의해 이온들의 출입이 가능한 특징이 있기 때문이다.

폴리피롤에 전압을 가하면 부피가 변하게 된다. 폴리피롤에는 이온 형태의 도판트[*]가 들어 있는데 이 도판트의 크기에 따라 부피 변화 양상은 달라지게 된다. 예를 들어 도판트의 크기가 작을 경우, 폴리피롤에 음의 전압을 가하면 폴리피롤 내에 음전자가 늘어나는 환원 반응이 일어나게 되고, 전기적 중성을 유지하기 위해 크기가 작은 도판트 음이온이 밖으로 빠져 나오게 된다. 이에 따라 폴리피롤의 부피는 줄어든다.

한편 도판트의 크기가 큰 경우에는 환원 반응이 일어나더라도 도판트가 밖으로 나가지 못한다. 대신 폴리피롤 외부에 있는 양이온이 전기적 중성을 맞추기 위하여 폴리피롤 내부로 들어오게 되어 폴리피롤의 부피는 커지게 된다.

이처럼 폴리피롤에서 도판트가 방출되는 원리를 이용하면 도판트를 이온 상태의 약물로 대체할 경우 전압에 의해 방출량이 제어되는 능동적 약물 방출 시스템으로의 응용도 가능해진다. 이 시스템은 크게 두 가지로 구분된다. 우선 폴리피롤 합성 과정에서 약물을 직접 도판트로 사용하는 경우이다. 이 경우는 약물의 방출량은 많지만 도판트로 합성이 가능한 약물의 종류에는 제한이 있다. 다른 방법으로는 약물이 이온 형태로 존재하는 전해질 내에서 도판트와 약물을 치환하는 경우이다. 이 경우는 치환되는 전해질 내의 약물 이온의 밀도가 높아야 다양한 약물을 폴리피롤 내에 넣는 것이 가능하다. 그러나 도판트 전부가 치환되지는 않기 때문에 첫 번째 방법보다 약물의 방출량은 적어지고, 제조 공정이 다소 복잡하다.

*도판트 : 전기 전도도를 변화시키기 위해 의도적으로 넣어주는 불순물

① 능동적 약물 방출의 대표적인 방법이 적용된 사례는 연고나 주사제 등이 있다.
② 약물은 정상 조직에 작용하더라도 문제가 발생되지 않게 만들어진다.
③ 단순 약물 방출은 원하는 때에 필요한 만큼의 약물을 투여할 수 있다.
④ 폴리피롤을 사용하려는 이유는 생체 적합성이 우수하고 안정성이 뛰어나기 때문이다.

03 수리력

01 택배 기사 B씨는 5곳에 배달을 할 때, 첫 배송지에서 마지막 배송지까지 총 1시간 20분이 걸린다. 이와 같은 속도로 12곳에 배달을 하려고 할 때, 첫 배송지에서 마지막 배송지까지 택배를 마치는 데 걸리는 시간은?(단, 배송지에서 머무는 시간은 고려하지 않는다)

① 3시간 12분　　　　　　　　　② 3시간 25분
③ 3시간 36분　　　　　　　　　④ 3시간 40분

02 B사의 해외사업부, 온라인 영업부, 영업지원부에서 각각 2명, 2명, 3명이 대표로 회의에 참석한다. 자리 배치는 원탁 테이블에 같은 부서 사람끼리 옆자리에 앉는다고 할 때, 7명이 앉을 수 있는 방법은 총 몇 가지인가?

① 48가지　　　　　　　　　　　② 36가지
③ 27가지　　　　　　　　　　　④ 24가지

03 다음은 B국가의 2000년과 2020년의 노동 가능 인구구성의 변화를 나타낸 자료이다. 이에 대한 설명으로 옳은 것은?

⟨노동 가능 인구구성의 변화⟩

(단위 : %)

구분	취업자	실업자	비경제활동인구
2000년	55	25	20
2020년	43	27	30

① 실업자의 비율은 감소하였다.
② 경제활동인구는 증가하였다.
③ 해당 자료에서 실업자의 수는 알 수 없다.
④ 취업자 비율의 증감폭이 실업자 비율의 증감폭보다 작다.

04 다음은 어느 국가의 A ~ C지역 가구 구성비를 나타낸 자료이다. 이에 대한 설명으로 옳은 것은?

⟨A ~ C지역 가구 구성비⟩

(단위 : %)

구분	부부 가구	2세대 가구		3세대 이상 가구	기타 가구	합계
		부모+미혼자녀	부모+기혼자녀			
A지역	5	65	16	2	12	100
B지역	16	55	10	6	13	100
C지역	12	40	25	20	3	100

※ 기타 가구 : 1인 가구, 형제 가구, 비친족 가구
※ 핵가족 : 부부 또는 (한)부모와 그들의 미혼 자녀로 이루어진 가족
※ 확대가족 : (한)부모와 그들의 기혼 자녀로 이루어진 2세대 이상의 가족

① 핵가족 가구의 비중이 가장 높은 곳은 A지역이다.
② 1인 가구의 비중이 가장 높은 곳은 B지역이다.
③ 확대가족 가구 수가 가장 많은 곳은 C지역이다.
④ A, B, C지역 모두 핵가족 가구 수가 확대가족 가구 수보다 많다.

05 다음은 10년간 물이용부담금 총액에 대한 자료이다. 이에 대한 〈보기〉의 설명 중 옳지 않은 것을 모두 고르면?

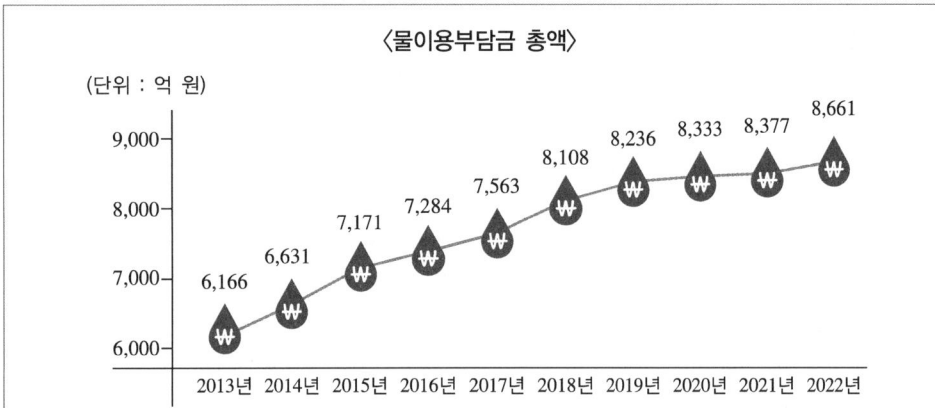

※ 상수원 상류지역에서의 수질개선 및 주민지원 사업을 효율적으로 추진하기 위한 재원 마련을 위해 최종수요자에게 물 사용량에 비례하여 물이용부담금을 부과함
※ 한강, 낙동강, 영・섬유역의 물이용부담금 단가는 170원/m^3, 금강유역은 160원/m^3임

보기
ㄱ. 물이용부담금 총액은 지속적으로 증가하는 추세를 보이고 있다.
ㄴ. 2014 ~ 2022년 중 물이용부담금 총액이 전년 대비 가장 많이 증가한 해는 2015년이다.
ㄷ. 2022년 물이용부담금 총액에서 금강유역 물이용부담금 총액이 차지하는 비중이 20%라면, 2022년 금강유역에서 사용한 물의 양은 약 10.83억m^3이다.
ㄹ. 2022년 물이용부담금 총액은 전년 대비 약 3.2% 이상 증가했다.

① ㄱ
② ㄴ
③ ㄷ
④ ㄱ, ㄹ

04 공간지각력

01 다음 도형을 시계 반대 방향으로 90° 회전한 후, 상하 반전한 모양은?

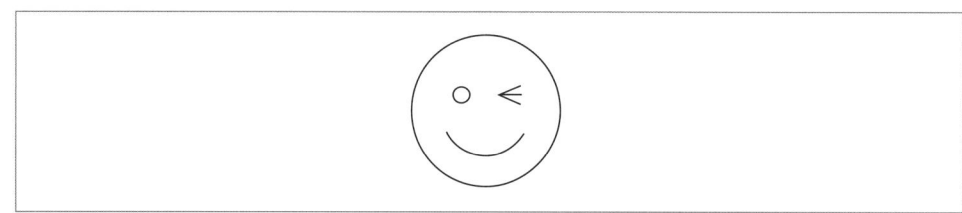

02 다음 중 입체도형을 만들었을 때, 나머지와 모양이 다른 하나는?

①  ②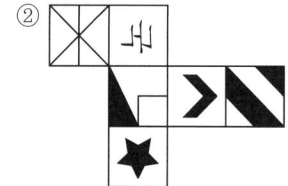

③ 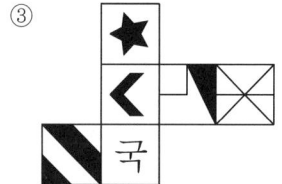 ④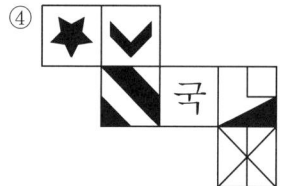

03 다음과 같은 정사각형의 종이를 화살표 방향으로 접고 〈보기〉의 좌표가 가리키는 위치에 구멍을 뚫었다. 다시 펼쳤을 때 뚫린 구멍의 위치를 좌표로 나타낸 것으로 옳은 것은?(단, 좌표가 그려진 사각형의 크기와 종이의 크기는 일치하며, 종이가 접힐 때 종이의 위치는 바뀌지 않는다)

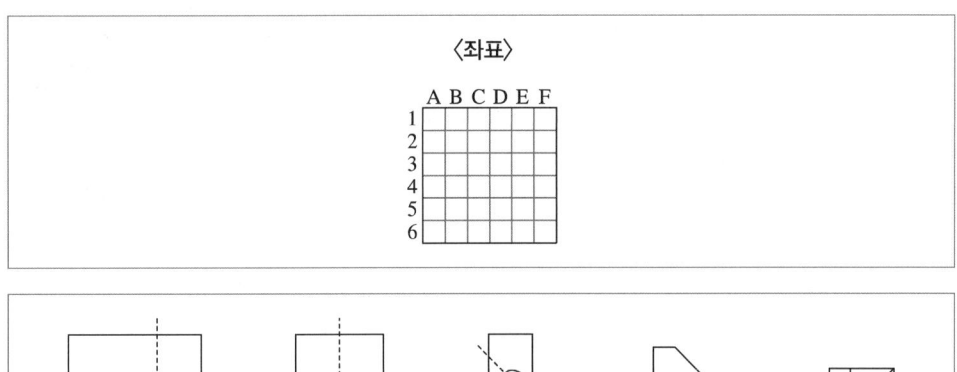

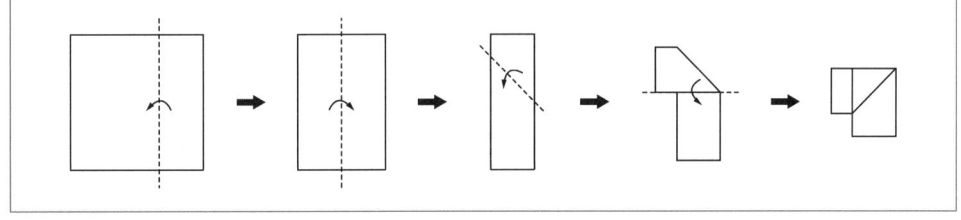

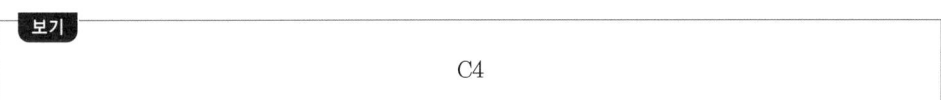

① A1, B3, B4, C3, C4, D1, E2, F3, F4
② A2, B3, B4, C3, C4, D2, E2, F3, F4
③ A3, A4, B2, C2, D3, D4, E2, F3, F4
④ A5, B3, B4, C3, C4, D5, E2, F3, F4

04 다음과 같이 화살표 방향으로 종이를 접은 후 잘라 다시 펼쳤을 때의 모양으로 옳은 것은?

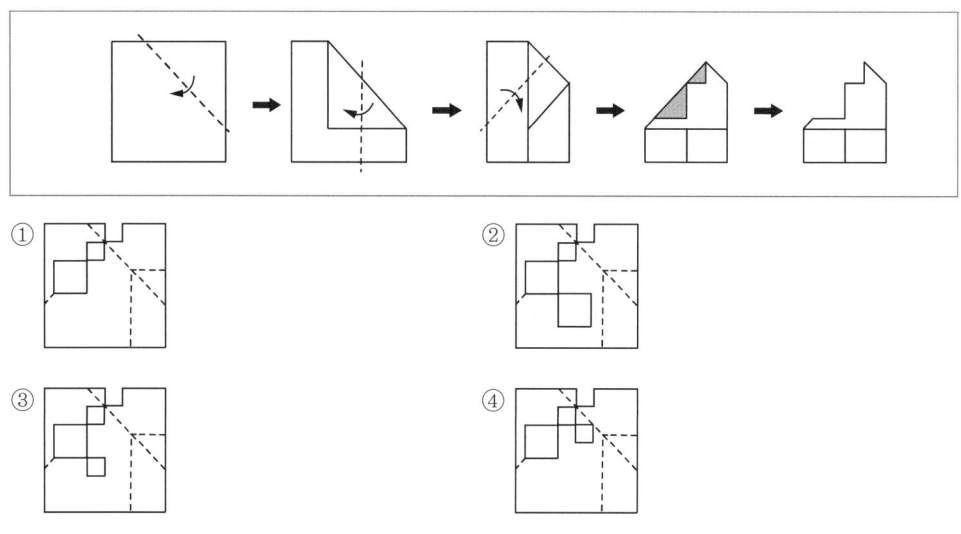

05 다음 내부 도형들은 일정한 규칙으로 변화한다. ?에 들어갈 도형으로 옳은 것은?

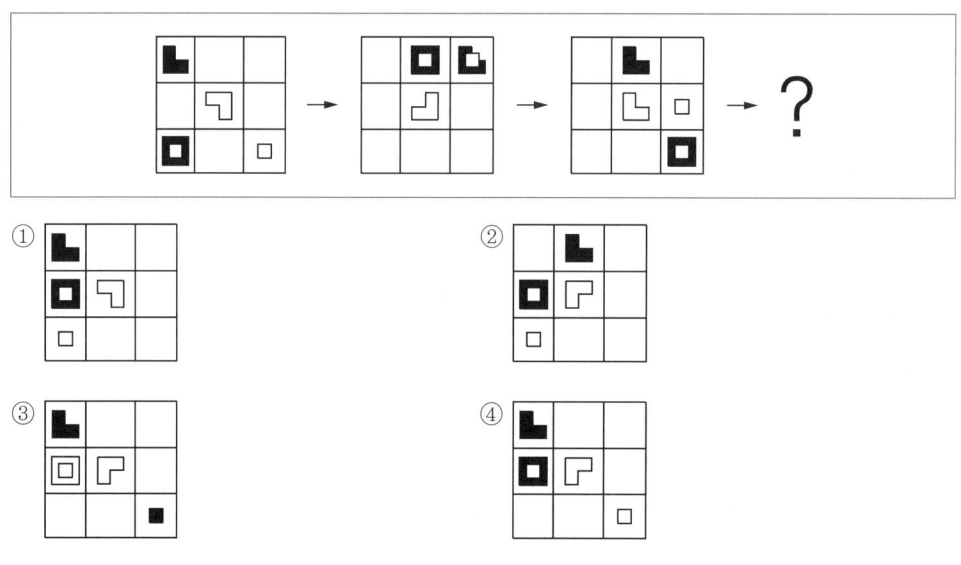

05 문제해결력

01 준수, 민정, 영재, 세희, 성은 5명은 항상 진실만을 말하거나 거짓만 말한다. 다음을 바탕으로 거짓을 말하는 사람을 모두 고르면?

- 준수 : 성은이는 거짓만 말한다.
- 민정 : 영재는 거짓만 말한다.
- 영재 : 세희는 거짓만 말한다.
- 세희 : 준수는 거짓만 말한다.
- 성은 : 민정이와 영재 중 1명만 진실만 말한다.

① 민정, 세희
② 영재, 준수
③ 영재, 성은
④ 영재, 세희

02 Z회사에서는 근무 연수가 1년씩 높아질수록 사용할 수 있는 여름휴가 일수가 하루씩 늘어난다. Z회사에 근무하는 A~E 5명의 사원은 각각 서로 다른 해에 입사하였고, 최대 근무 연수가 4년을 넘지 않는다고 할 때, 다음을 바탕으로 추론한 내용으로 옳은 것은?

- 올해로 근무 3년 차인 A사원은 여름휴가로 최대 4일을 사용할 수 있다.
- B사원은 올해 여름휴가로 5일을 모두 사용하였다.
- C사원이 사용할 수 있는 여름휴가 일수는 A사원의 휴가 일수보다 짧다.
- 올해 입사한 D사원은 1일을 여름휴가로 사용할 수 있다.
- E사원의 여름휴가 일수는 D사원보다 길다.

① E사원은 C사원보다 늦게 입사하였다.
② 근무한 지 1년이 채 되지 않으면 여름휴가를 사용할 수 없다.
③ C사원의 올해 근무 연수는 2년이다.
④ B사원의 올해 근무 연수는 4년이다.

03 Z회사의 마케팅 부서 직원 A~H 8명이 다음 〈조건〉에 따라 원탁에 앉아서 회의를 하려고 할 때, 반드시 참인 것은?(단, 서로 이웃해 있는 직원 간의 사이는 모두 동일하다)

조건
- A와 C는 가장 멀리 떨어져 있다.
- A 옆에는 G가 앉는다.
- B와 F는 서로 마주보고 있다.
- D는 E 옆에 앉는다.
- H는 B 옆에 앉지 않는다.

① 8명의 자리 배치 경우의 수는 총 4가지이다.
② A와 B 사이에는 항상 누군가 앉아 있다.
③ C 옆에는 항상 E가 있다.
④ G의 오른쪽 옆에는 항상 H가 있다.

CHAPTER 03 2022년 기출복원문제

※ 정답 및 해설은 기출복원문제 바로 뒤 p.060에 있습니다.

01 언어논리력

01 다음 제시된 단어의 뜻으로 옳은 것은?

> 암팡지다

① 속이 꽉 차 있거나 내용이 아주 실속이 있다.
② 보기에 가운데가 좀 오목하게 쏙 들어가 있다.
③ 제힘에 겨운 일에 악을 쓰고 덤비는 태도가 있다.
④ 몸은 작아도 힘차고 다부지다.

02 다음 글에서 ㉠~㉣의 수정 방안으로 적절하지 않은 것은?

> 심리학자들은 학습 이후 망각이 생기는 심리적 이유를 다음과 같이 설명하고 있다. 앞서 배운 내용이 나중에 공부한 내용을 밀어내는 순행 억제, 뒤에 배운 내용이 앞에서 배운 내용을 기억의 저편으로 밀어내는 역행 억제 또한 공부한 두 내용이 서로 비슷해 간섭이 일어나는 유사 억제 등이 작용해 기억을 방해했기 때문이라는 것이다. 이러한 망각을 뇌 속에서 어떤 기억을 잃어버린 것으로 이해해서는 ㉠ 안된다. 기억을 담고 있는 세포들은 내용물을 흘려버리지 않는다. 기억들은 여전히 ㉡ 머리 속에 있는 것이다. 우리가 뭔가 기억해 내려고 애쓰는데도 찾지 못하는 것은 기억들이 ㉢ 혼재해 있기 때문이다. ㉣ 그리고 학습한 내용을 일정한 원리에 따라 짜임새 있게 잘 정리한다면 학습한 내용을 어렵지 않게 기억해 낼 수 있다.

① ㉠ – 띄어쓰기가 올바르지 않으므로 '안 된다'로 고친다.
② ㉡ – 맞춤법에 어긋나므로 '머릿속에'로 고친다.
③ ㉢ – 문맥에 어울리지 않으므로 '잠재'로 수정한다.
④ ㉣ – 앞 문장과의 관계를 고려하여 '그러므로'로 고친다.

02 이해력

01 다음 글에서 화자가 청자를 설득하는 방법으로 가장 적절한 것은?

> 저는 여러분들이 거대한 시련과 고통을 겪다가 이곳에 왔다는 것을 간과하지 않습니다. 여러분 중 몇 명은 좁은 감옥에서 막 출소했습니다. 여러분 중 몇 명은 자유를 추구하다가 박해의 폭풍 속에서 부서지고, 경찰의 잔인한 폭력이라는 바람에 비틀거려야 했던 곳에서 왔습니다. 여러분은 모두 다양한 방식으로 다가오는 고통에 대해 베테랑이 되었습니다. 자신의 의지로 얻어낸 것이 아닌 고통은 보상받게 되리라는 신념을 가지고 계속 나아가시기 바랍니다.
> 미시시피로, 앨라배마로, 사우스캐롤라이나로, 조지아로, 루이지애나로 돌아가세요. 우리의 북부 도시 빈민가와 흑인 거주지로 돌아가세요. 어떻게든 이 상황은 바뀔 수 있고, 바뀔 것이라는 것을 명심하세요. 더 이상 우리를 절망의 계곡에서 뒹굴게 두지 맙시다.
> 친구들이여, 여러분에게 말씀드릴 것이 있습니다. 어제와 오늘 우리가 고난과 마주할지라도, 여전히 저는 꿈이 있습니다. 그 꿈은 아메리칸드림에 깊이 뿌리 내린 꿈입니다.
> 저에게는 꿈이 있습니다. 언젠가 이 나라가 모든 사람은 평등하게 태어났다는 것을 자명한 진실로 받아들이고, 그 진정한 의미를 신조로 살아가게 되는 날이 올 것이라는 꿈입니다.
> 저에게는 꿈이 있습니다. 언젠가는 조지아의 붉은 언덕 위에 노예의 후손들과 주인의 후손들이 형제처럼 식탁에 함께 둘러앉는 날이 오리라는 꿈입니다.
> 저에게는 꿈이 있습니다. 언젠가는 불의와 억압의 열기에 신음하는 저 미시시피마저도, 자유와 정의의 오아시스로 변할 것이라는 꿈입니다.
> 저에게는 꿈이 있습니다. 나의 네 아이들이 피부색이 아니라 인격에 따라 평가받는 그런 나라에 살게 되는 날이 올 것이라는 꿈입니다.

① 논쟁을 피하기 위해 구체적인 사례를 제시하고 있다.
② 화자의 권위에 의한 카리스마로 청자를 설득하고 있다.
③ 중요한 메시지를 반복하여 전달력을 높이고 있다.
④ 목적 달성을 위한 구체적인 방안을 제시하고 있다.

02 다음 글의 제목으로 가장 적절한 것은?

> 부모와 긍정적인 관계를 형성한 청소년은 성인이 되고 나서도 원만한 인간관계 등을 통해 개인의 삶에 긍정적인 영향을 주는 것으로 나타났다. 미국 아이오와 대학교 연구팀은 미국 시애틀 거주자를 대상으로 이에 대한 연구를 진행했다. 우선 실험 참가자들이 청소년일 때 부모와의 관계를 확인하고, 이후 부모와의 긍정적인 관계가 성인이 된 후 어떠한 영향을 미쳤는지 살폈다.
>
> 5년이 지난 뒤 19 ~ 22세 사이의 성인이 된 실험 참가자들에게서 타액 샘플을 채취한 다음 코르티솔 수치를 살폈다. 코르티솔은 스트레스에 반응하여 분비되는 호르몬으로, 인간관계를 자연스럽게 형성하면서 나타나는 호르몬으로도 볼 수 있다. 성별, 수입 상태, 수면 습관 등 다양한 변인을 통제한 상태에서 분석해 본 결과, 부모와 청소년의 관계는 코르티솔 수치와 연관성을 보였다.
>
> 대부분의 실험 참가자들은 청소년기에 부모에게서 많은 칭찬과 보상을 받고 원만한 관계를 맺음으로써 성인기에 코르티솔 수치가 높아진 것으로 나타났다. 코르티솔 수치가 높다는 것은 주의에 집중하고 민첩하며 재빠른 상황 판단과 대처를 할 수 있다는 의미로, 이는 원만한 인간관계로 이어져 개인의 삶에 좋은 영향을 미친다고 볼 수 있다. 인간관계에서 벌어지는 미묘한 문제를 잘 알아채고 세부적인 사항들에 좀 더 주목할 수 있기 때문이다.
>
> 그런데 일부 실험 참가자들에게는 다른 양상이 나타났다. 청소년기에 시작된 부모의 칭찬과 보상이 코르티솔 수치에 별다른 영향을 미치지 않은 것이다. 이는 어릴 때부터 범죄, 가정 문제 등으로부터 이미 스스로를 보호하고 경계하면서 자랐기 때문일 것으로 분석된다. 즉, 부모와의 관계가 자녀의 삶에 영향을 미칠 뿐만 아니라 외부 환경이 끼치는 영향 역시 무시할 수 없다는 의미로 해석될 수 있는 것이다.

① 대인관계 형성, 인종별로 다르게 나타나
② 코르티솔, 부모와 자식 간 관계를 보여줘
③ 부모와의 좋은 관계, 개인의 삶에 영향 미쳐
④ 자녀의 스트레스, 외부 환경의 영향력 드러나

03 다음 글의 내용으로 적절하지 않은 것은?

> 인간의 삶과 행위를 하나의 질서로 파악하고 개념과 논리를 통해 이해하고자 하는 시도는 소크라테스와 플라톤을 기점으로 시작된 가장 전통적인 방법론이라고 할 수 있다. 이는 결국 경험적이고 우연적인 요소를 배제하여 논리적 필연으로 인간을 규정하고자 한 것이다. 이에 반해 경험과 감각을 중시하고 욕구하는 실체로서의 인간을 파악하고자 한 이들이 소피스트들이다. 이 두 관점은 두 개의 큰 축으로 서구 지성사에 작용해 온 것이 사실이다.
>
> 하지만 이는 곧 소크라테스와 플라톤의 관점에서는 삶과 행위의 구체적이고 실제적인 일상이 무시된 채 본질이고 이념적인 영역을 추구하였다는 것이며, 소피스트들의 관점에서는 고정적 실체로서의 도덕이나 정당화의 문제보다는 변화하는 실제적 행위만이 인정되었다는 이야기로 환원되어 왔다. 그리고 이와 같은 문제를 제대로 파악한 것이 바로 고대 그리스의 웅변가이자 소피스트인 '이소크라테스'이다.
>
> 이소크라테스는 소피스트들에 대해서는 그들의 교육이 도덕이나 시민적 덕성의 함양과는 무관하게 탐욕과 사리사욕을 위한 교육에 그치고 있다고 비판했으며, 동시에 영원불변하는 보편적 지식의 무용성을 주장했다. 그는 시의적절한 의견들을 통해 더 좋은 결과에 이를 수 있는 능력을 얻으려는 자가 바로 철학자라고 주장했다. 그렇기에 이소크라테스의 수사학은 플라톤의 이데아론은 물론 소피스트들의 무분별한 실용성을 지양하면서도, 동시에 삶과 행위의 문제를 이론적이고도 실제적으로 해석하는 것으로 평가할 수 있다.

① 이소크라테스의 주장에 따르면 플라톤의 이데아론은 과연 그것이 현실을 살아가는 이들에게 무슨 의미가 있는가에 대한 필연적인 물음에 맞닥뜨리게 된다.
② 소피스트들의 주장과 관점은 현대 사회의 물질만능주의를 이해하기에 적절한 사례가 된다.
③ 소피스트와 이소크라테스는 영원불변하는 보편적 지식의 존재를 부정하며 구체적이고 실제적인 일상을 중요하게 여겼다.
④ 이소크라테스를 통해 절대적인 진리를 추구하지 않는 것이 반드시 비도덕적인 일로 환원된다고는 볼 수 없음을 확인할 수 있다.

03 수리력

01 평균 860km/h의 속력으로 운행하는 비행기는 기상이 악화되면 40km/h의 속력이 줄어든다. 이 비행기가 3시간 30분 동안 비행하는데 15분 동안 기상이 악화되었다면 날아간 거리는 총 몇 km인가?

① 2,850km ② 2,900km
③ 2,950km ④ 3,000km

02 B학교에 재학 중인 학생 10명을 대상으로 가장 좋아하는 색깔을 조사하니 빨간색, 노란색, 하늘색이 차지하는 비율이 2 : 5 : 3이었다. 10명 중 2명을 임의로 선택할 때, 좋아하는 색이 다를 확률은?

① $\dfrac{28}{45}$ ② $\dfrac{31}{45}$
③ $\dfrac{32}{45}$ ④ $\dfrac{39}{45}$

03 B시의 고등학교를 대상으로 축구 대항전을 진행하고자 한다. 총 80개의 학교가 참가하며 5팀이 한 리그에 속해 리그전을 진행하고 각 리그의 우승팀만 토너먼트에 진출해 경기를 한다. 최종 우승팀에는 전체 경기 수에 2,000원을 곱한 금액을 상금으로 주고, 준우승팀에는 전체 경기 수에 1,000원을 곱한 금액을 상금으로 준다고 할 때, 상금의 총액은?(단, 리그전은 대회에 참가한 모든 팀과 서로 한 번씩 겨루는 방식이고, 부전승은 주최 측에서 임의로 선정한다)

① 520,000원 ② 525,000원
③ 530,000원 ④ 535,000원

04 공간지각력

01 다음 Ⓐ, Ⓑ, Ⓒ의 전개도를 ⬆ 면이 전면에 오도록 접은 후 주어진 방향으로 회전하여 아래의 결합 모양과 같이 붙인 그림으로 옳은 것은?

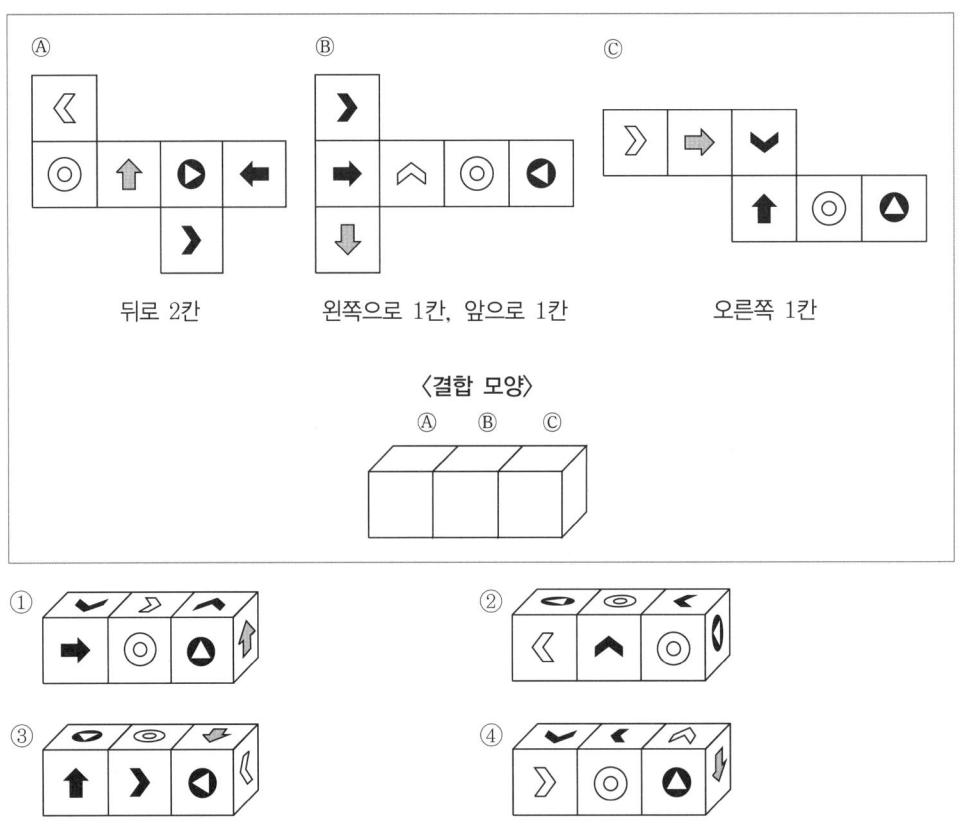

02 다음 전개도로 입체도형을 만들었을 때, 만들어질 수 없는 것은?

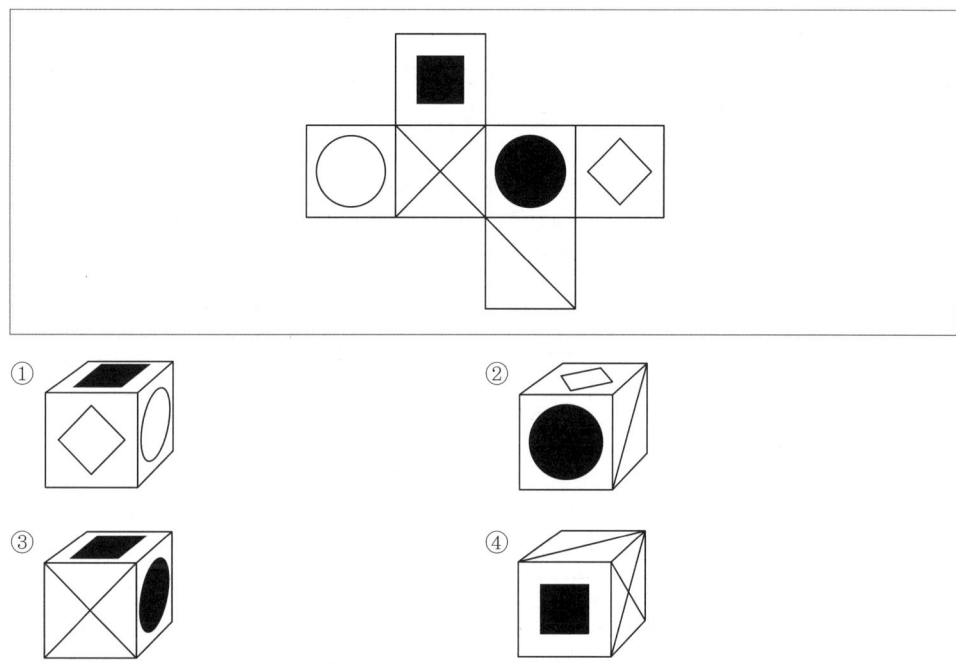

03 다음과 같이 종이를 접을 때, 나올 수 있는 뒷면의 모양은?

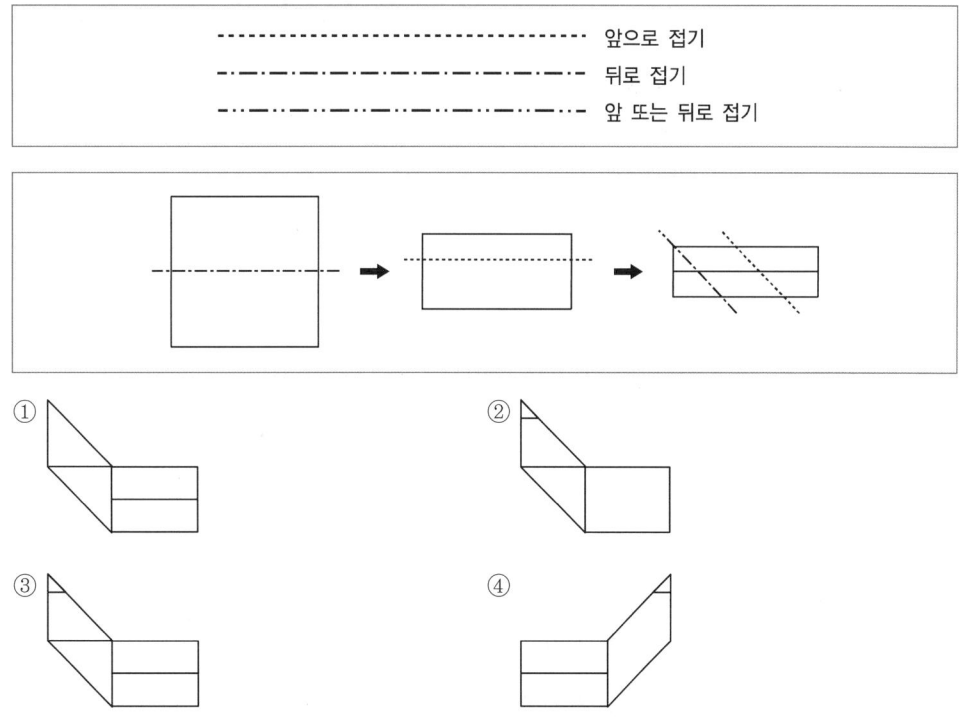

05 문제해결력

01 올해 B사에 입사한 신입직원 갑~기 6명과 이들이 배치될 부서에 대한 정보가 다음과 같을 때, 신입직원과 배치될 부서가 잘못 연결된 것은?

- 신입직원들은 서로 다른 부서에 배치되며, 배치되지 않는 신입직원은 없다.
- 신입직원들은 각자의 정보가 부서별 요구사항을 충족할 시에만 해당 부서에 배치된다.
- 신입직원들에 대한 정보는 다음과 같다.

구분	전공	학위	인턴 경험	업무역량		
				데이터분석	재무분석	제2외국어
갑	경영	학사	○	×	×	○
을	인문	석사	×	○	×	×
병	공학	학사	○	×	○	×
정	사회	학사	○	×	○	○
무	공학	학사	×	○	×	×
기	경영	박사	×	×	○	×

- 부서별 신입직원 요구사항은 다음과 같다.

구분	요구사항
총무부	경영 전공자, 인턴 경험 보유
투자전략부	재무분석 가능, 석사 이상
인사부	인턴 등 조직 경험 1회 이상
대외협력부	제2외국어 가능자
품질관리부	석사 이상, 데이터분석 역량 보유
기술개발부	데이터분석 가능자

	신입직원	부서
①	기	투자전략부
②	갑	대외협력부
③	을	품질관리부
④	무	기술개발부

02 다음 명제가 모두 참일 때, 참이 아닌 것은?

- 농구를 잘하면, 키가 크다.
- 키가 크면, 운동신경이 좋다.

① 운동신경이 좋지 않으면 농구를 잘 못한다.
② 운동신경이 좋지 않으면 키가 크지 않다.
③ 운동신경이 좋으면 농구를 잘한다.
④ 키가 크지 않으면 농구를 잘 못한다.

03 A ~ C 3명이 폭력 사건의 용의자로 지목되었다. 이들의 진술은 다음과 같으며 가해자는 거짓을, 가해자가 아닌 사람은 진실을 말한다고 할 때, 가해자인 것이 확실한 사람과 가해자가 아닌 것이 확실한 사람이 바르게 연결된 것은?

> • A : 우리 3명 중 정확히 1명이 거짓말을 하고 있다.
> • B : 우리 3명 중 정확히 2명이 거짓말을 하고 있다.
> • C : A, B 중 정확히 1명이 거짓말을 하고 있다.

	가해자인 것이 확실	가해자가 아닌 것이 확실
①	A	C
②	B	없음
③	B	A, C
④	A, C	B

04 A ~ D 네 명은 한 판의 가위바위보를 한 후 그 결과에 대해 다음과 같이 각각 두 가지의 진술을 하였다. 두 가지의 진술 중 하나는 반드시 참이고, 하나는 반드시 거짓이라고 할 때, 항상 참인 것은?

> • A : C는 B를 이길 수 있는 것을 냈고, B는 가위를 냈다.
> • B : A는 C와 같은 것을 냈지만, A가 편 손가락의 수는 나보다 적었다.
> • C : B는 바위를 냈고, 그 누구도 같은 것을 내지 않았다.
> • D : A, B, C 모두 참 또는 거짓을 말한 순서가 동일하다. 이 판은 승자가 나온 판이었다.

① B와 같은 것을 낸 사람이 있다.
② 보를 낸 사람은 한 명이다.
③ D는 혼자 가위를 냈다.
④ B가 기권했다면 가위를 낸 사람이 지는 판이다.

CHAPTER 04 2021년 기출복원문제

※ 정답 및 해설은 기출복원문제 바로 뒤 p.063에 있습니다.

01 언어논리력

01 다음 중 띄어쓰기가 옳지 않은 것은?
① 모르는 것이 약이다.
② 떠나는 걸 보지 못했다.
③ 이제 다 끝난걸 뭐.
④ 여름 내 가물어서 강이 말랐다.

02 다음 중 본격적인 추위가 시작되는 절기는?
① 처서
② 소만
③ 소한
④ 입동

02 이해력

01 다음 글의 중심 내용으로 가장 적절한 것은?

> 동양 사상이라 해서 언어와 개념을 무조건 무시하는 것은 결코 아니다. 만약 그렇다면 동양 사상은 경전이나 저술을 통해 언어화되지 않고 순전히 침묵 속에서 전수되어 왔을 것이다. 물론 이것은 사실이 아니다. 동양 사상도 끊임없이 언어적으로 다듬어져 왔으며 논리적으로 전개되어 왔다. 흔히 동양 사상은 신비주의적이라고 말하지만 이것은 동양 사상의 한 면만을 특정 짓는 것이지, 결코 동양의 철인(哲人)들이 사상을 전개함에 있어 논리를 무시했다거나 항시 어떤 신비적인 체험에 호소해서 자신의 주장들을 폈다는 것을 뜻하지는 않는다. 그러나 역시 동양 사상은 신비주의적임에 틀림없다. 거기서는 지고(至高)의 진리란 언제나 언어화될 수 없는 어떤 신비한 체험의 경지임이 늘 강조되어 왔기 때문이다. 최고의 진리는 언어 이전, 혹은 언어 이후의 무언(無言)의 진리이다. 엉뚱하게 들리겠지만 동양 사상의 정수(精髓)는 말로써 말이 필요 없는 경지를 가리키려는 데에 있다고 해도 과언이 아니다. 말이 스스로 부정하고 초월하는 경지를 나타내도록 사용된 것이다. 언어로써 언어를 초월하는 경지를 나타내고자 하는 것이야말로 동양 철학이 지닌 가장 특징적인 정신이다. 동양에서는 인식의 주체를 심(心)이라는 매우 애매하면서도 포괄적인 말로 이해해 왔다. 심(心)은 물(物)과 항시 자연스러운 교류를 하고 있으며 이성은 단지 심(心)의 일면일 뿐인 것이다. 동양은 이성의 오만이라는 것을 모른다. 지고의 진리, 인간을 살리고 자유롭게 하는 생동적 진리는 언어적 지성을 넘어선다는 의식이 있었기 때문일 것이다. 언어는 언제나 마음을 못 따르며 둘 사이에는 항시 괴리가 있다는 생각이 동양인들의 의식 저변에 깔린 것이다.

① 동양 사상은 신비주의적인 요소가 많다.
② 언어와 개념을 무시하면 동양 사상을 이해할 수 없다.
③ 동양 사상은 언어적 지식을 초월하는 진리를 추구한다.
④ 인식의 주체를 심(心)으로 표현하는 동양 사상은 이성적이라 할 수 없다.

02 다음 밑줄 친 '정원'에 대한 설명으로 적절하지 않은 것은?

> 야생의 자연이라는 이상을 고집하는 자연 애호가들은 인류가 자연과 내밀하면서도 창조적인 관계를 맺었던 반(反)야생의 자연, 즉 '정원'을 간과한다. 정원은 울타리를 통해 농경지보다 야생의 자연과 분명한 경계를 긋는다. 집약적인 토지 이용이라는 전통은 정원에서 시작되었다. 정원은 대규모의 농경지 경작이 행해지지 않은 원시적인 문화에서도 발견된다. 만여 종의 경작용 식물들은 모두 대량 생산에 들어가기 전에 정원에서 자라는 단계를 거쳐온 것으로 보인다.
> 농업경제의 역사에서 정원이 갖는 의미는 시대와 지역에 따라 매우 달랐다. 좁은 공간에서 집약적인 농사를 짓는 지역에서는 농부가 곧 정원사였다. 반면 예전의 독일 농부들은 정원이 곡물 경작에 사용될 퇴비를 앗아가므로 정원을 악으로 여기기도 했다. 하지만 여성들의 입장은 지역적인 편차가 없었다. 아메리카의 푸에블로 인디언부터 근대 독일의 농부 집안까지 정원은 농업 혁신에 주도적인 역할을 해온 여성들에게는 자신들의 제국이자 자존심이었다. 그곳에는 여성들이 경험을 통해 쌓은 지식 전통이 살아 있었다. 환경사에서 여성이 갖는 특별한 역할의 물질적 근간은 대부분 정원에서 발견된다. 지난 세기들의 경우 이는 특히 여성 제후들과 관련되어 있으며 자료가 풍부하다. 작센의 여성 제후인 안나는 식물에 관한 지식을 늘 공유했던 긴밀하고도 광범위한 사회적 네트워크를 가지고 있었는데, 그중에는 식물 경제학에 관심이 깊은 고귀한 신분의 여성들도 많았으며 수도원 소속의 여성들도 있었다.
> 여성들이 정원에서 쌓은 경험의 특징은 무엇일까? 정원에서는 땅을 면밀히 살피고 손으로 흙을 부스러뜨리는 습관이 생겨났을 것이다. 정원에서 즐겨 이용되는 삽도 다양한 토질의 층을 자세히 연구하도록 부추겼을 것이 분명하다. 넓은 경작지보다는 정원에서 땅을 다룰 때 더 아끼고 보호했을 것이다. 정원이라는 매우 제한된 공간에는 옛날에도 충분한 퇴비를 줄 수 있었다. 경작지보다도 다양한 종류의 퇴비로 실험할 수 있었고 새로운 작물을 키우며 경험을 수집할 수 있었다. 정원은 좁은 공간에서 다양한 식물이 자라기 때문에 모든 종류의 식물들이 서로 잘 지내지는 않는다는 사실에도 주의를 기울였다. 이는 식물 생태학의 근간을 이루는 통찰이었다.
> 결론적으로 정원은 여성들이 주도가 되어 토양과 식물을 이해하고, 농경지 경작에 유용한 지식과 경험을 배양할 수 있는 좋은 장소였다.

① 울타리를 통해 야생의 자연과 분명한 경계를 긋는다.
② 집약적 토지 이용의 전통이 시작된 곳으로 원시적인 문화에서도 발견된다.
③ 시대와 지역에 따라 정원에 대한 여성들의 입장이 달랐다.
④ 정원에서는 모든 종류의 식물들이 서로 잘 지내지는 않는다.

03 다음 글의 내용으로 적절하지 않은 것은?

> 위기지학(爲己之學)이란 15세기의 사림파 선비들이 『소학(小學)』을 강조하면서 내세운 공부 태도를 가리킨다. 원래 이 말은 위인지학(爲人之學)과 함께 『논어(論語)』에 나오는 말이다. '옛날에 공부하던 사람들은 자기를 위해 공부했는데, 요즘 사람들은 남을 위해 공부한다.', 즉 공자는 공부하는 사람의 관심이 어디에 있느냐를 가지고 학자를 두 부류로 구분했다. 어떤 학자는 '위기(爲己)란 자아가 성숙하는 것을 추구하며, 위인(爲人)이란 남들에게서 인정받기를 바라는 태도'라고 했다.
> 조선시대를 대표하는 지식인 퇴계 이황(李滉)은 이렇게 말했다. "위기지학이란 우리가 마땅히 알아야 할 바가 도리이며, 우리가 마땅히 행해야 할 바가 덕행이라는 것을 믿고, 가까운 데서부터 착수해 나가되 자신의 이해를 통해서 몸소 실천하는 것을 목표로 삼는 공부이다. 반면 위인지학이란 내면의 공허함을 감추고 관심을 바깥으로 돌려 지위와 명성을 취하는 공부이다." 위기지학과 위인지학의 차이는 공부의 대상이 무엇이냐에 있다기보다 공부를 하는 사람의 일차적 관심과 태도가 자신을 내면적으로 성숙시키는 데 있느냐 아니면 다른 사람으로부터 인정을 받는 데 있느냐에 있다는 것이다. 이것은 학문의 목적이 외재적 가치에 의해서가 아니라 내재적 가치에 의해서 정당화된다는 사고방식이 나타났음을 뜻한다. 이로써 당시 사대부들은 출사(出仕)를 통해 정치에 참여하는 것 외에 학문과 교육에 종사하면서도 자신의 사회적 존재 의의를 주장할 수 있다고 믿었다. 더 나아가 학자 또는 교육자로서 사는 것이 관료 또는 정치가로서 사는 것보다 훌륭한 것이라고 주장할 수 있게 되었다. 또한 위기지학의 출현은 종래 과거제에 종속되어 있던 교육에 독자적 가치를 부여했다는 점에서 역사적 사건으로 평가받아 마땅하다.

① 국가가 위기지학을 권장함으로써 그 위상이 높아졌다.
② 위인지학을 추구하는 사람들은 체면과 인정을 중시했다.
③ 위기적 태도를 견지한 사람들은 자아의 성숙을 추구했다.
④ 공자는 학문을 대하는 태도를 기준으로 삼아 학자들을 나누었다.

03 수리력

01 아버지와 어머니의 나이 차는 4세이고 형과 동생의 나이 차는 2세이다. 또한 아버지와 어머니의 나이의 합은 형의 나이보다 6배 많다. 형과 동생의 나이의 합이 40세라면, 아버지의 나이는?(단, 아버지가 어머니보다 나이가 더 많다)

① 59세　　　　　　　　　　② 60세
③ 63세　　　　　　　　　　④ 65세

02 지윤이는 농도 5%의 오렌지 주스와 농도 11%의 오렌지 주스를 섞어서 농도 8%의 오렌지 주스 400g을 만들려고 한다. 이때 농도 11%의 오렌지 주스는 몇 g을 섞어야 하는가?

① 150g　　　　　　　　　　② 170g
③ 190g　　　　　　　　　　④ 200g

03 대학 서적을 도서관에서 빌리면 10일간 무료이고 그 이상은 하루에 100원의 연체료가 부과되며 연체료가 부과되는 시점부터 한 달 단위마다 연체료는 두 배로 늘어난다. 1학기 동안 대학 서적을 도서관에서 빌려 사용하는 데 드는 비용은?(단, 1학기의 기간은 15주이고, 한 달은 30일이다)

① 18,000원 ② 20,000원
③ 23,000원 ④ 25,000원

04 다음 그림과 같이 정육면체 4개가 붙어 있다. 점 A에서 점 B로 가는 최단 경로의 수는?

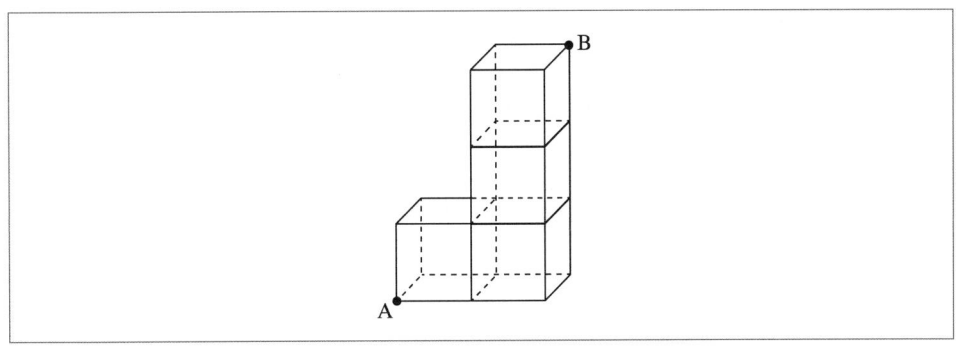

① 38가지 ② 40가지
③ 42가지 ④ 44가지

04 공간지각력

01 다음과 같이 종이를 접을 때, 나올 수 있는 뒷면의 모양은?

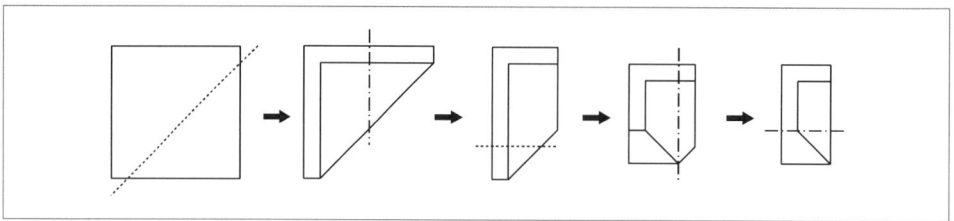

① 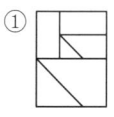   ②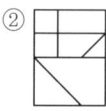

③ 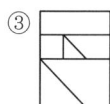   ④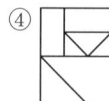

02 다음 중 제시된 도형과 같은 것은?

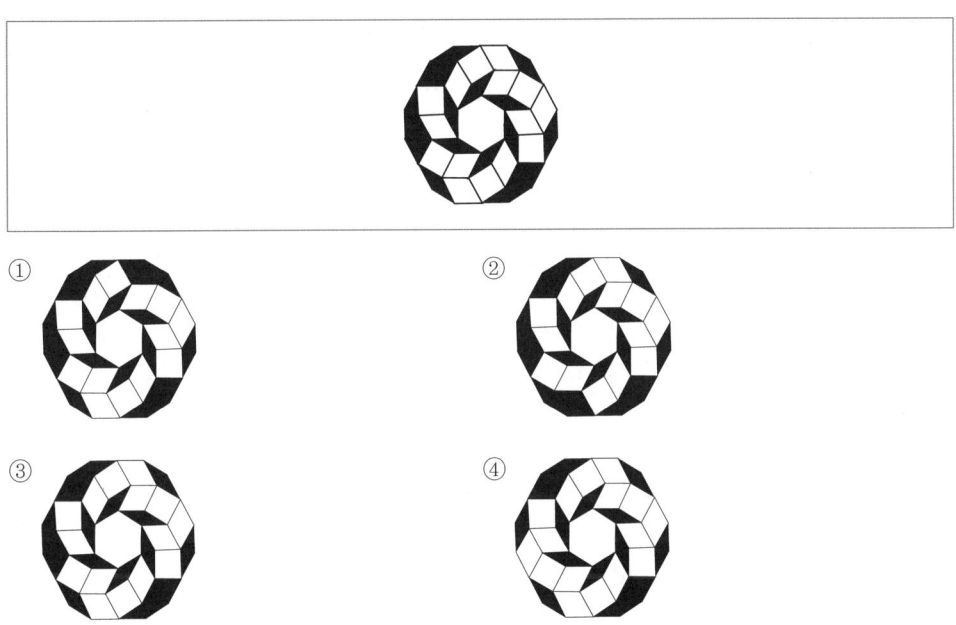

03 다음 도형을 시계 방향으로 270° 회전한 후, 시계 반대 방향으로 90° 회전한 모양은?

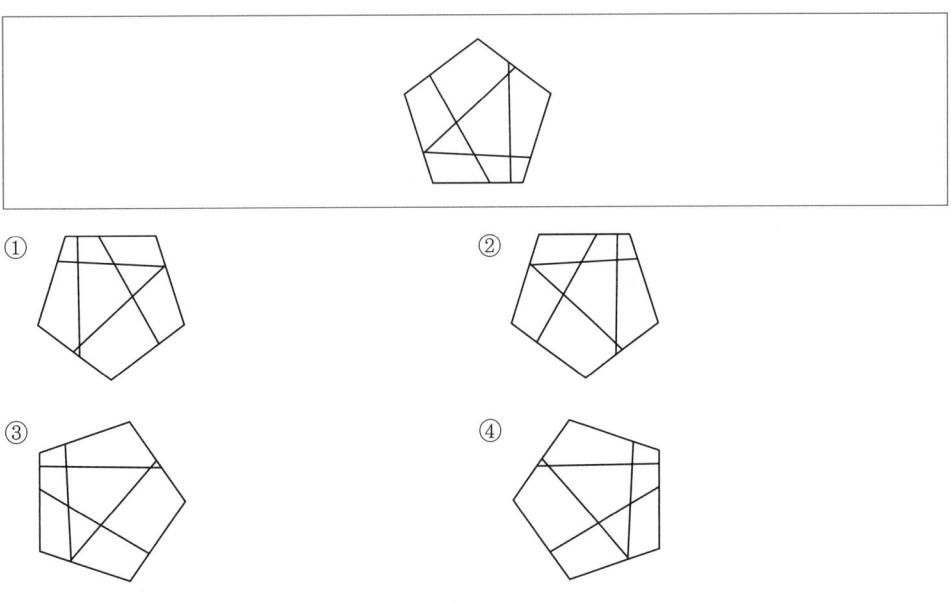

05 문제해결력

01 다음 〈조건〉을 바탕으로 추론할 때, 항상 거짓이 되는 것은?

> **조건**
> - 6대를 주차할 수 있는 2행 3열로 구성된 Z주차장이 있다.
> - Z주차장에는 자동차 a, b, c, d가 주차되어 있다.
> - 1행과 2행에 빈자리가 한 곳씩 있다.
> - a자동차는 대각선을 제외하고 주변에 주차된 차가 없다.
> - b자동차와 c자동차는 같은 행 바로 옆에 주차되어 있다.
> - d자동차는 1행에 주차되어 있다.

① b자동차의 앞 주차공간은 비어있다.
② c자동차의 옆 주차공간은 빈자리가 없다.
③ a자동차는 2열에 주차되어 있다.
④ a자동차와 d자동차는 같은 행에 주차되어 있다.

02 다음 〈조건〉 중 적어도 하나는 옳고 하나는 틀릴 때, 영철이의 강아지 색은?(단, 강아지는 흰색·검정색·노란색 중 하나이다)

> **조건**
> - 강아지는 검정색이 아니다.
> - 강아지는 흰색이거나 노란색이다.
> - 강아지는 흰색이다.

① 흰색
② 검정색
③ 노란색
④ 알 수 없음

03 다음은 A~D사의 남녀 직원 비율을 나타낸 자료이다. 이에 대한 설명으로 옳지 않은 것은?

〈회사별 남녀 직원 비율〉
(단위 : %)

구분	A사	B사	C사	D사
남	60	40	45	38
여	40	60	55	62

① 여직원 대비 남직원 비율이 가장 높은 회사는 A사이며, 가장 낮은 회사는 D사이다.
② B, C, D사의 여직원 수의 합은 남직원 수의 합보다 크다.
③ A사의 남직원이 B사의 여직원보다 많다.
④ A, B사의 전체 직원 중 남직원이 차지하는 비율이 55%라면 A사의 전체 직원 수는 B사 전체 직원 수의 3배이다.

04 다음은 동북아시아 3개국 수도의 30년간의 인구 변화를 나타낸 자료이다. 이에 대한 설명으로 옳지 않은 것은?

〈동북아시아 3개국 수도 인구수〉
(단위 : 십만 명)

구분	1990년	2000년	2010년	2020년
서울	80	120	145	180
도쿄	50	80	158	205
베이징	300	330	356	360

① 2010년을 기점으로 인구수가 2번째로 많은 도시가 바뀐다.
② 세 도시 중 해당 기간 동안 인구가 감소한 도시가 있다.
③ 1990년 대비 2000년의 서울의 인구 증가율은 50%이다.
④ 2000년 대비 2010년의 인구 증가폭은 도쿄가 가장 높다.

CHAPTER 05 2020년 기출복원문제

※ 정답 및 해설은 기출복원문제 바로 뒤 p.066에 있습니다.

01 언어논리력

01 다음 중 밑줄 친 부분의 맞춤법이 옳은 것은?

① 취업이 안 돼 부모님을 <u>찾아뵐</u> 면목이 없다.
② 선생님, 내일 수업 시간에 <u>봬요</u>.
③ 교수님 얼굴을 <u>뺀</u> 지 너무 오래되었다.
④ 할머니, 다음 달에 또 <u>찾아뵙겠습니다</u>.

02 다음 문단을 논리적 순서대로 바르게 나열한 것은?

(가) 심리학자 와이너는 부정적인 경험을 한 상황을 어떻게 해석하느냐에 따라 이러한 공포증이 생길 수도 있고 그렇지 않을 수도 있다고 한다.
(나) 일반적인 사람들도 공포증을 유발하는 대상을 접하면서 부정적인 경험을 할 수 있지만 공포증으로까지 이어지는 경우는 드물다.
(다) 부정적인 경험을 하더라도 상황을 가변적으로 해석하는 사람보다 고정적으로 해석하는 사람은 공포증이 생길 확률이 높다.
(라) '공포증'이란 특정 대상에 대한 과도한 두려움으로 그 대상을 계속해서 피하게 되는 증세를 말한다.

① (가) - (나) - (다) - (라)
② (나) - (라) - (가) - (다)
③ (다) - (나) - (라) - (가)
④ (라) - (나) - (가) - (다)

02 이해력

01 다음 글의 '패시브 하우스'에 대한 설명으로 적절하지 않은 것은?

'패시브 하우스(Passive House)'는 단열을 강화하여 에너지 손실을 최대한 줄인 건축물이다. 이 건축물은 실내의 에너지 손실을 최소화하면서도 햇빛과 신선한 공기를 공급받을 수 있고, 습도 조절을 잘 할 수 있도록 설계된 것이다.

패시브 하우스는 특히 겨울철에 건물 안으로 들어온 에너지와 안에서 발생한 에너지가 오랫동안 건물 안에 머물러 있도록 만들어졌다. 에너지 손실을 최소화하기 위해서는 열이 빠져나가지 않게 전체 단열 계획을 잘 짠 다음 까다로운 기준에 부합하는 특수 단열재로 시공해야 한다.

건물의 실내에는 신선한 공기가 공급되어야 한다. 일반적인 건물은 창문을 열거나 환풍기를 돌려서 신선한 공기를 공급받지만 패시브 하우스에서는 그렇게 할 수 없다. 왜냐하면 외부 공기가 공급되면 실내 에너지가 빠져 나가기 때문이다. 이러한 문제는 나가는 공기가 품고 있는 에너지를 들어오는 공기가 회수해 올 수만 있으면 해결할 수 있다. 패시브 하우스에서 이 일을 가능하게 해주는 것이 열 교환 환기 장치이다. 이 장치는 주로 실내 바닥이나 벽면에 설치하는데 실내의 각 방과 실외로 연결되는 배관을 따로 시공하여 실내외 공기를 교환한다. 구성 요소는 팬, 열 교환 소자, 공기 정화 필터, 외부 후드 등이다.

그중 핵심 요소인 열 교환 소자는 열과 수분의 투과율을 높이기 위해 열전도율이 뛰어나도록 만든다. 실내외의 공기가 나가고 들어올 때 이 열 교환 소자를 통과하는데, 그 과정에서 실내 공기의 주 오염원인 CO_2는 통과시켜 배출한다. 하지만 열 교환 소자는 나가는 공기가 지니고 있던 80% 내외의 열과 수분을 배출하지 않고 투과시켜 들어오는 공기와 함께 실내로 되돌아오게 한다. 이러한 장치 덕분에 창을 열지 않아도 환기가 가능하다. 실외의 황사나 꽃가루 등은 공기 정화 필터로 걸러지므로 외부로부터 신선한 공기를 공급 받을 수 있다.

햇빛을 통한 에너지 공급도 건물에서는 중요하다. 햇빛은 창호를 통해 들어오는데 여기서 에너지의 손실 방지와 햇빛의 공급 사이에 모순이 생긴다. 일반적으로 실내에 햇빛을 많이 공급하기 위해서는 두께가 얇은 유리나 창호지를 사용해야 한다. 그러나 두께가 얇을수록 에너지의 손실이 더 커질 수 밖에 없다. 패시브 하우스에서는 이 문제를 해결하기 위해서 3중 로이유리(Low-E Glass)를 사용한다. 이것에는 두께가 얇고 투명한 유리 세 장에 에너지 흐름을 줄이는 금속 막이 씌워져 있고, 이들 유리 사이에는 무거운 기체가 채워져 있다. 투명한 유리는 햇빛을 많이 통과시키고, 금속 막과 무거운 기체는 실내 에너지가 빠져나가는 것을 막는다.

습도 조절도 중요한 요소이다. 일반 건물에서 습도 조절이 제대로 이루어지지 않아 곰팡이가 피는 것은 외부 공기가 스며들어 벽체 표면의 습도를 높이기 때문이다. 또 곰팡이는 집 안 전체의 습도가 아주 높거나, 전체 습도는 낮고 벽체 표면이나 벽체 속의 습도가 높아도 생긴다. 그러나 패시브 하우스는 밀폐성과 단열성이 뛰어나 겨울철 벽체의 온도와 실내 온도가 거의 비슷하기 때문에 이슬 맺힘이나 곰팡이가 생기지 않는다.

① 외부 후드를 설치하여 실내 습도를 조절한다.
② 황사나 꽃가루가 실내로 유입되는 것을 차단한다.
③ 특수 단열재를 사용해 내부의 열 손실을 최소화한다.
④ 두께가 얇은 3중 로이유리를 활용하여 에너지 손실을 막는다.

02 다음 글을 통해 글쓴이가 말하고자 하는 것은?

> 어떤 사회 현상이 나타나는 경우 그러한 현상은 '제도'의 탓일까, 아니면 '문화'의 탓일까? 이 논쟁은 정치학을 비롯한 모든 사회과학에서 두루 다루는 주제이다. 정치학에서 제도주의자들은 보다 선진화된 사회를 만들기 위해서 제도의 정비가 중요하다고 주장한다. 하지만 문화주의자들은 실제적인 '운용의 묘'를 살리는 문화가 제도의 정비보다 중요하다고 주장한다.
>
> 문화주의자들은 문화를 가치, 신념, 인식 등의 총체로서 정치적 행동과 행위를 특정한 방향으로 움직여 일정한 행동 양식을 만들어내는 것으로 정의한다. 이러한 문화에 대한 정의를 바탕으로 이들은 국민이 정부에게 하는 정치적 요구인 투입과 정부가 생산하는 정책인 산출을 기반으로 정치 문화를 편협형, 신민형, 참여형의 세 가지로 유형화하였다.
>
> 편협형 정치 문화는 투입과 산출에 대한 개념이 모두 존재하지 않는 정치 문화이다. 투입이 없으며 정부도 산출에 대한 개념이 없어서 적극적 참여자로서의 자아가 있을 수 없다. 사실상 정치 체계에 대한 인식이 국민들에게 존재할 수 없는 사회이다. 샤머니즘에 의한 신정 정치, 부족 또는 지역 사회 등 전통적인 원시 사회가 이에 해당한다.
>
> 다음으로 신민형 정치 문화는 투입이 존재하지 않으며, 따라서 적극적 참여자로서의 자아가 형성되지 못한 사회이다. 이런 상황에서 산출이 존재한다는 의미는 국민이 정부가 해주는 대로 받는다는 것을 의미한다. 이들 국민은 정부에 복종하는 성향이 강하다. 하지만 편협형 정치 문화와 달리 이들 국민은 정치 체계에 대한 최소한의 인식은 있는 상태이다. 일반적으로 독재 국가의 정치 체계가 이에 해당한다.
>
> 마지막으로 참여형 정치 문화는 국민들이 자신들의 요구 사항을 표출할 줄도 알고, 정부는 그러한 국민들의 요구에 응답하는 사회이다. 따라서 국민들은 적극적인 참여자로서의 자아가 형성되어 있으며, 그러한 적극적 참여자들로 형성된 정치 체계가 존재하는 사회이다. 이는 선진 민주주의 사회로서 현대의 바람직한 민주주의 사회상이다.
>
> 정치 문화 유형 연구는 어떤 사회가 민주주의를 제대로 구현하기 위해서 우선적으로 필요한 것이 무엇인가 하는 질문에 대한 답을 제시하고 있다. 문화주의자들은 국가를 특정 제도의 장단점에 의해서가 아니라 국가의 구성 요소들이 민주주의라는 보편적인 목적을 위해 얼마나 잘 기능하고 있는가를 기준으로 평가하고 있는 것이다.

① 정치의 발전을 위해서는 국민이 적극적으로 정치에 참여해야 한다.
② 정치 제도보다 정치 제도를 운용하는 운용자의 가치관이 중요하다.
③ 정치 문화의 유형을 구분하는 기준을 투입에서 산출로 바꾸어야 한다.
④ 정부가 정치에 과도하게 개입하는 것은 정치 발전에 도움이 되지 않는다.

03 수리력

01 아버지와 아들의 나이의 합은 나이 차이의 2배이다. 아버지의 나이가 42세일 때, 아들의 나이는?

① 11세 ② 12세
③ 13세 ④ 14세

02 B사는 직원 휴게실의 앞문과 뒷문에 화분을 각각 1개씩 배치하려고 한다. 가지고 있는 화분을 배치하는 방법이 총 30가지일 때, 전체 화분의 개수는?(단, 화분의 종류는 모두 다르다)

① 6개 ② 7개
③ 8개 ④ 9개

03 어떤 부품공장에서 분당 100개의 나사를 생산하는 A기계와 분당 150개의 나사를 생산하는 B기계가 있다. 두 기계가 총 15,000개의 나사를 동시에 생산하는 데 걸리는 시간은?

① 1시간 ② 2시간
③ 3시간 ④ 4시간

04 공간지각력

01 다음과 같이 종이를 접을 때, 나올 수 있는 모양으로 옳지 않은 것은?

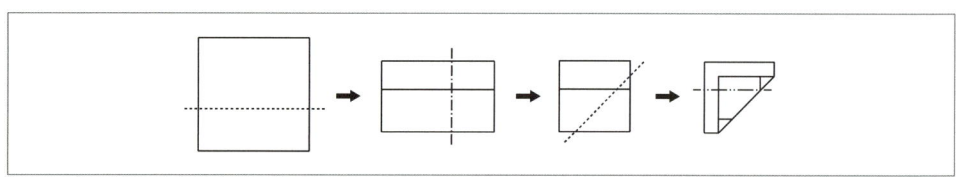

① 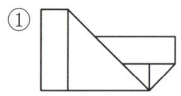 ②

③ 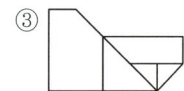 ④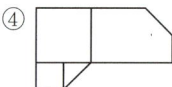

02 다음 전개도로 입체도형을 만들 때, 만들어질 수 있는 것은?

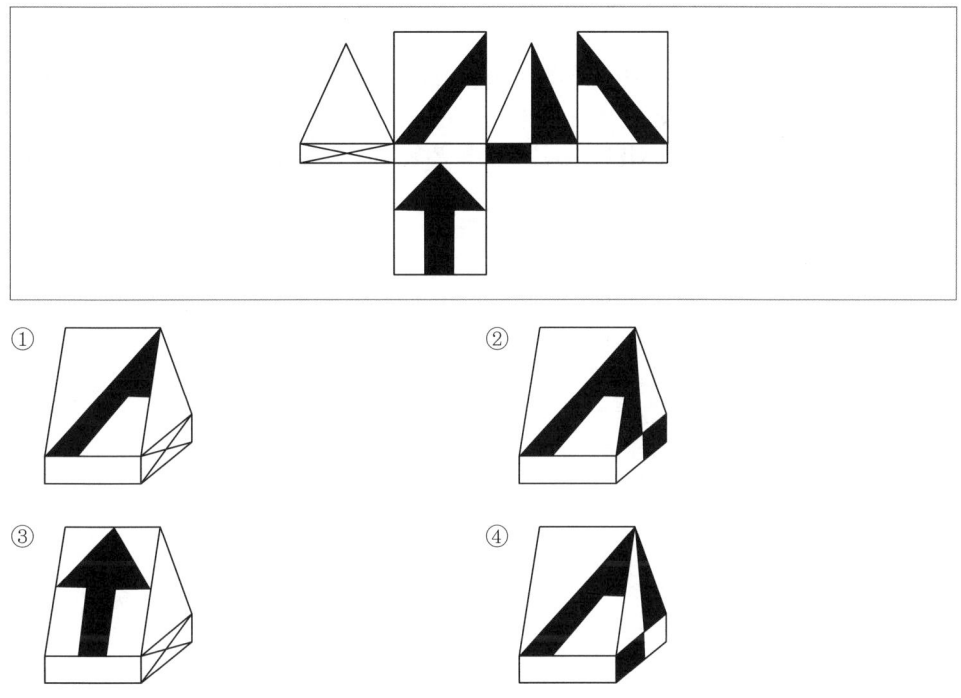

03 다음과 같은 직육면체 모양의 그릇을 기울여 액체를 담았을 때, 액체의 부피는?

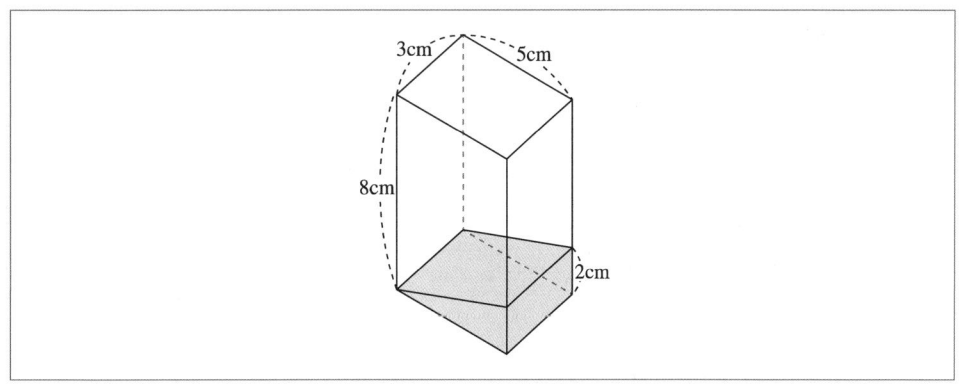

① 15cm³
② 20cm³
③ 24cm³
④ 32cm³

05 문제해결력

01 동아리 회비를 담당하고 있는 F팀장은 점심시간 후, 회비가 감쪽같이 사라진 것을 발견했다. 점심시간 동안 사무실에 있었던 사람은 A ~ E 5명이고, 이들 중 2명은 범인, 3명은 범인이 아니다. 범인은 거짓말, 범인이 아닌 사람은 진실을 말한다고 할 때, 다음을 바탕으로 항상 참인 것은?

> • A는 B, D 중 1명이 범인이라고 주장한다.
> • B는 C가 범인이라고 주장한다.
> • C는 B가 범인이라고 주장한다.
> • D는 A가 범인이라고 주장한다.
> • E는 A와 B가 범인이 아니라고 주장한다.

① A와 D 중 범인이 있다.
② B가 범인이다.
③ C와 E가 범인이다.
④ D는 범인이 아니다.

02 Z고등학교 교직원 A ~ J 10명이 점심식사를 하러 가서 다음 〈조건〉에 따라 6인용 원형 테이블 2개에 각각 4명, 6명씩 나눠 앉았다고 할 때, 항상 거짓인 것은?

> **조건**
> • A와 I는 빈 자리 하나만 사이에 두고 앉아 있다.
> • C와 D는 1명을 사이에 두고 앉아 있다.
> • F의 양 옆 중 오른쪽 자리만 비어 있다.
> • E는 C나 D의 옆자리가 아니다.
> • H의 바로 옆에 G가 앉아 있다.
> • H는 J와 마주보고 앉아 있다.

① A와 B는 같은 테이블이다.
② H와 I는 다른 테이블이다.
③ C와 G는 마주보고 앉아 있다.
④ A의 양 옆은 모두 빈자리이다.

CHAPTER 01 　 2024년 기출복원문제 정답 및 해설

01 　 언어논리력

01	02	03	04	05
④	②	③	②	④
06	07			
③	③			

01 정답 ④

'뵈다'는 '보다'의 높임표현으로 '웃어른을 대하여 보다.'라는 뜻이다. '봬다'는 사전에 없는 단어이다. 다만 '뵈어요', '뵈었어요'와 같이 어간 '뵈'에 종결어미 '-어'가 붙을 경우에는 '뵈어'를 줄여 '봬요', '뵀어요'라고 쓸 수 있다.

02 정답 ②

ㄱ 수놈 : '짐승의 수컷'이라는 뜻이다. 이는 수컷을 이르는 접두사는 '수-'로 통일한다는 규정(표준어 규정 제1부 제7항)에 따른 것이다.
ㄴ 뒷심 : '어떤 일을 끝까지 견디어 내거나 끌고 가는 힘'을 뜻한다. 순우리말로 된 합성어로서 앞말이 모음으로 끝난 경우, 뒷말의 첫소리가 된소리로 나는 것은 사이시옷을 받쳐 적는다는 규정(한글 맞춤법 제30항)에 따라 '뒤심'으로 적지 않고 '뒷심'으로 적는다.
ㄷ 산봉우리 : 옳은 표현이다. '봉우리'는 '산에서 뾰족하게 높이 솟은 부분'을 뜻하는 단어이다.
ㄹ 꽃봉오리 : 옳은 표현이다. '봉오리'는 '망울만 맺히고 아직 피지 아니한 꽃'을 뜻하는 단어이다.

03 정답 ③

견원지간(犬猿之間)은 '개와 원숭이의 사이'라는 뜻으로, 사이가 매우 나쁜 두 관계를 비유적으로 이르는 말이다. 따라서 제시문의 내용과는 전혀 관련이 없는 한자성어이다.

오답분석
① 하석상대(下石上臺) : '아랫돌 빼서 윗돌 괴고 윗돌 빼서 아랫돌 괸다.'라는 뜻으로, 임시변통으로 이리저리 둘러맞춤을 이르는 말이다.
② 미봉지책(彌縫之策) : 눈가림만 하는 일시적인 계책을 이르는 말이다.
④ 고식지계(姑息之計) : '우선 당장 편한 것만을 택하는 꾀나 방법'을 뜻한다. 한때의 안정을 얻기 위하여 임시로 둘러맞추어 처리하거나 이리저리 주선하여 꾸며내는 계책을 이르는 말이다.

04 정답 ②

글쓴이는 회사에서 한 팀을 이끌고 있는 팀장이다. 팀장으로서 팀원들의 여러 의견을 경청하고 참고하는 것은 분명 중요한 일이다. 하지만 의견이 하나씩 나올 때마다 기획안의 방향이나 본인의 입장을 바꾸는 등 중심이 잡히지 않은 모습을 보이고 있다. 따라서 이에 대한 관용 표현으로 '귀가 얇다.'가 가장 적절하다.

05 정답 ④

ㄹ은 제시문을 관통하는 내용으로 앞의 세 문단을 뒷받침하며 결론을 짓는 문장이다. 따라서 삭제하지 않고 그대로 두는 것이 적절하다.

오답분석
① ㄱ은 앞 문장의 내용을 불필요하게 반복하고 있으므로 삭제하는 것이 적절하다.
② ㄴ은 유튜버와 전기수 모두 그들만의 매력과 화술, 구성력으로 청중을 영상과 낭독에 몰입시킨다는 의미이므로 문맥상 '청중을 몰입시키고'로 수정하는 것이 적절하다.
③ 세 번째 문단은 유튜버와 전기수의 차이점에 대해 설명한다. ㄷ은 앞의 유튜버와는 다른 전기수만의 특징을 설명하는 문장이므로 '반면'으로 바꾸는 것이 적절하다.

06 정답 ③

제시문에서는 갈등을 피하기보다 그것을 관계 회복의 기회로 삼는 능동적인 자세를 강조한다. '먼저 말 한마디 건네는 용기', '단절의 분위기를 바꾼다', '작은 행동 하나가 전환점이 된다'는 표현들과 잘 연결되기 위해서는 실천적인 태도가 필요하다. 이러한 문맥과 가장 자연스럽게 이어지는 내용은 '먼저 손을 내밀어라'이다.

07 정답 ③

'강제 조치'는 인권 침해 논란이 있을 수 있으며, 예방접종은 자율성이 중요한 분야이므로 논지의 일관성과 설득력을 오히려 해칠 수 있다. 따라서 ③은 부적절한 보완이다.

[오답분석]
① 서론에 통계 자료를 제시하면 문제의 심각성을 구체적으로 보여줄 수 있어 타당한 보완이다.
② 본론에서 실제 사례를 들어 대상자 선정 문제의 구체성을 강화하는 것은 적절하다.
④ 결론에서 서비스 개선의 당위성을 강조하는 것은 글의 주장 전개에 있어 자연스럽고 타당하다.

02 이해력

01	02	03		
①	③	①		

01 정답 ①

아리스토텔레스는 '공동체 속에서만' 본성과 가치를 실현할 수 있다고 했다. 따라서 고립된 상황에서도 덕을 실현할 수 있다는 ①은 글의 내용으로 적절하지 않다.

[오답분석]
② 두 번째 문단에서 홉스는 자연 상태의 갈등을 줄이기 위해 '강력한 권력'이 필요하다고 했다. 이는 통제 장치의 필요성을 의미하므로 적절하다.
③ 세 번째 문단의 '무리한 친밀함은 오히려 해로울 수 있다.'라는 쇼펜하우어의 입장과 정확히 일치한다.
④ 마지막 문단의 '그 어느 쪽이 정답이라고 단정하기보다는', '끊임없이 조율해 나가야 할 과제'라는 표현이 이를 뒷받침한다.

02 정답 ③

③은 플라시보 소비의 특징인 가심비, 즉 심리적 만족감보다는 상품의 가격을 중시하는 가성비에 따른 소비에 가깝다고 볼 수 있다.

03 정답 ①

'미국 사회에서 동양계 ~ 구성된다.'에 따르면 '모범적 소수 인종'의 인종적 정체성은 백인의 특성이 장점이라고 생각하는 것과 동양인의 특성이 단점이라고 생각하는 것의 사이에서 구성된다. 따라서 '모범적 소수 인종'은 특유의 인종적 정체성을 내면화하고 있음을 추론할 수 있다.

[오답분석]
② 제시문의 논점은 '동양계 미국인 학생들(모범적 소수 인종)'이 성공적인 학교 생활을 통해 주류 사회에 동화되고 있는 것이 사실인지 여부이다. 또한 그에 따라 사회적 삶에서 인종주의의 영향이 약화될 수 있는지에 대한 문제이다. 따라서 '모범적 소수 인종'의 성공이 일시적·허구적인지에 대한 논점은 확인할 수 없다.
③ 동양계 미국인 학생들은 인종적인 차별을 의식하고 있다고 말할 수 있지만 소수 인종 모두가 의식하고 있는지는 제시문을 통해서 추론할 수 없다.
④ 인종차별을 의식하는 것은 알 수 있지만 한정된 자원의 배분을 놓고 갈등하는지는 알 수 없다.

03 수리력

01	02	03	04	05
①	③	②	③	③

01
정답 ①

학교까지의 거리는 4km이므로 걸어서 학교까지 가는 데 민재는 4km/h의 속력으로 $\frac{4}{4}=1$시간=60분이 걸리고, 정수는 6km/h의 속력으로 $\frac{4}{6}=\frac{2}{3}$시간=40분이 걸린다.
순수한 이동시간의 차이는 20분이지만, 민재가 정수보다 10분 일찍 출발했으므로 실제 시간차는 20-10=10분이다.
따라서 정수는 민재보다 10분 먼저 도착했다.

02
정답 ③

무궁화호 기차는 3분마다, 새마을호 기차는 5분마다 도착하므로 두 기차는 3과 5의 최소공배수인 15분마다 동시에 도착한다. 두 기차가 처음으로 동시에 도착한 시각이 3시 5분이므로 이 시각을 기점으로 15분마다 동시에 도착한다. 이는 3시 5분부터 4시 20분까지 75분간 15분마다 동시에 도착함을 의미한다.
따라서 동시에 도착하는 횟수는 3시 5분에 처음 만난 횟수를 포함하여 $1+(75 \div 15)=6$회이다.

03
정답 ②

제품의 원가를 x원이라고 하자.
원가에 20% 이윤을 붙인 가격은 $1.2x$원이다. 여기서 10%를 할인한 가격이 61,560원이므로 다음과 같은 식이 성립한다.
$0.9(1.2x)=61,560$
$\rightarrow 1.08x=61,560$
$\therefore x=57,000$
따라서 제품의 원가는 57,000원이다.

04
정답 ③

문제에서 합격률은 1~4교시를 전부 응시한 사람 중 합격자의 비율이라고 했으므로 지역별 지원자 수의 총합은 구할 필요가 없다. 1~4교시를 전부 응시한 사람은 총 1,500+1,200+800=3,500명이다. 최종 합격자 수는 총 360+300+180=840명이다.
따라서 A시험의 합격률은 $\frac{840}{3,500} \times 100=24\%$이다.

05
정답 ③

2021년 대비 2023년 시행기업 수와 참여직원 수의 증가율은 각각 다음과 같다.
- 시행기업 수 증가율 : $\frac{7,686-2,802}{2,802} \times 100 ≒ 174.3\%$
- 참여직원 수 증가율 : $\frac{21,530-5,517}{5,517} \times 100 ≒ 290.2\%$

따라서 2021년 대비 2023년 시행기업 수의 증가율이 참여직원 수의 증가율보다 낮다.

오답분석

① • 2020년 : $\frac{3,197}{2,079} ≒ 1.5$명
 • 2021년 : $\frac{5,517}{2,802} ≒ 2.0$명
 • 2022년 : $\frac{10,869}{5,764} ≒ 1.9$명
 • 2023년 : $\frac{21,530}{7,686} ≒ 2.8$명

따라서 시행기업당 참여직원 수가 가장 많은 해는 2023년이다.

② 2023년 남성육아휴직제 참여직원 수는 2021년의 $\frac{21,530}{5,517}≒3.9$배로 4배 미만이다.

④ 2020~2023년까지 연간 참여직원 수 증가 인원의 평균은 $\frac{21,530-3,197}{3}=6,111$명이다.

04 공간지각력

01	02	03		
②	①	④		

01
정답 ②

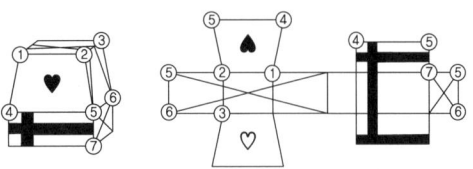

02
정답 ①

- 1층 : 3×4−2=10개
- 2층 : 12−9=3개
- 3층 : 12−11=1개
- ∴ 10+3+1=14개

03
정답 ④

오답분석

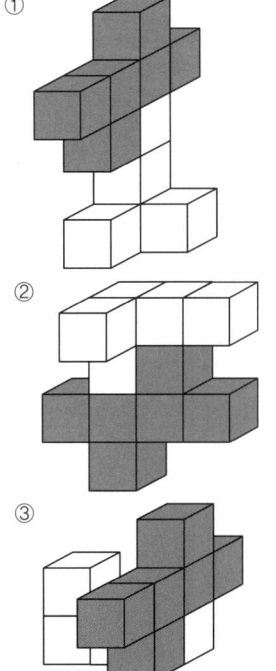

05 문제해결력

01	02	03		
①	②	④		

01
정답 ①

'삶의 목표가 분명하다.'를 p, '편안한 삶을 산다.'를 q, '적극적이다.'를 r이라고 하면, $p \to q$, $r \to p$에 따라 $r \to p \to q$임을 알 수 있다. 따라서 빈칸에 들어갈 명제로 $r \to q$ 또는 $\sim q \to \sim r$이 적절하다.

02
정답 ②

만약 갑의 말이 진실이면 을의 말은 거짓, 병의 말은 진실, 정의 말도 진실, 무의 말은 거짓이 되어 진실을 말한 사람이 3명이 되므로 1명만 진실을 말한다는 조건에 맞지 않는다. 그러므로 갑의 말은 거짓이다.
또한 을이나 무의 말이 진실이라면 병의 말이 진실이 되므로 이 역시 1명만 진실을 말한다는 조건에 어긋나 을과 무의 말 역시 거짓이다.
병의 말이 진실이라면 을의 말은 거짓, 정의 말은 진실이 되므로 병의 말도 거짓이다.
따라서 진실을 말한 사람은 정이고, 갑·을·병·무의 말은 모두 거짓이 되며 병이 모두의 등산스틱을 훔친 범인이다.

03
정답 ④

A의 진술 중 'D가 두 번째로 많이 나왔다.'가 참이라고 가정하면 D, E의 진술 중 'E가 네 번째로 많이 나왔다.'가 거짓이 된다. 그러므로 A가 가장 많이 나오고, D가 두 번째로 많이 나왔다. 그러면 B의 진술이 모두 거짓으로 모순이 된다. 때문에 A의 진술 중 '내가 세 번째로 많이 나왔다.'가 참이다. A가 세 번째로 많이 나왔으므로, C의 진술 중 'B가 제일 적게 나왔다.'가 참이고, E의 진술 중 '내가 네 번째로 많이 나왔다.'가 참이므로 D의 진술 중 'E가 네 번째로 많이 나왔다.'도 참이다. 또한 B의 진술 중 'C가 두 번째로 많이 나왔다.'가 참이 된다. 따라서 핸드폰 요금이 가장 많이 나온 순으로 나열하면 D−C−A−E−B이다.

CHAPTER 02 2023년 기출복원문제 정답 및 해설

01 언어논리력

01	02	03
②	③	①

01   정답 ②

'널찍하다'는 발음 시 자음축약(ㄱ+ㅎ=ㅋ) 현상이 발생하여 [널찌카다]로 발음한다.

오답분석

① 고랭지 : '고(高)'를 접두사처럼 쓰이는 한자어로 보지 않고 한 단어로 본다. 따라서 발음도 [고랭지], 즉 '고랭-지'로 분석되기 때문에 '고냉지'가 아닌 [고랭지]로 적는다.
③ 설거지물 : '설거지'와 '물'이 결합한 단어의 표준 발음은 사잇소리 현상이 일어나지 않는 '설거지물'이므로, 사이시옷 없이 [설거지물]로 발음을 표기한다.
④ 휘발유 : 합성어 및 파생어에서, 앞 단어나 접두사의 끝이 자음이고 뒤 단어나 접미사의 첫음절이 '이, 야, 여, 요, 유'인 경우에는, 'ㄴ' 음을 첨가하여 [니, 냐, 녀, 뇨, 뉴]로 발음한다(표준 발음법 제29항). 또한 'ㄹ' 받침 뒤에 첨가되는 'ㄴ' 음은 [ㄹ]로 발음한다. 따라서 '휘발유'에는 'ㄴ' 소리가 덧나며 '휘발유'는 [휘발뉴]의 'ㄴ'이 자음동화하여 발음되므로 [휘발류]로 발음을 표기한다.

02   정답 ③

'전화위복(轉禍爲福)'은 '재앙과 화난이 바뀌어 오히려 복이 된다.'는 의미로, 어떤 불행한 일을 당하더라도 강인한 의지로 끊임없이 노력하고 힘쓰면 불행을 행복으로 바꾸어 놓을 수 있다는 뜻이다.

오답분석

① 복과화생(福過禍生) : '지나친 행복은 도리어 재앙의 원인이 된다.'는 의미로, 좋은 것도 지나치면 나쁜 결과를 낳을 수 있다는 뜻이다.
② 길흉화복(吉凶禍福) : '길함과 흉함, 불길함과 복스러움'의 의미로, 인간 세상에 존재하는 좋은 일과 나쁜 일, 재앙과 복을 모두 모아 이르는 표현이다.
④ 복생어미(福生於微) : '복은 아주 작은 일에서 생긴다.'는 의미이다.

03   정답 ①

제시문은 신뢰의 중요성에 대해 설명하고 있다. 우선 신뢰에 대한 정의가 나오기 전에 신뢰의 사례로 스위스를 제시하고 있는 (나) 문단이 가장 먼저 오는 것이 적절하다. 다음으로 스위스는 우리나라와 비슷한 점이 많다고 제시하는 (마) 문단이 와야 한다. 그리고 (마) 문단의 마지막 문장에서 글의 핵심 주제인 신뢰를 제시하고 있기 때문에 이어서 신뢰의 의미를 설명하는 (다) 문단이 와야 하며, (다) 문단의 프랜시스 후쿠야마가 말한 신뢰가 낮은 나라의 사례인 (라) 문단이 이어지는 것이 적절하다. 그 다음으로 우리나라의 신뢰를 확보할 수 있는 대안을 설명하는 (가) 문단이 오고, 마지막은 (바) 문단으로 신뢰의 중요성을 강조하는 것이 적절하다.

02 이해력

01	02	03
④	①	④

01   정답 ④

네 번째 문단에서 경쟁 정책의 문제점에 대해 이야기하고 있으나, 구체적인 수치를 언급하고 있지는 않다. 오히려 경쟁으로 인해 소비자가 피해를 보는 구체적인 사례를 통해 경쟁 정책의 문제점을 제시하고 있다.

02   정답 ①

제시문은 유전자 치료를 위해 프로브와 겔 전기영동법을 통해 비정상적인 유전자를 찾아내는 방법을 설명하고 있다. 따라서 글의 주제로 가장 적절한 것은 '유전자 추적의 도구와 방법'이다.

03   정답 ④

두 번째 문단에서 폴리피롤의 사용이 유력시되는 이유가 우수한 생체 적합성과 안전성, 자유로운 이온 출입에 있음을 확인할 수 있다.

03 수리력

01	02	03	04	05
④	①	③	④	②

01 정답 ④

5곳의 배송지에 배달할 때, 첫 배송지와 마지막 배송지 사이에는 4번의 이동이 있다. 이때 총 80분(=1시간 20분)이 걸렸으므로 1번 이동 시에 평균적으로 20분이 걸린다.
따라서 12곳에 배달을 하려면 11번의 이동을 해야 하므로 20×11=220분=3시간 40분이 걸린다.

02 정답 ①

같은 부서 사람이 옆자리에 함께 앉아야 하므로 먼저 부서를 한 묶음으로 생각하고 세 부서를 원탁에 배치하는 경우는 2!=2가지이다. 각 부서 사람끼리 자리를 바꾸는 경우의 수는 $2! \times 2! \times 3! = 2 \times 2 \times 3 \times 2 = 24$가지가 나온다.
따라서 조건에 맞게 7명이 앉을 수 있는 방법은 2×24=48가지이다.

03 정답 ③

제시된 자료는 비율을 나타내기 때문에 실업자의 수는 알 수 없다.

오답분석
① 실업자 비율은 2%p 증가하였다.
② 경제활동인구 비율은 80%에서 70%로 감소하였다.
④ 취업자 비율은 12%p 감소한 반면, 실업자 비율은 2%p 증가하였기 때문에 취업자 비율의 증감폭이 더 크다.

04 정답 ④

A~C 세 지역 모두 핵가족의 가구 비중이 더 높으므로, 확대가족 가구 수보다 핵가족 가구 수가 더 많음을 추론할 수 있다.

오답분석
① 핵가족 가구의 비중이 가장 높은 곳은 71%인 B지역이다.
② 1인 가구는 기타 가구의 일부이므로, 1인 가구만의 비중은 알 수 없다.
③ 확대가족 가구의 비중이 가장 높은 곳은 C지역이지만 가구 수가 제시되어 있지 않으므로 알 수 없다.

05 정답 ②

제시된 그래프에서 선의 기울기가 가파른 구간은 2013~2014년, 2014~2015년, 2017~2018년이다. 2014년, 2015년, 2018년 물이용부담금 총액의 전년 대비 증가폭을 구하면 다음과 같다.
• 2014년 : 6,631−6,166=465억 원
• 2015년 : 7,171−6,631=540억 원
• 2018년 : 8,108−7,563=545억 원
따라서 물이용부담금 총액이 전년 대비 가장 많이 증가한 해는 2018년이다.

오답분석
ㄱ. 제시된 자료를 통해 확인할 수 있다.
ㄷ. • 2022년 금강유역 물이용부담금 총액
  : 8,661×0.2=1,732.2억 원
  • 2022년 금강유역에서 사용한 물의 양
  : 1,732.2억 원÷160원/m^3 ≒10.83억m^3
ㄹ. 2022년 물이용부담금 총액의 전년 대비 증가율은
$\frac{8,661-8,377}{8,377} \times 100$ ≒3.39%로 3.2% 이상 증가했다.

04 공간지각력

01	02	03	04	05
③	②	②	①	④

01
정답 ③

그림을 시계 반대 방향으로 90° 회전하면 이 나오고,

이를 상하 반전하면 이다.

02
정답 ②

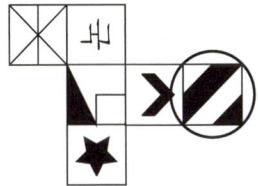

03
정답 ②

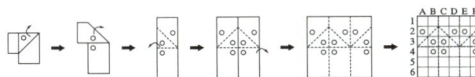

04
정답 ①

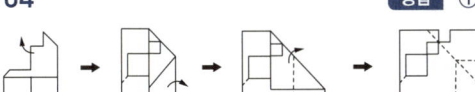

05
정답 ④

도형이 오른쪽의 도형으로 변할 때 ■은 왼쪽으로 한 칸 이동, ┗은 제자리에서 시계 방향으로 90° 회전, ▪은 시계 방향으로 세 칸 이동을 하며, □은 위쪽으로 두 칸 이동한다. 따라서 ?에 들어갈 도형은 마지막 도형을 기준으로 ■은 왼쪽으로 한 칸, ┗은 시계 방향으로 90° 회전, ▪은 시계 방향으로 세 칸 이동하여 두 번째 줄 첫 번째 칸에 위치하게 되고, □은 위쪽으로 두 칸 이동하여 세 번째 줄 세 번째 칸에 위치한다.

05 문제해결력

01	02	03		
②	④	①		

01
정답 ②

만약 민정이가 진실을 말한다면 영재가 거짓, 세희가 진실, 준수가 거짓, 성은이의 '민정이와 영재 중 1명만 진실만을 말한다.'가 진실이 되면서 모든 조건이 성립한다.
반면, 만약 민정이가 거짓을 말한다면 영재가 진실, 세희가 거짓, 준수가 진실, 성은이의 '민정이와 영재 중 1명만 진실만을 말한다.'가 거짓이 되면서 모순이 생긴다.
따라서 거짓을 말한 사람은 영재와 준수이다.

02
정답 ④

C사원과 E사원의 근무 연수를 정확히 알 수 없으므로 근무 연수가 높은 순서대로 나열하면 'B−A−C−E−D' 또는 'B−A−E−C−D'가 된다. 따라서 근무 연수가 가장 높은 B사원의 경우 주어진 조건에 따라 최대 근무 연수인 4년 차에 해당한다.

03
정답 ①

주어진 조건에 따라 A∼H 8명이 앉을 수 있는 경우는 'A−B−D−E−C−F−H−G'이다. 여기서 D와 E의 자리를 서로 바꿔도 모든 조건이 성립하고, A−G−H와 D−E−C를 통째로 바꿔도 모든 조건이 성립한다. 따라서 8명의 자리 배치 경우의 수는 총 2×2=4가지이므로 ①은 반드시 참이다.

CHAPTER 03 2022년 기출복원문제 정답 및 해설

01 언어논리력

01	02			
④	③			

01
정답 ④

오답분석
① 알차다
② 옴팡지다
③ 앙칼지다

02
정답 ③

글의 맥락상 '뒤섞이어 있음'을 의미하는 '혼재(混在)'가 적절하다. 따라서 '잠재'로 수정하는 것은 적절하지 않다.
• 잠재(潛在) : 겉으로 드러나지 않고 속에 잠겨 있거나 숨어 있음

02 이해력

01	02	03		
③	③	③		

01
정답 ③

제시문의 화자인 마틴 루터 킹은 '저에게는 꿈이 있습니다.'를 반복하여 청자들이 인종 차별 없는 사회를 구체적으로 열망할 수 있도록 전달력을 높이고 있다.

오답분석
① 제시문은 청자와 고통을 공감하고, 희망을 전달하기 위한 연설문으로 논쟁을 대비하기 위함이 아니며, 구체적인 사례도 제시하고 있지 않다.
② 제시문에서는 권위를 나타내거나 카리스마적 지위를 내세우고 있지 않다.
④ 제시문의 목적인 인종 차별을 방지하기 위한 구체적 방안을 제시하고 있지는 않다.

02
정답 ③

제시문에서는 청소년기에 맺은 부모와의 긍정적인 관계가 성인기의 원만한 인간관계로 이어져 개인의 삶에 영향을 미침을 설명하고 있다. 따라서 글의 제목으로 ③이 가장 적절하다.

03
정답 ③

이소크라테스는 영원불변하는 보편적 지식의 무용성을 주장했을 뿐, 존재 자체를 부정했다는 내용은 제시문에서 확인할 수 없다.

오답분석
① 플라톤의 이데아론은 삶과 행위의 구체적이고 실제적인 일상이 무시된 채 본질적이고 이념적인 영역을 추구하고 있다는 비판을 받고 있다.
② 물질만능주의는 모든 관계를 돈과 같은 가치에 연관시켜 생각하는 행위로, 탐욕과 사리사욕을 위한 교육에 매진하는 소피스트들과 일맥상통하는 면이 있다.
④ 이소크라테스는 이데아론의 무용성을 주장하면서 동시에 비도덕적이고 지나치게 사리사욕을 위한 소피스트들의 교육을 비판했다.

03 수리력

01	02	03		
④	②	②		

01
정답 ④

- 평균 속력으로 날아간 거리 : $860 \times \left\{3 + \frac{(30-15)}{60}\right\}$
  $= 2,795$km
- 기상 악화 중 날아간 거리 : $(860-40) \times \frac{15}{60} = 205$km

따라서 비행기가 날아간 거리는 $2,795+205=3,000$km이다.

02
정답 ②

(좋아하는 색이 다를 확률)=1−(좋아하는 색이 같을 확률)

- 2명 모두 빨간색을 좋아할 확률 : $\frac{2}{10} \times \frac{1}{9} = \frac{2}{90}$
- 2명 모두 노란색을 좋아할 확률 : $\frac{5}{10} \times \frac{4}{9} = \frac{20}{90}$
- 2명 모두 하늘색을 좋아할 확률 : $\frac{3}{10} \times \frac{2}{9} = \frac{6}{90}$

따라서 좋아하는 색이 다를 확률은 $1 - \left(\frac{2}{90} + \frac{20}{90} + \frac{6}{90}\right)$
$= 1 - \frac{14}{45} = \frac{31}{45}$ 이다.

03
정답 ②

80팀을 5팀씩 묶어서 리그전을 진행하면 16개의 리그가 만들어 진다. 한 리그에 속한 5명이 서로 한 번씩 경기를 진행하면 $4+3+2+1=10$회의 경기가 진행된다. 즉, 리그전으로 진행되는 경기 수는 $10 \times 16 = 160$회이다.
다음으로 토너먼트 방식으로 경기를 진행하면 16팀이 경기에 참가하게 된다. 토너먼트 경기 수는 참가 팀이 n팀이라고 하면 $(n-1)$번이므로, 총 $16-1=15$회이다. 즉, 최종 우승팀이 나올 때까지의 경기 수는 $160+15=175$회이다.
우승팀의 상금은 $175 \times 2,000 = 350,000$원이고, 준우승팀의 상금은 $175 \times 1,000 = 175,000$원이다.
따라서 상금은 총 $350,000 + 175,000 = 525,000$원이다.

04 공간지각력

01	02	03		
①	④	③		

01
정답 ①

Ⓐ
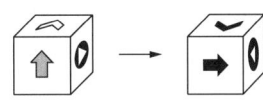
뒤로 2칸

Ⓑ
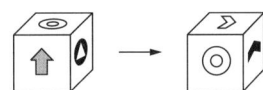
왼쪽으로 1칸, 앞으로 1칸

Ⓒ
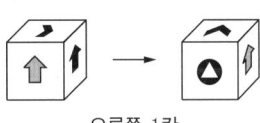
오른쪽 1칸

02
정답 ④

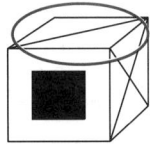

03
정답 ③

05 문제해결력

01	02	03	04
②	③	②	③

01
정답 ②

부서별로 배치 가능한 인력들을 정리하면 다음과 같다.
- 총무부의 경우 경영 전공자인 갑, 기 중 인턴 경험이 있는 갑이 배치된다.
- 투자전략부의 경우 재무분석이 가능한 병, 정, 기 중 석사 이상의 학위를 보유한 기가 배치된다.
- 대외협력부의 경우 제2외국어 가능자인 갑, 정 중 총무부로 배치되어야 하는 갑을 제외한 정이 배치된다.
- 품질관리부의 요건에 부합하는 직원은 을뿐이므로 을이 배치된다.
- 나머지 인력인 병, 무 중 인턴 경험이 있는 병은 인사부로 배치되며, 데이터분석이 가능한 무는 기술개발부로 배치된다.

부서명	신입직원
총무부	갑
투자전략부	기
인사부	병
대외협력부	정
품질관리부	을
기술개발부	무

따라서 신입직원과 배치될 부서가 잘못 연결된 것은 ②이다.

02
정답 ③

주어진 명제는 삼단 논법에 의해 '농구 → 키 → 운동'이 성립하며 이의 대우인 '~운동 → ~키 → ~농구'도 항상 참이 된다. 따라서 '운동 → 농구'인 ③은 참이 아니다.

03
정답 ②

A와 B의 진술은 둘이 모두 참이 될 수 없는 상황이므로 이를 경우의 수로 나누어 판단하면 다음과 같다.
ⅰ) A : 참, B : 거짓
  2명 중 B만 거짓말을 하고 있는 상황이므로 C는 참이 되어야 모순이 발생하지 않는다. 이 경우 B는 가해자, A와 C는 가해자가 아닌 것으로 추정된다.
ⅱ) A : 거짓, B : 참
  B가 참을 말하고 있다면 C는 거짓이 되어야 하는데, A와 B 중 1명만 거짓을 말하고 있다고 가정하고 있으므로 C는 참이 되어야 하는 모순된 상황이 발생한다. 그러므로 이 경우는 제외된다.
ⅲ) A : 거짓, B : 거짓
  이미 A와 B가 모두 거짓을 말하고 있는 상황이므로 C 역시 거짓이 되어야 모순이 발생하지 않는다. 그러므로 이 경우는 A~C 모두 가해자로 추정된다.

따라서 모순이 발생하지 않는 두 가지 경우 ⅰ)과 ⅲ)을 통해 B는 가해자인 것이 확실하지만 나머지 A와 C는 가해자의 여부를 확정지을 수 없는 상황임을 알 수 있다.

04
정답 ③

A~D 네 명의 진술을 정리하면 다음과 같다.

구분	진술 1
A	C는 B를 이길 수 있는 것을 냈다.
B	A는 C와 같은 것을 냈다.
C	B는 바위를 냈다.
D	A, B, C 모두 참 또는 거짓을 말한 순서가 동일하다.

구분	진술 2
A	B는 가위를 냈다.
B	A가 편 손가락의 수는 B보다 적다.
C	A~D는 같은 것을 내지 않았다.
D	이 판은 승자가 나온 판이었다.

먼저 A~D는 반드시 가위, 바위, 보 세 가지 중 하나를 내야 하므로 그 누구도 같은 것을 내지 않았다는 C의 진술 2는 거짓이 된다. C의 진술 중 진술 1이 참이 되므로 B가 바위를 냈다는 것을 알 수 있다.

이때, B가 가위를 냈다는 A의 진술 2는 참인 C의 진술 1과 모순되므로 A의 진술 중 진술 2가 거짓이 된다. 결국 A의 진술 1이 참이 되므로 C는 바위를 낸 B를 이길 수 있는 보를 냈다는 것을 알 수 있다.

한편, 바위를 낸 B는 손가락을 펴지 않으므로 A가 편 손가락의 수가 자신보다 적었다는 B의 진술 2는 거짓이 된다. 따라서 B의 진술 중 진술 1이 참이 되므로 A는 C와 같은 보를 냈다는 것을 알 수 있다. 이를 바탕으로 A~C의 진술에 대한 참, 거짓 여부와 가위바위보를 정리하면 다음과 같다.

구분	진술 1	진술 2	가위바위보
A	참	거짓	보
B	참	거짓	바위
C	참	거짓	보

참 또는 거짓에 대한 A~C의 진술 순서가 동일하므로 D의 진술 1은 참이 되고, 진술 2는 거짓이 되어야 한다. 이때, 승자가 나오지 않으려면 D는 반드시 A~C와 다른 것을 내야 하므로 가위를 낸 것을 알 수 있다.

오답분석
① B와 같은 것을 낸 사람은 없다.
② 보를 낸 사람은 두 명이다.
④ B가 기권했다면 가위를 낸 D가 이기게 된다.

CHAPTER 04　2021년 기출복원문제 정답 및 해설

01　언어논리력

01	02			
④	③			

01　정답 ④
여름 내 → 여름내
'여름내'는 '여름 한 철 동안 내내'라는 뜻의 부사이므로, 붙여 쓴다.

02　정답 ③
'소한'은 작은 추위라는 뜻으로, 본격적인 추위가 시작되는 절기이다.

오답분석
① 처서 : 더위가 식고 일교차가 커지면서 식물들이 성장을 멈추고 겨울 준비를 하는 절기
② 소만 : 조금씩 차기 시작한다는 뜻으로, 곡식이나 과일의 열매가 생장하여 가득 차기 시작하는 절기
④ 입동 : 겨울의 문턱에 들어섰다는 뜻으로, 겨울의 시작을 알리는 절기

02　이해력

01	02	03		
③	③	①		

01　정답 ③
'최고의 진리는 언어 이전 혹은 언어 이후의 무언(無言)의 진리이다.', '동양 사상의 정수(精髓)는 말로써 말이 필요 없는 경지'라는 문장을 보았을 때 '동양 사상은 언어적 지식을 초월하는 진리를 추구한다.'가 글의 중심 내용으로 가장 적절하다.

02　정답 ③
두 번째 문단에서 농업경제의 역사에서 정원이 갖는 의미는 시대와 지역에 따라 매우 달랐으나, 여성들의 입장은 지역적인 편차가 없었다고 하였으므로 ③은 적절하지 않다.

03　정답 ①
국가가 위기지학을 권장함으로써 그 위상이 높아졌다는 내용은 제시문에 언급되지 않았다.

오답분석
② 두 번째 문단을 통해 알 수 있다.
③ 첫 번째 문단에서 '위기(爲己)란 자아가 성숙하는 것을 추구하며'라고 하였다.
④ 첫 번째 문단에서 '공자는 공부하는 사람의 관심이 어디에 있느냐를 가지고 학자를 두 부류로 구분했다.'라고 하였다.

03 수리력

01	02	03	04	
④	④	④	③	

01
정답 ④

아버지의 나이를 x세, 형의 나이를 y세라고 하자.
동생의 나이는 $(y-2)$세이므로 $y+(y-2)=40 \to y=21$
어머니의 나이는 $(x-4)$세이므로 $x+(x-4)=6\times21 \to 2x=130$
∴ $x=65$
따라서 아버지의 나이는 65세이다.

02
정답 ④

농도 11%의 오렌지 주스의 양을 xg이라고 하자.
$\frac{5}{100}\times(400-x)+\frac{11}{100}\times x = \frac{8}{100}\times400$
$\to 2,000-5x+11x=3,200$
∴ $x=200$
따라서 농도 11%의 오렌지 주스는 200g을 섞어야 한다.

03
정답 ④

- 1학기의 기간 : $15\times7=105$일
- 연체료가 부과되는 기간 : $105-10=95$일
- 연체료가 부과되는 시점에서부터 한 달 동안의 연체료 : $30\times100=3,000$원
- 두 번째 달 동안의 연체료 : $30\times(100\times2)=6,000$원
- 세 번째 달 동안의 연체료 : $30\times(100\times2\times2)=12,000$원
- 95일(3개월 5일) 연체료 : $3,000+6,000+12,000+\{5\times(100\times2\times2\times2)\}=25,000$원

따라서 1학기 동안 대학 서적을 도서관에서 빌려 사용하는 데 25,000원의 비용이 든다.

04
정답 ③

그림을 통해 최단 경로를 나타내면 다음과 같다.

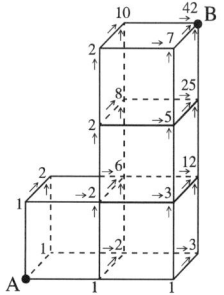

04 공간지각력

01	02	03		
②	③	①		

01
정답 ②

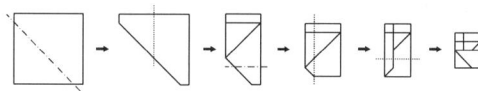

02
정답 ③

오답분석

①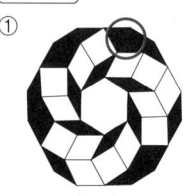

②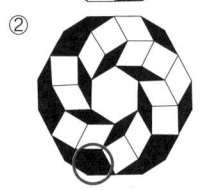

④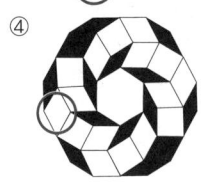

03
정답 ①

그림을 시계 방향으로 270° 회전하면  이 나오고,

이를 시계 반대 방향으로 90° 회전하면  이 된다.

05 문제해결력

01	02	03	04
③	③	③	②

01　정답 ③

1행과 2행에 빈자리가 한 곳씩 있고 a자동차는 대각선을 제외하고 주변에 주차된 차가 없다고 하였으므로 a자동차는 1열이나 3열에 주차되어 있다. b자동차와 c자동차는 바로 옆에 주차되어 있다고 하였으므로 같은 행에 주차되어 있다. 또한 1행과 2행에 빈자리가 한 곳씩 있다고 하였으므로 b자동차와 c자동차가 주차된 행에는 a자동차와 d자동차가 주차되어 있을 수 없다. 그러므로 a자동차와 d자동차는 같은 행에 주차되어 있다. 이를 정리하면 다음과 같다.

• 경우 1

a		d
	b	c

• 경우 2

a		d
	c	b

• 경우 3

d		a
b	c	

• 경우 4

d		a
c	b	

따라서 a자동차가 항상 2열에 주차되어 있다는 것은 거짓이다.

[오답분석]

① 경우 1, 4에서는 b자동차의 앞 주차공간이 비어있지만, 경우 2, 3에서는 b자동차의 앞 주차공간에 d자동차가 주차되어 있으므로 항상 거짓은 아니다.
② 경우 1, 4에서는 c자동차의 옆 주차공간에 빈자리가 없지만, 경우 2, 3에서는 c자동차의 옆 주차공간에 빈자리가 있으므로 항상 거짓은 아니다.
④ 모든 경우에서 a자동차와 d자동차는 1행에 주차되어 있으므로 항상 참이다.

02　정답 ③

주어진 세 조건 중 적어도 하나는 옳고, 하나는 틀린다는 전제 하에 문제를 푼다.

• 첫 번째 조건이 틀렸을 경우
　강아지는 검정색이므로 두 번째 조건과 세 번째 조건도 모두 틀린 경우가 된다.
• 두 번째 조건이 틀렸을 경우
　강아지는 검정색이므로 첫 번째 조건과 세 번째 조건도 모두 틀린 경우가 된다.
• 세 번째 조건이 틀렸을 경우
　강아지는 검정색이거나 노란색이다. 첫 번째 조건에서 검정색이 아니라고 했으므로 영철이의 강아지는 노란색이다.

03　정답 ③

A사와 B사의 전체 직원 수를 알 수 없으므로, 자료에 주어진 비율만으로는 알 수 없다.

[오답분석]

① 여직원 대비 남직원 비율은 여직원 비율이 높을수록, 남직원 비율이 낮을수록 값이 작아진다. 따라서 여직원 비율이 가장 높으면서, 남직원 비율이 가장 낮은 D사가 비율이 가장 낮고, 남직원 비율이 여직원 비율보다 높은 A사의 비율이 가장 높다.
② B, C, D사 각각 남직원보다 여직원의 비율이 높으므로 B, C, D사 각각에서 남직원 수보다 여직원 수가 많다. 따라서 B, C, D사의 여직원 수의 합은 남직원 수의 합보다 크다.
④ A사의 전체 직원 수를 a명, B사의 전체 직원 수를 b명이라 하면, A사의 남직원 수는 $0.6a$명, B사의 남직원 수는 $0.4b$명이다.
$$\frac{0.6a+0.4b}{a+b}\times100=55 \rightarrow 60a+40b=55(a+b)$$
$$\therefore a=3b$$
따라서 A사의 전체 직원 수는 B사 전체 직원 수의 3배이다.

04　정답 ②

서울, 도쿄, 베이징 모두 해당 기간 동안 지속적으로 인구가 증가하고 있다.

[오답분석]

① 2010년을 기점으로 서울과 도쿄의 인구 순위가 뒤바뀐다.
③ 1990년 대비 2000년의 서울의 인구 증가율은 $\frac{120-80}{80}\times100=50\%$이다.
④ 2000년 대비 2010년의 인구 증가폭은 서울이 25십만 명, 도쿄가 78십만 명, 베이징이 26십만 명으로 도쿄가 가장 높다.

CHAPTER 05 2020년 기출복원문제 정답 및 해설

01 언어논리력

01	02			
②	④			

01 정답 ②
'봬요'는 '뵈어요'의 준말로 올바른 표현이다.

오답분석
① '웃어른을 만나러 가서 보다'를 의미하는 '찾아뵈다'의 활용형이므로 '찾아뵐'로 표기한다.
③ '뵈다'의 어간 '뵈–'에 동사의 과거 관형사형 어미 '–ㄴ'이 결합된 말은 '뵌'이 올바른 표현이다. '봬'는 '뵈어'를 줄여 쓴 말이므로 어미 '–ㄴ' 앞에 올 수 없다.
④ '뵙다'의 활용형인 '뵙겠습니다'가 올바른 표현이다.

02 정답 ④
제시문은 공포증을 정의한 뒤 공포증은 모든 사람에게 생기는 것이 아니며, 왜 공포증이 생기는 것인지에 대한 심리학자 와이너의 설명이 담긴 글이다. 따라서 (라) 공포증의 정의 – (나) 공포증이 생기는 대상 – (가) 공포증이 생기는 이유를 밝힌 와이너 – (다) 와이너가 밝힌 공포증이 생기는 이유 순으로 나열하는 것이 적절하다.

02 이해력

01	02			
①	①			

01 정답 ①
세 번째 문단에 따르면 외부 후드는 열 교환 환기 장치의 구성요소로 실내외 공기를 교환하는 역할을 한다.

02 정답 ①
마지막 문단에서 정치 문화 유형 연구는 어떤 사회의 민주주의 구현에 필요한 것이 무엇인가에 대한 답을 제시하고 있다고 하였다. 제시문은 국민의 정치 참여 정도를 주요 변인으로 하여 정치 문화 유형에 대한 변화를 기술하고 있으므로 글쓴이는 국민의 적극적인 정치 참여가 필요함을 말하고 있다고 할 수 있다.

03 수리력

01	02	03		
④	①	①		

01 정답 ④

아들의 나이를 x세라고 하자.
$42+x=2(42-x)$
$\therefore x=14$
따라서 아들의 나이는 14세이다.

02 정답 ①

가지고 있는 화분의 개수를 n개라고 하자.
화분을 앞문과 뒷문에 각각 1개씩 배치한다고 하였으므로 배치하는 경우의 수는 $_nP_2=30$이다.
$_nP_2=n\times(n-1)=30$
$\rightarrow (n+5)(n-6)=0$
$\therefore n=6$
따라서 전체 화분의 개수는 6개이다.

03 정답 ①

각 기계의 생산량을 보면 A기계는 100개/분이고, B기계는 150개/분이다.
15,000=(100개/분)×(걸린 시간)+(150개/분)×(걸린 시간)이다.
따라서 총 15,000개의 나사를 두 기계가 동시에 생산하는 데 걸리는 시간은 1시간이다.

04 공간지각력

01	02	03		
①	④	①		

01 정답 ①

오답분석
② 뒤로 접었을 때 나오는 모양이다.
③·④ 앞으로 접었을 때 나오는 모양이다.

02 정답 ④

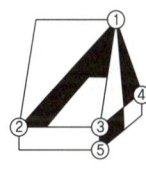
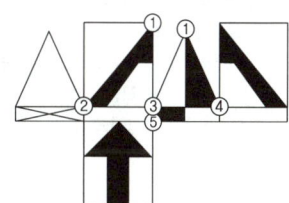

03 정답 ①

(각기둥의 부피)=(밑면적의 넓이)×(높이)이고, 현재 액체는 삼각기둥 모양이다.

따라서 액체의 부피는 $\left(\dfrac{1}{2}\times2\times5\right)\times3=15\text{cm}^3$이다.

05 문제해결력

01	02			
①	①			

01

정답 ①

D와 E의 주장이 서로 상반되므로 2명 중 1명은 거짓을 말하고 있는 범인인 것을 알 수 있다.

• D가 범인인 경우
  D가 거짓을 말하고 있으므로 A는 범인이 아니다. A가 범인이 아니며, E는 진실을 말하고 있으므로 B 또한 범인이 아니다. 그러므로 B가 범인이라고 주장한 C가 범인이고, 나머지는 진실만을 말하므로 범인이 아니다.

• E가 범인인 경우
  E가 거짓을 말하고 있으므로 A와 B는 범인이다. 즉, 범인은 모두 3명이 되어 모순이 발생된다.

따라서 C와 D가 범인이므로 'A와 D 중 범인이 있다.'는 항상 참이다.

02

정답 ①

6명이 앉은 테이블은 빈 자리가 없고, 4명이 앉은 테이블에만 빈 자리가 있으므로 첫 번째, 세 번째 조건에 따라 A, I, F는 4명이 앉은 테이블에 앉아 있음을 알 수 있다. 4명이 앉은 테이블에서 남은 자리는 1개뿐이므로 두 번째·다섯 번째·여섯 번째 조건에 따라 C, D, G, H, J는 6명이 앉은 테이블에 앉아야 한다. 마주보고 앉는 H와 J를 6명이 앉은 테이블에 먼저 배치하면 G는 H의 왼쪽 또는 오른쪽 자리에 앉으므로 C와 D는 J를 사이에 두고 앉아야 한다.

이때 네 번째 조건에 따라 어떤 경우에도 E는 6명이 앉은 테이블에 앉을 수 없으므로, 4명이 앉은 테이블에 앉아야 한다. 그러므로 4명이 앉은 테이블에는 A, E, F, I가, 6명이 앉은 테이블에는 B, C, D, G, H, J가 앉는다.

이를 정리하면 다음과 같다.

• 4명이 앉은 테이블
  A와 I 사이에 빈 자리가 하나 있고, F는 양 옆 중 오른쪽 자리만 비어 있다. 그러므로 다음과 같이 4가지 경우의 수가 발생한다.

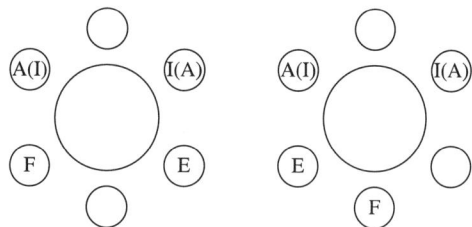

• 6명이 앉은 테이블
  H와 J가 마주본 상태에서 G가 H의 왼쪽 또는 오른쪽 자리에 앉고, C와 D는 J를 사이에 두고 앉는다. 그러므로 다음과 같이 4가지 경우의 수가 발생한다.

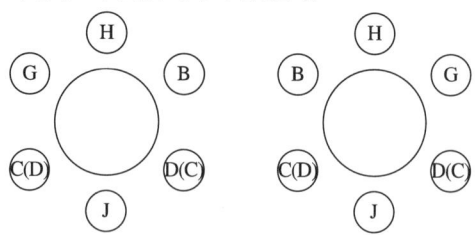

따라서 어떤 경우에도 A와 B는 다른 테이블이므로, ①은 항상 거짓이다.

PART

1

인성검사

CHAPTER 01 인성검사 소개
CHAPTER 02 모의테스트

CHAPTER 01　인성검사 소개

개인이 업무를 수행하면서 능률적인 성과물을 만들기 위해서는 개인의 능력과 경험 그리고 회사에서의 교육 및 훈련 등이 필요하지만, 개인의 성격이나 성향 역시 중요하다. 여러 직무분석 연구에서 나온 결과들에 따르면 직무에서의 성공과 관련된 특성들 중 최고 70% 이상이 능력보다는 성격과 관련이 있다고 한다. 따라서 최근 공공기관뿐만 아니라 대부분의 기업들은 인성검사의 비중을 높이고 있는 추세이다.

01 인성검사의 개요

1. 인성검사의 의의

인성검사는 1943년 미국 미네소타 대학교의 임상심리학자 Hathaway 박사와 정신과 의사 Mckinley 박사가 제작한 MMPI(Minnesota Multiphasic Personality Inventory)를 원형으로 한 다면적 인성검사를 말한다.

다면적이라 불리는 것은 여러 가지 정신적인 증상들을 동시에 측정할 수 있도록 고안되어 있기 때문이다. 풀이하자면 개인이 가지고 있는 다면적인 성격을 많은 문항수의 질문을 통해 수치로 나타내는 것이다. 그렇다면 성격이란 무엇인가?

성격은 일반적으로 개인 내부에 있는 특징적인 행동과 생각을 결정해 주는 정신적・신체적 체제의 역동적 조직이라고 말할 수 있으며, 환경에 적응하게 하는 개인적인 여러 가지 특징과 행동양식의 잣대라고 정의할 수 있다.

다시 말하면 성격이란 한 개인이 환경적 변화에 적응하는 특징적인 행동 및 사고유형이라고 할 수 있으며, 인성검사란 그 개인의 행동 및 사고유형을 서면을 통해 수치적・언어적으로 기술하거나 예언해 주는 도구라 할 수 있다.

신규 채용 또는 평가에 활용하는 인성검사로 MMPI 원형을 그대로 사용하는 기업도 있지만, 대부분의 기업에서는 MMPI 원형을 기준으로 연구, 조사, 정보수집, 개정 등의 과정을 통해서 자체 개발한 유형을 사용하고 있다.

인성검사의 구성은 여러 가지 하위 척도로 구성되어 있는데, MMPI 다면적 인성검사의 척도를 살펴보면 기본 척도가 8개 문항으로 구성되어 있고, 2개의 임상 척도와 4개의 타당성 척도를 포함, 총 14개 척도로 구성되어 있다.

캘리포니아 심리검사(CPI; California Psychological Inventory)의 경우는 48개 문항, 18개의 척도로 구성되어 있다.

2. 인성검사의 해석단계

해석단계는 첫 번째, 각 타당성 및 임상 척도에 대한 피검사자의 점수를 검토하는 방법으로 각 척도마다 피검사자의 점수가 정해진 범위에 속하는지 여부를 검토하게 된다.

두 번째, 척도별 연관성에 대한 분석으로 각 척도에서의 점수 범위가 의미하는 것과 그것들이 나타낼 가설들을 종합하고, 어느 특정 척도의 점수를 근거로 하여 다른 척도들에 대한 예측을 시도하게 된다.

세 번째, 척도 간의 응집 또는 분산을 찾아보고 그에 따른 해석적 가설을 형성하는 과정으로 두 개 척도 간의 관계만을 가지고 해석하게 된다.

네 번째, 매우 낮은 임상 척도에 대한 검토로서 일부 척도에서 낮은 점수가 특별히 의미 있는 경우가 있기 때문에 신중히 다뤄지게 된다.

다섯 번째, 타당성 및 임상 척도에 대한 형태적 분석으로서 타당성 척도들과 임상 척도들 전체의 형태적 분석이다. 주로 척도들의 상승도와 기울기 및 굴곡을 해석해서 피검사자에 대한 종합적이고 총체적인 추론적 해석을 하게 된다.

02 척도구성

1. MMPI 척도구성

(1) 타당성 척도

타당성 척도는 피검사자가 검사에 올바른 태도를 보였는지, 또 피검사자가 응답한 검사 문항들의 결론이 신뢰할 수 있는 결론인가를 알아보는 라이스케일(허위척도)이라 할 수 있다. 타당성 4개 척도는 잘못된 검사 태도를 탐지하게 할 뿐만 아니라, 임상 척도와 더불어 검사 이외의 행동에 대하여 유추할 수 있는 자료를 제공해 줌으로써 의미 있는 인성요인을 밝혀주기도 한다.

⟨타당성 4개 척도구성⟩

무응답 척도 (?)	무응답 척도는 피검사자가 응답하지 않은 문항과 '그렇다'와 '아니다'에 모두 답한 문항들의 총합이다. 척도점수의 크기는 다른 척도점수에 영향을 미치게 되므로, 빠뜨린 문항의 수를 최소로 줄이는 것이 중요하다.
허구 척도 (L)	L 척도는 피검사자가 자신을 좋은 인상으로 나타내 보이기 위해 하는 고의적이고 부정직하며 세련되지 못한 시도를 측정하는 허구 척도이다. L 척도의 문항들은 정직하지 못하거나 결점들을 고의적으로 감춰 자신을 좋게 보이려는 사람들의 장점마저도 부인하게 된다.
신뢰성 척도 (F)	F 척도는 검사 문항에 빗나간 방식의 답변을 응답하는 경향을 평가하기 위한 척도로 정상적인 집단의 10% 이하가 응답한 내용을 기준으로 일반 대중의 생각이나 경험과 다른 정도를 측정한다.
교정 척도 (K)	K 척도는 분명한 정신적인 장애를 지니면서도 정상적인 프로파일을 보이는 사람들을 식별하기 위한 것이다. K 척도는 L 척도와 유사하게 거짓 답안을 확인하지만 L 척도보다 더 미세하고 효과적으로 측정한다.

(2) 임상 척도

임상 척도는 검사의 주된 내용으로써 비정상 행동의 종류를 측정하는 10가지 척도로 되어 있다. 임상 척도의 수치는 높은 것이 좋다고 해석하는 경우도 있지만, 개별 척도별로 해석을 참고하는 경우가 대부분이다.

건강염려증(Hs) Hypochondriasis	개인이 말하는 신체적 증상과 이러한 증상들이 다른 사람을 조정하는 데 사용되고 있지는 않은지 여부를 측정하는 척도로서, 측정 내용은 신체의 기능에 대한 과도한 집착 및 이와 관련된 질환이나 비정상적인 상태에 대한 불안감 등이다.
우울증(D) Depression	개인의 비관 및 슬픔의 정도를 나타내는 기분상태의 척도로서, 자신에 대한 태도와 타인과의 관계에 대한 태도, 절망감, 희망의 상실, 무력감 등을 원인으로 나타나는 활동에 대한 흥미의 결여, 불면증과 같은 신체적 증상 및 과도한 민감성 등을 표현한다.
히스테리(Hy) Hysteria	현실에 직면한 어려움이나 갈등을 회피하는 방법인 부인기제를 사용하는 경향 정도를 진단하려는 것으로서 특정한 신체적 증상을 나타내는 문항들과 아무런 심리적·정서적 장애도 가지고 있지 않다고 주장하는 것을 나타내는 문항들의 두 가지 다른 유형으로 구성되어 있다.
반사회성(Pd) Psychopathic Deviate	가정이나 일반사회에 대한 불만, 자신 및 사회와의 격리, 권태 등을 주로 측정하는 것으로서 반사회적 성격, 비도덕적인 성격 경향 정도를 알아보기 위한 척도이다.
남성-여성특성(Mf) Masculinity-Femininity	직업에 관한 관심, 취미, 종교적 취향, 능동·수동성, 대인 감수성 등의 내용을 담고 있으며, 흥미 형태의 남성 특성과 여성 특성을 측정하고 진단하는 검사이다.
편집증(Pa) Paranoia	편집증을 평가하기 위한 것으로서 정신병적인 행동과 과대의심, 관계망상, 피해망상, 과대망상, 과민함, 비사교적 행동, 타인에 대한 불만감 같은 내용의 문항들로 구성되어 있다.
강박증(Pt) Psychasthenia	병적인 공포, 불안감, 과대근심, 강박관념, 자기 비판적 행동, 집중력 곤란, 죄책감 등을 검사하는 내용으로 구성되어 있으며, 주로 오랫동안 지속된 만성적인 불안을 측정한다.
정신분열증(Sc) Schizophrenia	정신적 혼란을 측정하는 척도로서 가장 많은 문항에 내포하고 있다. 이 척도는 별난 사고방식이나 행동양식을 지닌 사람을 판별하는 것으로서 사회적 고립, 가족관계의 문제, 성적 관심, 충동억제불능, 두려움, 불만족 등의 내용으로 구성되어 있다.
경조증(Ma) Hypomania	정신적 에너지를 측정하는 것으로서, 사고의 다양성과 과장성, 행동 영역의 불안정성, 흥분성, 민감성 등을 나타낸다. 이 척도가 높으면 무엇인가를 하지 않고는 못 견디는 정력적인 사람이다.
내향성(Si) Social Introversion	피검사자의 내향성과 외향성을 측정하기 위한 척도로서, 개인의 사회적 접촉 회피, 대인관계의 기피, 비사회성 등의 인성요인을 측정한다. 이 척도의 내향성과 외향성은 어느 하나가 좋고 나쁨을 나타내는 것이 아니라, 피검사자가 어떤 성향의 사람인가를 알아내는 것이다.

2. CPI 척도구성

〈18 척도〉

척도	설명
지배성 척도 (Do)	강력하고 지배적이며, 리더십이 강하고 대인관계에서 주도권을 잡는 지배적인 사람을 변별하고자 하는 척도이다.
지위능력 척도 (Cs)	현재의 개인 자신의 지위를 측정하는 것이 아니라, 개인의 내부에 잠재되어 있어 어떤 지위에 도달하게끔 하는 자기 확신, 야심, 자신감 등을 평가하기 위한 척도이다.
사교성 척도 (Sy)	사교적이고 활달하며 참여 기질이 좋은 사람과, 사회적으로 자신을 나타내기 싫어하고 참여 기질이 좋지 않은 사람을 변별하고자 하는 척도이다.
사회적 태도 척도 (Sp)	사회생활에서의 안정감, 활력, 자발성, 자신감 등을 평가하기 위한 척도로서, 사교성과 밀접한 관계가 있다. 고득점자는 타인 앞에 나서기를 좋아하고, 타인의 방어기제를 공격하여 즐거움을 얻고자 하는 성격을 가지고 있다.
자기수용 척도 (Sa)	자신에 대한 믿음, 자신의 생각을 수용하는 자기확신을 가지고 있는 사람을 변별하기 위한 척도이다.
행복감 척도 (Wb)	근본 목적은 행복감을 느끼는 사람과 그렇지 않은 사람을 변별해 내는 척도 검사이지만, 긍정적인 성격으로 가장하기 위해서 반응한 사람을 변별해 내는 타당성 척도로서의 목적도 가지고 있다.
책임감 척도 (Re)	법과 질서에 대해서 철저하고 양심적이며 책임감이 강해 신뢰할 수 있는 사람과 인생은 이성에 의해서 지배되어야 한다고 믿는 사람을 변별하기 위한 척도이다.
사회성 척도 (So)	사회생활에서 이탈된 행동이나 범죄의 가능성이 있는 사람을 변별하기 위한 척도로서 범죄자 유형의 사람은 정상인보다 매우 낮은 점수를 나타낸다.
자기통제 척도 (Sc)	자기통제의 유무, 충동, 자기중심에서 벗어날 수 있는 통제의 적절성, 규율과 규칙에 동의하는 정도를 측정하는 척도로서 점수가 높은 사람은 지나치게 자신을 통제하려 하며, 낮은 사람은 자기통제가 잘 안되므로 충동적이 된다.
관용성 척도 (To)	침묵을 지키고 어떤 사실에 대하여 성급하게 판단하기를 삼가고 다양한 관점을 수용하려는 사회적 신념과 태도를 재는 척도이다.
좋은 인상 척도 (Gi)	타인이 자신에 대해 어떻게 반응하는가, 타인에게 좋은 인상을 주었는가에 흥미를 느끼는 사람을 변별하고, 자신을 긍정적으로 보이기 위해 솔직하지 못한 반응을 하는 사람을 찾아내기 위한 타당성 척도이다.
추종성 척도 (Cm)	사회에 대한 보수적인 태도와 생각을 측정하는 척도검사이다. 아무렇게나 적당히 반응한 피검사자를 찾아내는 타당성 척도로서의 목적도 있다.
순응을 위한 성취 척도 (Ac)	강한 성취욕구를 측정하기 위한 척도로서 학업성취에 관련된 동기요인과 성격요인을 측정하기 위해서 만들어졌다.
독립성을 통한 성취 척도 (Ai)	독립적인 사고, 창조력, 자기실현을 위한 성취능력의 정도를 측정하는 척도이다.
지적 능률 척도 (Ie)	지적 능률성을 측정하기 위한 척도이며, 지능과 의미 있는 상관관계를 가지고 있는 성격특성을 나타내는 항목을 제공한다.
심리적 예민성 척도 (Py)	동기, 내적 욕구, 타인의 경험에 공명하고 흥미를 느끼는 정도를 재는 척도이다.
유연성 척도 (Fx)	개인의 사고와 사회적 행동에 대한 유연성, 순응성 정도를 나타내는 척도이다.
여향성 척도 (Fe)	흥미의 남향성과 여향성을 측정하기 위한 척도이다.

03 인성검사 수검요령

인성검사는 특별한 수검요령이 없다. 다시 말하면 모범답안이 없고, 정답이 없다는 이야기이다. 국어 문제처럼 말의 뜻을 풀이하는 것도 아니다. 굳이 수검요령을 말하자면, 진실하고 솔직한 내 생각을 답하는 것이라고 할 수 있다.

인성검사에서 가장 중요한 것은 첫째, 솔직한 답변이다. 지금까지 경험을 통해서 축적된 내 생각과 행동을 거짓 없이 솔직하게 기재하는 것이다. 예를 들어 "나는 타인의 물건을 훔치고 싶은 충동을 느껴 본 적이 있다."라는 질문에 피검사자들은 많은 생각을 하게 된다. 생각해 보라. 유년기에 또는 성인이 되어서도 타인의 물건을 훔치는 일을 저지른 적은 없더라도, 훔치고 싶은 충동은 누구나 조금이라도 다 느껴보았을 것이다. 그런데 간혹 이 질문에 고민을 하는 사람이 있다. 과연 이 질문에 "예"라고 대답하면 담당 검사관들이 나를 사회적으로 문제가 있는 사람으로 여기지는 않을까 하는 생각에 "아니요"라는 답을 기재하게 된다. 이런 솔직하지 않은 답변이 답변의 신뢰와 솔직함을 나타내는 타당성 척도에 좋지 않은 점수를 주게 된다. 둘째, 일관성 있는 답변이다. 인성검사의 수많은 질문 중에는 비슷한 내용의 물음이 여러 개 숨어 있는 경우가 많이 있다. 그 질문들은 피검사자의 '솔직한 답변'과 '심리적인 상태'를 알아보기 위해 반복적으로 나오는 것이다. 가령 "나는 유년 시절 타인의 물건을 훔친 적이 있다."라는 질문에 "예"라고 대답했는데, "나는 유년 시절 타인의 물건을 훔쳐보고 싶은 충동을 느껴본 적이 있다."라는 질문에는 "아니요"라는 답을 기재한다면 어떻겠는가. 일관성 없이 '대충 기재하자'라는 식의 심리적 무성의성 답변이 되거나, 정신적으로 문제가 있는 사람으로 보일 수 있다. 인성검사는 많은 문항을 풀어야 하기 때문에 피검사자들은 지루함과 따분함을 느낄 수 있고 반복된 내용의 질문 때문에 인내심이 바닥날 수도 있다. 그럴수록 인내를 가지고 솔직하게 내 생각을 대답하는 것이 무엇보다 중요한 요령이 될 것이다.

04 인성검사 시 유의사항

(1) 충분한 휴식으로 불안을 없애고 정서적인 안정을 취한다. 심신이 안정되어야 자신의 마음을 표현할 수 있다.

(2) 생각나는 대로 솔직하게 응답한다. 자신을 너무 과대포장하지도, 너무 비하시키지도 마라. 답변을 꾸며서 하면 앞뒤가 맞지 않게끔 구성돼 있어 불리한 평가를 받게 되므로 솔직하게 답하도록 한다.

(3) 검사 문항에 대해 지나치게 생각해서는 안 된다. 지나치게 몰두하면 엉뚱한 답변이 나올 수 있으므로 불필요한 생각은 삼간다.

(4) 인성검사는 대개 문항 수가 많기에 자칫 건너뛰는 경우가 있는데, 가능한 한 모든 문항에 답해야 한다. 응답하지 않은 문항이 많을 경우 평가자가 정확한 평가를 내리지 못해 불리한 평가를 내릴 수 있기 때문이다.

05 인성검사 유형

유형 1

※ 다음 질문내용을 읽고 본인에 해당하는 응답의 '예', '아니요'에 ○표 하시오. [1~30]

번호	질문	응답	
1	조심스러운 성격이라고 생각한다.	예	아니요
2	사물을 신중하게 생각하는 편이라고 생각한다.	예	아니요
3	동작이 기민한 편이다.	예	아니요
4	포기하지 않고 노력하는 것이 중요하다.	예	아니요
5	일주일의 예정을 만드는 것을 좋아한다.	예	아니요
6	노력의 여하보다 결과가 중요하다.	예	아니요
7	자기주장이 강하다.	예	아니요
8	장래의 일을 생각하면 불안해질 때가 있다.	예	아니요
9	소외감을 느낄 때가 있다.	예	아니요
10	훌쩍 여행을 떠나고 싶을 때가 자주 있다.	예	아니요
11	대인관계가 귀찮다고 느낄 때가 있다.	예	아니요
12	자신의 권리를 주장하는 편이다.	예	아니요
13	낙천가라고 생각한다.	예	아니요
14	싸움을 한 적이 없다.	예	아니요
15	자신의 의견을 상대에게 잘 주장하지 못한다.	예	아니요
16	좀처럼 결단하지 못하는 경우가 있다.	예	아니요
17	하나의 취미를 오래 지속하는 편이다.	예	아니요
18	한 번 시작한 일은 끝을 맺는다.	예	아니요
19	행동으로 옮기기까지 시간이 걸린다.	예	아니요
20	다른 사람들이 하지 못하는 일을 하고 싶다.	예	아니요
21	해야 할 일은 신속하게 처리한다.	예	아니요
22	병이 아닌지 걱정이 들 때가 있다.	예	아니요
23	다른 사람의 충고를 기분 좋게 듣는 편이다.	예	아니요
24	다른 사람에게 의존적이 될 때가 많다.	예	아니요
25	타인에게 간섭받는 것은 싫다.	예	아니요
26	의식 과잉이라는 생각이 들 때가 있다.	예	아니요
27	수다를 좋아한다.	예	아니요
28	잘못된 일을 한 적이 한 번도 없다.	예	아니요
29	모르는 사람과 이야기하는 것은 용기가 필요하다.	예	아니요
30	끙끙거리며 생각할 때가 있다.	예	아니요

유형 2

※ 다음 질문내용을 읽고 A, B 중 해당되는 곳에 ○표 하시오. [1~15]

번호	질문	응답	
1	A 사람들 앞에서 잘 이야기하지 못한다.	A	B
	B 사람들 앞에서 이야기하는 것을 좋아한다.		
2	A 엉뚱한 생각을 잘한다.	A	B
	B 비현실적인 것을 싫어한다.		
3	A 친절한 사람이라는 말을 듣고 싶다.	A	B
	B 냉정한 사람이라는 말을 듣고 싶다.		
4	A 예정에 얽매이는 것을 싫어한다.	A	B
	B 예정이 없는 상태를 싫어한다.		
5	A 혼자 생각하는 것을 좋아한다.	A	B
	B 다른 사람과 이야기하는 것을 좋아한다.		
6	A 정해진 절차에 따르는 것을 싫어한다.	A	B
	B 정해진 절차가 바뀌는 것을 싫어한다.		
7	A 친절한 사람 밑에서 일하고 싶다.	A	B
	B 이성적인 사람 밑에서 일하고 싶다.		
8	A 그때그때의 기분으로 행동하는 경우가 많다.	A	B
	B 미리 행동을 정해두는 경우가 많다.		
9	A 다른 사람과 만났을 때 화제를 찾는 데 고생한다.	A	B
	B 다른 사람과 만났을 때 화제에 부족함이 없다.		
10	A 학구적이라는 인상을 주고 싶다.	A	B
	B 실무적이라는 인상을 주고 싶다.		
11	A 친구가 돈을 빌려달라고 하면 거절하지 못한다.	A	B
	B 본인에게 도움이 되지 않는 차금은 거절한다.		
12	A 조직 안에서는 독자적으로 움직이는 타입이라고 생각한다.	A	B
	B 조직 안에서는 우등생 타입이라고 생각한다.		
13	A 문장을 쓰는 것을 좋아한다.	A	B
	B 이야기하는 것을 좋아한다.		
14	A 직감으로 판단한다.	A	B
	B 경험으로 판단한다.		
15	A 다른 사람이 어떻게 생각하는지 신경 쓰인다.	A	B
	B 다른 사람이 어떻게 생각하든 신경 쓰지 않는다.		

유형 3

※ 다음 질문을 읽고, '아니다', '대체로 아니다', '대체로 그렇다', '그렇다'에 체크하시오. [1~30]

번호	질문	아니다	대체로 아니다	대체로 그렇다	그렇다
1	충동구매는 절대 하지 않는다.				
2	컨디션에 따라 기분이 잘 변한다.				
3	옷 입는 취향이 오랫동안 바뀌지 않고 그대로이다.				
4	남의 물건이 좋아 보인다.				
5	반성하는 일이 거의 없다.				
6	남의 말을 호의적으로 받아들인다.				
7	혼자 있을 때가 편안하다.				
8	친구에게 불만이 있다.				
9	남의 말을 좋은 쪽으로 해석한다.				
10	남의 의견을 절대 참고하지 않는다.				
11	일을 시작할 때 계획을 세우는 편이다.				
12	부모님과 여행을 자주 간다.				
13	쉽게 짜증을 내는 편이다.				
14	사람을 상대하는 것을 좋아한다.				
15	컴퓨터로 일을 하는 것을 좋아한다.				
16	하루 종일 말하지 않고 지낼 수 있다.				
17	감정조절이 잘 안되는 편이다.				
18	평소 꼼꼼한 편이다.				
19	다시 태어나고 싶은 순간이 있다.				
20	운동을 하다가 다친 적이 있다.				
21	다른 사람의 말보다는 자신의 믿음을 믿는다.				
22	귀찮은 일이 있으면 먼저 해치운다.				
23	정리 정돈하는 것을 좋아한다.				
24	다른 사람의 대화에 끼고 싶다.				
25	카리스마가 있다는 말을 들어본 적이 있다.				
26	미래에 대한 고민이 많다.				
27	친구들의 성공 소식에 씁쓸한 적이 있다.				
28	내가 못하는 것이 있으면 참지 못한다.				
29	계획에 없는 일을 시키면 짜증이 난다.				
30	화가 나면 물건을 집어 던지는 버릇이 있다.				

유형 4

※ 다음 질문을 읽고, ①~⑥ 중 자신에게 해당되는 것을 고르시오. [1~3]

01 최대리가 신약을 개발했는데 치명적이지는 않지만 유해한 부작용이 발견됐다. 그런데 최대리는 묵인하고 신약을 유통시켰다.

1-(1) 당신은 이 상황에 대해 얼마나 동의하는가?
① 0%   ② 20%   ③ 40%   ④ 60%   ⑤ 80%   ⑥ 100%

1-(2) 자신이라도 그렇게 할 것인가?
① 0%   ② 20%   ③ 40%   ④ 60%   ⑤ 80%   ⑥ 100%

02 같은 팀 최대리가 자신의 성과를 높이기 위해 중요한 업무를 상사에게 요구한다.

2-(1) 다른 팀원도 그 상황에 동의할 것 같은가?
① 0%   ② 20%   ③ 40%   ④ 60%   ⑤ 80%   ⑥ 100%

2-(2) 자신이라도 그렇게 할 것인가?
① 0%   ② 20%   ③ 40%   ④ 60%   ⑤ 80%   ⑥ 100%

03 최대리가 회계 보고서 작성 후 오류를 발견했지만 바로잡기엔 시간이 부족하여 그냥 제출했다.

3-(1) 다른 직원들도 그 상황에 동의할 것 같은가?
① 0%   ② 20%   ③ 40%   ④ 60%   ⑤ 80%   ⑥ 100%

3-(2) 자신이라도 그렇게 할 것인가?
① 0%   ② 20%   ③ 40%   ④ 60%   ⑤ 80%   ⑥ 100%

유형 5

※ 각 문항을 읽고, ① ~ ⑥ 중 자신의 성향과 가까운 정도에 따라 ① 전혀 그렇지 않다, ② 그렇지 않다, ③ 조금 그렇지 않다, ④ 조금 그렇다, ⑤ 그렇다, ⑥ 매우 그렇다 중 하나를 선택하시오. 그리고 3개의 문장 중 자신의 성향에 비추어볼 때 가장 먼 것(멀다)과 가장 가까운 것(가깝다)을 하나씩 선택하시오. **[1~4]**

01

질문	답안 1						답안 2	
	①	②	③	④	⑤	⑥	멀다	가깝다
1. 사물을 신중하게 생각하는 편이라고 생각한다.	☐	☐	☐	☐	☐	☐	☐	☐
2. 포기하지 않고 노력하는 것이 중요하다.	☐	☐	☐	☐	☐	☐	☐	☐
3. 자신의 권리를 주장하는 편이다.	☐	☐	☐	☐	☐	☐	☐	☐

02

질문	답안 1						답안 2	
	①	②	③	④	⑤	⑥	멀다	가깝다
1. 노력의 여하보다 결과가 중요하다.	☐	☐	☐	☐	☐	☐	☐	☐
2. 자기주장이 강하다.	☐	☐	☐	☐	☐	☐	☐	☐
3. 어떠한 일이 있어도 출세하고 싶다.	☐	☐	☐	☐	☐	☐	☐	☐

03

질문	답안 1						답안 2	
	①	②	③	④	⑤	⑥	멀다	가깝다
1. 다른 사람의 일에 관심이 없다.	☐	☐	☐	☐	☐	☐	☐	☐
2. 때로는 후회할 때도 있다.	☐	☐	☐	☐	☐	☐	☐	☐
3. 진정으로 마음을 허락할 수 있는 사람은 없다.	☐	☐	☐	☐	☐	☐	☐	☐

04

질문	답안 1						답안 2	
	①	②	③	④	⑤	⑥	멀다	가깝다
1. 타인에게 간섭받는 것은 싫다.	☐	☐	☐	☐	☐	☐	☐	☐
2. 신경이 예민한 편이라고 생각한다.	☐	☐	☐	☐	☐	☐	☐	☐
3. 난관에 봉착해도 포기하지 않고 열심히 해본다.	☐	☐	☐	☐	☐	☐	☐	☐

유형 6

※ 다음 질문을 읽고, ① ~ ⑤ 중 자신에게 해당하는 것을 고르시오(① 전혀 그렇지 않다, ② 그렇지 않다, ③ 보통이다, ④ 그렇다, ⑤ 매우 그렇다). 그리고 4개의 문장 중 자신과 가장 먼 것(멀다)과 가장 가까운 것(가깝다)을 하나씩 선택하시오. [1~4]

01　　　　　　　　　　　　　　　　　　　　　　　　　　　　　　　　　　멀다　가깝다
- A. 야망이 있다.　　　　　　　　　　　　　① ② ③ ④ ⑤　☐　☐
- B. 평소 사회 문제에 관심이 많다.　　　　　① ② ③ ④ ⑤　☐　☐
- C. 친구들의 생일을 잘 잊는 편이다.　　　　① ② ③ ④ ⑤　☐　☐
- D. 누군가를 챙겨주는 것에 행복을 느낀다.　① ② ③ ④ ⑤　☐　☐

02　　　　　　　　　　　　　　　　　　　　　　　　　　　　　　　　　　멀다　가깝다
- A. 지시하는 것보다 명령에 따르는 것이 편하다.　① ② ③ ④ ⑤　☐　☐
- B. 옆에 사람이 있는 것이 싫다.　　　　　　　　　① ② ③ ④ ⑤　☐　☐
- C. 친구들과 남의 이야기를 하는 것을 좋아한다.　① ② ③ ④ ⑤　☐　☐
- D. 모두가 싫증을 내는 일에도 혼자서 열심히 한다.　① ② ③ ④ ⑤　☐　☐

03　　　　　　　　　　　　　　　　　　　　　　　　　　　　　　　　　　멀다　가깝다
- A. 완성된 것보다 미완성인 것에 흥미가 있다.　① ② ③ ④ ⑤　☐　☐
- B. 능력을 살릴 수 있는 일을 하고 싶다.　　　　① ② ③ ④ ⑤　☐　☐
- C. 내 분야에서는 최고가 되고 싶다.　　　　　　① ② ③ ④ ⑤　☐　☐
- D. 다른 사람의 충고를 잘 받아들이지 못한다.　① ② ③ ④ ⑤　☐　☐

04　　　　　　　　　　　　　　　　　　　　　　　　　　　　　　　　　　멀다　가깝다
- A. 다소 산만한 편이라는 이야기를 자주 듣는다.　　　① ② ③ ④ ⑤　☐　☐
- B. 주변에 호기심이 많고, 새로운 상황에 잘 적응한다.　① ② ③ ④ ⑤　☐　☐
- C. 타인의 의견을 잘 듣는 편이다.　　　　　　　　　　① ② ③ ④ ⑤　☐　☐
- D. 단체 생활을 좋아하지는 않지만 적응하려고 노력한다.　① ② ③ ④ ⑤　☐　☐

CHAPTER 02 모의테스트

※ 인성검사 모의테스트는 질문 및 답변 유형을 연습하기 위한 것으로 실제 시험과 다를 수 있으며, 인성검사에는 정답이 존재하지 않습니다.

01 제1회 인성검사 모의테스트

※ 다음 질문을 읽고, ① ~ ⑤ 중 자신에게 해당하는 것을 고르시오(① 전혀 그렇지 않다 ② 약간 그렇지 않다 ③ 보통이다 ④ 약간 그렇다 ⑤ 매우 그렇다). [1~200]

번호	질문	응답
01	결점을 지적받아도 아무렇지 않다.	① ② ③ ④ ⑤
02	피곤할 때도 명랑하게 행동한다.	① ② ③ ④ ⑤
03	실패했던 경험을 생각하면서 고민하는 편이다.	① ② ③ ④ ⑤
04	언제나 생기가 있다.	① ② ③ ④ ⑤
05	선배의 지적을 순수하게 받아들일 수 있다.	① ② ③ ④ ⑤
06	매일 목표가 있는 생활을 하고 있다.	① ② ③ ④ ⑤
07	열등감으로 자주 고민한다.	① ② ③ ④ ⑤
08	남에게 무시당하면 화가 난다.	① ② ③ ④ ⑤
09	무엇이든지 하면 된다고 생각하는 편이다.	① ② ③ ④ ⑤
10	자신의 존재를 과시하고 싶다.	① ② ③ ④ ⑤
11	사람을 많이 만나는 것을 좋아한다.	① ② ③ ④ ⑤
12	보고 들은 것을 문장으로 옮기는 것을 좋아한다.	① ② ③ ④ ⑤
13	특정한 사람과 교제를 하는 편이다.	① ② ③ ④ ⑤
14	친구에게 먼저 말을 하는 편이다.	① ② ③ ④ ⑤
15	친구만 있으면 된다고 생각한다.	① ② ③ ④ ⑤
16	많은 사람 앞에서 말하는 것이 서툴다.	① ② ③ ④ ⑤
17	반 편성과 교실 이동을 싫어한다.	① ② ③ ④ ⑤
18	다과회 등에서 자주 책임을 맡는다.	① ② ③ ④ ⑤
19	새로운 환경에 쉽게 적응하지 못하는 편이다.	① ② ③ ④ ⑤
20	누구하고나 친하게 교제한다.	① ② ③ ④ ⑤

번호	질문	응답
21	충동구매는 절대 하지 않는다.	① ② ③ ④ ⑤
22	컨디션에 따라 기분이 잘 변한다.	① ② ③ ④ ⑤
23	옷 입는 취향이 오랫동안 바뀌지 않고 그대로이다.	① ② ③ ④ ⑤
24	남의 물건이 좋아보인다.	① ② ③ ④ ⑤
25	광고를 보면 그 물건을 사고 싶다.	① ② ③ ④ ⑤
26	자신이 낙천주의자라고 생각한다.	① ② ③ ④ ⑤
27	에스컬레이터에서 걷지 않는다.	① ② ③ ④ ⑤
28	꾸물대는 것을 싫어한다.	① ② ③ ④ ⑤
29	고민이 생겨도 심각하게 생각하지 않는다.	① ② ③ ④ ⑤
30	반성하는 일이 거의 없다.	① ② ③ ④ ⑤
31	남의 말을 호의적으로 받아들인다.	① ② ③ ④ ⑤
32	혼자 있을 때가 편안하다.	① ② ③ ④ ⑤
33	친구에게 불만이 있다.	① ② ③ ④ ⑤
34	남의 말을 좋은 쪽으로 해석한다.	① ② ③ ④ ⑤
35	남의 의견을 절대 참고하지 않는다.	① ② ③ ④ ⑤
36	기분 나쁜 일은 금세 잊는 편이다.	① ② ③ ④ ⑤
37	선배와 쉽게 친해진다.	① ② ③ ④ ⑤
38	슬럼프에 빠지면 좀처럼 헤어나지 못한다.	① ② ③ ④ ⑤
39	자신의 소문에 관심을 기울인다.	① ② ③ ④ ⑤
40	주위 사람에게 인사하는 것이 귀찮다.	① ② ③ ④ ⑤
41	기호에 맞지 않으면 거절하는 편이다.	① ② ③ ④ ⑤
42	여간해서 흥분하지 않는 편이다.	① ② ③ ④ ⑤
43	옳다고 생각하면 밀고 나간다.	① ② ③ ④ ⑤
44	항상 무슨 일이든지 해야만 한다.	① ② ③ ④ ⑤
45	휴식시간에도 일하고 싶다.	① ② ③ ④ ⑤
46	걱정거리가 생기면 머릿속에서 떠나지 않는 편이다.	① ② ③ ④ ⑤
47	매일 힘든 일이 너무 많다.	① ② ③ ④ ⑤
48	시험 전에도 노는 계획을 세운다.	① ② ③ ④ ⑤
49	슬픈 일만 머릿속에 남는다.	① ② ③ ④ ⑤
50	사는 것이 힘들다고 느낀 적은 없다.	① ② ③ ④ ⑤

번호	질문	응답
51	처음 만난 사람과 이야기하는 것이 피곤하다.	① ② ③ ④ ⑤
52	비난을 받으면 신경이 쓰인다.	① ② ③ ④ ⑤
53	실패해도 또 다시 도전한다.	① ② ③ ④ ⑤
54	남에게 비판을 받으면 불쾌하다.	① ② ③ ④ ⑤
55	다른 사람의 지적을 순수하게 받아들일 수 있다.	① ② ③ ④ ⑤
56	자신의 프라이드가 높다고 생각한다.	① ② ③ ④ ⑤
57	자신의 입장을 잊어버릴 때가 있다.	① ② ③ ④ ⑤
58	남보다 쉽게 우위에 서는 편이다.	① ② ③ ④ ⑤
59	목적이 없으면 마음이 불안하다.	① ② ③ ④ ⑤
60	일을 할 때에 자신이 없다.	① ② ③ ④ ⑤
61	상대방이 말을 걸어오기를 기다리는 편이다.	① ② ③ ④ ⑤
62	친구 말을 듣는 편이다.	① ② ③ ④ ⑤
63	싸움으로 친구를 잃은 경우가 있다.	① ② ③ ④ ⑤
64	모르는 사람과 말하는 것은 귀찮다.	① ② ③ ④ ⑤
65	아는 사람이 많아지는 것이 즐겁다.	① ② ③ ④ ⑤
66	신호 대기 중에도 조바심이 난다.	① ② ③ ④ ⑤
67	매사에 심각하게 생각하는 것을 싫어한다.	① ② ③ ④ ⑤
68	자신이 경솔하다고 자주 느낀다.	① ② ③ ④ ⑤
69	상대방이 통화 중이어도 자꾸 전화를 건다.	① ② ③ ④ ⑤
70	충동적인 행동을 하지 않는 편이다.	① ② ③ ④ ⑤
71	칭찬도 나쁘게 받아들이는 편이다.	① ② ③ ④ ⑤
72	자신이 손해를 보고 있다고 생각한다.	① ② ③ ④ ⑤
73	어떤 상황에서나 만족할 수 있다.	① ② ③ ④ ⑤
74	무슨 일이든지 자신의 생각대로 하지 못한다.	① ② ③ ④ ⑤
75	부모님에게 불만을 느낀다.	① ② ③ ④ ⑤
76	깜짝 놀라면 당황하는 편이다.	① ② ③ ④ ⑤
77	주위의 평판이 좋다고 생각한다.	① ② ③ ④ ⑤
78	자신이 소문에 휘말려도 좋다.	① ② ③ ④ ⑤
79	긴급사태에도 당황하지 않고 행동할 수 있다.	① ② ③ ④ ⑤
80	윗사람과 이야기하는 것이 불편하다.	① ② ③ ④ ⑤

번호	질문	응답
81	정색하고 화내기 쉬운 화제를 올릴 때가 있다.	① ② ③ ④ ⑤
82	자신이 좋아하는 연예인을 남들이 욕해도 화가 나지 않는다.	① ② ③ ④ ⑤
83	남을 비판할 때가 있다.	① ② ③ ④ ⑤
84	주체할 수 없을 만큼 여유가 많은 것은 싫어한다.	① ② ③ ④ ⑤
85	의견이 어긋날 때는 한발 양보한다.	① ② ③ ④ ⑤
86	싫은 사람과도 협력할 수 있다.	① ② ③ ④ ⑤
87	사람은 너무 고통거리가 많다고 생각한다.	① ② ③ ④ ⑤
88	걱정거리가 있으면 잠을 잘 수가 없다.	① ② ③ ④ ⑤
89	즐거운 일보다는 괴로운 일이 더 많다.	① ② ③ ④ ⑤
90	싫은 사람이라도 인사를 한다.	① ② ③ ④ ⑤
91	사소한 일에도 신경을 많이 쓰는 편이다.	① ② ③ ④ ⑤
92	누가 나에게 말을 걸기 전에 내가 먼저 말을 걸지 않는다.	① ② ③ ④ ⑤
93	이따금 결심을 빨리 하지 못하기 때문에 손해 보는 경우가 많다.	① ② ③ ④ ⑤
94	사람들은 누구나 곤경에서 벗어나기 위해 거짓말을 할 수 있다.	① ② ③ ④ ⑤
95	어떤 일을 실패하면 두고두고 생각한다.	① ② ③ ④ ⑤
96	비교적 말이 없는 편이다.	① ② ③ ④ ⑤
97	기왕 일을 한다면 꼼꼼하게 하는 편이다.	① ② ③ ④ ⑤
98	지나치게 깔끔한 척을 하는 편에 속한다.	① ② ③ ④ ⑤
99	나를 기분 나쁘게 한 사람을 쉽게 잊지 못하는 편이다.	① ② ③ ④ ⑤
100	수줍음을 많이 타서 많은 사람 앞에 나서길 싫어한다.	① ② ③ ④ ⑤
101	혼자 지내는 시간이 즐겁다.	① ② ③ ④ ⑤
102	주위 사람이 잘 되는 것을 보면 상대적으로 내가 실패한 것 같다.	① ② ③ ④ ⑤
103	어떤 일을 시도하다가 잘 안되면 금방 포기한다.	① ② ③ ④ ⑤
104	이성 친구와 웃고 떠드는 것을 별로 좋아하지 않는다.	① ② ③ ④ ⑤
105	낯선 사람과 만나는 것을 꺼리는 편이다.	① ② ③ ④ ⑤
106	밤낮없이 같이 다닐만한 친구들이 거의 없다.	① ② ③ ④ ⑤
107	연예인이 되고 싶은 마음은 조금도 가지고 있지 않다.	① ② ③ ④ ⑤
108	여럿이 모여서 이야기하는 데 잘 끼어들지 못한다.	① ② ③ ④ ⑤
109	사람들은 이득이 된다면 옳지 않은 방법이라도 쓸 것이다.	① ② ③ ④ ⑤
110	사람들이 정직하게 행동하는 것은 다른 사람의 비난이 두렵기 때문이다.	① ② ③ ④ ⑤

번호	질문	응답
111	처음 보는 사람들과 쉽게 이야기하거나 친해지는 편이다.	① ② ③ ④ ⑤
112	모르는 사람들이 많이 모여 있는 곳에서도 활발하게 행동하는 편이다.	① ② ③ ④ ⑤
113	여기저기에 친구나 아는 사람들이 많이 있다.	① ② ③ ④ ⑤
114	모임에서 말을 많이 하고 적극적으로 행동한다.	① ② ③ ④ ⑤
115	슬프거나 기쁜 일이 생기면 부모나 친구에게 이야기하는 편이다.	① ② ③ ④ ⑤
116	활발하고 적극적이라는 말을 자주 듣는다.	① ② ③ ④ ⑤
117	시간이 걸리는 일이나 놀이에 싫증을 내고, 새로운 놀이나 활동을 원한다.	① ② ③ ④ ⑤
118	혼자 조용히 있거나 책을 읽는 것보다는 사람들과 어울리는 것을 좋아한다.	① ② ③ ④ ⑤
119	새로운 유행이 시작되면 다른 사람보다 먼저 시도해 보는 편이다.	① ② ③ ④ ⑤
120	기분을 잘 드러내기 때문에 남들이 본인의 기분을 금방 알게 된다.	① ② ③ ④ ⑤
121	비유적이고 상징적인 표현보다는 구체적이고 정확한 표현을 더 잘 이해한다.	① ② ③ ④ ⑤
122	주변 사람들의 외모나 다른 특징들을 자세히 기억한다.	① ② ③ ④ ⑤
123	꾸준하고 참을성이 있다는 말을 자주 듣는다.	① ② ③ ④ ⑤
124	공부할 때 세부적인 내용을 암기할 수 있다.	① ② ③ ④ ⑤
125	손으로 직접 만지거나 조직하는 것을 좋아한다.	① ② ③ ④ ⑤
126	상상 속에서 이야기를 잘 만들어 내는 편이다.	① ② ③ ④ ⑤
127	종종 물건을 잃어버리거나 어디에 두었는지 기억을 못하는 때가 있다.	① ② ③ ④ ⑤
128	창의력과 상상력이 풍부하다는 이야기를 자주 듣는다.	① ② ③ ④ ⑤
129	다른 사람들이 생각하지도 않는 엉뚱한 행동이나 생각을 할 때가 종종 있다.	① ② ③ ④ ⑤
130	이것저것 새로운 것에 관심이 많고 새로운 것을 배우고 싶어 한다.	① ② ③ ④ ⑤
131	'왜'라는 질문을 자주 한다.	① ② ③ ④ ⑤
132	의지와 끈기가 강한 편이다.	① ② ③ ④ ⑤
133	궁금한 점이 있으면 꼬치꼬치 따져서 궁금증을 풀고 싶어 한다.	① ② ③ ④ ⑤
134	참을성이 있다는 말을 자주 듣는다.	① ② ③ ④ ⑤
135	남의 비난에도 잘 견딘다.	① ② ③ ④ ⑤
136	다른 사람의 감정에 민감하다.	① ② ③ ④ ⑤
137	자신의 잘못을 쉽게 인정하는 편이다.	① ② ③ ④ ⑤
138	싹싹하다는 소리를 잘 듣는다.	① ② ③ ④ ⑤
139	쉽게 양보를 하는 편이다.	① ② ③ ④ ⑤
140	음식을 선택할 때 쉽게 결정을 못 내릴 때가 많다.	① ② ③ ④ ⑤

번호	질문	응답
141	계획표를 세밀하게 짜 놓고 그 계획표에 따라 생활하는 것을 좋아한다.	① ② ③ ④ ⑤
142	대체로 할 일을 먼저 해 놓고 나서 노는 편이다.	① ② ③ ④ ⑤
143	시험보기 전에 미리 여유 있게 공부 계획표를 짜 놓는다.	① ② ③ ④ ⑤
144	마지막 순간에 쫓기면서 일하는 것을 싫어한다.	① ② ③ ④ ⑤
145	계획에 따라 규칙적인 생활을 하는 편이다.	① ② ③ ④ ⑤
146	자기 것을 잘 나누어주는 편이다.	① ② ③ ④ ⑤
147	자신의 소지품을 덜 챙기는 편이다.	① ② ③ ④ ⑤
148	신발이나 옷이 떨어져도 무관심한 편이다.	① ② ③ ④ ⑤
149	자기 것을 덜 주장하고, 덜 고집하는 편이다.	① ② ③ ④ ⑤
150	활동이 많으면서도 무난하고 점잖다는 말을 듣는 편이다.	① ② ③ ④ ⑤
151	몇 번이고 생각하고 검토한다.	① ② ③ ④ ⑤
152	여러 번 생각한 끝에 결정을 내린다.	① ② ③ ④ ⑤
153	어떤 일이든 따지려 든다.	① ② ③ ④ ⑤
154	일단 결정하면 행동으로 옮긴다.	① ② ③ ④ ⑤
155	앞에 나서기를 꺼린다.	① ② ③ ④ ⑤
156	규칙을 잘 지킨다.	① ② ③ ④ ⑤
157	나의 주장대로 행동한다.	① ② ③ ④ ⑤
158	지시나 충고를 받는 것이 싫다.	① ② ③ ④ ⑤
159	급진적인 변화를 좋아한다.	① ② ③ ④ ⑤
160	규칙은 반드시 지킬 필요가 없다.	① ② ③ ④ ⑤
161	혼자서 일하기를 좋아한다.	① ② ③ ④ ⑤
162	미래에 대해 별로 염려를 하지 않는다.	① ② ③ ④ ⑤
163	새로운 변화를 싫어한다.	① ② ③ ④ ⑤
164	조용한 분위기를 좋아한다.	① ② ③ ④ ⑤
165	도전적인 직업보다는 안정적인 직업이 좋다.	① ② ③ ④ ⑤
166	친구를 잘 바꾸지 않는다.	① ② ③ ④ ⑤
167	남의 명령을 듣기 싫어한다.	① ② ③ ④ ⑤
168	모든 일에 앞장서는 편이다.	① ② ③ ④ ⑤
169	다른 사람이 하는 일을 보면 답답하다.	① ② ③ ④ ⑤
170	남을 지배하는 사람이 되고 싶다.	① ② ③ ④ ⑤

번호	질문	응답
171	규칙적인 것이 싫다.	① ② ③ ④ ⑤
172	매사에 감동을 자주 받는다.	① ② ③ ④ ⑤
173	새로운 물건과 일에 대한 생각을 자주 한다.	① ② ③ ④ ⑤
174	창조적인 일을 하고 싶다.	① ② ③ ④ ⑤
175	나쁜 일은 오래 생각하지 않는다.	① ② ③ ④ ⑤
176	사람들의 이름을 잘 기억하는 편이다.	① ② ③ ④ ⑤
177	외딴 곳보다는 사람들이 북적거리는 곳에 살고 싶다.	① ② ③ ④ ⑤
178	제조업보다는 서비스업이 마음에 든다.	① ② ③ ④ ⑤
179	농사를 지으면서 자연과 더불어 살고 싶다.	① ② ③ ④ ⑤
180	예절 같은 것은 별로 신경 쓰지 않는다.	① ② ③ ④ ⑤
181	거칠고 반항적인 사람보다 예의바른 사람들과 어울리고 싶다.	① ② ③ ④ ⑤
182	대인관계에서 상황을 빨리 파악하는 편이다.	① ② ③ ④ ⑤
183	계산에 밝은 사람은 꺼려진다.	① ② ③ ④ ⑤
184	친구들과 노는 것보다 혼자 노는 것이 편하다.	① ② ③ ④ ⑤
185	교제범위가 넓은 편이라 사람을 만나는 데 많은 시간을 소비한다.	① ② ③ ④ ⑤
186	손재주는 비교적 있는 편이다.	① ② ③ ④ ⑤
187	기획과 섭외 중 기획을 더 잘할 수 있을 것 같다.	① ② ③ ④ ⑤
188	도서실 등에서 책을 정리하고 관리하는 일을 싫어하지 않는다.	① ② ③ ④ ⑤
189	선입견으로 판단하지 않고 이론적으로 판단하는 편이다.	① ② ③ ④ ⑤
190	예술제나 미술전 등에 관심이 많다.	① ② ③ ④ ⑤
191	행사의 사회나 방송 등 마이크를 사용하는 분야에 관심이 많다.	① ② ③ ④ ⑤
192	하루 종일 방에 틀어 박혀 연구하거나 몰두해야 하는 일은 싫다.	① ② ③ ④ ⑤
193	공상이나 상상을 많이 하는 편이다.	① ② ③ ④ ⑤
194	모르는 사람과도 마음이 맞으면 쉽게 마음을 터놓고 바로 친해진다.	① ② ③ ④ ⑤
195	물건을 만들거나 도구를 사용하는 일이 싫지는 않다.	① ② ③ ④ ⑤
196	새로운 아이디어를 생각해내는 일이 좋다.	① ② ③ ④ ⑤
197	회의에서 사회나 서기를 맡는다면 서기 쪽이 맞을 것 같다.	① ② ③ ④ ⑤
198	사건 뒤에 숨은 본질을 생각해 보기를 좋아한다.	① ② ③ ④ ⑤
199	색채감각이나 미적 센스가 풍부한 편이다.	① ② ③ ④ ⑤
200	다른 사람들의 눈길을 끌고 주목을 받는 것이 아무렇지도 않다.	① ② ③ ④ ⑤

02 제2회 인성검사 모의테스트

※ 다음 질문을 읽고, ① ~ ⑤ 중 자신에게 해당하는 것을 고르시오(① 전혀 그렇지 않다 ② 약간 그렇지 않다 ③ 보통이다 ④ 약간 그렇다 ⑤ 매우 그렇다). [1~200]

번호	질문	응답
01	문화재 위원과 체육대회 위원 중 체육대회 위원을 하고 싶다.	① ② ③ ④ ⑤
02	보고 들은 것을 문장으로 옮기기를 좋아한다.	① ② ③ ④ ⑤
03	남에게 뭔가 가르쳐 주는 일이 좋다.	① ② ③ ④ ⑤
04	많은 사람과 장시간 함께 있으면 피곤하다.	① ② ③ ④ ⑤
05	엉뚱한 일을 하기 좋아하고 발상도 개성적이다.	① ② ③ ④ ⑤
06	전표 계산 또는 장부 기입 같은 일을 싫증내지 않고 할 수 있다.	① ② ③ ④ ⑤
07	책이나 신문을 열심히 읽는 편이다.	① ② ③ ④ ⑤
08	신경이 예민한 편이며, 감수성도 풍부하다.	① ② ③ ④ ⑤
09	연회석에서 망설임 없이 노래를 부르거나 장기를 보이는 편이다.	① ② ③ ④ ⑤
10	즐거운 캠프를 위해 계획 세우기를 좋아한다.	① ② ③ ④ ⑤
11	데이터를 분류하거나 통계내는 일을 싫어하지는 않는다.	① ② ③ ④ ⑤
12	드라마나 소설 속 등장인물의 생활과 사고방식에 흥미가 있다.	① ② ③ ④ ⑤
13	자신의 미적 표현력을 살리면 상당히 좋은 작품이 나올 것 같다.	① ② ③ ④ ⑤
14	화려한 것을 좋아하며 주위의 평판에 신경을 쓰는 편이다.	① ② ③ ④ ⑤
15	여럿이서 여행할 기회가 있다면 즐겁게 참가한다.	① ② ③ ④ ⑤
16	여행 소감 쓰기를 좋아한다.	① ② ③ ④ ⑤
17	상품 전시회에서 상품 설명을 한다면 잘할 수 있을 것 같다.	① ② ③ ④ ⑤
18	변화가 적고 손이 많이 가는 일도 꾸준히 하는 편이다.	① ② ③ ④ ⑤
19	신제품 홍보에 흥미가 있다.	① ② ③ ④ ⑤
20	열차 시간표 한 페이지 정도라면 정확하게 옮겨 쓸 자신이 있다.	① ② ③ ④ ⑤
21	자신의 장래에 대해 자주 생각한다.	① ② ③ ④ ⑤
22	혼자 있는 것에 익숙하다.	① ② ③ ④ ⑤
23	별 근심이 없다.	① ② ③ ④ ⑤
24	나의 환경에 아주 만족한다.	① ② ③ ④ ⑤
25	상품을 고를 때 디자인과 색에 신경을 많이 쓴다.	① ② ③ ④ ⑤
26	극단이나 연기학원에서 공부해 보고 싶다는 생각을 한 적이 있다.	① ② ③ ④ ⑤
27	외출할 때 날씨가 좋지 않아도 그다지 신경 쓰지 않는다.	① ② ③ ④ ⑤
28	손님을 불러들이는 호객행위도 마음만 먹으면 할 수 있을 것 같다.	① ② ③ ④ ⑤
29	신중하고 주의 깊은 편이다.	① ② ③ ④ ⑤
30	하루 종일 책상 앞에 앉아 있어도 지루하지 않는 편이다.	① ② ③ ④ ⑤

번호	질문	응답
31	알기 쉽게 요점을 정리한 다음 남에게 잘 설명하는 편이다.	① ② ③ ④ ⑤
32	생물 시간보다는 미술 시간에 흥미가 있다.	① ② ③ ④ ⑤
33	남이 자신에게 상담을 해오는 경우가 많다.	① ② ③ ④ ⑤
34	친목회나 송년회 등의 총무 역할을 좋아하는 편이다.	① ② ③ ④ ⑤
35	실패하든 성공하든 그 원인은 꼭 분석한다.	① ② ③ ④ ⑤
36	실내 장식품이나 액세서리 등에 관심이 많다.	① ② ③ ④ ⑤
37	남에게 보이기 좋아하고 지기 싫어하는 편이다.	① ② ③ ④ ⑤
38	대자연 속에서 마음대로 몸을 움직이는 일이 좋다.	① ② ③ ④ ⑤
39	파티나 모임에서 자연스럽게 돌아다니며 인사하는 성격이다.	① ② ③ ④ ⑤
40	무슨 일에 쉽게 빠져드는 편이며 주인의식도 강하다.	① ② ③ ④ ⑤
41	우리나라 분재를 파리에서 파는 방법 따위를 생각하기 좋아한다.	① ② ③ ④ ⑤
42	하루 종일 거리를 돌아다녀도 그다지 피로를 느끼지 않는다.	① ② ③ ④ ⑤
43	컴퓨터의 키보드 조작도 연습하면 잘할 수 있을 것 같다.	① ② ③ ④ ⑤
44	자동차나 모터보트 등의 운전에 흥미를 갖고 있다.	① ② ③ ④ ⑤
45	연예인의 인기 비결을 곧잘 생각해 본다.	① ② ③ ④ ⑤
46	과자나 빵을 판매하는 일보다 만드는 일이 나에게 맞을 것 같다.	① ② ③ ④ ⑤
47	대체로 걱정하거나 고민하지 않는다.	① ② ③ ④ ⑤
48	비판적인 말을 들어도 쉽게 상처받지 않는다.	① ② ③ ④ ⑤
49	초등학교 선생님보다는 등대지기가 더 재미있을 것 같다.	① ② ③ ④ ⑤
50	남의 생일이나 명절에 선물을 사러 다니는 일은 귀찮다.	① ② ③ ④ ⑤
51	조심스러운 성격이라고 생각한다.	① ② ③ ④ ⑤
52	훌쩍 여행을 떠나고 싶을 때가 자주 있다.	① ② ③ ④ ⑤
53	사물을 신중하게 생각하는 편이라고 생각한다.	① ② ③ ④ ⑤
54	다른 사람들이 하지 못하는 일을 하고 싶다.	① ② ③ ④ ⑤
55	소외감을 느낄 때가 있다.	① ② ③ ④ ⑤
56	노력의 여하보다 결과가 중요하다.	① ② ③ ④ ⑤
57	다른 사람에게 의존적이 될 때가 많다.	① ② ③ ④ ⑤
58	타인에게 간섭받는 것은 싫다.	① ② ③ ④ ⑤
59	동작이 기민한 편이다.	① ② ③ ④ ⑤
60	다른 사람에게 항상 움직이고 있다는 말을 듣는다.	① ② ③ ④ ⑤

번호	질문	응답
61	해야 할 일은 신속하게 처리한다.	① ② ③ ④ ⑤
62	일주일의 예정을 만드는 것을 좋아한다.	① ② ③ ④ ⑤
63	잘하지 못하는 게임은 하지 않으려고 한다.	① ② ③ ④ ⑤
64	자기주장이 강하다.	① ② ③ ④ ⑤
65	의식 과잉이라는 생각이 들 때가 있다.	① ② ③ ④ ⑤
66	포기하지 않고 노력하는 것이 중요하다.	① ② ③ ④ ⑤
67	어떠한 일이 있어도 출세하고 싶다.	① ② ③ ④ ⑤
68	대인관계가 귀찮다고 느낄 때가 있다.	① ② ③ ④ ⑤
69	수다를 좋아한다.	① ② ③ ④ ⑤
70	장래의 일을 생각하면 불안해질 때가 있다.	① ② ③ ④ ⑤
71	쉽게 침울해 한다.	① ② ③ ④ ⑤
72	한 번 시작한 일은 끝을 맺는다.	① ② ③ ④ ⑤
73	막무가내라는 말을 들을 때가 많다.	① ② ③ ④ ⑤
74	자신의 권리를 주장하는 편이다.	① ② ③ ④ ⑤
75	쉽게 싫증을 내는 편이다.	① ② ③ ④ ⑤
76	하나의 취미를 오래 지속하는 편이다.	① ② ③ ④ ⑤
77	옆에 사람이 있으면 싫다.	① ② ③ ④ ⑤
78	자신의 의견을 상대에게 잘 주장하지 못한다.	① ② ③ ④ ⑤
79	토론에서 이길 자신이 있다.	① ② ③ ④ ⑤
80	좀처럼 결단하지 못하는 경우가 있다.	① ② ③ ④ ⑤
81	남과 친해지려면 용기가 필요하다.	① ② ③ ④ ⑤
82	활력이 있다.	① ② ③ ④ ⑤
83	다른 사람의 일에 관심이 없다.	① ② ③ ④ ⑤
84	통찰력이 있다고 생각한다.	① ② ③ ④ ⑤
85	다른 사람에게 위해를 가할 것 같은 기분이 든 때가 있다.	① ② ③ ④ ⑤
86	지루하면 마구 떠들고 싶어진다.	① ② ③ ④ ⑤
87	매사에 느긋하고 차분하게 매달린다.	① ② ③ ④ ⑤
88	친구들이 진지한 사람으로 생각하고 있다.	① ② ③ ④ ⑤
89	때로는 후회할 때도 있다.	① ② ③ ④ ⑤
90	친구들과 남의 이야기를 하는 것을 좋아한다.	① ② ③ ④ ⑤

번호	질문	응답
91	사소한 일로 우는 일이 많다.	① ② ③ ④ ⑤
92	내성적이라고 생각한다.	① ② ③ ④ ⑤
93	당황하면 갑자기 땀이 나서 신경 쓰일 때가 있다.	① ② ③ ④ ⑤
94	어떤 일이 있어도 의욕을 가지고 열심히 하는 편이다.	① ② ③ ④ ⑤
95	진정으로 마음을 허락할 수 있는 사람은 없다.	① ② ③ ④ ⑤
96	집에서 가만히 있으면 기분이 우울해진다.	① ② ③ ④ ⑤
97	굳이 말하자면 시원시원하다.	① ② ③ ④ ⑤
98	난관에 봉착해도 포기하지 않고 열심히 해본다.	① ② ③ ④ ⑤
99	기다리는 것에 짜증내는 편이다.	① ② ③ ④ ⑤
100	감정적으로 될 때가 많다.	① ② ③ ④ ⑤
101	눈을 뜨면 바로 일어난다.	① ② ③ ④ ⑤
102	친구들로부터 줏대 없는 사람이라는 말을 듣는다.	① ② ③ ④ ⑤
103	리더로서 인정을 받고 싶다.	① ② ③ ④ ⑤
104	누구나 권력자를 동경하고 있다고 생각한다.	① ② ③ ④ ⑤
105	다른 사람들이 남을 배려하는 마음씨가 있다는 말을 듣는다.	① ② ③ ④ ⑤
106	인간관계가 폐쇄적이라는 말을 듣는다.	① ② ③ ④ ⑤
107	누구와도 편하게 이야기할 수 있다.	① ② ③ ④ ⑤
108	몸으로 부딪혀 도전하는 편이다.	① ② ③ ④ ⑤
109	가만히 있지 못할 정도로 침착하지 못할 때가 있다.	① ② ③ ④ ⑤
110	사물을 과장해서 말하지 않는 편이다.	① ② ③ ④ ⑤
111	그룹 내에서는 누군가의 주도하에 따라가는 경우가 많다.	① ② ③ ④ ⑤
112	굳이 말하자면 자의식 과잉이다.	① ② ③ ④ ⑤
113	무슨 일이든 자신을 가지고 행동한다.	① ② ③ ④ ⑤
114	여행을 가기 전에는 세세한 계획을 세운다.	① ② ③ ④ ⑤
115	다른 사람에게 자신이 소개되는 것을 좋아한다.	① ② ③ ④ ⑤
116	차분하다는 말을 듣는다.	① ② ③ ④ ⑤
117	몸을 움직이는 것을 좋아한다.	① ② ③ ④ ⑤
118	의견이 다른 사람과는 어울리지 않는다.	① ② ③ ④ ⑤
119	계획을 생각하기보다 빨리 실행하고 싶어한다.	① ② ③ ④ ⑤
120	스포츠 선수가 되고 싶다고 생각한 적이 있다.	① ② ③ ④ ⑤

번호	질문	응답
121	융통성이 없는 편이다.	① ② ③ ④ ⑤
122	자신을 쓸모없는 인간이라고 생각할 때가 있다.	① ② ③ ④ ⑤
123	완성된 것보다 미완성인 것에 흥미가 있다.	① ② ③ ④ ⑤
124	작은 소리도 신경 쓰인다.	① ② ③ ④ ⑤
125	굳이 말하자면 장거리 주자에 어울린다고 생각한다.	① ② ③ ④ ⑤
126	모두가 싫증을 내는 일에도 혼자서 열심히 한다.	① ② ③ ④ ⑤
127	커다란 일을 해보고 싶다.	① ② ③ ④ ⑤
128	주위의 영향을 받기 쉽다.	① ② ③ ④ ⑤
129	잘하지 못하는 것이라도 자진해서 한다.	① ② ③ ④ ⑤
130	나는 완고한 편이라고 생각한다.	① ② ③ ④ ⑤
131	타인의 일에는 별로 관여하고 싶지 않다고 생각한다.	① ② ③ ④ ⑤
132	휴일은 세부적인 예정을 세우고 보낸다.	① ② ③ ④ ⑤
133	번화한 곳에 외출하는 것을 좋아한다.	① ② ③ ④ ⑤
134	능력을 살릴 수 있는 일을 하고 싶다.	① ② ③ ④ ⑤
135	자주 깊은 생각에 잠긴다.	① ② ③ ④ ⑤
136	지인을 발견해도 만나고 싶지 않을 때가 많다.	① ② ③ ④ ⑤
137	나는 자질구레한 걱정이 많다.	① ② ③ ④ ⑤
138	가만히 있지 못할 정도로 불안해질 때가 많다.	① ② ③ ④ ⑤
139	이유도 없이 화가 치밀 때가 있다.	① ② ③ ④ ⑤
140	이유도 없이 다른 사람과 부딪힐 때가 있다.	① ② ③ ④ ⑤
141	나는 다른 사람보다 기가 세다.	① ② ③ ④ ⑤
142	친절한 사람 밑에서 일하고 싶다.	① ② ③ ④ ⑤
143	다른 사람이 나를 어떻게 생각하는지 궁금할 때가 많다.	① ② ③ ④ ⑤
144	직접 만나는 것보다 전화로 이야기하는 것이 편하다.	① ② ③ ④ ⑤
145	침울해지면서 아무 것도 손에 잡히지 않을 때가 있다.	① ② ③ ④ ⑤
146	이성적인 사람 밑에서 일하고 싶다.	① ② ③ ④ ⑤
147	다른 사람보다 쉽게 우쭐해진다.	① ② ③ ④ ⑤
148	시를 많이 읽는다.	① ② ③ ④ ⑤
149	성격이 밝다는 말을 듣는다.	① ② ③ ④ ⑤
150	실무적이라는 인상을 주고 싶다.	① ② ③ ④ ⑤

번호	질문	응답
151	어색해지면 입을 다무는 경우가 많다.	① ② ③ ④ ⑤
152	커피가 있어야 안심이 된다.	① ② ③ ④ ⑤
153	어린 시절로 돌아가고 싶을 때가 있다.	① ② ③ ④ ⑤
154	무모할 것 같은 일에 도전하고 싶다.	① ② ③ ④ ⑤
155	하루의 행동을 반성하는 경우가 많다.	① ② ③ ④ ⑤
156	학구적이라는 인상을 주고 싶다.	① ② ③ ④ ⑤
157	내가 아는 것을 남에게 알려주고 싶다.	① ② ③ ④ ⑤
158	굳이 말하자면 기가 센 편이다.	① ② ③ ④ ⑤
159	일의 보람보단 결과를 중요시 한다.	① ② ③ ④ ⑤
160	격렬한 운동도 그다지 힘들어하지 않는다.	① ② ③ ④ ⑤
161	가능성보단 현실성에 눈을 돌린다.	① ② ③ ④ ⑤
162	부탁을 잘 거절하지 못한다.	① ② ③ ④ ⑤
163	앞으로의 일을 생각하지 않으면 진정이 되지 않는다.	① ② ③ ④ ⑤
164	상상이 되는 것을 선호한다.	① ② ③ ④ ⑤
165	빌려준 것을 받지 못하는 편이다.	① ② ③ ④ ⑤
166	인생에서 중요한 것은 높은 목표를 갖는 것이다.	① ② ③ ④ ⑤
167	잠을 쉽게 자는 편이다.	① ② ③ ④ ⑤
168	다른 사람이 부럽다고 생각하지 않는다.	① ② ③ ④ ⑤
169	학문보다는 기술이다.	① ② ③ ④ ⑤
170	무슨 일이든 선수를 쳐야 이긴다고 생각한다.	① ② ③ ④ ⑤
171	SNS를 좋아하는 편이다.	① ② ③ ④ ⑤
172	뉴스를 자주 보는 편이다.	① ② ③ ④ ⑤
173	불우이웃을 돕는 편이다.	① ② ③ ④ ⑤
174	취미활동에 돈을 아끼지 않는다.	① ② ③ ④ ⑤
175	혼자서 밥을 먹어도 이상하지 않다.	① ② ③ ④ ⑤
176	기획하는 것보다 영업하는 것이 편하다.	① ② ③ ④ ⑤
177	나만의 특기를 가지고 있다.	① ② ③ ④ ⑤
178	토론자와 사회 중에서 토론자가 더 어울린다.	① ② ③ ④ ⑤
179	아기자기한 것을 좋아한다.	① ② ③ ④ ⑤
180	통계가 맞지 않으면 신경이 쓰인다.	① ② ③ ④ ⑤

번호	질문	응답
181	100년 전의 풍습에 흥미가 있다.	① ② ③ ④ ⑤
182	신제품 개발보다 기존 상품을 개선하는 것을 선호한다.	① ② ③ ④ ⑤
183	손으로 쓴 글씨에 자신이 있다.	① ② ③ ④ ⑤
184	현재의 삶에 만족한다.	① ② ③ ④ ⑤
185	내 미래를 밝다고 생각한다.	① ② ③ ④ ⑤
186	과학보다는 철학에 관심이 있다.	① ② ③ ④ ⑤
187	원인을 알 수 없으면 반드시 찾아야 한다.	① ② ③ ④ ⑤
188	무언가에 흥미를 느끼는 데 오래 걸린다.	① ② ③ ④ ⑤
189	처음 보는 사람에게 물건을 잘 팔 수 있다.	① ② ③ ④ ⑤
190	언어가 안 통하는 나라에서 잘 생활할 수 있다.	① ② ③ ④ ⑤
191	시각보다는 청각에 민감한 편이다.	① ② ③ ④ ⑤
192	큰 건물이 작은 건물보다 좋다.	① ② ③ ④ ⑤
193	음식을 만드는 것이 물건을 전시하는 것보다 쉽다.	① ② ③ ④ ⑤
194	안 쓰는 물건을 잘 버리는 편이다.	① ② ③ ④ ⑤
195	사람의 인상착의나 이름을 잘 외운다.	① ② ③ ④ ⑤
196	지시를 받는 것보다 지시를 하는 것이 어울린다.	① ② ③ ④ ⑤
197	규칙적으로 먹고 잔다.	① ② ③ ④ ⑤
198	처음 격는 상황에도 빠르게 대처할 수 있다.	① ② ③ ④ ⑤
199	내가 할 수 있는 것은 내가 한다.	① ② ③ ④ ⑤
200	이성하고 이야기하는 것이 어렵지 않다.	① ② ③ ④ ⑤

PART

2

직무능력검사

CHAPTER 01 언어논리력
CHAPTER 02 이해력
CHAPTER 03 수리력
CHAPTER 04 공간지각력
CHAPTER 05 문제해결력

CHAPTER 01
언어논리력

합격 CHEAT KEY

출제유형

01 어휘력

어휘의 의미를 정확하게 알고 있는지 평가하는 유형으로, 밑줄 친 어휘와 같은 의미로 쓰인 어휘를 찾는 문제, 주어진 문장 속에서 사용이 적절하지 않은 어휘를 찾는 문제, 주어진 여러 단어의 뜻을 포괄하는 어휘를 찾는 문제 등이 출제되고 있다.

02 나열하기

문장과 문장 사이의 관계 및 글 전체의 흐름을 읽어낼 수 있는지 평가하는 유형으로, 논리적인 순서에 따라 주어진 글의 문장이나 문단을 나열하는 문제가 출제되고 있다.

03 추론하기

앞뒤 문맥과 글의 전체 흐름을 파악하여 제시된 글의 빈칸에 들어갈 알맞은 문장을 고르는 문제가 출제되고 있다.

| 학습전략 |

01 어휘력

- 어휘가 가진 다양한 의미를 묻는 문제가 주로 출제되므로 어휘의 의미를 정확하게 알고 있어야 한다.
- 다의어의 경우 문장 속에서 어떤 의미로 활용되는지 파악하는 것이 중요하므로 예문과 함께 학습하도록 한다.

02 나열하기

- 문장과 문장을 연결하는 접속어의 쓰임에 대해 정확히 알고 있어야 문제를 풀 수 있다.
- 문장 속에 나타나는 지시어는 해당 문장의 앞에 어떤 내용이 오는지에 대한 힌트가 되므로 이에 집중한다.

03 추론하기

- 지문을 처음부터 끝까지 다 읽기보다는 빈칸의 앞뒤 문장만으로 그 사이에 들어갈 내용을 유추하는 연습을 해야 한다.
- 선택지를 읽으며 빈칸에 들어갈 답을 고른 후 해설과 비교한다. 확실하게 정답을 선택한 경우를 제외하고, 왜 틀렸는지 파악하고 놓친 부분을 반드시 체크하는 습관을 들인다.

CHAPTER 01 언어논리력 핵심이론

01 어휘의 의미

1. 의미 관계

(1) 유의 관계

유의어는 두 개 이상의 어휘가 서로 소리는 다르나 의미가 비슷한 경우로, 유의 관계의 대부분은 개념적 의미의 동일성을 전제로 한다.

(2) 반의 관계

반의어는 둘 이상의 단어에서 의미가 서로 짝을 이루어 대립하는 경우로, 어휘의 의미가 서로 대립되는 단어를 말하며, 이러한 어휘들의 관계를 반의 관계라고 한다. 한 쌍의 단어가 반의어가 되려면 두 어휘 사이에 공통적인 의미 요소가 있으면서도 동시에 하나의 의미 요소만 달라야 한다.

(3) 상하 관계

상하 관계는 단어의 의미적 계층 구조에서 한쪽이 의미상 다른 쪽을 포함하거나 다른 쪽에 포섭되는 관계를 말한다. 상하 관계를 형성하는 단어들은 상위어일수록 일반적이고 포괄적인 의미를 지니며, 하위어일수록 개별적이고 한정적인 의미를 지니므로 하위어는 상위어를 의미적으로 함의하게 된다. 즉, 상위어가 가지고 있는 의미 특성을 하위어가 자동적으로 가지게 된다.

(4) 부분 관계

부분 관계는 한 단어가 다른 단어의 부분이 되는 관계를 말하며, 전체 – 부분 관계라고도 한다. 부분 관계에서 부분을 가리키는 단어를 부분어, 전체를 가리키는 단어를 전체어라고 한다. 예를 들면 '머리, 팔, 몸통, 다리'는 '몸'의 부분어이며, 이러한 부분어들에 의해 이루어진 '몸'은 전체어이다.

2. 다의어와 동음이의어

다의어(多義語)는 뜻이 여러 개인 낱말을 뜻하고, 동음이의어(同音異義語)는 소리는 같으나 뜻이 다른 낱말을 뜻한다. 중심의미(본래의 의미)와 주변의미(변형된 의미)로 나누어지면 다의어이고, 중심의미와 주변의미로 나누어지지 않고 전혀 다른 의미를 지니면 동음이의어라 한다.

02 알맞은 어휘

1. 나이와 관련된 어휘

충년(沖年)	10세 안팎의 어린 나이
지학(志學)	15세가 되어 학문에 뜻을 둠
약관(弱冠)	남자 나이 20세 스무 살 전후의 여자 나이는 묘령(妙齡), 묘년(妙年), 방년(芳年), 방령(芳齡) 등이라 칭함
이립(而立)	30세, 『논어』에서 공자가 서른 살에 자립했다고 한 데서 나온 말로 인생관이 섰다는 뜻
불혹(不惑)	40세, 세상의 유혹에 빠지지 않음을 뜻함
지천명(知天命)	50세, 하늘의 뜻을 깨달음
이순(耳順)	60세, 경륜이 쌓이고 사려와 판단이 성숙하여 남의 어떤 말도 거슬리지 않음
화갑(華甲)	61세, 회갑(回甲), 환갑(還甲)
진갑(進甲)	62세, 환갑의 이듬해
고희(古稀)	70세, 두보의 시에서 유래. 마음대로 한다는 뜻의 종심(從心)이라고도 함
희수(喜壽)	77세, '喜'자의 초서체가 '七十七'을 세로로 써놓은 것과 비슷한 데서 유래
산수(傘壽)	80세, '傘'자를 풀면 '八十'이 되는 데서 유래
망구(望九)	81세, 90세를 바라봄
미수(米壽)	88세, '米'자를 풀면 '八十八'이 되는 데서 유래
졸수(卒壽)	90세, '卒'의 초서체가 '九十'이 되는 데서 유래
망백(望百)	91세, 100세를 바라봄
백수(白壽)	99세, '百'에서 '一'을 빼면 '白'
상수(上壽)	100세, 사람의 수명 중 최상의 수명
다수(茶壽)	108세, '茶'를 풀면, '十'이 두 개라서 '二十'이고, 아래 '八十八'이니 합하면 108
천수(天壽)	120세, 병 없이 늙어서 죽음을 맞이하면 하늘이 내려 준 나이를 다 살았다는 뜻

2. 단위와 관련된 어휘

길이	자	한 치의 열 배로 약 30.3cm
	마장	5리나 10리가 못 되는 거리
	발	두 팔을 양옆으로 펴서 벌렸을 때 한쪽 손끝에서 다른 쪽 손끝까지의 길이
	길	여덟 자 또는 열 자로 약 2.4m 또는 3m. 사람 키 정도의 길이
	치	한 자의 10분의 1 또는 약 3.03cm
	칸	여섯 자로, 1.81818m
	뼘	엄지손가락과 다른 손가락을 완전히 펴서 벌렸을 때에 두 끝 사이의 거리
넓이	길이	논밭 넓이의 단위. 소 한 마리가 하루에 갈 만한 넓이로, 약 2,000평 정도
	단보	땅 넓이의 단위. 1단보는 남한에서는 300평으로 $991.74m^2$, 북한에서는 30평으로 $99.174m^2$
	마지기	논밭 넓이의 단위. 볍씨 한 말의 모 또는 씨앗을 심을 만한 넓이로, 논은 약 150~300평, 밭은 약 100평 정도
	되지기	논밭 넓이의 단위. 볍씨 한 되의 모 또는 씨앗을 심을 만한 넓이로 한 마지기의 10분의 1
	섬지기	논밭 넓이의 단위. 볍씨 한 섬의 모 또는 씨앗을 심을 만한 넓이로 한 마지기의 열 배이며 논은 약 2,000평, 밭은 약 1,000평
	간	건물의 칸살의 넓이를 잴 때 사용. 한 간은 보통 여섯 자 제곱의 넓이

부피	홉	곡식, 가루, 액체 따위의 부피를 잴 때 쓰는 단위. 한 되의 10분의 1로 약 180mL
	되	곡식, 가루, 액체 따위의 부피를 잴 때 쓰는 단위. 한 말의 10분의 1, 한 홉의 열 배로 약 1.8L
	말	곡식, 액체, 가루 따위의 부피를 잴 때 쓰는 단위. 한 되의 10배로 약 18L
	섬	곡식, 액체, 가루 따위의 부피를 잴 때 쓰는 단위. 한 말의 10배로 약 180L
	되들이	한 되를 담을 수 있는 분량
	줌	한 손에 쥘 만한 분량
	춤	가늘고 기름한 물건을 한 손으로 쥘 만한 분량
무게	냥	귀금속이나 한약재 따위의 무게를 잴 때 쓰는 단위. 귀금속의 무게를 잴 때는 한 돈의 열 배이고, 한약재의 무게를 잴 때는 한 근의 16분의 1로 37.5g
	돈	귀금속이나 한약재 따위의 무게를 잴 때 쓰는 단위. 한 냥의 10분의 1, 한 푼의 열 배로 3.75g
	푼	귀금속이나 한약재 따위의 무게를 잴 때 쓰는 단위. 한 돈의 10분의 1로, 약 0.375g
	냥쭝	한 냥쯤 되는 무게
	돈쭝	한 돈쯤 되는 무게
묶음	갓	굴비·비웃 따위 10마리, 또는 고비·고사리 따위 10모숨을 한 줄로 엮은 것
	강다리	쪼갠 장작을 묶어 세는 단위. 쪼갠 장작 100개비
	거리	오이나 가지 50개
	고리	소주를 사발에 담은 것을 묶어 세는 단위로, 한 고리는 소주 10사발
	꾸러미	꾸리어 싼 물건을 세는 단위. 달걀 10개를 묶어 세는 단위
	담불	곡식이나 나무를 높이 쌓아 놓은 무더기. 벼 100섬씩 묶어 세는 단위
	동	물건을 묶어 세는 단위. 먹 10정, 붓 10자루, 생강 10접, 피륙 50필, 백지 100권, 곶감 100접, 볏짚 100단, 조기 1,000마리, 비웃 2,000마리
	마투리	곡식의 양을 섬이나 가마로 잴 때, 한 섬이나 한 가마가 되지 못하고 남은 양
	모숨	길고 가느다란 물건의, 한 줌 안에 들어올 만한 분량
	뭇	짚, 장작, 채소 따위의 작은 묶음을 세는 단위. 볏단을 세는 단위. 생선 10마리, 미역 10장
	새	피륙의 날을 세는 단위. 한 새는 날실 여든 올
	쌈	바늘을 묶어 세는 단위. 한 쌈은 바늘 24개
	손	한 손에 잡을 만한 분량을 세는 단위. 고등어 따위의 생선 2마리
	우리	기와를 세는 단위. 한 우리는 기와 2,000장
	접	채소나 과일 따위를 묶어 세는 단위. 한 접은 100개
	제	한약의 분량을 나타내는 단위. 한 제는 탕약 20첩
	죽	옷, 그릇 따위의 열 벌을 묶어 이르는 말
	축	오징어를 묶어 세는 단위. 한 축은 오징어 20마리
	쾌	북어를 묶어 세는 단위. 한 쾌는 북어 20마리
	톳	김을 묶어 세는 단위. 한 톳은 김 100장
	필	명주 40자

3. 지칭과 관련된 어휘

구분		생존	사망
본인	아버지	가친(家親), 엄친(嚴親), 가군(家君)	선친(先親), 선군(先君), 망부(亡父)
	어머니	자친(慈親)	선비(先妣), 선자(先慈), 망모(亡母)
타인	아버지	춘부장(椿府丈)	선대인(先大人)
	어머니	자당(慈堂)	선대부인(先大夫人)

4. 절기와 관련된 어휘

봄	입춘	봄의 문턱에 들어섰다는 뜻으로, 봄의 시작을 알리는 절기 [2월 4일경]
	우수	봄비가 내리는 시기라는 뜻 [2월 18일경]
	경칩	개구리가 잠에서 깨어난다는 의미로, 본격적인 봄의 계절이라는 뜻 [3월 5일경]
	춘분	봄의 한가운데로, 낮이 길어지는 시기 [3월 21일경]
	청명	하늘이 맑고 높다는 뜻으로, 전형적인 봄 날씨가 시작되므로 농사 준비를 하는 시기 [4월 5일경]
	곡우	농사에 필요한 비가 내리는 시기라는 뜻 [4월 20일경]
여름	입하	여름의 문턱에 들어섰다는 뜻으로, 여름의 시작을 알리는 절기 [5월 5일경]
	소만	조금씩 차기 시작한다는 뜻으로, 곡식이나 과일의 열매가 생장하여 가득 차기 시작하는 절기 [5월 21일경]
	망종	수염이 있는 곡식, 즉 보리・수수 같은 곡식은 추수를 하고 논에 모를 심는 절기 [6월 6일경]
	하지	여름의 중간으로 낮이 제일 긴 날 [6월 21일경]
	소서	작은 더위가 시작되는 절기로 한여름에 들어선 절기 [7월 7~8일경]
	대서	큰 더위가 시작되는 절기로 가장 더운 여름철이란 뜻 [7월 24일경]
가을	입추	가을의 문턱에 들어섰다는 뜻으로, 가을의 시작을 알리는 절기 [8월 8~9일경]
	처서	더위가 식고 일교차가 커지면서 식물들이 성장을 멈추고 겨울 준비를 하는 절기 [8월 23일경]
	백로	흰 이슬이 내리는 시기로 기온은 내려가고 본격적인 가을이 시작되는 시기 [9월 8일경]
	추분	밤이 길어지는 시기이며 가을의 한가운데라는 뜻 [9월 23일경]
	한로	찬 이슬이 내린다는 뜻 [10월 8일경]
	상강	서리가 내린다는 뜻 [10월 23일경]
겨울	입동	겨울의 문턱에 들어섰다는 뜻으로, 겨울의 시작을 알리는 절기 [11월 8일경]
	소설	작은 눈이 내린다는 뜻으로, 눈이 내리고 얼음이 얼기 시작하는 절기 [11월 22~23일경]
	대설	큰 눈이 내리는 절기 [12월 8일경]
	동지	밤이 가장 긴 날로 겨울의 한가운데라는 뜻 [12월 22~23일경]
	소한	작은 추위라는 뜻으로, 본격적인 추위가 시작되는 절기 [1월 6~7일경]
	대한	큰 추위가 시작된다는 뜻으로, 한겨울 [1월 20일경]

5. 접속어

순접	앞의 내용을 순조롭게 받아 연결시켜 주는 역할 예 그리고, 그리하여, 그래서, 이와 같이, 그러므로 등
역접	앞의 내용과 상반된 내용을 이어 주는 역할 예 그러나, 그렇지만, 하지만, 그래도, 반면에 등
인과	앞뒤의 문장을 원인과 결과로, 또는 결과와 원인으로 연결시켜 주는 역할 예 그래서, 따라서, 그러므로, 왜냐하면 등
환언・요약	앞 문장을 바꾸어 말하거나 간추려 짧게 말하며 이어 주는 역할 예 즉, 요컨대, 바꾸어 말하면, 다시 말하면 등
대등・병렬	앞 내용과 뒤의 내용을 대등하게 이어 주는 역할 예 또는, 혹은, 및, 한편 등
전환	뒤의 내용이 앞의 내용과는 다른, 새로운 생각이나 사실을 서술하여 화제를 바꾸어 이어 주는 역할 예 그런데, 한편, 아무튼, 그러면 등
예시	앞 문장에 대한 구체적인 예를 들어 설명하며 이어 주는 역할 예 예컨대, 이를테면, 가령, 예를 들어 등

03 논리구조

논리구조에서는 주로 단락과 문장 간의 관계나 글 전체의 논리적 구조를 정확히 파악했는지를 묻는다. 글의 순서를 바르게 배열하는 유형이 출제되고 있다. 제시문의 전체적인 흐름을 바탕으로 각 문단의 특징, 단락 간의 역할 등을 논리적으로 구조화할 수 있는 능력을 길러야 한다.

(1) 문장의 관계와 원리
① 문장과 문장 간의 관계
  ㉠ 상세화 관계 : 주지 → 구체적 설명(비교, 대조, 유추, 분류, 분석, 인용, 예시, 비유, 부연, 상술 등)
  ㉡ 문제(제기)와 해결 관계 : 한 문장이 문제를 제기하고, 다른 문장이 그 해결책을 제시하는 관계 (과제 제시 → 해결 방안, 문제 제기 → 해답 제시)
  ㉢ 선후 관계 : 한 문장이 먼저 발생한 내용을 담고, 다음 문장이 나중에 발생한 내용을 담고 있는 관계
  ㉣ 원인과 결과 관계 : 한 문장이 원인이 되고, 다른 문장이 그 결과가 되는 관계(원인 제시 → 결과 제시, 결과 제시 → 원인 제시)
  ㉤ 주장과 근거 관계 : 한 문장이 필자가 말하고자 하는 바(주지)가 되고, 다른 문장이 그 문장의 증거(근거)가 되는 관계(주장 제시 → 근거 제시, 의견 제안 → 의견 설명)
  ㉥ 전제와 결론 관계 : 앞 문장에서 조건이나 가정을 제시하고, 뒤 문장에서 이에 따른 결론을 제시하는 관계
② 문장의 연결 방식
  ㉠ 순접 : 원인과 결과, 부연 설명 등의 문장 연결에 쓰임
    예 그래서, 그리고, 그러므로 등
  ㉡ 역접 : 앞글의 내용을 전면적 또는 부분적으로 부정
    예 그러나, 그렇지만, 그래도, 하지만 등
  ㉢ 대등·병렬 : 앞뒤 문장의 대비와 반복에 의한 접속
    예 및, 혹은, 또는, 이에 반하여 등
  ㉣ 보충·첨가 : 앞글의 내용을 보다 강조하거나 부족한 부분을 보충하기 위해 다른 말을 덧붙이는 문맥
    예 단, 곧, 즉, 더욱이, 게다가, 왜냐하면 등
  ㉤ 화제 전환 : 앞글과는 다른 새로운 내용을 이야기하기 위한 문맥
  ㉥ 비유·예시 : 앞글에 대해 비유적으로 다시 말하거나 구체적인 예를 보임
    예 예를 들면, 예컨대, 마치 등

③ 원리 접근법

앞뒤 문장의 중심의미 파악	→	앞뒤 문장의 중심 내용이 어떤 관계인지 파악	→	문장 간의 접속어, 지시어의 의미와 기능	→	문장의 의미와 관계성 파악
각 문장의 의미를 어떤 관계로 연결해서 글을 전개하는지 파악해야 한다.		지문 안의 모든 문장은 서로 논리적 관계성이 있다.		접속어와 지시어를 음미하는 것은 독해의 길잡이 역할을 한다.		문단의 중심 내용을 알기 위한 기본 분석 과정이다.

04 논리적 이해

(1) 전제의 추론

전제의 추론은 원칙적으로 주어진 내용의 이면에 내포되어 있는 이미 옳다고 인정된 사실을 유추하는 유형이다.
① 먼저 주장이 무엇인지 명확하게 파악해야 한다.
② 주장이 성립하기 위해서 논리적으로 필요한 요건이 무엇인지 생각해 본다.
③ 선택지 중 주장과 논리적으로 인과 관계를 형성할 수 있는 조건을 찾아낸다.

(2) 결론의 추론

주어진 내용을 명확히 이해한 다음, 이를 근거로 이끌어 낼 수 있는 올바른 결론이나 관련 사항을 논리적인 관점에서 찾는 문제 유형이다. 이와 같은 문제는 평상시 비판적이고 논리적인 관점으로 글을 읽는 연습을 충분히 해 두어야 유리하다고 볼 수 있다.

(3) 주제의 추론

주제와 관련된 추론 문제는 적성검사에서 자주 출제되는 유형으로서 글의 표제, 부제, 주제, 주장, 의도를 파악하는 형태의 문제와 같은 유형이다. 이러한 유형의 문제는 주제를 글의 첫 문단이나 마지막 문단을 통해서 찾을 수 있으며, 그렇지 않으면 문단의 병렬·대등 관계를 파악하면 쉽게 찾을 수 있다. 여러 문단에서 공통된 주제를 추론할 때는 각각의 제시문을 먼저 요약한 뒤, 핵심 키워드를 찾은 다음 이를 토대로 주제문을 가려내어 하나의 주제를 유추하면 된다. 평소에 제시문을 읽고, 핵심 키워드를 찾아 문장을 구성하는 연습을 많이 해두어야 한다. 또한 겉으로 드러난 주제나 정보를 찾는 데 그치지 않고 글 속에 숨겨진 의도나 정보를 찾기 위해 꼼꼼히 관찰하는 태도가 필요하다.

CHAPTER 01 언어논리력 기출예상문제

정답 및 해설 p.002

01 어휘력

대표유형 1 유의어

다음 제시된 단어와 같거나 유사한 의미를 가진 것은?

아성

① 근거
② 유예
③ 유린
④ 요원

| 해설 |
- 아성(牙城) : 아주 중요한 근거지를 비유적으로 이르는 말
- 근거 : 근본이 되는 거점, 또는 어떤 일이나 의논, 의견에 그 근본이 됨

오답분석
② 유예 : 망설여 일을 결행하지 아니함
③ 유린 : 남의 권리나 인격을 짓밟음
④ 요원 : 까마득함

정답 ①

※ 다음 제시된 단어와 같거나 유사한 의미를 가진 것을 고르시오. [1~10]

01

한둔

① 하숙
② 숙박
③ 투숙
④ 노숙

02 | 독려

① 달성
② 구획
③ 낙담
④ 고취

03 | 구속

① 도전
② 검열
③ 속박
④ 반대

04 | 풍부하다

① 넉넉하다
② 부족하다
③ 소박하다
④ 한적하다

05 | 읍소하다

① 읍례하다
② 간색하다
③ 가붓하다
④ 애걸하다

06 | 비추다

① 조명하다
② 조회하다
③ 대조하다
④ 투조하다

07 간담상조(肝膽相照)

① 해로동혈(偕老同穴) ② 반포보은(反哺報恩)
③ 문경지교(刎頸之交) ④ 각골통한(刻骨痛恨)

08 주장낙토(走獐落兎)

① 이록위마(以鹿爲馬) ② 정저지와(井底之蛙)
③ 견란구계(見卵求鷄) ④ 사공중곡(射空中鵠)

09 조율이시(棗栗梨柿)

① 주과포혜(酒果脯醯) ② 과숙체락(瓜熟蒂落)
③ 도방고리(道傍苦李) ④ 석과불식(碩果不食)

10 일람첩기(一覽輒記)

① 과목성송(過目成誦) ② 기문지학(記問之學)
③ 미진보벌(迷津寶筏) ④ 현두자고(懸頭刺股)

대표유형 2 　반의어

다음 제시된 단어와 반대되는 의미를 가진 것은?

존경

① 존중　　　　　　　　　② 관심
③ 숭배　　　　　　　　　④ 멸시

|해설| • 존경 : 남의 인격, 사상, 행위 따위를 받들어 공경함
　　　• 멸시 : 업신여기거나 하찮게 여겨 깔봄

[오답분석]
① 존중 : 높이어 귀중하게 대함
② 관심 : 어떤 것에 마음이 끌려 주의를 기울임. 또는 그런 마음이나 주의
③ 숭배 : 우러러 공경함

정답 ④

※ 다음 제시된 단어와 반대되는 의미를 가진 것을 고르시오. [11~20]

11

섬세(纖細)

① 치밀(緻密)　　　　　　② 정교(精巧)
③ 둔통(鈍痛)　　　　　　④ 둔탁(鈍濁)

12

얻다

① 습득하다　　　　　　　② 획득하다
③ 거두다　　　　　　　　④ 잃다

13 | 시끄럽다

① 소란스럽다 ② 조용하다
③ 요란하다   ④ 산만하다

14 | 저열하다

① 졸렬하다 ② 야비하다
③ 고매하다 ④ 천하다

15 | 겸손

① 거만 ② 고정
③ 기발 ④ 염세

16 | 든직하다

① 붓날다   ② 사랑옵다
③ 무덕지다 ④ 얄망궂다

17 | 금의환향(錦衣還鄕)

① 입신양명(立身揚名)　　② 부귀공명(富貴功名)
③ 무면도강(無面渡江)　　④ 의금주행(衣錦晝行)

18 | 군계일학(群鷄一鶴)

① 철중쟁쟁(鐵中錚錚)　　② 태산북두(泰山北斗)
③ 장삼이사(張三李四)　　④ 낭중지추(囊中之錐)

19 | 혼용무도(昏庸無道)

① 일사불란(一絲不亂)　　② 평지풍파(平地風波)
③ 옥석혼효(玉石混淆)　　④ 지리멸렬(支離滅裂)

20 | 만시지탄(晚時之歎)

① 망양보뢰(亡羊補牢)　　② 서제막급(噬臍莫及)
③ 견기이작(見機而作)　　④ 사후약방문(死後藥方文)

대표유형 3 　 어휘

다음 제시된 의미를 가진 단어로 옳은 것은?

근육 따위가 오그라들거나 사물의 부피나 규모가 줆

① 수상　　　　　　　　② 수축
③ 수준　　　　　　　　④ 수렴

| 해설 | 제시된 의미를 가진 단어는 '수축(收縮)'이다.
오답분석
① 수상(殊常) : 보통과는 달리 이상하여 의심스러움
③ 수준(水準) : 사물의 가치나 질 따위의 기준이 되는 일정한 표준이나 정도
④ 수렴(收斂) : 돈이나 물건 따위를 거두어들임. 또는 사물을 오그라들게 함

정답 ②

※ 다음 제시된 의미를 가진 단어로 옳은 것을 고르시오. [21~23]

21

어떤 행동이나 상태에 거스르는 것

① 반발　　　　　　　　② 반박
③ 반목　　　　　　　　④ 반복

22

각자의 몫으로 나누는 것

① 직분　　　　　　　　② 부분
③ 배분　　　　　　　　④ 여분

23

서슬에 불쑥 일어난 감정이 풀어지다.

① 석삭다　　　　　　　② 어름지다
③ 설설하다　　　　　　④ 여울지다

※ 다음에서 설명하고 있는 단어들을 바르게 연결한 것을 고르시오. [24~25]

24

㉠ 이전의 정신적 지향이나 신념을 바꾸고 다른 방향으로 나아간다.
㉡ 어떤 일에 대하여 서로 의견을 주고받다.
㉢ 구별하지 못하고 뒤섞어서 생각한다.
㉣ 어떤 일을 이루거나 하기를 바란다.

	㉠	㉡	㉢	㉣
①	경향	모의	혼미	희망
②	경향	의논	혼동	환상
③	전향	모의	혼미	환상
④	전향	의논	혼동	희망

25

㉠ 힘이나 능력이 남에게 눌리다.
㉡ 무릎을 구부려 바닥에 닿게 하다.
㉢ 감정이 북받쳐 목소리가 잘 나지 않게 되다.
㉣ 끈이나 줄 따위로 풀어지지 않게 하다.

	㉠	㉡	㉢	㉣
①	꿇리다	꿇리다	메이다	매이다
②	꿇리다	꿇리다	매이다	메이다
③	꿀리다	꿇리다	메이다	매이다
④	꿀리다	꿇리다	매이다	메이다

※ 다음 제시된 뜻을 모두 가진 단어를 고르시오. [26~28]

26

> ㉠ 어떤 위치에서 물러나다.
> ㉡ 의무나 책임을 면하다.
> ㉢ 누명을 씻다.
> ㉣ 어수룩하거나 미숙한 태도를 없애다.

① 가다
② 쓰다
③ 씻다
④ 벗다

27

> ㉠ 대상물을 힘껏 건드리다.
> ㉡ 분한 마음을 일으키다.
> ㉢ 양쪽 사이를 막대기나 줄로 가로 건너막거나 내리꽂다.
> ㉣ 후각을 자극하다.

① 지르다
② 가르다
③ 비집다
④ 데치다

28

> ㉠ 물건을 찾기 위해 뒤지다.
> ㉡ 어깨를 위로 올리다.
> ㉢ 일정한 목표를 향하여 이동하다.
> ㉣ 업거나 진 것을 치밀어서 위로 올리다.

① 추다
② 기다
③ 쑤다
④ 비다

※ 다음 밑줄 친 부분과 유사한 의미로 쓰인 것을 고르시오. [29~30]

29

훈련을 통해 체력을 기르다.

① 까치 새끼를 기르다.
② 아이를 잘 기른다.
③ 좋은 버릇을 길러라.
④ 수양을 통해 정신을 길렀다.

30

이번 달만 넘어서면 전화위복이 될 것이다.

① 언덕을 넘어서 드디어 산 정상에 올랐다.
② 국경을 넘어 난민들이 탈출하였다.
③ 이번 일은 내 능력을 넘어서는 일이다.
④ 문화재청은 어려운 현실을 넘어서 발굴에 성공하였다.

대표유형 4 개요 수정

다음은 '도시 농업의 활성화 방안'에 대한 글을 쓰기 위해 작성한 개요이다. 빈칸에 들어갈 내용으로 적절하지 않은 것은?

> Ⅰ. 서론 : 도시 농업이란?
> Ⅱ. 본론 : 도시 농업의 현황과 문제점, 그에 따른 활성화 방안
>   1. 현황
>   가. 도시 농업에 대한 관심 증가
>   나. 도시 농업 활동의 부진
>   2. 문제점 분석
>   가. 도시 농업에 필요한 경작 공간의 부족
>   나. 도시 농업 관련 연구 및 기술 부족
>   다. 도시 농업을 담당할 전문 인력의 부족
>   라. 도시 농업의 제도적 기반 미흡
>   3. 활성화 방안
>   _____
> Ⅲ. 결론 : 도시 농업 활성화를 위한 지자체의 노력 촉구

① 도시 농업 공간 확보
② 도시 농업 관련 제도적 기반 구축
③ 도시 농업 전문 인력 양성 및 교육
④ 도시 농업을 통한 안전한 먹을거리 확보

| 해설 | '도시 농업을 통한 안전한 먹을거리 확보'는 'Ⅱ-2'에서 제시한 문제점들과 관련이 없으며, 내용상 도시 농업의 활성화 방안보다는 도시 농업을 통해 얻을 수 있는 이점에 해당한다. 따라서 ④는 빈칸에 들어갈 내용으로 적절하지 않다.

[오답분석]
① 'Ⅱ-2-가'와 관련이 있다.
② 'Ⅱ-2-라'와 관련이 있다.
③ 'Ⅱ-2-다'와 관련이 있다.

정답 ④

31 다음은 '대기전력을 줄이는 습관'에 대한 글을 쓰기 위해 작성한 개요이다. 이를 수정·보완 및 자료를 제시하기 위한 방안으로 적절하지 않은 것은?

> Ⅰ. 서론 : 대기전력에 대한 주의 환기
> Ⅱ. 본론 ·· ㉠
>   1. 대기전력의 발생 원인과 실태 ························· ㉡
>   (1) 대기전력의 발생 원인
>   (2) 대기전력이 발생하는 가전제품 ················· ㉢
>   2. 대기전력 해결 방안 ······································· ㉣
>   (1) 가전 기기의 플러그 뽑기
>   (2) 절전형 멀티탭 사용하기
>   (3) 에너지 절약 마크 제품 구입하기
> Ⅲ. 결론 : 대기전력을 줄이기 위한 개인과 기업의 노력 촉구

① ㉠ – 독자의 이해를 돕기 위해 '대기전력의 개념'을 하위 항목으로 추가한다.
② ㉡ – '전력 소비에 대한 잘못된 인식'을 하위 항목으로 추가한다.
③ ㉢ – 주요 가전 기기의 평균 대기전력을 제시하여 가전제품의 실태를 보여준다.
④ ㉣ – 하위 항목을 고려하여 '대기전력을 줄이는 생활 습관'으로 고친다.

32 다음은 '인터넷상의 개인정보유출 문제의 심각성'에 대한 글을 쓰기 위해 작성한 개요이다. 이를 수정·보완하기 위한 방안으로 적절하지 않은 것은?

> Ⅰ. 서론 : 개인정보가 유출되어 인터넷에 떠돌고 있는 현실
> Ⅱ. 본론
>   1. 개인정보유출의 사회적 의미
>   (1) 범죄에 악용될 위험성
>   (2) 사생활 침해 우려
>   2. 개인정보유출의 원인
>   (1) 공공 및 민간 기관의 개인정보 관리 소홀
>   (2) 개인정보의 중요성에 대한 인식 부족
>   3. 문제의 해결 방안
>   (1) 개인정보보호를 위한 체계적인 관리망 구축
>   (2) 개인정보유출 피해자에 대한 적극적인 보상
>   (3) 개인정보의 중요성에 대한 의식 고취
> Ⅲ. 결론 : 관련 기관 및 개인의 노력 촉구

① 주제문의 형식에도 맞고 전체 내용도 포괄할 수 있도록 주제문을 '인터넷상의 개인정보유출 문제의 심각성을 알고 이를 해결하자.'로 수정한다.
② 'Ⅱ-1. 개인정보유출의 사회적 의미'는 하위 항목의 내용과 어울리지 않으므로 '개인정보유출의 문제점'으로 수정한다.
③ 'Ⅱ-2'의 내용을 보완하기 위해 '개인정보유출의 피해 양상'이라는 항목을 추가한다.
④ 'Ⅱ-3-(2)'는 내용의 논리적 흐름에 비추어 적절하지 않으므로 삭제한다.

33 '고령화 사회에 대비하자.'라는 주제로 글을 쓰기 위해 다음과 같이 개요 〈가〉를 작성하였다가 〈나〉로 고쳤다. 고친 이유로 가장 적절한 것은?

〈가〉
I. 서론 : 고령화 사회로의 진입
II. 본론
  1. 고령화 사회의 실태
    (1) 인구 증가율 마이너스
    (2) 초고속 고령화 사회로의 진입
  2. 고령화 사회의 문제점
    (1) 사회 비용 증가
    (2) 인구 감소로 인한 문제 발생
  3. 고령화 사회 해결 방안
    (1) 노인에게 일자리 제공
    (2) 국민 연금제도의 개편
    (3) 법과 제도의 개선
III. 결론 : 고령화 사회 대비 강조

〈나〉
I. 서론 : 고령화 사회의 심각성
II. 본론
  1. 고령화 사회의 실태
    (1) 인구 증가율 마이너스
    (2) 초고속 고령화 사회로의 진입
  2. 고령화 사회의 문제점
    (1) 의료·복지 비용 증가
    (2) 노동력 공급 감소
    (3) 노동 생산성 저하
  3. 고령화 사회 해결 방안
    (1) 노인에게 일자리 제공
    (2) 국민연금제도의 개편
    (3) 법과 제도의 개선
III. 결론 : 고령화 사회 대비 촉구

① 문제 상황을 보는 관점이 다양함을 드러내기 위해
② 문제 상황을 구체화하여 주제의 설득력을 높이기 위해
③ 문제 해결 과정에 발생할 불필요한 논쟁을 피하기 위해
④ 논의 대상의 범위를 보다 구체적으로 한정하기 위해

02 나열하기

대표유형 문단 나열

다음 문장을 논리적 순서대로 바르게 나열한 것은?

(가) 그런데 책으로 된 종이 사전과 머릿속 사전의 조직은 서로 다른 것으로 보인다.
(나) 예컨대 '청진기'라는 단어 대신에, 사전에서 그 다음에 배열될 것으로 예상되는 '청진선'이 선택되는 식이다. 그러나 그런 경우는 드물다.
(다) '사전'하면 흔히 'ㄱ, ㄴ, ㄷ' 순으로 배열된 국어사전을 떠올리지만, 인간의 머릿속에도 사전이 있는 것으로 생각된다. 이를 '머릿속 사전'이라 부른다.
(라) 만약 머릿속 사전도 이와 동일한 방식으로 조직되어 있다면 말실수를 할 때 한글 자모 순서상 가장 근접해 있는 단어가 선택될 것이다.
(마) 종이 사전은 한글 자모 순서로 단어들을 배열하는 것이 표준이다.
(바) 가장 가까이 있으므로 그 단어를 얼른 생각해 낼 것으로 예측되기 때문이다.

① (다) – (가) – (마) – (라) – (바) – (나)
② (다) – (나) – (마) – (라) – (가) – (바)
③ (마) – (다) – (가) – (나) – (라) – (바)
④ (마) – (바) – (나) – (다) – (가) – (라)

| 해설 | 제시문은 머릿속 사전에 대한 글이다. 따라서 (다) 머릿속 사전에 대한 정보 – (가) 종이 사전과 머릿속 사전의 차이 – (마) 종이 사전의 배열 : 한글 자모 순서 – (라) 머릿속 사전의 배열 – (바) 머릿속 사전이 종이사전과 다른 이유 – (나) 예시 순으로 나열하는 것이 적절하다.

정답 ①

※ 다음 문장 또는 문단을 논리적 순서대로 바르게 나열한 것을 고르시오. [1~5]

01

(가) 가령 해당 주민을 다른 지역으로 일시 대피시키는 소개의 경우 주민의 불안감 증대, 소개 과정의 혼란 등의 부작용이 예상되기 때문입니다.
(나) 이러한 조치를 취하게 되면 방사능 피폭선량을 줄일 수는 있지만 그 부작용도 고려해야 합니다.
(다) 방사능 비상사태 시 영향 지역 내의 주민에 대해 방사능 피폭을 줄이기 위해 취하는 조치로서 옥내 대피, 갑상선 보호제 투여, 이주 등이 있습니다.
(라) 따라서 보호 조치의 기본 원칙은 그 조치로 인한 이로움이 동반되는 해로움보다 커야 한다는 것입니다.

① (가) – (다) – (나) – (라)
② (가) – (다) – (라) – (나)
③ (다) – (가) – (라) – (나)
④ (다) – (나) – (가) – (라)

02

(가) 좋은 체력은 하루이틀사이에 이루어지지 않으며 이를 위해서는 공부, 식사, 수면, 운동의 개인별 특성에 맞는 규칙적인 생활 관리와 알맞은 영양 공급이 필수적이다. 또 이 시기는 신체적으로도 급격한 성장과 성숙이 이루어지는 중요한 시기로 좋은 영양 상태를 유지하는 것은 수험을 위한 체력의 기반을 다지는 것뿐만 아니라 건강하고 활기찬 장래를 위한 준비가 된다는 점을 간과해서는 안 된다.
(나) 우리나라의 중·고교생들은 많은 수가 입시 전쟁을 치러야 하는 입장에 있다. 입시 준비의 어려운 기간을 잘 이겨내어 각자가 지닌 목표를 달성하려면 꾸준한 노력과 총명한 두뇌가 중요하지만 마지막 승부수는 체력일 것이다.
(다) 그러나 학생들은 많은 학습량, 수험으로 인한 스트레스, 밤새우기 등 불규칙한 생활을 하고, 식생활에 있어서 아침을 거르고, 제한된 도시락 반찬으로 인한 불충분한 영양소 섭취, 잦은 야식, 미용을 위하여 무리하게 식사를 거르거나 절식하여 건강을 해치기도 한다. 또한 집 밖에서 보내는 시간이 많아 주로 패스트푸드, 편의식품점, 자동판매기 등을 통해 식사를 대체하고 있다.

① (가) – (나) – (다) ② (가) – (다) – (나)
③ (나) – (가) – (다) ④ (다) – (가) – (나)

03

(가) 환경영향평가제도는 각종 개발 사업이 환경에 끼치는 영향을 예측하고 분석하여 부정적인 환경 영향을 줄이는 방안을 마련하는 수단이다.
(나) 그리하여 각종 개발 계획의 추진 단계에서부터 환경을 고려하는 환경영향평가제도가 도입되었다.
(다) 개발로 인해 환경오염이 심각해지고 자연 생태계가 파괴됨에 따라 오염 물질의 처리시설 설치와 같은 사후 대책만으로는 환경 문제에 대한 해결이 어려워졌다.
(라) 그 결과 환경영향평가제도는 환경 훼손을 최소화하고 환경 보전에 대한 사회적 인식을 제고하는 등 개발과 보전 사이의 균형추 역할을 수행해 왔다.

① (가) – (다) – (나) – (라) ② (가) – (다) – (라) – (나)
③ (나) – (라) – (다) – (가) ④ (라) – (다) – (나) – (가)

04

(가) 이에 대하여 다른 쪽에서는 그것은 하나만 알고 둘은 모르는 소리라고 반박한다. 자연에 손을 댄 편의 시설을 만들면 지금 당장은 편리하겠지만, 나중에는 인간이 큰 손해가 될 수 있다는 것이다.
(나) 한쪽에서는 현재 인간이 겪고 있는 상황을 고려해 볼 때 자연에 손을 대는 일은 불가피하며, 그 과정에서 생기는 일부 손실은 감내해야 한다고 주장한다.
(다) 최근 들어 나라 곳곳에서 큰 규모로 이루어지는 여러 가지 '자연 개발'에 대하여 상반된 주장이 맞서고 있다.
(라) 한편으로는 이 두 주장 모두 편향적인 시각이라는 비판도 있다. 두 주장 모두 어디까지나 인간을 모든 것의 중심에 놓고, 막상 그 대상인 자연의 입장은 전혀 고려하지 않았다는 것이다.

① (나) – (가) – (라) – (다)
② (나) – (라) – (가) – (다)
③ (다) – (나) – (가) – (라)
④ (라) – (가) – (다) – (나)

05

(가) 다음으로 온건한 도덕주의는 오직 일부 예술작품만이 도덕적 판단의 대상이 된다고 보는 입장이다. 따라서 일부의 예술작품들에 대해서만 긍정적인 또는 부정적인 도덕적 가치판단이 가능하다고 본다.
(나) 또한 도덕적 가치는 미적 가치를 비롯한 다른 가치들보다 우선한다. 이러한 도덕주의 입장을 대표하는 사람이 바로 톨스토이이다. 그는 인간의 형제애에 관한 정서를 전달함으로써 인류의 심정적 통합을 이루는 것이 예술의 핵심적 가치라고 보았다.
(다) 그 관계에 대한 입장들로는 '극단적 도덕주의', '온건한 도덕주의', '자율성주의'가 있다. 이 입장들은 예술작품이 도덕적 가치판단의 대상이 될 수 있느냐는 물음에 각기 다른 대답을 한다.
(라) 마지막으로 자율성주의는 어떠한 예술작품도 도덕적 가치판단의 대상이 될 수 없다고 보는 입장이다. 이 입장에 따르면, 도덕적 가치와 미적 가치는 서로 자율성을 유지한다.
(마) 예술과 도덕의 관계, 더 구체적으로는 예술작품의 미적 가치와 도덕적 가치의 관계는 동서양을 막론하고 사상사의 중요한 주제들 중 하나이다.
(바) 온건한 도덕주의 입장에 따르면, 도덕적 판단의 대상이 되는 예술작품의 도덕적 가치와 미적 가치는 서로 독립적으로 성립하는 것이 아니다. 그것들은 서로 내적으로 연결되어 있기 때문에 어떤 예술작품이 가지는 도덕적 장점이 그 예술작품의 미적 장점이 된다.
(사) 즉, 도덕적 가치와 미적 가치는 각각 독립적인 영역에서 구현되고 서로 다른 기준에 의해 평가된다는 것이다. 결국 자율성 주의는 예술작품에 대한 도덕적 가치판단을 범주착오에 해당하는 것으로 본다.
(아) 극단적 도덕주의 입장은 모든 예술작품을 도덕적 가치판단의 대상으로 본다. 이 입장은 도덕적 가치를 가장 우선적인 가치이자 가장 포괄적인 가치로 본다. 따라서 모든 예술 작품은 도덕적 가치에 의해서 긍정적으로 또는 부정적으로 평가된다.

① (가) – (라) – (다) – (아) – (나) – (사) – (마) – (바)
② (다) – (라) – (아) – (가) – (마) – (나) – (바) – (사)
③ (마) – (다) – (아) – (나) – (가) – (바) – (라) – (사)
④ (마) – (아) – (가) – (나) – (다) – (사) – (라) – (바)

03 추론하기

대표유형 1 │ 빈칸 추론

다음 글의 빈칸에 들어갈 내용으로 가장 적절한 것은?

_____ 사람과 사람이 직접 얼굴을 맞대고 하는 접촉이 라디오나 텔레비전 등의 매체를 통한 접촉보다 결정적인 영향력을 미친다는 것이 일반적인 견해로 알려져 있다. 매체는 어떤 마음의 자세를 준비하게 하는 구실을 한다. 예를 들어 어떤 사람에게서 새 어형을 접했을 때 그것이 텔레비전에서 자주 듣던 것이면 더 쉽게 그쪽으로 마음의 문을 열게 된다. 하지만 새 어형이 전파되는 것은 매체를 통해서보다 상면(相面)하는 사람과의 직접적인 접촉에 의해서라는 것이 더 일반적인 견해이다. 사람들은 한두 사람의 말만 듣고 언어 변화에 가담하지 않고 주위의 여러 사람이 다 같은 새 어형을 쓸 때 비로소 그것을 받아들이게 된다고 한다. 매체를 통한 것보다 자주 접촉하는 사람들을 통해 언어 변화가 진전된다는 사실은 언어변화의 여러 면을 바로 이해하는 핵심적인 내용이라 해도 좋을 것이다.

① 언어 변화는 결국 접촉에 의해 진행되는 현상이다.
② 연령층으로 보면 대개 젊은 층이 언어 변화를 주도한다.
③ 접촉의 형식도 언어 변화에 영향을 미치는 요소로 지적되고 있다.
④ 매체의 발달이 언어 변화에 중요한 영향을 미치는 것으로 알려져 있다.

| 해설 | 제시문을 요약하면 다음과 같다.
- 얼굴을 맞대고 하는 접촉이 매체를 통한 접촉보다 결정적인 영향력을 미친다.
- 새 어형이 전파되는 것은 매체를 통해서보다 사람과의 직접적인 접촉에 의해서라는 것이 더 일반적인 견해이다.
- 매체를 통한 것보다 자주 접촉하는 사람들을 통해 언어 변화가 진전된다는 사실은 언어 변화의 여러 면을 바로 이해하는 핵심적인 내용이라 해도 좋을 것이다.
따라서 빈칸에는 직접 접촉과 간접 접촉에 따라 영향력에 차이가 있다는 내용의 ③이 들어가는 것이 가장 적절하다.

정답 ③

※ 다음 글의 빈칸에 들어갈 내용으로 가장 적절한 것을 고르시오. [1~3]

01

오존구멍을 비롯해 성층권의 오존이 파괴되면 어떤 문제가 생길까. 지표면에서 오존은 강력한 산화물질로 호흡기를 자극하는 대기 오염물질로 분류되지만, 성층권에서는 자외선을 막아주기 때문에 두 얼굴을 가진 물질로 불리기도 한다. 오존층은 강렬한 태양 자외선을 막아주는 역할을 하는데, 오존층이 얇아지면 자외선이 지구 표면까지 도달하게 된다.

사람의 경우 자외선에 노출되면 백내장과 피부암 등에 걸릴 위험이 커진다. 강한 자외선이 각막을 손상시키고 세포 DNA에 이상을 일으키기 때문이다. DNA 염기 중 티민(T; Thymine) 두 개가 나란히 있는 경우 자외선에 의해 티민 두 개가 한데 붙어버리는 이상이 발생하고, 세포 분열 때 DNA가 복제되면서 다른 염기가 들어가고, 이것이 암으로 이어질 수 있다.

과학 잡지 '사이언스'는 극지방 성층권의 오존구멍은 줄었지만, 많은 인구가 거주하는 중위도 지방에서는 오히려 오존층이 얇아졌다고 지적했다. 중위도 성층권에서도 상층부는 오존층이 회복되고 있지만, 저층부는 얇아졌다는 것이다. 오존층이 얇아지면 더 많은 자외선이 지구 표면에 도달하여 사람들 사이에서 피부암이나 백내장 발생 위험이 커지게 된다. 즉, _____.

① 극지방 성층권의 오존구멍을 줄이는 데 정부는 더 많은 노력을 기울여야 한다.
② 인구가 많이 거주하는 지역일수록 오존층의 파괴가 더욱 심하게 나타난다는 것이다.
③ 극지방의 오존구멍보다 중위도 저층부에서 얇아진 오존층이 더 큰 피해를 가져올 수도 있는 셈이다.
④ 극지방의 파괴된 오존층으로 인해 사람들이 더 많은 자외선에 노출되고, 세포 DNA에 이상이 발생한다.

02

MZ세대 직장인을 중심으로 '조용한 사직'이 유행하고 있다. 조용한 사직이라는 신조어는 한 미국인이 SNS에 소개하면서 큰 호응을 얻은 것으로 실제로 퇴사하진 않지만 최소한의 일만 하는 업무 태도를 말한다. 실제로 MZ세대 직장인은 '적당히 하자'라는 생각으로 주어진 업무는 하되 더 찾아서 하거나 스트레스 받을 수준으로 많은 일을 맡지 않고, 사내 행사도 꼭 필요할 때만 참여해 일과 삶을 철저히 분리하고 있다.

한 채용플랫폼의 설문조사 결과에 따르면 직장인 10명 중 7명이 '월급받는 만큼만 일하면 끝'이라고 답했고, 20대 응답자 중 78.5%, 30대 응답자 중 77.1%가 '받은 만큼만 일한다.'라고 답했다. 설문조사 결과 연령대가 높아질수록 그 비율은 감소해 젊은 층을 중심으로 이 같은 인식이 확산하고 있음을 짐작할 수 있다.

이러한 인식이 확산하는 데는 인플레이션으로 인한 임금 감소, '돈을 많이 모아도 집 한 채를 살 수 있을까?' 등 전반적인 경제적 불만이 기저에 있다고 전문가들은 말했다. 또 MZ세대가 '노력에 상응하는 보상을 받고 있는지'에 민감하게 반응하는 특성을 가지고 있는 것도 한몫하고 있다.

문제점은 이러한 조용한 사직 분위기가 기업의 전반적인 생산성 저하로 이어지고 있는 것이다. 이에 맞서 기업도 조용한 사직으로 대응해 게으른 직원에게 업무를 주지 않는 '조용한 해고'를 하는 상황이 발생하고 있다. 이에 전문가들은 MZ세대 직장인을 나태하다고 구분 짓는 사고방식은 잘못되었다고 지적하며, 기업 차원에서는 _____이, 개인 차원에서는 "스스로 일과 삶을 잘 조율하는 현명함을 만드는 것"이 필요하다고 언급했다.

① 직원이 일한 만큼 급여를 올려주는 것
② 직원이 스트레스를 받지 않게 적당량의 업무를 배당하는 것
③ 젊은 세대의 채용을 신중히 하는 것
④ 젊은 세대가 함께할 수 있도록 분위기를 만드는 것

03

글은 회사에서 쓰는 보고서, 제안서, 품의서, 기획안, 발표문, 홍보문과 학창 시절 써야 하는 자기소개서, 과제 리포트, 그리고 서평, 기행문 등 종류가 많다.

글을 쓸 때 가장 중요한 것은 독자가 무엇을 기대하는지 파악하는 것이다. 따라서 글에서 무엇을 알고 싶어 하는지, 무엇을 줘야 독자가 만족할 것인지를 파악하는 것이 중요하다. "독자가 무엇을 원하는지 안다는 것은 글을 어떻게 써야 하는지 아는 것이다." 그러나 대부분 이를 소홀히 한다. 글에 있어서 무게중심은 읽는 사람이 아니라 쓰는 사람에게 있다. '내가 많이 알고 있는 것처럼 보여야겠다. 내가 글을 잘 쓰는 것처럼 보여야겠다.' 라는 생각이 앞설수록 중언부언하게 되고, 불필요한 수식어와 수사법을 남발한다. 이때 독자는 헷갈리고 화가 나게 된다.

독자에게 필요한 것은 글이 자신에게 전하고자 하는 내용이 무엇인가 하는 것이다. 그리고 그 전하고자 하는 내용이 자신에게 어떤 도움을 주는가 하는 것이다. 모르던 것을 알게 해주는지, 새로운 관점과 해석을 제공해 주는지, 통찰을 주는지, 감동을 주는지, 하다못해 웃음을 주는지 하는 것이다. 예를 들어 자기소개서를 읽었는데, 그 사람이 어떤 사람인지 확연히 그려지면 합격이다. 제안서를 읽고 제안한 내용에 대해 확신이 들면 성공이다.

그렇다면 글은 어떻게 써야 할까? 방법은 간단하다. 먼저 구어체로 쓰는 것이다. 그래야 읽는 사람이 말을 듣듯이 편하게 읽는다. 눈으로 읽는 것 같지만 독자는 스스로 소리 내 귀로 듣는다. 구어체로 쓰기 위해서는 누군가를 만나 먼저 말해보는 것이 중요하다. "내가 무슨 글을 써야 하는데, 주로 이런 내용이야." 이렇게 말하다 쓸거리가 정리될 뿐만 아니라 없던 생각도 새롭게 생겨난다. 그리고 말할 때 느낌이 글에서 살아난다.

글을 쓸 때도 독자를 앞에 앉혀놓고 써야 한다. 독자는 구체적으로 한 사람 정해놓고 쓰는 게 좋다. 연애편지 쓰는 것처럼. 그러면 그 사람의 목소리를 들으며 쓸 수 있다. '아, 됐고 결론이 뭐야?' 또는 '다짜고짜 무슨 말이야, 좀 쉽게 설명해봐.' 뭐 이런 소리 말이다.
_____ 대상이 막연하지 않기 때문에 읽는 사람이 공감할 확률이 높아진다. 나를 위해 무언가를 전해주려고 노력한다는 것을 느끼면서 고마워한다. 말을 심하게 더듬는 사람이 내게 무엇인가를 전해주려고 노력하는 모습을 상상해 보라. 그런 진심이 전해지면 된다. 글을 유려하게 잘 쓰고 박식한 것보다 더 독자의 심금을 울린다. 글에도 표정과 느낌이 있다. 독자를 위하는 마음으로 쓰면 그 마음이 전해진다.

① 무엇이 틀렸는지 알고 잘 고쳐 쓰면 된다.
② 독자를 정해놓고 쓰면 진정성이 살아난다.
③ 독자에게 주는 것이 없으면 백전백패다.
④ 글을 일정한 시간, 장소에서 습관적으로 쓰라.

04

      (가)   완전 국가가 퇴화해 가는 최초의 형태, 곧 야심 있는 귀족들이 지배하는 명예 정치체제는 거의 모든 점에서 완전 국가 자체와 비슷하다고 한다. 주목할 만한 점은 플라톤이 현존하는 국가 중에서 가장 우수하고 가장 오래된 이 국가를 명백히 스파르타와 크레타의 도리아식 정체와 동일시했으며, 이들 부족적인 귀족 정치체제는 그리스 안에 남아 있는 가장 오랜 정치형태를 대표했다는 것이다.
      (나)   한때는 통일되어 있던 가부장적 지배계급이 이제 분열되며, 이 분열이 바로 다음 단계인 과두체제로의 퇴화를 초래한다. 분열을 가져온 것은 야심이다. 플라톤은 젊은 명예 정치가에 대해 이야기하면서 "처음 그는 자기 아버지가 지배자에 들지 않았음을 한탄하는 어머니의 말을 듣는다."라고 말하고 있다. 이리하여 그는 야심을 가지게 되고 저명해지기를 갈망한다.
      (다)   플라톤의 기술은 탁월한 정치적 선전이다. 뛰어난 학자이며 『국가』의 편찬자인 애덤과 같은 이도 플라톤의 아테네에 대한 힐난의 변론술에 맞설 수 없다는 점을 감안하면, 그것이 끼쳤을 해독이 어떠했으리라는 것을 짐작할 수 있다. 애덤은 "민주적 인간의 출현에 대한 플라톤의 기술은 고금의 문헌을 통틀어서 가장 고귀하고 위대한 걸작이다."라고 쓰고 있다.

보기

㉠ 민주 체제에 대한 플라톤의 기술은 아테네 사람들의 정치 생활과 페리클레스가 표현했던 민주주의 신조에 대한 풍자로서, 생생하긴 하나 지극히 적대적이고 공정치 못한 풍자이다.
㉡ 플라톤의 완전 국가를 자세히 논하기에 앞서, 타락해 가는 네 가지 국가형태의 이행과정에서 경제적인 동기가 차지하는 역할과 계급투쟁에 대한 플라톤의 분석을 간략히 설명하기로 한다.
㉢ 최선의 국가 또는 이상적인 국가와 명예 정치체제의 주요한 차이는 후자가 불완전성이라는 요소를 안고 있다는 점이다.

	(가)	(나)	(다)
①	㉠	㉡	㉢
②	㉠	㉢	㉡
③	㉡	㉠	㉢
④	㉡	㉢	㉠

05

전통적으로 화이사상(華夷思想)에 바탕을 둔 중화우월주의 사상을 가지고 있던 중국인들에게 아편전쟁에서의 패배와 그 이후 서구 열강의 침탈은 너무나 큰 충격이었다. 이런 충격에 휩싸인 당시 개혁주의자들은 서구 문화에 어떻게 대응할지를 심각하게 고민하였다. 이들이 서구 문화를 어떻게 수용했는지를 시기별로 나누어 보면 다음과 같다.

1919년 5·4 운동 이전의 개혁주의자들은 중국의 정신을 서구의 물질과 구별되는 특수한 것으로 내세운 ___(가)___ 를 개발하였다. 이러한 논리는 자문화를 중심으로 하되 도구로서 서양 물질·문명을 선택적으로 수용하여 자기 문화를 보호·유지하려는 의도를 포함하고 있다. 문화 접변의 진행에 한도를 설정하여 서구와 구별을 시도한 것이다.

이후 중국의 개혁주의자들은 거듭되는 근대화의 실패를 경험했고 5·4 운동 즈음해서는 '전통에 대해서 계승을 생각하기 이전에 철저한 부정과 파괴를 선행해야 한다는 논리'를 통해서 전통과의 결별을 꿈꾸게 된다. 구제도의 모순을 타파하지 않은 채 서구 물질만을 섭취할 수 없다는 한계를 인식한 결과이다. 동시에 5·4 운동의 정신에 역행해서 서구의 문화를 받아들이는 데는 기본적으로 동의하면서도, 무분별하게 모방하는 것에 대해 반대하는 ___(나)___ 역시 강력하게 등장하기 시작하였다. 즉, 자신이 필요로 하는 것은 택하되 '거만하지도 비굴하지도 않은' 선택을 해야 한다며, 덮어놓고 모방하는 것에 대해 반대했다.

1978년 이후 개방의 기치하에 중국은 정치 부분에서는 사회주의를 유지한 가운데, 경제 부분에서 시장경제를 선별적으로 수용한 ___(다)___ 를 추진하였다. 그 결과 문화 영역에서 서구 자본주의 문화의 침투에 대한 경계심을 유지하면서 이데올로기적으로 덜 위협적이라 인식되는 문화 요소를 여과 과정을 거쳐 수입하려는 노력을 계속하고 있다.

보기

㉠ 외래 문화를 그대로 받아들이지 않고 선별적으로 수용하자는 논리
㉡ 사회주의를 주체로 하되 자본주의를 적극적으로 이용하자는 논리
㉢ 중국 유학의 '도(道)'를 주체로 하고 서양의 '기(器)'를 이용하자는 논리

	(가)	(나)	(다)
①	㉠	㉡	㉢
②	㉠	㉢	㉡
③	㉡	㉠	㉢
④	㉢	㉠	㉡

대표유형 2 위치 찾기

다음 글에서 〈보기〉의 문장이 들어갈 위치로 가장 적절한 곳은?

그럼 이제부터 제형에 따른 특징과 복용 시 주의점을 알아보겠습니다. 먼저 산제나 액제는 복용해야 하는 용량에 맞게 미세하게 조절이 가능합니다. 그리고 정제나 캡슐제에 비해 노인이나 소아가 약을 삼키기 쉽고 약효도 빠르게 나타납니다. (가) 캡슐제는 캡슐로 약물을 감싸서 자극이 강한 약물을 복용할 때 생기는 불편을 줄일 수 있고, 정제로 만들면 약효가 떨어질 수 있는 경우에 사용되어 약효를 유지할 수 있습니다. (나) 하지만 캡슐제는 캡슐이 목구멍이나 식도에 달라붙을 수 있기 때문에 충분한 양의 물과 함께 복용해야 합니다. (다)
그리고 정제는 일정한 형태로 압축되어 있어 산제나 액제에 비해 보관이 간편하고 정량을 복용하기 쉽습니다. 이러한 정제는 약물의 성분이 빠르게 방출되는 속방정과 서서히 지속적으로 방출되는 서방정으로 구분할 수 있습니다. (라) 서방정은 오랜 시간 일정하게 약의 효과를 유지할 수 있어 복용 횟수를 줄일 수 있습니다. 그런데 서방정은 함부로 쪼개거나 씹어서 먹으면 안 됩니다. 왜냐하면 약물의 방출 속도가 달라져 부작용의 위험이 커질 수 있기 때문입니다.
오늘 강연 내용은 유익하셨나요? 이번 강연이 약에 대한 이해를 높일 수 있는 계기가 되었으면 합니다. 또한 약과 관련해 더 궁금한 내용이 있다면 '의약품안전나라'를 통해 찾아보실 수 있습니다. 마지막으로 상세한 복약 정보는 꼭 의사나 약사에게 확인하시기 바랍니다. 경청해 주셔서 감사합니다.

보기

하지만 이 둘은 정제에 비해 변질되기 쉬우므로 특히 보관에 주의해야 하고 복용 전 변질 여부를 잘 확인해야 합니다.

① (가)
② (나)
③ (다)
④ (라)

| 해설 | 보기의 '이 둘'은 제시문의 산제와 액제를 의미하므로 이 둘에 대해 설명하고 있는 위치에 들어가야 함을 알 수 있다. 또 상반되는 사실을 나타내는 두 문장을 이어 줄 때 사용하는 접속어 '하지만'을 통해 산제와 액제의 단점을 이야기하는 보기 문장 앞에는 산제와 액제의 장점에 대한 내용이 와야 함을 알 수 있다. 따라서 보기의 문장은 (가)에 들어가는 것이 가장 적절하다.

정답 ①

※ 다음 글에서 〈보기〉의 내용이 들어갈 위치로 가장 적절한 곳을 고르시오. [6~10]

06

(가) 우리는 보통 공간을 배경으로 사물을 본다. 그리고 시간이나 사유를 비롯한 여러 개념을 공간적 용어로 표현한다. 이처럼 공간에 대한 용어가 중의적으로 쓰이는 과정에서 일상적으로 쓰는 용법과 달라 혼란을 겪기도 한다. (나) 공간에 대한 용어인 '차원' 역시 다양하게 쓰인다. 차원의 수는 공간 내에 정확하게 점을 찍기 위해 알아야 하는 수의 개수이다. (다) 특정 차원의 공간은 한 점을 표시하기 위해 특정한 수가 필요한 공간을 의미한다. 따라서 다차원 공간은 집을 살 때 고려해야 하는 사항들의 공간처럼 추상적일 수도 있고, 실제의 물리 공간처럼 구체적일 수도 있다. 이러한 맥락에서 어떤 사람을 1차원적 인간이라고 표현했다면 그것은 그 사람의 관심사가 하나밖에 없다는 것을 의미한다. (라)

> **보기**
> 집에 틀어박혀 스포츠만 관람하는 인간은 오로지 스포츠라는 하나의 정보로 기술될 수 있고, 그 정보를 직선 위에 점을 찍은 1차원 그래프로 표시할 수 있는 것이다.

① (가) ② (나)
③ (다) ④ (라)

07

기억이 착오를 일으키는 프로세스는 인상적인 사물을 받아들이는 단계부터 이미 시작된다. (가) 감각적인 지각의 대부분은 무의식 중에 기록되고 오래 유지되지 않는다. (나) 대개는 수 시간 안에 사라져 버리며, 약간의 본질만이 남아 장기 기억이 된다. 무엇이 남을지는 선택에 의해서 그 사람의 견해에 따라서도 달라진다. (다) 분주하고 정신이 없는 장면을 보여 주고, 나중에 그 모습에 대해서 이야기하게 해 보자. (라) 어느 부분에 주목하고, 또 어떻게 그것을 해석했는지에 따라 즐겁기도 하고 무섭기도 하다. 단순히 정신 사나운 장면으로만 보이는 경우도 있다. 기억이란 원래 일어난 일을 단순하게 기록하는 것이 아니다.

> **보기**
> 일어난 일에 대한 묘사는 본 사람이 무엇을 중요하게 판단하고, 무엇에 흥미를 가졌느냐에 따라 크게 다르다.

① (가) ② (나)
③ (다) ④ (라)

08

(가) 턱관절(악관절)이란 양쪽 손가락을 바깥귀길(외이도) 앞쪽에 대고 입을 벌릴 때 움직이는 것을 알 수 있는 얼굴 부위의 유일한 관절이다. 사람의 머리뼈는 여러 개의 뼈가 맞물려 뇌를 보호하도록 되어 있는 구조인데, 그중 머리 옆을 덮고 있는 좌우 관자뼈의 아래쪽에는 턱관절오목(하악와, 하악골과 접하기 때문에 붙여진 이름)이라 불리는 오목한 곳이 있다. (나) 국민건강보험공단이 2010 ~ 2015년까지 건강보험 지급 자료를 분석한 내용에 따르면, 주 진단명으로 '턱관절 장애'를 진료받은 환자는 2010년 25만 명에서 2015년 35만 명으로 40.5% 증가하였으며, 여성이 남성보다 1.5배 정도 더 많은 것으로 나타났다. (다) 2015년 성별·연령대별 진료 현황을 살펴보면, 20대(9만 4천 명, 26.9%)가 가장 많았고, 10대(6만 명, 17.1%), 30대(5만 6천 명, 16.1%) 순이었으며, 젊은 연령층의 여성 진료 인원이 많은 것으로 나타났다. 20대 여성이 5만 5천 명으로 같은 연령대 남성 3만 8천 명보다 1.4배 많았으며, 30대와 40대는 1.7배 등 9세 이하를 제외한 전 연령대에서 여성 진료 인원이 많았다. (라) 2015년 연령대별 인구 10만 명당 진료 인원에서도 20대 여성이 1,736명으로 가장 많았고, 다음으로 10대 1,283명, 30대 927명 순으로 나타났다. 남성은 20대가 1,071명으로 가장 많았고, 9세 이하가 45명으로 가장 적었다. 진료 형태별로 '턱관절 장애' 진료 인원을 비교해 본 결과, 외래 진료 인원은 2010년 24만 8천 명에서 2015년 34만 8천 명으로 40.4%로 증가하였고, 입원 진료자 수도 2010년 322명에서 2015년 445명으로 38.2% 증가하였다.

보기

국민건강보험공단 일산병원 치과 김○○ 교수는 20대 여성 환자가 많은 이유에 대해 "턱관절 장애는 턱관절과 주위 저작근 등의 이상으로 나타나는 기질적 요인도 있으나, 정서적(또는 정신적) 기여 요인 또한 영향을 미치는 것으로 알려져 있다. 턱관절 장애는 스트레스, 불안감 또는 우울증 등이 요인으로 작용할 수 있다. 일반적으로 여성이 턱관절 이상 증상에 대해서 더 민감하게 받아들이는 것으로 알려져 있다. 한 가지 고려 사항으로는 아직 명확하게 밝혀진 것은 아니나, 최근 여성호르몬이 턱관절 장애의 병인에 영향을 줄 수 있는 것으로 보고된 바 있다."라고 설명하였다.

① (가)
② (나)
③ (다)
④ (라)

09

한때 우리나라의 4대강에서 녹조 현상이 두드러지게 나타난 적이 있다. 이때 낙동강에서 심한 녹조 현상이 나타남에 따라 '녹조라테'라는 말이 등장했다. 녹조라테란 녹조 현상을 녹차라테에 빗대어, 녹색으로 변한 강을 비꼬아 이르는 말이다.
(가) 녹조는 부영양화된 호수나 유속이 느린 하천이나 정체된 바다에서 부유성의 조류가 대량 증식하여 물색을 녹색으로 변화시키는 현상을 말한다. (나) 부영양화는 물에 탄소, 질소 및 인과 같은 플랑크톤의 번식에 양분이 되는 물질들이 쌓여 일어난다. 이런 물질들은 주로 공장폐수나 가정하수 등에 많이 들어 있고, 연못처럼 고여 있는 물에서 빠른 속도로 부영양화가 진행된다. (다) 대량으로 증식된 조류는 물속의 산소량을 줄여 수중생물들의 생명을 위협하고, 독성물질을 생성하면서 악취를 풍긴다.
(라) 사실 조류는 물속에 있어서 꼭 필요한 존재이다. 조류는 먹이사슬의 1차 생산자로 수생태계 유지에 중요한 역할을 담당하기 때문이다. 단지 인간에 의해 과도한 조류로 발생한 녹조가 문제일 뿐, 적당한 녹조는 생태계에 꼭 필요한 존재이다.

보기

물론 녹조라고 해서 무조건 나쁜 것은 아니다.

① (가) ② (나)
③ (다) ④ (라)

10

(가) '원시인'이라는 말은 아프리카・남태평양・아메리카 및 아시아 등지의 지역에 사는 원주민을 일컫는 일반적인 명칭이다. 원주민들이 유럽인들에 의해 발견된 것은 주로 15~19세기 사이였으며, 어떤 경우에는 20세기까지 포함되기도 한다. 현대에 발견되는 원시인은 대부분 선사시대인이나 현대 유럽인과 신체적으로 다르지만, 그들을 원시인이라고 판단하는 기준은 그들의 신체적 특징이 아닌 문화적 발달단계에 의한 것이다. 원시인의 문화적 발달단계는 혹자가 '야만적'이라고 표현하는 단계부터 비교적 고도로 발달된 단계까지 다양하다. 그래서 원시인이라는 단어는 그 자체의 의미상 규정이 명확하지 않다.

(나) 우리들 자신의 문명을 표준으로 삼는 일조차 그 문명의 어떤 측면이나 특징을 결정적인 것으로 생각하는가 하는 문제가 발생한다. 보통 규범체계, 과학지식, 기술적 성과와 같은 요소를 생각할 수 있다. 이러한 측면에서 원시 문화를 살펴보면 현대의 문화와 동일한 종류는 아니지만 같은 기준 선상에서의 평가가 가능하다. 대부분의 원시 부족은 고도로 발달된 규범체계를 갖고 있었다. 헌법으로 규정된 국가 조직과 관습으로 규정된 부족 조직 사이에는 본질적인 차이가 없으며, 원시인들 또한 국가를 형성하기도 했다. 또한 원시인들의 법은 단순한 체계를 가지고 있었지만 정교한 현대의 법체계와 마찬가지로 효과적인 강제력을 지니고 있었다. 과학이나 기술 수준 역시 마찬가지이다. 폴리네시아의 선원들은 천문학 지식이 매우 풍부하였는데 그것은 상당한 정도의 과학적 관찰을 필요로 하는 일이었다. 에스키모인은 황폐한 국토에 내장되어 있는 빈곤한 자원을 최대한 활용할 수 있는 기술을 발전시켰다. 현대의 유럽인이 같은 조건하에서 생활한다면, 북극지방 생활에 적응하기 위하여 그들보다 더 좋은 도구를 만들어내지 못할 것이며, 에스키모인의 생활 양식을 응용해야 한다.

(다) 원시인을 말 그대로 원시인이라고 느낄 수 있는 부분은 그나마 종교적인 면에서일 뿐이다. 우리의 관점에서 보면 다양한 형태의 원시종교는 비논리적이지는 않더라도 매우 불합리하다. 원시종교에서는 주술이 중요한 역할을 담당하지만, 문명사회에서는 주술이나 주술사의 힘을 믿는 경우는 거의 찾아볼 수 없다.

보기

'문명인'과 구분하여 '원시인'에 대해 적당한 정의를 내리는 일은 불가능하지 않지만 어려운 일이다.

① (가) 문단의 앞 　　　　　② (나) 문단의 앞
③ (나) 문단의 뒤 　　　　　④ (다) 문단의 뒤

CHAPTER 02
이해력

합격 CHEAT KEY

출제유형

독해

주어진 글의 내용과 일치하거나 일치하지 않는 것 고르기, 주제 / 제목 찾기, 글을 통해 추론할 수 있는 것이나 없는 것 고르기 등 다양한 유형의 독해 문제가 출제되고 있다.

학습전략

독해

- 다양한 분야의 지문이 제시되므로 평소에 여러 분야의 도서나 신문의 기사 등을 읽어둔다.
- 독해는 단기간의 공부로 성적을 올릴 수 있는 부분이 아니므로 평소에 독서를 통해 꾸준히 연습해야 한다.
- 무작정 제시문을 읽고 문제를 풀기보다는 문제와 선택지를 먼저 읽고 지문에서 찾아야 할 내용이 무엇인지를 먼저 파악한 후 글을 읽는다면 시간을 절약할 수 있다.
- 먼저 선택지의 키워드를 체크한 후, 지문의 내용과 비교하며 내용의 일치 유무를 신속히 판단한다.
- 제시문 유형별 특징을 파악하고 이를 바탕으로 내용을 확인한다.

CHAPTER 02 이해력 기출예상문제

정답 및 해설 p.009

대표유형 1 사실적 독해

다음 글의 내용으로 가장 적절한 것은?

> 지금까지 보았듯이 체계라는 개념은 많은 현실주의자들에게 있어서 중요한 개념이다. 무질서 상태라는 비록 단순한 개념이건 현대의 현실주의자가 고안한 정교한 이론이건 간에 체계라는 것은 국제적인 행위체에 영향을 주기 때문에 중요시되는 것이다. 그런데 최근의 현실주의자들은 체계를 하나의 유기체로 보고 얼핏 국가의 의지나 행동으로부터 독립한 듯이 기술하고 있다. 정치가는 거의 자율성이 없으며 또 획책할 여지도 없어서, 정책 결정 과정에서는 인간의 의지가 별 효과가 없는 것으로 본다. 행위자로서 인간은 눈앞에 버티고 선 냉혹한 체계의 앞잡이에 불과하며 그러한 체계는 이해할 수 없는 기능을 갖는 하나의 구조이며 그러한 메커니즘에 대하여 막연하게 밖에는 인지할 수 없다. 정치가들은 무수한 제약에 직면하지만 호기는 거의 오지 않는다. 정치가들은 권력 정치라고 불리는 세계 규모의 게임에 열중할 뿐이며 자발적으로 규칙을 변화시키고 싶어도 그렇게 하지 못한다. 결국 비판의 초점은 현실주의적 연구의 대부분이 숙명론적이며 결정론적이거나 혹은 비관론적인 저류가 흐르고 있다고 지적한다. 그 결과 이러한 비판 중에는 행위자로서 인간과 구조는 상호 간에 영향을 주고 있다는 것을 강조하면서 구조를 보다 동적으로 파악하는 사회학에 눈을 돌리는 학자도 있다.

① 이상주의자들에게 있어서 체계라는 개념은 그리 중요하지 않다.
② 무질서 상태는 국제적 행위체로서 작용하는 체계가 없는 혼란스러운 상태를 의미한다.
③ 현실주의자들은 숙명론 혹은 결정론을 신랄하게 비판한다.
④ 현실주의적 관점에서 정치인들은 체계 앞에서 무기력하다.

| 해설 | 제시문의 '정치가는 거의 자율성이 없으며 또 획책할 여지도 없어서, 정책결정과정에서는 인간의 의지가 별 효과가 없는 것으로 본다.'라는 내용을 통해 알 수 있다.

오답분석
① 제시문에서 언급되지 않은 내용이다.
② '무질서 상태'가 '체계가 없는' 상태라고 할 수 없다. 그것이 '혼란스러운 상태'를 의미하는지는 제시문을 통해서는 알 수 없다.
③ 현실주의자들이 숙명론, 결정론적이라고 비판당하는 것이다.

정답 ④

01 다음 글의 내용으로 가장 적절한 것은?

> 그녀는 저녁 10시면 잠이 들었다. 퇴근하고 집에 돌아오면 아주 오랫동안 샤워를 했다. 한 달에 수도 요금이 5만 원 이상 나왔고, 생활비를 줄이기 위해 핸드폰을 정지시켰다. 일주일에 한 번씩 고향에 있는 어머니께 전화를 드렸고, 매달 말일에는 고시 공부를 하는 동생에게 50만 원을 온라인으로 송금했다. 의사로부터 신경성 위염이라는 진단을 받은 후로는 밥을 먹을 때 꼭 백 번씩 씹었다. 밥을 먹고 30분 후에는 약을 먹었다. 그녀는 8년째 도서관에서 일했지만 정작 자신은 책을 읽지 않았다.

① 그녀는 8년째 도서관에서 고시 공부를 하고 있다.
② 그녀는 신경성 위염 때문에 식사 후에는 약을 먹는다.
③ 그녀는 휴대폰 요금이 한 달에 5만 원 이상 나오자 정지시켰다.
④ 그녀는 일주일에 한 번씩 어머니께 온라인으로 용돈을 보내 드렸다.

02 다음 글의 '빌렌도르프의 비너스'에 대한 내용으로 가장 적절한 것은?

> 1909년 오스트리아 다뉴브 강가의 빌렌도르프 근교에서 철도 공사를 하던 중 구석기 유물이 출토되었다. 이 중 눈여겨볼 만한 것이 '빌렌도르프의 비너스'라 불리는 여성 모습의 석상이다. 대략 기원전 2만 년의 작품으로 추정되나 구체적인 제작연대나 용도 등에 대해 알려진 바가 거의 없다. 높이 11.1cm의 이 작은 석상은 굵은 허리와 둥근 엉덩이에 커다란 유방을 늘어뜨리는 등 여성 신체가 과장되어 묘사되어 있다. 가슴 위에 올려놓은 팔은 눈에 띄지 않을 만큼 작으며, 땋은 머리에 가려 얼굴이 보이지 않는다. 출산, 다산의 상징으로 주술적 숭배의 대상이 되었던 것이라는 의견이 지배적이다. 태고의 이상적인 여성을 나타내는 것이라고 보는 의견이나, 선사시대 유럽의 풍요와 안녕의 상징이었다고 보는 의견도 있다.

① 팔은 떨어져 나가고 없다.
② 빌렌도르프라는 사람에 의해 발견되었다.
③ 부족장의 부인을 모델로 만들어졌다.
④ 구석기시대의 유물이다.

※ 다음 글의 내용으로 적절하지 않은 것을 고르시오. [3~5]

03

세상에서는 흔히 학문밖에 모르는 상아탑(象牙塔) 속의 연구 생활이 현실을 도피한 짓이라고 비난하기가 일쑤지만 상아탑의 덕택이 큰 것임을 알아야 한다. 모든 점에서 편리해진 생활을 향락하고 있는 소위 현대인이 있기 전에, 그런 것이 가능하기 위해서도 오히려 그런 향락과는 담을 쌓고 있는 진리 탐구에 몰두한 학자들의 상아탑 속에서의 노고가 앞서 있었던 것이다. 그렇다고 남의 향락을 위하여 스스로는 고난의 길을 일부러 걷는 것이 학자는 아니다. 학자는 그저 진리를 탐구하기 위하여 학문을 하는 것뿐이다. 상아탑이 나쁜 것이 아니라, 진리를 탐구해야 할 상아탑이 제구실을 옳게 다하지 못하는 것이 탈이다. 학문에 진리 탐구 이외의 다른 목적이 섣불리 앞장을 설 때, 그 학문은 자유를 잃고 왜곡(歪曲)될 염려조차 있다. 학문을 악용하기 때문에 오히려 좋지 못한 일을 하는 경우가 얼마나 많은가? 진리 이외의 것을 목적으로 할 때, 그 학문은 한때의 신기루와도 같이 우선은 찬연함을 자랑할 수 있을지 모르나 과연 학문이라고 할 수 있을까부터가 문제다.
진리의 탐구가 학문의 유일한 목적일 때 그리고 그 길로 매진(邁進)할 때, 그 무엇에도 속박(束縛)됨이 없는 숭고한 학적인 정신이 만난(萬難)을 극복하는 기백(氣魄)을 길러 줄 것이요, 또 그것대로 우리의 인격 완성의 길로 통하게도 되는 것이다.

① 진리를 탐구하다 보면 생활에 유용한 것도 얻을 수 있다.
② 진리 탐구를 위해 학문을 하면 인격 완성에도 이를 수 있다.
③ 학문이 진리 탐구 이외의 것을 목적으로 하면 왜곡될 위험이 있다.
④ 학자들은 인간의 생활을 향상시킨다는 목적의식을 가져야 한다.

04

치매(Dementia)는 유발 요인에 따라 여러 종류로 나뉜다. 미국 정신의학 협회에서 발간한 '정신장애 진단 및 통계편람(DSM-5)'에서는 치매를 혈관성 치매, 두뇌 손상성 치매, 파킨슨병에 의한 치매 등 11가지 종류로 분류하고 있다. 뉴욕 알버트 아인슈타인 의과대학의 로버트 카츠만(Robert Katzman)은 1976년 이 중에서도 알츠하이머형(型) 치매 환자가 전체 치매 환자의 50~60%를 차지하는 것으로 추정했다. 이후 알츠하이머형 치매의 특징적 임상 양상을 평가하는 것이 중요하게 생각되었지만 당시 의학 기술로는 부검으로만 특징적 병리 조직을 확인할 수 있었다.
이처럼 과거에는 치매가 한참 진행된 다음에야 추정을 할 수 있었고, 사실상의 확진은 부검을 통해서만 가능했다. 하지만 최근에는 영상의학적 진단법의 발달로 치매의 진단 방법도 비약적으로 발전했다. 알츠하이머 치매는 신경섬유와 시냅스의 손실이 두드러지게 나타나는데, 이는 컴퓨터단층촬영(Computed Tomography, CT)이나 자기공명영상(Magnetic Resonance Imaging, MRI) 등의 영상의학을 통해 어렵지 않게 진단할 수 있게 되었으며, 특히 핵의학적 영상학인 단일광자 단층촬영(Single Photon Emission Computed Tomography, SPECT)과 양전자방출 단층촬영(Positron Emission Tomography, PET)을 통해 혈류의 저하를 측정하거나 치매 초기 특징적 부위의 조직기능 저하를 측정하여 과거보다 훨씬 빠르게 치매를 진단할 수 있게 되었다.

① 미국 정신의학 협회에서는 치매를 11가지 종류로 분류한다.
② 알츠하이머형 치매 환자는 전체 치매 환자의 50~60%를 차지하는 것으로 추정되었다.
③ 알츠하이머형 치매 환자에서는 혈류의 저하가 측정된다.
④ 과거에도 알츠하이머형 치매의 확진은 환자의 생전에 가능했다.

05 언어는 배우는 아이들이 있어야 지속된다. 그러므로 성인들만 사용하는 언어가 있다면 그 언어의 운명은 어느 정도 정해진 셈이다. 언어학자들은 이런 방식으로 추리하여 인류 역사에 드리워진 비극에 대해 경고한다. 한 언어학자는 현존하는 북미 인디언 언어의 약 80%인 150개 정도가 빈사 상태에 있다고 추정한다. 알래스카와 시베리아 북부에서는 기존 언어의 90%인 40개 언어, 중앙아메리카와 남아메리카에서는 23%인 160개 언어, 오스트레일리아에서는 90%인 225개 언어 그리고 전 세계적으로는 기존 언어의 50%인 3,000개의 언어들이 소멸해 가고 있다고 한다. 사용자 수가 10만 명을 넘는 약 600개의 언어들은 비교적 안전한 상태에 있지만, 그 밖의 언어는 21세기가 끝나기 전에 소멸할지도 모른다.
언어가 이처럼 대규모로 소멸하는 원인은 중첩적이다. 토착 언어 사용자들의 거주지가 파괴되고, 종족 말살과 동화(同化) 교육이 이루어지며 사용 인구가 급격히 감소하는 것 외에 '문화적 신경가스'라고 불리는 전자 매체가 확산되는 것도 그 원인이 된다. 물론 우리는 소멸을 강요하는 사회적, 정치적 움직임들을 중단시키는 한편, 토착어로 된 교육 자료나 문학작품, 텔레비전 프로그램 등을 개발함으로써 언어 소멸을 어느 정도 막을 수 있다. 나아가 소멸 위기에 처한 언어라도 20세기의 히브리어처럼 지속적으로 공식어로 사용할 의지만 있다면 그 언어를 부활시킬 수도 있다.
합리적으로 보자면 우리가 지구상의 모든 동물이나 식물 종들을 보존할 수 없는 것처럼 모든 언어를 보존할 수는 없으며, 어쩌면 그래서는 안 되는지도 모른다. 여기에는 도덕적이고 현실적인 문제들이 얽혀있기 때문이다. 어떤 언어 공동체가 경제적 발전을 보장해 주는 주류 언어로 돌아설 것을 선택할 때, 그 어떤 외부 집단이 이들에게 토착 언어를 유지하도록 강요할 수 있겠는가? 또한 한 공동체 내에서 이질적인 언어가 사용되면 사람들 사이에 심각한 분열을 초래할 수도 있다. 그러나 이러한 문제가 있더라도 전 세계 언어의 50% 이상이 빈사 상태에 있다면 이를 그저 바라볼 수만은 없다.
왜 우리는 위험에 처한 언어에 관심을 가져야 하나? 언어적 다양성은 인류가 지닌 언어 능력의 범위를 보여 준다. 언어는 인간의 역사와 지리를 담고 있으므로 한 언어가 소멸한다는 것은 역사적 문서를 소장한 도서관 하나가 통째로 불타 없어지는 것과 비슷하다. 또 언어는 한 문화에서 시, 이야기, 노래가 존재하는 기반이 되므로, 언어의 소멸이 계속되어 소수의 주류 언어만 살아남는다면 이는 인류의 문화적 다양성까지 헤치는 셈이 된다.

① 주류 언어만 남는다면 인류의 문화적 다양성이 약해진다.
② 모든 동물이나 식물 종들을 보존할 수 없는 것처럼 언어의 소멸을 지켜봐야 한다.
③ 소멸 위기의 언어를 지속적으로 공식어로 사용할 의지가 있다면 언어를 부활시킬 수도 있다.
④ 동화(同化) 교육은 언어의 소멸을 야기한다.

| 대표유형 2 | 비판적 독해 |

다음 중 A의 주장에 대해 반박할 수 있는 내용으로 가장 적절한 것은?

> A : 우리나라의 장기 기증률은 선진국에 비해 너무 낮아. 이게 다 부모로부터 받은 신체를 함부로 훼손해서는 안 된다는 전통적 유교 사상 때문이야.
> B : 맞아. 그런데 장기 기증 희망자로 등록이 돼 있어도 유족들이 장기 기증을 반대하여 기증이 이뤄지지 않는 경우도 많아.
> A : 유족들도 결국 유교 사상으로 인해 신체 일부를 다른 사람에게 준다는 방식을 잘 이해하지 못하는 거야.
> B : 글쎄, 유족들이 동의해서 기증이 이뤄지더라도 보상금을 받고 '장기를 팔았다.'는 죄책감을 느끼는 유족들도 있다고 들었어. 또 아직은 장기 기증에 대한 생소함 때문일 수도 있어.

① 캠페인을 통해 장기 기증에 대한 사람들의 인식을 변화시켜야 한다.
② 유족에게 지급하는 보상금 액수가 증가하면 장기 기증률도 높아질 것이다.
③ 장기 기증 희망자는 반드시 가족들의 동의를 미리 받아야 한다.
④ 장기 기증률이 낮은 이유에는 유교 사상 외에도 여러 가지 원인이 있을 수 있다.

| 해설 | 우리나라의 낮은 장기 기증률은 전통적 유교 사상 때문이라고 주장하고 있는 A와 달리, B는 이에 대하여 다양한 원인을 제시하고 있다. 따라서 A의 주장에 대해 반박할 수 있는 내용으로 ④가 가장 적절하다.

정답 ④

※ 다음 글의 주장에 대한 반박으로 가장 적절한 것을 고르시오. [6~7]

06

> 인터넷은 국경 없이 누구나 자유롭게 정보를 주고받을 수 있는 훌륭한 매체이다. 하지만 최근 급속히 늘고 있는 성인 인터넷 방송처럼 오히려 청소년에게 해로운 매체가 될 수 있다는 사실은 선진국에서도 동감하고 있다. 그러므로 인터넷 등급제를 만들어 유해한 환경으로부터 청소년들을 보호하고, 이를 어긴 사업자는 엄격한 처벌로 다스려야만 한다.

① 인터넷 등급제를 만들어 규제를 하는 것도 완전한 방법은 아니기 때문에 유해한 인터넷 내용에는 원천적으로 접속할 수 없는 조치를 취해야 한다.
② 인터넷 등급제는 정보에 대한 책임을 일방적으로 사업자에게만 지우는 조치로, 잘못하면 국민의 표현의 자유와 알 권리를 침해할 수 있다.
③ 인터넷 등급제는 미니스커트나 장발 규제와 같은 구태의연한 조치이다.
④ 청소년들 스스로가 정보의 유해를 가릴 수 있는 식견을 마련할 수 있도록 가능한 한 많은 정보를 접해야 한다. 그러므로 인터넷 등급제는 좋은 방법이 아니다.

07

우리는 우리가 생각한 것을 말로 나타낸다. 또 다른 사람의 말을 듣고, 그 사람이 무슨 생각을 가지고 있는가를 짐작한다. 그러므로 생각과 말은 서로 떨어질 수 없는 깊은 관계를 가지고 있다.
그러면 말과 생각이 얼마만큼 깊은 관계를 가지고 있을까? 이 문제를 놓고 사람들은 오랫동안 여러 가지 생각을 하였다. 그 가운데 가장 두드러진 것이 두 가지 있다. 하나는 말과 생각이 서로 꼭 달라붙은 쌍둥이인데 한 놈은 생각이 되어 속에 감추어져 있고 다른 한 놈은 말이 되어 사람 귀에 들리는 것이라는 생각이다. 다른 하나는 생각이 큰 그릇이고 말은 생각 속에 들어가는 작은 그릇이어서 생각에는 말 이외에도 다른 것이 더 있다는 생각이다.
이 두 가지 생각 가운데서 앞의 것은 조금만 깊이 생각해 보면 틀렸다는 것을 즉시 깨달을 수 있다. 우리가 생각한 것은 거의 대부분 말로 나타낼 수 있지만, 누구든지 가슴 속에 응어리진 어떤 생각이 분명히 있기는 한데 그것을 어떻게 말로 표현해야 할지 애태운 경험을 가지고 있을 것이다. 이것 한 가지만 보더라도 말과 생각이 서로 안팎을 이루는 쌍둥이가 아님은 쉽게 판명된다.
인간의 생각이라는 것은 매우 넓고 큰 것이며, 말이란 결국 생각의 일부분을 주워 담는 작은 그릇에 지나지 않는다. 그러나 아무리 인간의 생각이 말보다 범위가 넓고 큰 것이라고 하여도 그것을 가능한 한 말로 바꾸어 놓지 않으면 그 생각의 위대함이나 오묘함이 다른 사람에게 전달되지 않기 때문에 생각이 형님이요, 말이 동생이라고 할지라도 생각은 동생의 신세를 지지 않을 수가 없다.

① 말이 통하지 않아도 생각은 얼마든지 전달될 수 있다.
② 생각을 드러내는 가장 직접적인 수단은 말이다.
③ 말은 생각이 바탕이 되어야 생산될 수 있다.
④ 말과 생각은 서로 영향을 주고받는 긴밀한 관계를 유지한다.

08 2000년대 이르러 글로벌 금융위기 등 전 세계적 저성장기가 고착화되는 상황에서 수출 주도형 성장전략에 대한 비판이 제기되었다. 다음 중 비판의 대상으로 적절하지 않은 것은?

> 우리나라를 비롯한 아시아의 대만, 홍콩, 싱가포르 등의 신흥 강대국들은 1960년대 이후 수출 주도형 성장전략을 국가의 주요한 성장전략으로 활용하면서 눈부신 경제성장을 이루어 왔다. 이러한 수출 주도형 성장전략은 신흥 강대국들의 부상을 이끌면서 전 세계적인 전략으로 자리매김을 하였으며, 이의 전략을 활용하고자 하는 국가가 나타나면서 그 효과에 대한 인정을 받아온 측면이 존재하였다.
> 기본적으로 수출주도형 성장전략은 수요가 외부에 존재한다는 측면에서 공급중시 경제학적 관점을 띄고 있다고 볼 수 있다. 이는 수출 주도형 국가가 물품을 생산하여 수출하면, 타 국가에서 이를 소비한다는 측면에서 공급이 수요를 창출한다고 하는 '세이의 법칙(Say's Law)'과 같은 맥락으로 설명될 수 있다. 고전학파 – 신고전학파로 이어지는 주류경제학 중 공급중시 경제학에서는 기업부분의 역할을 강조하면서 이를 위해 민간 부문의 지속적인 투자의식 고취를 위한 세율 인하 등 규제완화에 주력해 왔던 측면이 있다.

① 외부의 수요에 의존하기 때문에 세계 경제변동의 영향이 너무 커요.
② 외부 의존성을 낮추고 국내의 수요에 기반한 안정적 정책 마련이 필요해요.
③ 내부의 수요를 증대시키는 것이 결국 기업의 투자활동을 촉진할 수 있어요.
④ 내부의 수요를 증대시키기 위해 물품을 생산하여 공급하는 것이 중요해요.

09 다음 글에서 주장하는 정보화 사회의 문제점에 대한 반대 입장으로 적절하지 않은 것은?

> 정보화 사회에서 지식과 정보는 부가가치의 원천이다. 지식과 정보에 접근할 수 없는 사람들은 소득을 얻는 데 불리할 수밖에 없다. 고급 정보에 대한 접근이 용이한 사람들은 부를 쉽게 축적하고, 그 부를 바탕으로 고급 정보 획득에 많은 비용을 투입할 수 있다. 이렇게 벌어진 정보 격차는 시간이 갈수록 심화될 가능성이 높아지고 있다. 정보나 지식이 독점되거나 진입 장벽을 통해 이용이 배제되는 경우도 문제이다. 특히 정보가 상품화됨에 따라 정보를 둘러싼 불평등은 더욱 심화될 것이다.

① 인터넷이나 컴퓨터 유지비 측면에서의 격차 발생
② 정보의 확산으로 기존의 자본주의에 의한 격차 완화 가능성
③ 정보 기기의 보편화로 인한 정보 격차 완화
④ 인터넷의 발달에 따라 전 계층의 고급 정보 접근 용이

10 다음 글을 토대로 〈보기〉의 밑줄 친 주장에 대해 반박하려고 할 때, 그 논거로 적절하지 않은 것은?

> 기자 : 교수님, 영국에서 탄생한 복제 양과 우리의 복제 송아지의 차이점은 무엇이라고 생각하시는지요.
> 교수 : 두 가지 차원에서 이야기할 수 있습니다. 지금까지는 생명을 복제하기 위해서 반드시 생식 세포를 이용해야 한다는 것이 정설이었습니다. 그런데 복제 양은 생식 세포가 아닌 일반 체세포, 그중에서도 젖샘 세포를 이용했습니다. 이는 노화 등의 이유로 생식 세포가 죽은 개체들로 체세포를 통해 복제가 가능하다는 얘기가 됩니다. 체세포를 통한 복제는 기존 생물학적 개념을 완전히 바꾼 것입니다. 반면 산업적 측면에서는 문제가 있습니다. 동물 복제는 순수 발생학적 관심 못지않게 경제적으로도 중요합니다. 생산력이 뛰어난 가축을 적은 비용으로 복제 생산해야 한다는 것입니다. 이 점에서는 체세포를 통한 복제는 아직 한계가 있습니다. 경제적인 측면에서는 생식 세포를 이용한 복제가 훨씬 효과적입니다.
> 기자 : 이런 복제 기술들이 인간에게도 적용이 가능한가요?
> 교수 : 기술적으로는 그렇습니다. 그러나 인간에게 적용했을 때는 기존 인간관계의 근간을 파괴하는 사회 문제를 발생시킬 것입니다. 또 생명체 복제 기술의 적용 영역을 확대하다 보면, 자의로 또는 적용 과정에서 우연히 인체에 치명적이거나 통제 불능한 생물체가 만들어질 가능성도 있습니다. 이것을 생물 재해라고 합니다. 생명공학에 종사하는 학자들은 이 두 가지 문제들을 늘 염두에 두어야 합니다. 물론 아직까지는 이런 문제들이 발생하지 않았지만, 어느 국가 또는 특정 집단이 복제 기술을 악용할 위험성을 배제할 수는 없습니다.

> **보기**
> 미국 위스콘신 생명 윤리 연구 센터의 아서더스 박사는 '인간에게 동물 복제 기술을 적용하면 왜 안 되는지에 대한 논리적 이유가 없다.'고 하면서, 인간 복제를 규제한다 하더라도 대단한 재력가나 권력가는 이를 충분히 피해갈 것이라고 말했다.

① 사람들 사이의 신뢰가 무너질 수 있다.
② 범죄 집단에 악용될 위험이 있다.
③ 인구가 폭발적으로 증가할 염려가 있다.
④ 통제 불능한 인간을 만들어 낼 수 있다.

대표유형 3 추론적 독해

다음 글을 읽고 추론한 내용으로 가장 적절한 것은?

> 우리는 도구를 사용하고, 다양한 종류의 음식을 먹는 본능과 소화력을 갖췄다. 어떤 동물은 한 가지 음식만 먹는다. 이렇게 음식 하나에 모든 것을 거는 '단일 식품 식생활'은 도박이다. 그 음식의 공급이 끊기면 그 동물도 끝이기 때문이다.
> 400만 년 전, 우리 인류의 전 주자였던 오스트랄로피테쿠스는 고기를 먹었다. 한때 오스트랄로피테쿠스가 과일만 먹었을 것이라고 믿은 적도 있었다. 따라서 오스트랄로피테쿠스 속과 사람 속을 가르는 선을 고기를 먹는지 여부로 정했었다. 그러나 남아프리카공화국의 한 동굴에서 발견된 200만 년 된 유골 4구의 치아에서는 이와 다른 증거가 발견됐다. 인류학자 맷 스폰하이머와 줄리아 리소프는 이 유골의 치아사기질의 탄소 동위 원소 구성 중 13C의 비율이 과일만 먹은 치아보다 열대 목초를 먹은 치아와 훨씬 더 가깝다는 것을 발견했다. 식생활 동위 원소는 체내 조직에 기록되기 때문에 이 발견은 오스트랄로피테쿠스가 상당히 많은 양의 풀을 먹었거나 이 풀을 먹은 동물을 먹었다는 추측을 가능케 한다. 그런데 같은 치아에서 풀을 씹어 먹을 때 생기는 마모는 전혀 보이지 않았기 때문에 오스트랄로피테쿠스 식단에서 풀을 먹는 동물이 큰 부분을 차지했다는 결론을 내릴 수 있다.
> 오래 전에 멸종되어 260만 년이라는 긴 시간을 땅속에 묻혀 있던 동물의 뼈 옆에서는 석기들이 함께 발견되기도 한다. 이 뼈와 석기가 들려주는 이야기는 곧 우리의 이야기다. 어떤 뼈에는 이로 씹은 흔적 위에 도구로 자른 흔적이 겹쳐있다. 그 반대의 흔적이 남은 뼈들도 있다. 도구로 자른 흔적 다음에 날카로운 이빨 자국이 남은 경우다. 이런 것은 무기를 가진 인간이 먼저 먹고 동물이 이빨로 뜯어 먹은 것이다.

① 오스트랄로피테쿠스는 풀을 전혀 먹지 않았다.
② 육식 여부는 오스트랄로피테쿠스의 진화 과정을 보여주는 중요한 기준이다.
③ 단일 식품 섭취의 위험성 때문에 단일 식품을 섭취하는 동물은 없다.
④ 맷 스폰하이머와 줄리아 리소프의 연구는 육식 여부로 오스트랄로피테쿠스와 사람을 구분하던 방법이 잘못되었음을 보여준다.

| 해설 | 맷 스폰하이머와 줄리아 리소프의 연구는 오스트랄로피테쿠스가 육식을 하였음을 증명하였으므로, 육식 여부로 오스트랄로피테쿠스와 사람을 구분하던 과거의 방법이 잘못되었음을 증명한 것이라 볼 수 있다.

오답분석
① 두 번째 문단의 마지막 문장에서 오스트랄로피테쿠스의 식단에서 풀을 먹는 동물이 큰 부분을 차지했다는 결론을 내렸다고 했을 뿐, 풀을 전혀 먹지 않았는지는 알 수 없다.
② 제시문에서 오스트랄로피테쿠스의 진화 과정과 육식의 관계를 알 수 있을 만한 부분은 없다.
③ 첫 번째 문단에서 단일 식품을 섭취하는 것이 위험하다고 했을 뿐, 단일 식품을 섭취하는 동물이 없다고 보기는 어렵다.

정답 ④

11 다음 중 갑과 을의 주장을 도출할 수 있는 질문으로 가장 적절한 것은?

> 갑 : 현재 우리나라는 저출산 문제가 심각하기 때문에 영유아를 배려하는 정책이 필요하다. 노키즈 존과 같은 정책을 통해 더 좋은 서비스를 제공한다고 하는 것은 표면상의 이유하에 영유아를 배려하지 않는 위험한 생각이다. 이는 어린이들의 사회적·문화적 활동을 가로막고, 어린이들 개개인이 우리 사회의 구성원이라는 인식을 갖게 하는 데 어려움을 준다. 또한 특정 집단에 대한 차별 문화를 정당화할 수 있으며, 헌법에서 보장하는 평등의 원리, 차별 금지의 원칙에도 위배된다.
>
> 을 : 공공장소에서 자신의 아이를 제대로 돌보지 않는 부모들이 늘고 있어, 주변 손님들에게 피해를 주고 가게의 매출이 줄어드는 등의 피해가 일어나고 있다. 특히 어린이들의 안전사고가 발생하는 경우 오히려 해당 가게에 피해보상을 요구하는 일까지 있다. 이러한 상황에서 점주나 아이가 없는 손님의 입장에서는 아이가 없는 환경에서 서비스를 제공받고 영업을 할 권리가 있다. 더군다나 특정 손님의 입장 거부는 민법상 계약 과정에서 손님을 선택하고 서비스를 제공하지 않을 수 있는 자유에 속하므로 어떤 법적·도덕적 기준에도 저촉되지 않는다.

① 공공장소에서 부모들은 아이의 행동을 감시해야 하는가?
② 영유아 복지제도를 시행해야 하는가?
③ 차별 금지 원칙의 적용 범위는 어디까지인가?
④ 가게에서 노키즈존을 운영할 수 있는가?

※ 다음 글을 읽고 추론한 내용으로 가장 적절한 것을 고르시오. [12~13]

12

> 비자발적인 행위는 강제나 무지에서 비롯된 행위이다. 반면에 자발적인 행위는 그것의 실마리가 행위자 자신 안에 있다. 행위자 자신 안에 행위의 실마리가 있는 경우에는 행위를 할 것인지 말 것인지가 행위자 자신에게 달려 있다.
>
> 욕망이나 분노에서 비롯된 행위들을 모두 비자발적이라고 할 수는 없다. 그것들이 모두 비자발적이라면 인간 아닌 동물 중 어떤 것도 자발적으로 행위를 하는 게 아닐 것이며, 아이들조차 그럴 것이기 때문이다. 우리가 욕망하는 것 중에는 마땅히 욕망해야 할 것이 있는데, 그러한 욕망에 따른 행위는 비자발적이라고 할 수 없다. 실제로 우리는 어떤 것들에 대해서는 마땅히 화를 내야 하며, 건강이나 배움과 같은 것은 마땅히 욕망해야 한다. 따라서 욕망이나 분노에서 비롯된 행위를 모두 비자발적인 것으로 보아서는 안 된다.
>
> 합리적 선택에 따르는 행위는 모두 자발적인 행위지만 자발적인 행위의 범위는 더 넓다. 왜냐하면 아이들이나 동물들도 자발적으로 행위를 하긴 하지만 합리적 선택에 따라 행위를 하지는 못하기 때문이다. 또한 욕망이나 분노에서 비롯된 행위는 어떤 것도 합리적 선택을 따르는 행위가 아니다. 이성이 없는 존재는 욕망이나 분노에 따라 행위를 할 수 있지만, 합리적 선택에 따라 행위를 할 수는 없기 때문이다. 또 자제력이 없는 사람은 욕망 때문에 행위를 하지만 합리적 선택에 따라 행위를 하지는 않는다. 반대로 자제력이 있는 사람은 합리적 선택에 따라 행위를 하지, 욕망 때문에 행위를 하지는 않는다.

① 욕망에 따른 행위는 모두 자발적인 것이다.
② 자제력이 있는 사람은 자발적으로 행위를 한다.
③ 자제력이 없는 사람은 비자발적으로 행위를 한다.
④ 자발적인 행위는 모두 합리적 선택에 따른 것이다.

13 모필은 붓을 말한다. 붓은 종이, 먹과 함께 문인들이 인격화해 불렀던 문방사우(文房四友)에 속하는데, 문인들은 이것을 품성과 진리를 탐구하는 데에 없어서는 안 되는 중요한 벗으로 여기고 이것들로 글씨를 쓰거나 그림을 그렸다. 이렇게 그려진 그림을 동양에서는 문인화(文人畵)라 불렀으며 이 방면에 뛰어난 면모를 보인 이들을 문인화가라고 지칭했다. 문인들은 화공(畵工)과는 달리 그림을, 심성을 기르고 심의(心意)와 감흥을 표현하는 교양적 매체로 보았고, 전문적이고 정교한 기법이나 기교에 바탕을 둔 장식적인 채색풍을 의식적으로 멀리했다. 또한 시나 서예와의 관계를 중시하여 시서화일치(詩書畵一致)의 경지를 지향하고, 대상물의 정신, 고매한 인품을 지닌 작가의 내면을 구현하는 것이 그림이라고 보았다. 이런 의미에서 모필로 대표되는 지·필·묵(紙·筆·墨, 종이·붓·먹)은 문인들이 자신의 세계를 표현하는 데 알맞은 도구가 되면서 동양의 문화현상으로 자리 잡게 되었다.
중국 명나라 말기의 대표적 문인인 동기창(董其昌)은 정통적인 화공들의 그림보다 문인사대부들이 그린 그림을 더 높이 평가했다. 동양에서 전문적인 화공의 그림과 문인사대부들의 그림이 대립하는 양상을 형성한 것은 이에서 비롯되는데, 이처럼 두 개의 회화적 전통이 성립된 곳은 오로지 극동 문화권뿐이다. 전문 화가들의 그림보다 아마추어격인 문인사대부들의 그림을 더 높이 사는 이러한 풍조야말로 동양 특유의 문화 현상에서만 나타나는 것이다.
동양에서 지·필·묵은 단순한 그림의 매체라는 좁은 영역에 머무는 것이 아니라 동양의 문화를 대표한다는 보다 포괄적인 의미를 지닌다. 지·필·묵이 단순한 도구나 재료의 의미를 벗어나 그것을 통해 파생되는 모든 문화적 현상 자체를 대표하는 것이다. 나아가 수학(修學)의 도구로 사용되었던 지·필·묵이 점차 자신의 생각과 예술을 담아내는 매체로 발전하면서 이미 그것은 단순한 도구가 아니라 하나의 사유 매체로서 기능을 하게 되었다. 말하자면 종이와 붓과 먹을 통해 사유하게 되었다는 것이다.

① 동기창(董其昌)은 정교한 기법이나 기교에 바탕을 둔 그림을 높이 평가했을 것이다.
② 동양 문화와 같이 서양 문화에도 두 개의 회화적 전통이 성립되어 있었을 것이다.
③ 정통적인 화공(畵工)들은 주로 문인화(文人畵)를 그렸을 것이다.
④ 서양 문화에서는 문인사대부들보다 전문 화가들의 그림을 더 높게 평가할 것이다.

14 다음 글을 읽은 독자의 반응으로 적절하지 않은 것은?

> 우주로 쏘아진 인공위성들은 지구 주위를 돌며 저마다의 임무를 충실히 수행한다. 이들의 수명은 얼마나 될까? 인공위성들은 태양 전지판으로 햇빛을 받아 전기를 발생시키는 태양전지와 재충전용 배터리를 장착하여 지구와의 통신은 물론 인공위성의 온도를 유지하고 자세와 궤도를 조정하는데 이러한 태양전지와 재충전용 배터리의 수명은 평균 15년 정도이다.
>
> 방송 통신 위성은 원활한 통신을 위해 안테나가 늘 지구의 특정 위치를 향해 있어야 하는데, 안테나 자세 조정을 위해 추력기라는 작은 로켓에서 추진제를 소모한다. 자세 제어용 추진제가 모두 소진되면 인공위성은 자세를 유지할 수 없기 때문에 더 이상의 임무 수행이 불가능해지고 자연스럽게 수명을 다하게 된다.
>
> 첩보 위성의 경우는 임무의 특성상 아주 낮은 궤도를 비행한다. 하지만 낮은 궤도로 비행하게 될 경우 인공위성은 공기의 저항 때문에 마모가 훨씬 빨라지므로 수명이 몇 개월에서 몇 주일까지 짧아진다. 게다가 운석과의 충돌 등 예기치 못한 사고로 인하여 부품이 훼손돼 수명이 다하는 경우도 있다.

① 수명이 다 된 인공위성들은 어떻게 되는 걸까?
② 첩보 위성을 높은 궤도로 비행시키면 더욱 오래 임무를 수행할 수 있을 거야.
③ 안테나가 특정 위치를 향하지 않더라도 통신이 가능하도록 만든다면 방송 통신 위성의 수명을 늘릴 수 있을지도 모르겠군.
④ 별도의 충전 없이 오래가는 배터리를 사용한다면 인공위성의 수명을 더 늘릴 수 있지 않을까?

15 다음 글을 읽고 추론한 내용으로 적절하지 않은 것은?

> 어떤 경제 주체의 행위가 자신과 거래하지 않는 제3자에게 의도하지 않게 이익이나 손해를 주는 것을 '외부성'이라 한다. 과수원의 과일 생산이 인접한 양봉업자에게 벌꿀 생산과 관련한 이익을 주는 것, 공장의 제품 생산이 강물을 오염시켜 주민들에게 피해를 주는 것 등이 대표적인 사례이다. 외부성은 사회 전체로 보면 이익이 극대화되지 않는 비효율성을 초래할 수 있다. 개별경제 주체가 제3자의 이익이나 손해까지 고려하여 행동하지는 않을 것이기 때문이다. 예를 들어 과수원의 이윤을 극대화하는 생산량이 A라고 할 때, 생산량을 A보다 늘리면 과수원의 이윤은 줄어든다. 하지만 이로 인한 과수원의 이윤 감소보다 양봉업자의 이윤 증가가 더 크다면, 생산량을 A보다 늘리는 것이 사회적으로 바람직하다. 그렇지만 과수원이 자발적으로 양봉업자의 이익까지 고려하여 생산량을 A보다 늘릴 이유는 없다.
>
> 전통적인 경제학은 이러한 비효율성의 해결책이 보조금이나 벌금과 같은 정부의 개입이라고 생각한다. 보조금을 받거나 벌금을 내게 되면 제3자에게 주는 이익이나 손해가 더 이상 자신의 이익과 무관하지 않게 되므로, 자신의 이익에 충실한 선택이 사회적으로 바람직한 결과로 이어진다는 것이다. 그러나 전통적인 경제학은 모든 시장 거래와 정부 개입에 시간과 노력, 즉 비용이 든다는 점을 간과하고 있다. 외부성은 이익이나 손해에 대한 협상이 너무 어려워 거래가 일어나지 못하는 경우이므로 보조금이나 벌금뿐만 아니라 협상을 쉽게 해주는 법과 규제도 해결책이 될 수 있다. 어떤 방식이든 정부 개입은 비효율성을 줄이는 측면도 있지만 개입에 드는 비용으로 인해 비효율성을 늘리는 측면도 있다.

① 제3자에게 이익을 주는 외부성은 사회 전체적으로 비효율성을 초래하지 않는다.
② 개별경제 주체는 사회 전체가 아니라 자신의 이익을 기준으로 행동한다.
③ 전통적인 경제학은 보조금을 지급하거나 벌금을 부과하는 데 따르는 비용을 고려하지 않는다.
④ 사회 전체적으로 보아 이익을 더 늘릴 여지가 있다면 그 사회는 사회적 효율성이 충족된 것이 아니다.

대표유형 4 | 단문 독해

다음 글의 제목으로 가장 적절한 것은?

> 많은 경제학자는 제도의 발달이 경제 성장의 중요한 원인이라고 생각해 왔다. 예를 들어 재산권 제도가 발달하면 투자나 혁신에 대한 보상이 잘 이루어져 경제 성장에 도움이 된다는 것이다. 그러나 이를 입증하기는 쉽지 않다. 제도의 발달 수준과 소득 수준 사이에 상관관계가 있다 하더라도, 제도는 경제 성장에 영향을 줄 수 있지만 경제 성장으로부터 영향을 받을 수도 있으므로 그 인과관계를 판단하기 어렵기 때문이다.

① 경제 성장과 소득 수준
② 경제 성장과 제도 발달
③ 경제 성장과 투자 혁신
④ 소득 수준과 제도 발달

| 해설 | 제시문은 재산권 제도의 발달에 따른 경제 성장을 예로 들어 제도의 발달과 경제 성장의 상관관계에 대해 설명하고 있다. 더불어 제도가 경제 성장에 영향을 줄 수는 있지만 동시에 경제 성장으로부터 영향을 받을 수도 있다는 점에서 그 인과관계를 판단하기 어렵다는 한계점을 제시하고 있다. 따라서 제목으로 적절한 것은 '경제 성장과 제도 발달'이다.

정답 ②

---

16 다음 글의 주제로 가장 적절한 것은?

> 빅데이터는 스마트 팩토리 등 산업 현장 및 ICT 소프트웨어 설계 등에 주로 활용되어 왔다. 유통이나 물류 업계의 '콘텐츠가 대량으로 이동하는 현장'에서는 데이터가 발생하면, 이를 분석하고 활용하는 쪽으로 주로 사용됐다. 이제는 다양한 영역에서 빅데이터의 적용이 빨라지고 있다. 대표적인 사례가 금융권이다. 국내의 은행들은 현재 빅데이터 스타트업 회사를 상대로 대규모 투자에 나서고 있다. 뉴스와 포털 등 현존하는 데이터를 확보하여 금융 키워드 분석에 활용하기 위해서다. 의료업계도 마찬가지다. 정부는 바이오헬스 산업의 혁신전략을 통해 연구개발 투자를 4조 원 이상으로 확대하겠다고 밝혔으며, 빅데이터와 인공 지능 등을 연계한 다양한 로드맵을 준비하고 있다. 벌써 의료 현장에 빅데이터 전략을 구사하고 있는 병원도 다수이다. 국세청도 빅데이터에 관심이 많다. 빅데이터 플랫폼 인프라 구축을 끝내는 한편, 50명 규모의 빅데이터 센터를 가동하기 시작했다. 조세행정에서 빅데이터를 통해 탈세를 예방·적발하는 등 다양한 쓰임새를 고민하고 있다.

① 빅데이터의 정의와 장·단점
② 빅데이터의 종류
③ 빅데이터의 중요성
④ 빅데이터의 다양한 활용 방안

17 다음 글의 중심 내용으로 가장 적절한 것은?

> 소액주주의 권익을 보호하고, 기업 경영의 투명성을 높여 궁극적으로 자본시장에서 기업의 자금 조달을 원활히 함으로써 기업의 중장기적인 가치를 제고해 나가기 위해 집단 소송제 도입이 필요하다. 즉, 집단 소송제의 도입은 국민 경제뿐만 아니라 기업 스스로의 가치 제고를 위해서도 바람직한 것이다. 현재 집단 소송제를 시행하고 있는 미국의 경우 전 세계적으로 자본시장이 가장 발달되었으며 시장의 투명성과 공정성이 높아 기업들이 높은 투자가치를 인정받고 있다.

① 집단 소송제는 시장에 의한 기업 지배 구조 개선을 가능하게 한다.
② 집단 소송제를 도입할 경우 경영의 투명성을 높여 결국 기업에 이득이 된다.
③ 기업의 투명성과 공정성은 집단 소송제의 시행 유무에 따라 판단된다.
④ 제도를 도입함으로써 제기되는 부작용은 미국의 경험과 사례로 방지할 수 있다.

18 다음 글의 제목으로 가장 적절한 것은?

> 대부분의 사람이 주식 투자를 하는 목적은 자산을 증식하는 것이지만, 항상 이익을 낼 수는 없으며 이익에 대한 기대에는 언제나 손해에 따른 위험이 동반된다. 이러한 위험을 줄이기 위해서 일반적으로 투자자는 포트폴리오를 구성하는데, 이때 전반적인 시장상황에 상관없이 나타나는 위험인 '비체계적 위험'과 시장 상황에 연관되어 나타나는 위험인 '체계적 위험' 두 가지를 동시에 고려해야 한다.
> 비체계적 위험이란 종업원의 파업, 경영 실패, 판매의 부진 등 개별 기업의 특수한 상황과 관련이 있는 것으로 '기업 고유 위험'이라고도 한다. 기업의 특수 사정으로 인한 위험은 예측하기 어려운 상황에서 돌발적으로 일어날 수 있는 것들로, 여러 주식에 분산 투자함으로써 제거할 수 있다. 반면에 체계적 위험은 시장의 전반적인 상황과 관련한 것으로, 예를 들면 경기 변동, 인플레이션, 이자율의 변화, 정치 사회적 환경 등 여러 기업들에 공통으로 영향을 주는 요인들에 기인한다. 체계적 위험은 주식 시장 전반에 대한 위험이기 때문에 비체계적 위험에 대응하는 분산투자의 방법으로도 감소시킬 수 없으므로 '분산 불능 위험'이라고도 한다.
> 그렇다면 체계적 위험에 대응할 방법은 없을까? '베타 계수'를 활용한 포트폴리오 구성으로 투자자는 체계적 위험에 대응할 수 있다. 베타 계수란 주식 시장 전체의 수익률 변동이 발생했을 때 이에 대해 개별 기업의 주가 수익률이 얼마나 민감하게 반응하는가를 측정하는 계수로, 종합주가지수의 수익률이 1% 변할 때 개별 주식의 수익률이 얼마나 변하는가를 나타내며, 수익률의 민감도로 설명할 수 있다. 따라서 투자자는 주식시장이 호황에 진입할 경우 베타 계수가 큰 종목의 투자 비율을 높이지만 불황이 예상되는 경우에는 베타 계수가 작은 종목의 투자 비율을 높여 위험을 최소화할 수 있다.

① 비체계적 위험과 체계적 위험의 사례 분석
② 비체계적 위험을 활용한 경기 변동의 예측 방법
③ 비체계적 위험과 체계적 위험을 고려한 투자 전략
④ 종합주가지수 변동에 민감한 비체계적 위험의 중요성

대표유형 5 장문 독해

※ 다음 글을 읽고 이어지는 질문에 답하시오. [1~2]

> 여름내 보이지 않던 'ㅈ' 양이 며칠 전에 불쑥 나타났다. 말수가 많아진 그녀는 가을에 결혼을 하기로 했다는 것이다. 평소에 결혼 같은 것은 않겠다고 우기던 그녀라 장난삼아 이유를 물었더니, 좋아하는 사람이 생겼는데 늘 함께 있고 싶어서라는 것이었다. 그러면서 그 사람에 대한 이야기를 신이 나서 늘어놓았다. 좋아하는 사람과 늘 함께 있고 싶다는, 소박하면서도 간절한 그 뜻에 복이 있으라 빌어주었다.
> 좋아하는 사람끼리 함께 있을 수 없을 때, 인간사(人間事)에 그늘이 진다. 우수(憂愁)의 그늘이 진다. 그런데 함께 있고 싶다는 것은 어디까지나 희망 사항일 뿐, 인간은 본질적으로 혼자일 수밖에 없는 그러한 존재가 아닐까. 사람은 분명히 홀로 태어나며 죽을 때에도 혼자서 죽어간다. 뿐만 아니라 우리가 살아가는 데도 혼자서 살 수밖에 없다는 데에 문제가 있는 것이다. 숲을 이루고 있는 나무들도 저마다 홀로 서 있듯이, 지평선 위로 자기 그림자를 이끌고 휘적휘적 걸어가는 인간의 모습은 시인의 날개를 빌지 않더라도 알 만한 일이다.
> 사람은 저마다 업(業)이 다르기 때문에 생각을 따로 해야 되고 행동도 같이 할 수 없다. 인연에 따라 모였다가 그 인연이 다하면 흩어지게 마련이다. 물론 인연의 주재자는 그 누구도 아닌 자기 자신이다. 이것은 어떤 종교의 도그마이기에 앞서 무량겁을 두고 되풀이 될 우주 질서 같은 것이다. 죽네 사네 세상이 떠들썩하게 만난 사람들도 그 맹목적인 열기가 가시고 나면, 빛이 바랜 자신들의 언동(言動)에 고소(苦笑)를 머금게 되는 것이 세상일 아닌가. 모든 현상은 고정해 있지 않고 항상 변하기 때문이다.
> 늘 함께 있고 싶은 희망 사항이 지속되려면, 들여다보려고 하는 시선을 같은 방향으로 돌려야 할 것이다. 서로 얽어매기보다는 혼자 있게 할 일이다. 거문고가 한가락에 울리면서도 그 줄은 따로따로이듯이, 그러한 떨어짐이 있어야 할 것이다.
>
> – 법정스님, 『함께 있고 싶어서』

01 다음 중 윗글에서 제시하는 인생관을 파악한 내용으로 가장 적절한 것은?

① 함께 있기 위해서는 시선을 같은 방향으로 돌려야 한다.
② 빛이 바랜 언동에 고소(苦笑)를 보내지 않아야 한다.
③ 모였다가 흩어지는 인연의 주재가 되어야 한다.
④ 함께 있을 수 없더라도 슬퍼하지 않아야 한다.

| 해설 | 제시문은 인간은 본질적으로는 홀로 존재하면서 동시에 좋아하는 사람과 함께 있고 싶어 한다는 역설에 초점을 맞추고 있다. 따라서 서로 들여다보려는 시선을 같은 방향으로 돌려, 혼자 있으면서 또한 함께 있는 상태를 지향할 필요가 있음을 충고하고 있다.

정답 ①

02 다음 중 윗글의 서술 방식으로 적절하지 않은 것은?

① 인생에 대한 성찰을 구체적으로 서술하고 있다.
② 개인이나 사회적 인간관계를 고려하여 다양한 측면을 두루 서술하고 있다.
③ 필자는 자신이 경험한 이야기를 직접적으로 서술하고 있다.
④ 고독한 인간 사회를 사물에 빗대어 표현하고 있다.

| 해설 | 수필이라는 장르적 특성으로 살펴보았을 때 자신이 경험한 이야기를 서술한다는 것은 적절하다. 하지만 법정은 '주제의식의 간접화'를 통해 수필의 문학성을 형상화하였다. 따라서 직접적인 서술 방식을 취하고 있다는 설명은 적절하지 않다.

정답 ③

※ 다음 글을 읽고 이어지는 질문에 답하시오. [19~21]

(가) 경주 일대는 지반이 불안정한 양산 단층에 속하는 지역으로서, 언제라도 지진이 일어날 수 있는 활성단층이다. 따라서 옛날에도 큰 지진이 일어났다는 기록이 있다. 삼국사기에 의하면 통일신라 때 지진으로 인해 100여 명의 사망자가 발생했으며, 전문가들은 그 지진이 진도 8.0 이상의 강진이었던 것으로 추정한다. 그 후로도 여러 차례의 강진이 경주를 덮쳤다. 그럼에도 김대성이 창건한 불국사와 석굴암 그리고 첨성대 등은 그 모습을 오늘날까지 보존하고 있다. 과연 이 건축물들에 적용된 내진설계의 비밀은 무엇일까? 그 비밀은 바로 그랭이법과 동틀돌이라는 전통 건축 방식에 숨어있다.

(나) 그리고 주춧돌의 모양대로 그랭이칼을 빙글 돌리면 기둥의 밑면에 자연석의 울퉁불퉁한 요철이 그대로 그려진다. 그 후 도구를 이용해 기둥에 그어진 선의 모양대로 다듬어서 자연석 위에 세우면 자연석과 기둥의 요철 부분이 마치 톱니바퀴처럼 정확히 맞물리게 된다. 여기에 석재가 흔들리지 않도록 못처럼 규칙적으로 설치하는 돌인 동틀돌을 추가해 건물을 더욱 안전하게 지지하도록 만들었다. 다시 말하면, 그랭이법은 기둥에 홈을 내고 주춧돌에 단단히 박아서 고정하는 서양의 건축 양식과 달리 자연석 위에 기둥이 자연스럽게 올려져 있는 형태인 셈이다. 불국사에서는 백운교 좌우의 큰 바위로 쌓은 부분에서 그랭이법을 확연히 확인할 수 있다. 천연 바위를 그대로 둔 채 장대석과 접합시켜 수평을 이루도록 한 것이다.

(다) ㉠ 그랭이법이란 자연석을 그대로 활용해 땅의 흔들림을 흡수하는 놀라운 기술이다. 즉 기둥이나 석축 아래에 울퉁불퉁한 자연석을 먼저 쌓은 다음, 그 위에 올리는 기둥이나 돌의 아랫부분을 자연석 윗면의 굴곡과 같은 모양으로 맞추어 마치 톱니바퀴처럼 맞물리게 하는 기법이다. 이 같은 작업을 ㉡ 그랭이질이라고도 하는데 그랭이질을 하기 위해서는 오늘날의 컴퍼스처럼 생긴 그랭이칼이 필요하다. 주로 대나무를 사용해 만든 그랭이칼은 끝의 두 가닥을 벌릴 수 있는데, 주춧돌 역할을 하는 자연석에 한쪽을 밀착시킨 후 두 가닥 중 다른 쪽에 먹물을 묻혀 기둥이나 석축 부분에 닿도록 한다.

(라) 2016년 경주를 강타했었던 지진은 1978년 기상청이 계기로 관측을 시작한 이후 한반도 역대 최대인 규모 5.8이었다. 당시 전국 대부분의 지역뿐만 아니라 일본, 중국 등에서도 진동을 감지할 정도였다. 이로 인해 경주 및 그 일대 지역의 건물들은 벽이 갈라지고 유리가 깨지는 등의 피해를 입었다. 하지만 이 지역에 집중돼 있는 신라시대의 문화재들은 극히 일부만 훼손됐다. 첨성대의 경우 윗부분이 수 cm 이동했고, 불국사 다보탑은 일제가 시멘트로 보수한 부분이 떨어졌으며 나머지 피해도 주로 지붕 및 담장의 기와 탈락, 벽체 균열 등에 불과했다.

19 다음 중 윗글의 문단을 논리적 순서대로 바르게 나열한 것은?

① (라) – (가) – (나) – (다)
② (라) – (가) – (다) – (나)
③ (라) – (나) – (가) – (다)
④ (라) – (다) – (나) – (가)

20 윗글이 어떤 질문에 대한 답변이라면 그 질문으로 가장 적절한 것은?

① 경주에 지진이 발생하는 원인은 무엇일까?
② 경주 문화재는 왜 지진에 강할까?
③ 우리나라 전통 건축 기법은 무엇일까?
④ 지진과 내진설계의 관계는?

21 윗글의 (다)에서 ㉠, ㉡의 관계와 유사한 것은?

① 이공보공(以空補空) – 바늘 끝에 알을 올려놓지 못한다.
② 수즉다욕(壽則多辱) – 보기 싫은 반찬이 끼마다 오른다.
③ 함포고복(含哺鼓腹) – 한 가랑이에 두 다리 넣는다.
④ 망양보뢰(亡羊補牢) – 소 잃고 외양간 고친다.

※ 다음 글을 읽고 이어지는 질문에 답하시오. [22~23]

보험은 같은 위험을 보유한 다수인이 위험 공동체를 형성하여 보험료를 납부하고, 보험 사고가 발생하면 보험금을 지급받는 제도이다. 보험 상품을 구입한 사람은 장래의 우연한 사고로 인한 경제적 손실에 ㉠대비할 수 있다. 보험금 지급은 사고 발생이라는 우연적 조건에 따라 결정되는데, 이처럼 보험은 조건의 실현 여부에 따라 받을 수 있는 재화나 서비스가 달라지는 조건부 상품이다.

위험 공동체의 구성원이 납부하는 보험료와 지급받는 보험금은 그 위험 공동체의 사고 발생 확률을 근거로 산정된다. 특정 사고가 발생할 확률은 정확히 알 수 없지만 그동안 발생된 사고를 바탕으로 그 확률을 예측한다면, 관찰 대상이 많아짐에 따라 실제 사고 발생 확률에 ㉡근접하게 된다.

본래 보험 가입의 목적은 금전적 이득을 취하는 데 있는 것이 아니라 장래의 경제적 손실을 보상받는 데 있으므로 위험 공동체의 구성원은 자신이 속한 위험 공동체의 위험에 상응하는 보험료를 납부하는 것이 공정할 것이다. 따라서 공정한 보험에서는 구성원 각자가 납부하는 보험료와 그가 지급받을 보험금에 대한 기댓값이 일치해야 하며 구성원 전체의 보험료 총액과 보험금 총액이 일치해야 한다. 이때 보험금에 대한 기댓값은 사고가 발생할 확률에 사고 발생 시 수령할 보험금을 곱한 값이다.

보험금에 대한 보험료의 비율(보험료/보험금)을 보험료율이라 하는데, 보험료율이 사고 발생 확률보다 높으면 구성원 전체의 보험료 총액이 보험금 총액보다 더 많고, 그 반대의 경우에는 구성원 전체의 보험료 총액이 보험금 총액보다 더 적다. 따라서 공정한 보험에서는 보험료율과 사고 발생 확률이 같아야 한다. 물론 현실에서 보험사는 영업 활동에 소요되는 비용 등을 보험료에 반영하기 때문에 공정한 보험이 적용되기 어렵지만 기본적으로 위와 같은 원리를 바탕으로 보험료와 보험금을 산정한다.

그런데 보험 가입자들이 자신이 가진 위험의 정도에 대해 진실한 정보를 알려주지 않는 한, 보험사는 보험 가입자 개개인이 가진 위험의 정도를 정확히 파악하여 거기에 ㉢상응하는 보험료를 책정하기 어렵다. 이러한 이유로 사고 발생 확률이 비슷하다고 예상되는 사람들로 구성된 어떤 위험 공동체에 사고 발생 확률이 더 높은 사람들이 동일한 보험료를 납부하고 진입하게 되면, 그 위험 공동체의 사고 발생 빈도가 높아져 보험사가 지급하는 보험금의 총액이 증가한다. 보험사는 이를 ㉣보전하기 위해 구성원이 납부해야 할 보험료를 인상할 수밖에 없다. 결국 자신의 위험 정도에 상응하는 보험료보다 더 높은 보험료를 납부하는 사람이 생기게 되는 것이다.

이러한 문제는 정보의 비대칭성에서 비롯되는데 보험 가입자의 위험 정도에 대한 정보는 보험 가입자가 보험사보다 더 많이 갖고 있기 때문이다. 이를 해결하기 위해 보험사는 보험 가입자의 감춰진 특성을 파악할 수 있는 수단이 필요하다. 우리 상법에 규정되어 있는 고지 의무는 이러한 수단이 법적으로 구현된 제도이다. 보험 계약은 보험 가입자의 청약과 보험사의 승낙으로 성립된다. 보험 가입자는 반드시 계약을 체결하기 전에 '중요한 사항'을 알려야 하고, 이를 사실과 다르게 진술해서는 안 된다. 여기서 '중요한 사항'은 보험사가 보험 가입자의 청약에 대한 승낙을 결정하거나 차등적인 보험료를 책정하는 근거가 된다. 따라서 고지 의무는 결과적으로 다수의 사람들이 자신의 위험 정도에 상응하는 보험료보다 더 높은 보험료를 납부해야 하거나, 이를 이유로 아예 보험에 가입할 동기를 상실하게 되는 것을 방지한다.

22 다음 중 윗글의 내용으로 적절하지 않은 것은?

① 보험은 조건부 상품으로 제공되는 재화나 서비스가 달라질 수 있다.
② 현실에서 공정한 보험이 적용되기 어려운 이유는 보험사의 영업 활동 비용 등이 보험료에 반영되기 때문이다.
③ 사고 발생 확률이 보험료율보다 높으면 구성원 전체의 보험료 총액이 보험금 총액보다 더 많게 된다.
④ 보험 가입자는 보험사보다 보험 가입자의 위험 정도에 대한 정보를 많이 가지고 있다.

23 윗글의 밑줄 친 ㉠~㉣을 대체할 수 있는 단어로 적절하지 않은 것은?

① ㉠ - 대처
② ㉡ - 인접
③ ㉢ - 상당
④ ㉣ - 보존

CHAPTER 03
수리력

합격 CHEAT KEY

출제유형

01 응용수리

수의 관계에 대해 알고 그것을 응용하여 계산할 수 있는지 그리고 미지수를 구하기 위해 필요한 계산식을 세울 수 있는지를 평가하는 유형이다. 기초적인 유형을 정확하게 알고, 이를 활용하는 난도 높은 문제도 연습해야 한다.

02 자료해석

표나 그래프 등 주어진 자료를 보고 필요한 정보를 빠르게 찾아 해석할 수 있는지를 평가하는 유형이다. 자료계산, 자료해석은 그래프 해석이나 변환, 묶음 문제 추리 등 다양한 유형으로 출제하고 있으므로 여러 문제 풀이를 통해 익숙해질 수 있도록 한다.

| 학습전략 |

01 응용수리

- 정확하게 답을 구하지 못하면 답을 맞출 수 없게 출제되고 있으므로 정확하게 계산하는 연습을 해야 한다.
- 정형화된 유형을 풀어보고 숙지하여 기본을 튼튼히 해야 한다.
- 경우의 수나 확률과 같은 유형은 고등학교 수준의 문제를 풀어 보는 것이 도움이 될 수 있다.

02 자료해석

- 표, 꺾은선그래프, 막대그래프, 원그래프 등 다양한 형태의 자료를 눈에 익힌다. 그래야 실제 시험에서 자료가 제시되었을 때 중점을 두고 파악해야 할 부분이 더욱 선명하게 보일 것이다.
- 자료해석 유형의 문제는 제시되는 정보의 양이 매우 많으므로, 시간을 절약하기 위해서는 문제를 읽은 후 바로 자료 분석에 들어가는 것보다는 선택지를 먼저 읽고 필요한 정보만 추출하여 답을 찾는 것이 좋다.

CHAPTER 03 수리력 핵심이론

01 응용수리

1. 수의 관계

(1) 약수와 배수
a가 b로 나누어떨어질 때, a는 b의 배수, b는 a의 약수

(2) 소수
1과 자기 자신만을 약수로 갖는 수, 즉 약수의 개수가 2개인 수

(3) 합성수
1과 자신 이외의 수를 약수로 갖는 수, 즉 소수가 아닌 수 또는 약수의 개수가 3개 이상인 수

(4) 최대공약수
2개 이상의 자연수의 공통된 약수 중에서 가장 큰 수

(5) 최소공배수
2개 이상의 자연수의 공통된 배수 중에서 가장 작은 수

(6) 서로소
1 이외에 공약수를 갖지 않는 두 자연수, 즉 최대공약수가 1인 두 자연수

(7) 소인수분해
주어진 합성수를 소수의 거듭제곱의 형태로 나타내는 것

(8) 약수의 개수
자연수 $N=a^m \times b^n$에 대하여, N의 약수의 개수는 $(m+1) \times (n+1)$개

(9) 최대공약수와 최소공배수의 관계
두 자연수 A, B에 대하여, 최소공배수와 최대공약수를 각각 L, G라고 하면 $A \times B = L \times G$가 성립함

2. 방정식의 활용

(1) 날짜·요일·시계

   ① 날짜·요일

      ㉠ 1일=24시간=1,440분=86,400초

      ㉡ 날짜·요일 관련 문제는 대부분 나머지를 이용해 계산한다.

   ② 시계

      ㉠ 시침이 1시간 동안 이동하는 각도 : 30°

      ㉡ 시침이 1분 동안 이동하는 각도 : 0.5°

      ㉢ 분침이 1분 동안 이동하는 각도 : 6°

(2) 시간·거리·속력

   ① (시간)=$\dfrac{(거리)}{(속력)}$

   ② (거리)=(속력)×(시간)

      ㉠ 기차가 터널을 통과하거나 다리를 지나가는 경우

          : (기차가 움직인 거리)=(기차의 길이)+(터널 또는 다리의 길이)

      ㉡ 두 사람이 반대 방향 또는 같은 방향으로 움직이는 경우

          : (두 사람 사이의 거리)=(두 사람이 움직인 거리의 합 또는 차)

   ③ (속력)=$\dfrac{(거리)}{(시간)}$

      ㉠ 흐르는 물에서 배를 타는 경우

          : (하류로 내려갈 때의 속력)=(배 자체의 속력)+(물의 속력)

           (상류로 올라갈 때의 속력)=(배 자체의 속력)−(물의 속력)

(3) 나이·인원·개수

   구하고자 하는 것을 미지수로 놓고 식을 세운다. 동물의 경우 다리의 개수에 유의해야 한다.

(4) 원가·정가

   ① (정가)=(원가)+(이익), (이익)=(정가)−(원가)

   ② a원에서 $b\%$ 할인한 가격=$a \times \left(1-\dfrac{b}{100}\right)$

(5) 일률·톱니바퀴

① 일률

전체 일의 양을 1로 놓고, 시간 동안 한 일의 양을 미지수로 놓고 식을 세운다.

- (일률)=$\dfrac{(작업량)}{(작업기간)}$

- (작업기간)=$\dfrac{(작업량)}{(일률)}$

- (작업량)=(일률)×(작업기간)

② 톱니바퀴

(톱니 수)×(회전수)=(총 맞물린 톱니 수)

즉, A, B 두 톱니에 대하여, (A의 톱니 수)×(A의 회전수)=(B의 톱니 수)×(B의 회전수)가 성립한다.

(6) 농도

① (농도)=$\dfrac{(용질의 양)}{(용액의 양)}\times 100$

② (용질의 양)=$\dfrac{(농도)}{100}\times$(용액의 양)

(7) 수Ⅰ

① 연속하는 세 자연수 : $x-1,\ x,\ x+1$
② 연속하는 세 짝수(홀수) : $x-2,\ x,\ x+2$

(8) 수Ⅱ

① 십의 자릿수가 x, 일의 자릿수가 y인 두 자리 자연수 : $10x+y$
   이 수에 대해, 십의 자리와 일의 자리를 바꾼 수 : $10y+x$
② 백의 자릿수가 x, 십의 자릿수가 y, 일의 자릿수가 z인 세 자리 자연수 : $100x+10y+z$

(9) 증가·감소에 관한 문제

① x가 $a\%$ 증가 : $\left(1+\dfrac{a}{100}\right)x$

② y가 $b\%$ 감소 : $\left(1-\dfrac{b}{100}\right)y$

3. 경우의 수 · 확률

(1) 경우의 수

① 경우의 수 : 어떤 사건이 일어날 수 있는 모든 가짓수
② 합의 법칙
  ㉠ 두 사건 A, B가 동시에 일어나지 않을 때, A가 일어나는 경우의 수를 m, B가 일어나는 경우의 수를 n이라고 하면, 사건 A 또는 B가 일어나는 경우의 수는 $m+n$이다.
  ㉡ '또는', '~이거나'라는 말이 나오면 합의 법칙을 사용한다.
③ 곱의 법칙
  ㉠ A가 일어나는 경우의 수를 m, B가 일어나는 경우의 수를 n이라고 하면, 사건 A와 B가 동시에 일어나는 경우의 수는 $m \times n$이다.
  ㉡ '그리고', '동시에'라는 말이 나오면 곱의 법칙을 사용한다.
④ 여러 가지 경우의 수
  ㉠ 동전 n개를 던졌을 때, 경우의 수 : 2^n
  ㉡ 주사위 m개를 던졌을 때, 경우의 수 : 6^m
  ㉢ 동전 n개와 주사위 m개를 던졌을 때, 경우의 수 : $2^n \times 6^m$
  ㉣ n명을 한 줄로 세우는 경우의 수 : $n! = n \times (n-1) \times (n-2) \times \cdots \times 2 \times 1$
  ㉤ n명 중, m명을 뽑아 한 줄로 세우는 경우의 수 : $_nP_m = n \times (n-1) \times \cdots \times (n-m+1)$
  ㉥ n명을 한 줄로 세울 때, m명을 이웃하여 세우는 경우의 수 : $(n-m+1)! \times m!$
  ㉦ 0이 아닌 서로 다른 한 자리 숫자가 적힌 n장의 카드에서, m장을 뽑아 만들 수 있는 m자리 정수의 개수 : $_nP_m$
  ㉧ 0을 포함한 서로 다른 한 자리 숫자가 적힌 n장의 카드에서, m장을 뽑아 만들 수 있는 m자리 정수의 개수 : $(n-1) \times {_{n-1}P_{m-1}}$
  ㉨ n명 중, 자격이 다른 m명을 뽑는 경우의 수 : $_nP_m$
  ㉩ n명 중, 자격이 같은 m명을 뽑는 경우의 수 : $_nC_m = \dfrac{_nP_m}{m!}$
  ㉪ 원형 모양의 탁자에 n명을 앉히는 경우의 수 : $(n-1)!$
⑤ 최단거리 문제 : A에서 B 사이에 P가 주어져 있다면, A와 P의 최단거리, B와 P의 최단거리를 각각 구하여 곱한다.

(2) 확률

① (사건 A가 일어날 확률) = $\dfrac{(\text{사건 A가 일어나는 경우의 수})}{(\text{모든 경우의 수})}$
② 여사건의 확률
  ㉠ 사건 A가 일어날 확률이 p일 때, 사건 A가 일어나지 않을 확률은 $(1-p)$이다.
  ㉡ '적어도'라는 말이 나오면 주로 사용한다.

③ 확률의 계산
  ㉠ 확률의 덧셈
    두 사건 A, B가 동시에 일어나지 않을 때, A가 일어날 확률을 p, B가 일어날 확률을 q라고 하면, 사건 A 또는 B가 일어날 확률은 $(p+q)$이다.
  ㉡ 확률의 곱셈
    A가 일어날 확률을 p, B가 일어날 확률을 q라고 하면, 사건 A와 B가 동시에 일어날 확률은 $(p \times q)$이다.
④ 여러 가지 확률
  ㉠ 연속하여 뽑을 때, 꺼낸 것을 다시 넣고 뽑는 경우 : 처음과 나중의 모든 경우의 수는 같다.
  ㉡ 연속하여 뽑을 때, 꺼낸 것을 다시 넣지 않고 뽑는 경우 : 나중의 모든 경우의 수는 처음의 모든 경우의 수보다 1만큼 작다.
  ㉢ (도형에서의 확률) = $\dfrac{(해당하는 \ 부분의 \ 넓이)}{(전체 \ 넓이)}$

02 자료해석

(1) 꺾은선(절선)그래프
① 시간적 추이(시계열 변화)를 표시하는 데 적합하다.
  예 연도별 매출액 추이 변화 등
② 경과·비교·분포를 비롯하여 상관관계 등을 나타낼 때 사용한다.

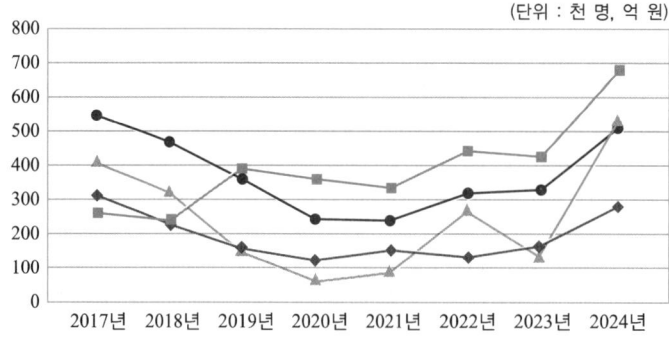

〈중학교 장학금, 학비감면 수혜현황〉
(단위 : 천 명, 억 원)
━●━ 장학금 수혜금액 ━■━ 장학금 수혜인원 ━▲━ 학비감면 수혜금액 ━◆━ 학비감면 수혜인원

(2) 막대그래프
① 비교하고자 하는 수량을 막대 길이로 표시하고, 그 길이를 비교하여 각 수량 간의 대소 관계를 나타내는 데 적합하다.
   예 영업소별 매출액, 성적별 인원분포 등
② 가장 간단한 형태로 내역·비교·경과·도수 등을 표시하는 용도로 사용한다.

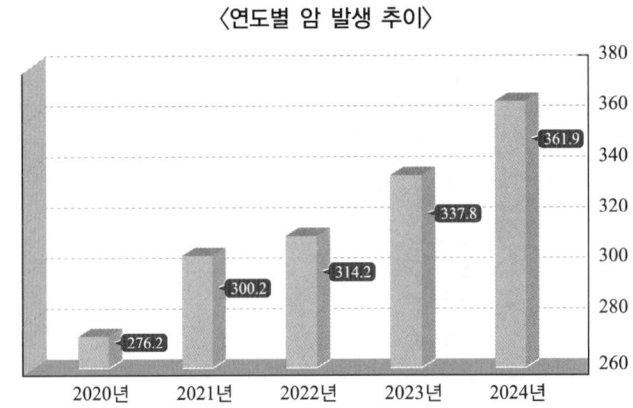

〈연도별 암 발생 추이〉

(3) 원그래프
① 내역이나 내용의 구성비를 분할하여 나타내는 데 적합하다.
   예 제품별 매출액 구성비 등
② 원그래프를 정교하게 작성할 때는 수치를 각도로 환산해야 한다.

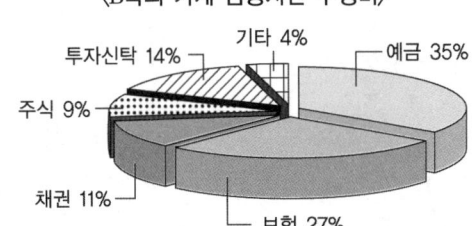

〈B국의 가계 금융자산 구성비〉

(4) 점그래프
    ① 지역분포를 비롯하여 도시, 지방, 기업, 상품 등의 평가나 위치, 성격을 표시하는 데 적합하다.
        예 광고비율과 이익률의 관계 등
    ② 종축과 횡축에 두 요소를 두고, 보고자 하는 것이 어떤 위치에 있는가를 알고자 할 때 사용한다.

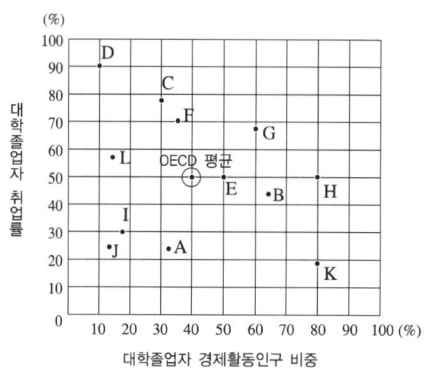

〈OECD 국가의 대학졸업자 취업률 및 경제활동인구 비중〉

(5) 층별그래프
    ① 합계와 각 부분의 크기를 백분율로 나타내고 시간적 변화를 보는 데 적합하다.
    ② 합계와 각 부분의 크기를 실수로 나타내고 시간적 변화를 보는 데 적합하다.
        예 상품별 매출액 추이 등
    ③ 선의 움직임보다는 선과 선 사이의 크기로써 데이터 변화를 나타내는 그래프이다.

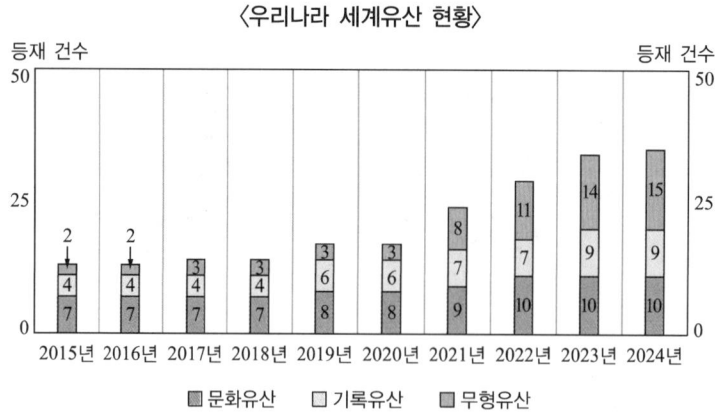

〈우리나라 세계유산 현황〉

(6) 레이더 차트(거미줄그래프)

① 다양한 요소를 비교할 때, 경과를 나타내는 데 적합하다.
   예 매출액의 계절변동 등
② 비교하는 수량을 직경, 또는 반경으로 나누어 원의 중심에서의 거리에 따라 각 수량의 관계를 나타내는 그래프이다.

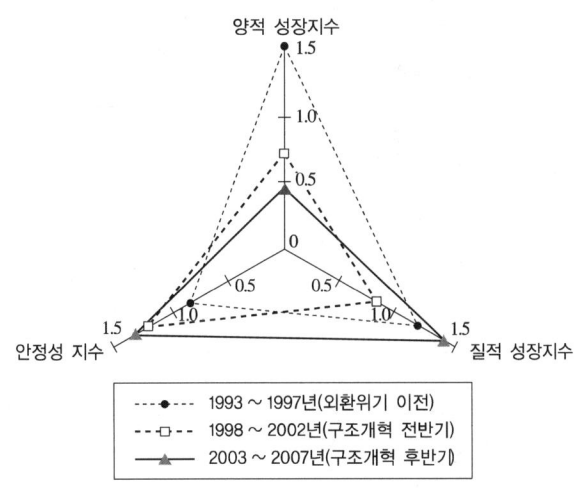

〈외환위기 전후 한국의 경제상황〉

CHAPTER 03 수리력 기출예상문제

정답 및 해설 p.012

01 기본계산

대표유형 1 기본연산

다음 식을 계산한 값으로 옳은 것은?

$$7,743 \div 87 \times 78 + 87$$

① 7,029
② 7,129
③ 7,229
④ 7,329

| 해설 | $7,743 \div 87 \times 78 + 87$
 $= 89 \times 78 + 87$
 $= 6,942 + 87$
 $= 7,029$

정답 ①

※ 다음 식을 계산한 값으로 옳은 것을 고르시오. [1~10]

01

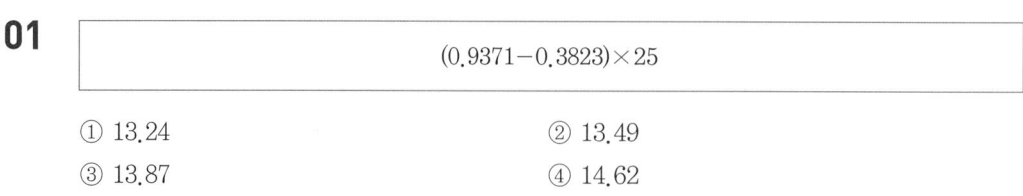

$$(0.9371 - 0.3823) \times 25$$

① 13.24
② 13.49
③ 13.87
④ 14.62

02

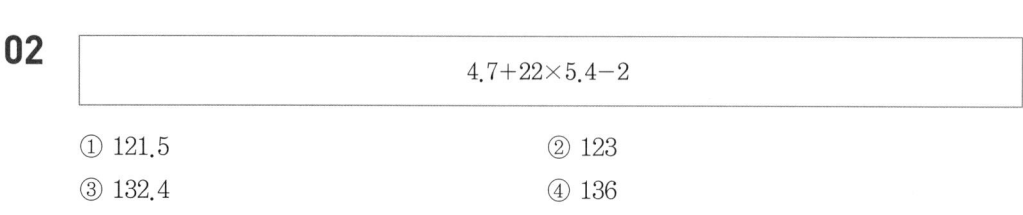

$$4.7 + 22 \times 5.4 - 2$$

① 121.5
② 123
③ 132.4
④ 136

03

$$2{,}170+1{,}430\times 6$$

① 10,750
② 10,751
③ 10,752
④ 10,753

04

$$27\times 36+438$$

① 1,210
② 1,310
③ 1,410
④ 1,510

05

$$79{,}999+7{,}999+799+79$$

① 88,866
② 88,876
③ 88,886
④ 88,896

06

$$15{,}312+32{,}213-3{,}412$$

① 42,113
② 43,113
③ 44,113
④ 45,113

07

$$40.5 \times 0.23 + 1.185$$

① 10.45　　② 10.5
③ 9.5　　④ 9.45

08

$$342 \div 6 \times 13 - 101$$

① 610　　② 620
③ 630　　④ 640

09

$$(182,100 - 86,616) \div 146$$

① 624　　② 654
③ 687　　④ 691

10

$$454,469 \div 709 + 879$$

① 1,471　　② 1,492
③ 1,520　　④ 1,573

※ 다음 중 계산 결과가 다른 하나를 고르시오. [11~15]

11 ① 69−17+78 ② 10×12+10
　　　③ 5×13×2 ④ 7×8×2+8

12 ① 8−5÷2+2.5 ② 14−5×2
　　　③ 10÷4+3÷2 ④ 6×2−10+2

13 ① $3-3.8\times\dfrac{2}{5}$ ② (2.4−1.8)×2
　　　③ (68.8÷2−16×2)÷2 ④ $\dfrac{8}{5}+3.8-8.4\div2$

14 ① 13.1×3−25 ② $10-6\times1.7+15-\dfrac{1}{2}$
　　　③ 32.2−11.3×2+9.4÷2 ④ $18.5-\dfrac{5}{4}\div2+1.5$

15 ① $52+3-\dfrac{9}{2}$ ② 10÷4+24×2
　　　③ 3×6×2+15÷3 ④ 9×4+87÷6

※ 다음 식을 계산하여 이와 같은 값을 갖는 것을 고르시오. [16~20]

16

$(178-302) \div (-1)$

① $571+48-485$
② $95+147-118$
③ $78 \times 2 - 48 \div 2$
④ $36+49+38$

17

$41+42+43$

① $6 \times 6 \times 6$
② $5 \times 4 \times 9$
③ $7 \times 2 \times 3$
④ $3 \times 2 \times 21$

18

$70.668 \div 151 + 6.51$

① $3.79 \times 10 - 30.922$
② $6.1 \times 1.2 - 1.163$
③ $89.1 \div 33 + 5.112$
④ $9.123 - 1.5 \times 1.3$

19

$3 \times 8 \div 2$

① $7+6$
② $77 \div 7$
③ $3 \times 9 - 18 + 3$
④ $1+2+3+4$

20

$36 \times 145 + 6,104$

① $901 \times 35 + 27$
② $385 \times 12 + 5,322$
③ $16,212 \div 28 + 8,667$
④ $516 \times 31 - 4,672$

대표유형 2 　 대소비교

다음 빈칸에 들어갈 수로 옳은 것은?

$$0.792 < (\ \ ) < \frac{31}{32}$$

① $\frac{12}{17}$ ② $\frac{17}{22}$

③ $\frac{33}{34}$ ④ $\frac{13}{15}$

|해설| $0.792 < (\ ) < \frac{31}{32} ≒ 0.969$

따라서 $\frac{13}{15} ≒ 0.867$이 적절하다.

[오답분석]
① $\frac{12}{17} ≒ 0.706$, ② $\frac{17}{22} ≒ 0.773$, ③ $\frac{33}{34} ≒ 0.971$

정답 ④

※ 다음 빈칸에 들어갈 수로 옳은 것을 고르시오. [21~25]

21

$$1.138 > (\ \ ) > 1.119$$

① $\frac{16}{13}$ ② $\frac{17}{15}$

③ $\frac{19}{17}$ ④ $\frac{21}{20}$

22

$$\frac{86}{25} > (\ \ ) > \frac{25}{11}$$

① 2.345 ② 2.270
③ 2.199 ④ 2.190

23

$$-\frac{13}{8} < (\quad) < -\frac{2}{5}$$

① $-\frac{16}{9}$ ② $-\frac{14}{11}$

③ $-\frac{3}{8}$ ④ $-\frac{1}{7}$

24

$$\frac{1}{5} < (\quad) < \frac{5}{7}$$

① $\frac{1}{7}$ ② $\frac{12}{35}$

③ $\frac{21}{25}$ ④ $\frac{1}{6}$

25

$$0.544 < (\quad) < \frac{26}{29}$$

① $\frac{77}{79}$ ② 0.901

③ $\frac{91}{96}$ ④ 0.758

02 응용수리

대표유형 1 거리 · 속력 · 시간

영희는 3시에 학교 수업이 끝난 후 할머니를 모시고 병원에 간다. 학교에서 집으로 갈 때는 4km/h의 속력으로 이동하고 집에서 10분 동안 할머니를 기다린 후, 할머니와 병원까지 3km/h의 속력으로 이동한다고 한다. 학교와 집, 집과 병원 사이의 거리 비가 2:1일 때, 병원에 도착한 시각은 4시 50분이다. 병원에서 집까지의 거리는?

① 1km
② 2km
③ 3km
④ 4km

| 해설 | 영희가 집에서 할머니를 기다린 10분을 제외하면, 학교에서 병원까지 이동시간은 총 1시간 40분이다. 1시간 40분은 $1+\frac{40}{60}=1+\frac{2}{3}=\frac{5}{3}$ 시간이고, 집과 병원 사이의 거리를 $x$km라고 하면 다음과 같은 식이 성립한다.

$$\frac{2x}{4}+\frac{x}{3}=\frac{5}{3} \rightarrow \frac{5}{6}x=\frac{5}{3}$$

$\therefore x=2$

따라서 병원에서 집까지의 거리는 2km이다.

정답 ②

---

01 민솔이가 박물관에 가는데 자전거를 타고 12km/h의 속력으로 가면 2시 50분에 도착하고, 6km/h의 속력으로 걸어가면 3시 20분에 도착한다고 한다. 정각 3시에 도착하려면 몇 km/h의 속력으로 가야 하는가?

① 7.8km/h
② 8.5km/h
③ 9km/h
④ 9.5km/h

02 두 지점 A, B 사이를 자동차로 왕복하는데 갈 때는 80km/h의 속력으로, 올 때는 60km/h의 속력으로 달렸더니 갈 때보다 올 때 시간이 30분 더 걸렸다. 이때, 두 지점 A, B 사이의 거리는?

① 100km
② 110km
③ 120km
④ 130km

03 집에서 회사까지 가는데 자동차를 타고 40km/h의 속력으로 가면 자전거를 타고 16km/h의 속력으로 가는 것보다 45분 먼저 도착한다. 이때 집에서 회사까지 자전거를 타고 가는 데 걸리는 시간은?

① 47분
② 65분
③ 75분
④ 84분

대표유형 2 농도

농도가 5%인 소금물 400g이 있다. 여기서 몇 g의 물을 증발시켜야 농도 10% 소금물을 얻을 수 있는가?

① 100g ② 200g
③ 300g ④ 400g

|해설| 농도가 5%인 소금물 400g에 들어있는 소금의 양은 $\frac{5}{100} \times 400 = 20g$이다.

증발을 시키면 소금의 양은 그대로이고 소금물의 양과 농도만 변화한다. 증발시킬 물의 양을 xg이라고 하면 식은 다음과 같다.
$\frac{10}{100} \times (400-x) = 20$
∴ $x = 200$
따라서 200g의 물을 증발시켜야 농도 10% 소금물을 얻는다.

정답 ②

---

04 농도가 5%인 설탕물 500g을 가열하였다. 1분 동안 가열하면 50g의 물이 증발할 때, 5분 동안 가열하면 설탕물의 농도는?(단, 설탕물을 가열했을 때 시간에 따라 증발하는 물의 양은 일정하다)

① 6% ② 7%
③ 8% ④ 10%

05 농도가 10%인 소금물 500L가 있는데, 생수를 채워서 소금물 농도를 5%로 줄이려고 할 때, 생수는 얼마나 더 넣어야 하는가?

① 400L ② 450L
③ 500L ④ 550L

06 농도 16%의 소금물 800g을 햇빛에 놔두면 1분에 3g씩 물이 증발한다. 순수한 물의 양이 312g이 되었을 때는 몇 분 후인가?

① 50분 ② 70분
③ 100분 ④ 120분

대표유형 3 나이

할머니와 손자의 나이 차는 55세이고, 아버지와 아들의 나이 차는 20세이다. 아들의 나이가 11세이면 할머니와 아버지의 나이의 합은?

① 96세 ② 97세
③ 98세 ④ 99세

| 해설 |
- 할머니의 나이 : 55+11=66세
- 아버지의 나이 : 20+11=31세
∴ 66+31=97
따라서 할머니와 아버지의 나이의 합은 97세이다.

정답 ②

07 4년 전 김대리의 나이는 조카 나이의 4배였고, 3년 후에는 김대리의 나이가 조카 나이의 2배보다 7살이 많다고 한다. 이때, 현재 김대리의 조카는 몇 살인가?

① 11살 ② 12살
③ 13살 ④ 14살

08 현재 딸의 나이는 8세이고, a년 후 딸과 아버지의 나이를 더하면, 현재 딸의 나이의 7배가 된다고 한다. 이때, 현재 아버지의 나이는 딸의 나이의 몇 배인가?

① $\dfrac{20-a}{4}$ 배 ② $\dfrac{22-a}{4}$ 배
③ $\dfrac{24-a}{4}$ 배 ④ $\dfrac{26-a}{4}$ 배

09 12세인 철민이는 2살 위인 누나와 여동생이 있다. 아버지의 나이는 철민이, 누나, 여동생 나이 합의 2배이다. 아버지와 철민이의 나이 차이가 여동생 나이의 10배와 같다고 할 때, 여동생은 몇 살인가?

① 5살 ② 6살
③ 8살 ④ 9살

| 대표유형 4 | 금액 |

원가가 a인 물품에 30% 이익을 예상하고 정가를 붙였지만 팔리지 않아 결국 정가의 20%를 할인하여 팔았다고 한다. 이때, 이익은?

① 0.04a원
② 0.05a원
③ 0.06a원
④ 0.07a원

| 해설 | (정가)−(원가)=(이익)이므로 식은 다음과 같다.
$a \times (1+0.3) \times (1-0.2) = 1.04a$
→ $1.04a - a = 0.04a$
따라서 정가의 20%를 할인하여 팔았을 때의 이익은 0.04a원이다.

정답 ①

10 조각 케이크 1조각을 정가로 팔면 3,000원의 이익을 얻는다. 만일, 장사가 되지 않아 정가보다 20%를 할인하여 5개 팔았을 때 순이익과 조각 케이크 1개당 정가에서 2,000원씩 할인하여 4개를 팔았을 때의 매출액이 같다면 조각 케이크 1조각의 정가는 얼마인가?

① 4,100원
② 4,300원
③ 4,400원
④ 4,600원

11 가방의 원가에 40%의 이익을 붙여서 정가를 정한 후, 이벤트로 정가의 25%를 할인하여 물건을 판매하면 1,000원의 이익이 남는다. 이 가방의 원가는?

① 16,000원
② 18,000원
③ 20,000원
④ 22,000원

12 어떤 물건의 정가에서 30%를 할인한 가격을 1,000원 더 할인하였다. 이 물건을 2개 사면 그 가격이 처음 정가와 같다고 할 때, 처음 정가는 얼마인가?

① 4,000원
② 5,000원
③ 6,000원
④ 7,000원

대표유형 5 점수 계산

어떤 콘텐츠에 대한 네티즌 평가에서 1,000명이 참여한 A사이트에서는 평균 평점이 5점이었으며, 500명이 참여한 B사이트의 평균 평점은 8점이었다. 이 콘텐츠에 대한 두 사이트 전체 참여자의 평균 평점은?

① 4점
② 5.5점
③ 6점
④ 7.5점

| 해설 | $\dfrac{1{,}000 \times 5.0 + 500 \times 8.0}{1{,}000 + 500} = \dfrac{9{,}000}{1{,}500} = 6$점

정답 ③

13 펜싱선수 갑과 을은 총 3회전의 경기를 치렀다. 갑이 3회전에서 얻은 점수는 1·2회전에서 얻은 점수의 $\dfrac{3}{7}$이다. 을의 최종 점수는 갑이 1·2회전에서 얻은 점수의 2배를 획득하였다. 갑과 을 모두 총점이 20점 미만 두 자리 자연수일 때, 갑이 3회전에서 얻은 점수는?

① 1점
② 2점
③ 3점
④ 4점

14 A씨는 졸업논문 심사 과정을 밟고 있다. A씨 대학에서는 총점 10점 만점 중 평균 점수가 8점 이상이 되어야 졸업할 수 있다. A씨를 심사하는 교수는 총 3명이고 현재 2명의 교수가 각각 7.5점, 6.5점을 부여하였다. 마지막 교수가 몇 점 이상을 주어야만 A씨가 합격할 수 있는가?

① 10점
② 20점
③ 30점
④ 40점

15 갑~병 3개의 설문조사 기관에서 인기 연예인 A씨에 대한 선호도 조사를 실시했다. 각각의 표본은 300명, 100명, 200명이었고 평균 평점은 4점, 8점, 5점이었다. 3개 기관의 전체 참여자 평균 평점은?(단, 설문 조사에 참여한 사람은 중복되지 않는다)

① 4점
② 5점
③ 6점
④ 7점

대표유형 6   일의 양

어떤 물통에 물을 가득 채우는 데 A관은 10분, B관은 15분이 걸린다. A관과 B관을 동시에 틀면 몇 분 만에 물통에 물이 가득 차는가?

① 3분   ② 4분
③ 5분   ④ 6분

| 해설 | 물통의 총량을 1이라고 하면 A관은 1분에 물통의 $\frac{1}{10}$ 을 채우고, B관은 $\frac{1}{15}$ 을 채운다.

A, B관을 동시에 틀면 1분에 $\frac{1}{10} + \frac{1}{15} = \frac{1}{6}$ 을 채울 수 있다.

따라서 물통을 가득 채우는 데 걸리는 시간은 6분이다.

정답 ④

16 사흘 안에 끝내야 할 일의 $\frac{1}{3}$ 을 첫째 날에 마치고, 남은 일의 $\frac{2}{5}$ 를 둘째 날에 마쳤다. 셋째 날 해야 할 일의 양은 전체의 몇 %인가?

① 10%   ② 20%
③ 30%   ④ 40%

17 G회사는 창립일을 맞이하여 초대장을 준비하려고 한다. VIP 초대장을 완성하는 데 혼자서 만들 경우 A대리는 6일, B사원은 12일이 걸린다. A대리와 B사원이 함께 VIP 초대장을 만들 경우, 완성할 때까지 며칠이 걸리는가?

① 8일   ② 6일
③ 5일   ④ 4일

18 A회사는 10분에 5개의 인형을 만들고, B회사는 1시간에 1대의 인형 뽑는 기계를 만든다. 이 두 회사가 40시간 동안 일을 하면 최대 몇 대의 인형이 들어있는 인형 뽑는 기계를 완성할 수 있는가? (단, 인형 뽑는 기계 하나에는 적어도 40개의 인형이 들어가야 한다)

① 30대   ② 35대
③ 40대   ④ 45대

대표유형 7   날짜 · 요일

소민이는 7일 일한 후 2일 쉬고, 민준이는 10일 일하고 2일 쉰다고 한다. 두 사람이 같은 날 일을 시작한 후 처음으로 동시에 2일 연속 쉬는 날이 같은 날은 며칠 후인가?

① 31일 후
② 32일 후
③ 33일 후
④ 34일 후

| 해설 | 소민이는 7+2=9일마다 일을 시작하고 민준이는 10+2=12일마다 일을 시작한다. 따라서 두 사람은 9와 12의 최소공배수인 36일마다 동시에 일을 시작하므로 34일 후에는 연속으로 쉬는 날이 같아진다.

정답 ④

---

19 A고등학교 도서부는 매일 교내 도서관을 정리하고 있다. 부원은 모두 40명이며 각각 1~40번의 번호를 부여하여 월~금요일까지 돌아가면서 12명씩 도서관을 정리하기로 하였다. 6월 7일에 1~12번 학생이 도서관을 정리하였다면 이들이 처음으로 다시 함께 도서관을 정리하는 날은?(단, 주말에는 활동하지 않는다)

① 6월 20일
② 6월 21일
③ 6월 22일
④ 6월 23일

20 어떤 마을에 A장터는 25일마다, B장터는 30일마다 열리는데 1월 18일에 두 장터가 같이 열렸다. 1월 18일이 목요일이라면, 다음 두 장터가 같이 열리는 날은 무슨 요일이겠는가?

① 일요일
② 월요일
③ 화요일
④ 수요일

21 A회사와 B회사의 휴무 간격은 각각 5일, 7일이다. 일요일인 오늘 두 회사가 함께 휴일을 맞았다면, 앞으로 4번째로 함께하는 휴일은 무슨 요일인가?

① 수요일
② 목요일
③ 금요일
④ 토요일

대표유형 8   경우의 수

세 자연수 a, b, c가 있다. $a+b+c=5$일 때, 순서쌍 (a, b, c)의 값이 될 수 있는 경우의 수는?(단, a, b, c는 자연수이다)

① 1가지 ② 3가지
③ 4가지 ④ 6가지

| 해설 | $a+b+c=5$
- $a=1$일 경우 : $(1, 1, 3)$, $(1, 2, 2)$, $(1, 3, 1)$
- $a=2$일 경우 : $(2, 1, 2)$, $(2, 2, 1)$
- $a=3$일 경우 : $(3, 1, 1)$
∴ 6가지

정답 ④

---

22 4통의 엽서를 서로 다른 3개의 우체통에 넣는 방법은 총 몇 가지인가?

① 24가지 ② 38가지
③ 64가지 ④ 81가지

23 서로 다른 소설책 7권과 시집 5권이 있다. 이 중에서 소설책 3권과 시집 2권을 선택하는 경우의 수는?

① 350가지 ② 360가지
③ 370가지 ④ 380가지

24 B사원이 처리해야 할 업무는 발송업무, 비용정산업무 외에 5가지가 있다. 이 중에서 발송업무, 비용정산업무를 포함한 5가지의 업무를 오늘 처리하려고 하는데 상사의 지시로 발송업무를 비용정산업무보다 먼저 처리해야 한다. 오늘 처리할 업무를 택하고, 택한 업무의 처리 순서를 정하는 경우의 수는?

① 600가지 ② 720가지
③ 840가지 ④ 960가지

| 대표유형 9 | 확률 |

동전을 연속하여 3번 던졌을 때, 앞면이 2번 나올 확률은?

① $\frac{1}{4}$
② $\frac{2}{3}$
③ $\frac{3}{8}$
④ $\frac{1}{2}$

|해설| 앞면을 ○, 뒷면을 ×라고 하면
(○○×), (○×○), (×○○) → 3가지
전체 경우의 수는 $2^3=8$가지
∴ (앞면이 2번 나올 확률)$=\frac{3}{8}$

정답 ③

25 주머니 속에 흰 공 5개, 검은 공 4개가 들어 있다. 여기에서 2개의 공을 꺼낼 때, 모두 흰 공이거나 모두 검은 공일 확률은?

① $\frac{2}{5}$
② $\frac{4}{9}$
③ $\frac{3}{5}$
④ $\frac{5}{9}$

26 1에서 10까지 적힌 숫자카드를 임의로 두 장을 동시에 뽑을 때, 뽑은 두 카드에 적힌 수의 곱이 홀수일 확률은?

① $\frac{5}{7}$
② $\frac{7}{8}$
③ $\frac{5}{9}$
④ $\frac{2}{9}$

27 A와 B는 함께 자격증 시험에 도전하였다. A가 불합격할 확률이 $\frac{2}{3}$ 이고, B가 합격할 확률이 60% 일 때, A, B 둘 다 합격할 확률은?

① 20%
② 30%
③ 40%
④ 50%

03 자료해석

대표유형 1 자료계산

※ 다음은 2022~2024년 한국의 스포츠 관련 비용 자료이다. 이어지는 질문에 답하시오. [1~2]

〈한국의 스포츠 관련 비용〉

(단위 : 억 원, %)

구분	2024년 규모	2024년 비율	2023년 규모	2023년 비율	2022년 규모	2022년 비율
합계	46,539	100	43,277	100	49,590	100
스포츠용품 소비	17,002	36.5	14,426	33.3	23,090	46.5
시설이용료·강습비	29,195	62.8	28,680	66.3	25,270	51
스포츠 관람료	342	0.7	171	0.4	1,230	2.5

01 2024년 스포츠 관련 비용 중 2023년 대비 증가율이 가장 큰 품목의 비용 차이는?

① 171억 원
② 515억 원
③ 2,576억 원
④ 3,262억 원

| 해설 |
- 스포츠용품 소비 증가율 : $\frac{17,002-14,426}{14,426} \times 100 ≒ 17.86\%$
- 시설이용료·강습비 증가율 : $\frac{29,195-28,680}{28,680} \times 100 ≒ 1.80\%$
- 스포츠 관람료 증가율 : $\frac{342-171}{171} \times 100 = 100\%$

따라서 2023년 대비 2024년 증가율이 가장 큰 품목은 스포츠 관람료이고, 비용 차이는 342-171=171억 원이다.

정답 ①

02 2022년 스포츠용품 소비 대비 스포츠 관람료 비율은?(단, 소수점 셋째 자리에서 반올림한다)

① 5.31%
② 5.32%
③ 5.33%
④ 5.34%

| 해설 |
- 2022년 스포츠용품 소비 : 23,090억 원
- 2022년 스포츠 관람료 : 1,230억 원

따라서 2022년 스포츠용품 소비 대비 스포츠 관람료 비율은 $\frac{1,230}{23,090} \times 100 ≒ 5.33\%$이다.

정답 ③

01 다음은 국내 스포츠 경기 수 현황에 대한 자료이다. 빈칸에 들어갈 수치로 옳은 것은?(단, 각 수치는 매년 일정한 규칙으로 변화한다)

〈연도별 국내 스포츠 경기 수〉

(단위 : 경기)

구분	2019년	2020년	2021년	2022년	2023년	2024년
농구	450	460	420	450	440	460
야구	410	420	400	430	420	
배구	350	360	340	350	340	360
축구	380	390	370	380	370	380

① 405
② 410
③ 420
④ 425

02 다음은 어느 회사의 연도별 매출액을 나타낸 자료이다. 전년 대비 매출액 증가율이 가장 컸던 해는?

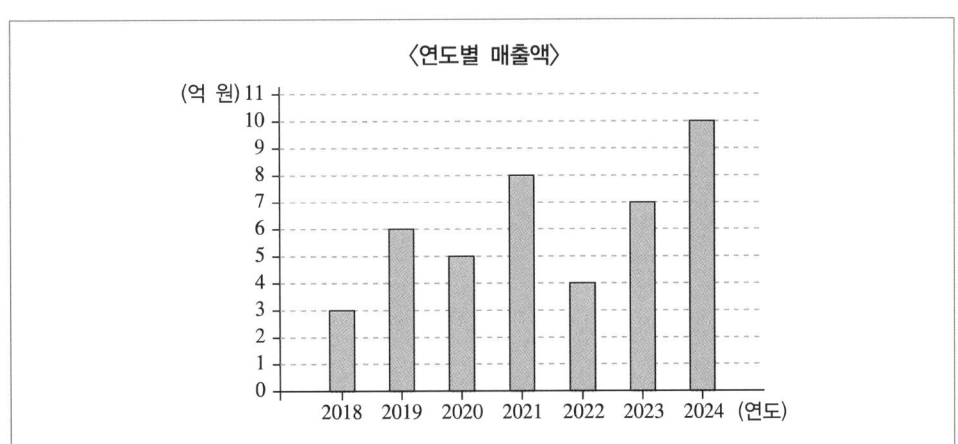

① 2019년
② 2021년
③ 2023년
④ 2024년

03 다음은 방송통신위원회가 발표한 2024년 지상파방송의 프로그램 수출입 현황이다. 프로그램 수입에서 영국이 차지하는 비율은?(단, 비율은 소수점 둘째 자리에서 반올림한다)

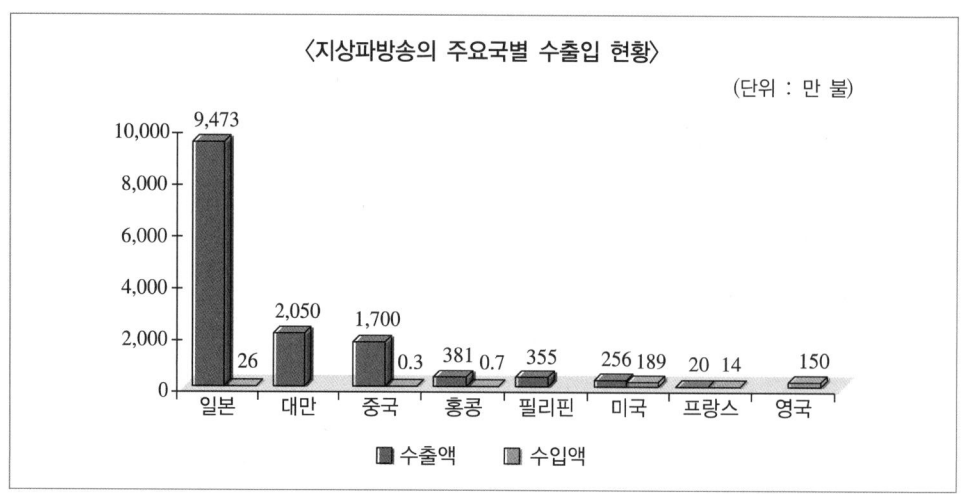

① 39.5% ② 41.1%
③ 43.8% ④ 45.2%

※ 다음은 공공체육시설 현황 및 1인당 체육시설 면적을 나타낸 자료이다. 이어지는 질문에 답하시오. [4~5]

〈공공체육시설 현황 및 1인당 체육시설 면적〉

(단위 : 개소, m²)

구분		2021년	2022년	2023년	2024년
공공체육시설의 수	축구장	467	558	618	649
	체육관	529	581	639	681
	간이운동장	9,531	10,669	11,458	12,194
	테니스장	428	487	549	565
	기타	1,387	1,673	1,783	2,038
1인당 체육시설 면적	합계	2.54	2.88	3.12	3.29

04 2023년에 전년 대비 시설이 가장 적게 늘어난 곳과 가장 많이 늘어난 곳의 시설 수의 합은?(단, 기타는 제외한다)

① 10,197
② 11,097
③ 11,197
④ 12,097

05 2021년 전체 공공체육시설 중 체육관이 차지하고 있는 비율은?(단, 소수점 둘째 자리에서 반올림한다)

① 4.4%
② 4.3%
③ 4.2%
④ 4.1%

대표유형 2 자료해석

다음은 청소년의 경제의식에 대한 설문조사 결과이다. 이에 대한 설명으로 옳은 것은?(단, 복수응답과 무응답은 없다)

〈경제의식에 대한 설문조사 결과〉

(단위 : %)

설문 내용	구분	전체	성별		학교별	
			남	여	중학교	고등학교
용돈을 받는지 여부	예	84	83	86	88	80
	아니요	16	17	14	12	20
월간 용돈 금액	5만 원 미만	75	74	76	90	60
	5만 원 이상	25	26	24	10	40
금전출납부 기록 여부	기록한다	30	23	36	31	28
	기록 안 한다	70	77	64	69	72

① 금전출납부는 기록하는 비율이 기록 안 하는 비율보다 높다.
② 용돈을 받는 남학생의 비율이 용돈을 받는 여학생의 비율보다 높다.
③ 월간 용돈을 5만 원 미만으로 받는 비율은 중학생이 고등학생보다 높다.
④ 고등학생 전체 인원을 100명이라고 한다면, 월간 용돈을 5만 원 이상 받는 학생은 40명이다.

| 해설 | 월간 용돈을 5만 원 미만으로 받는 비율은 중학생 90%, 고등학생 60%로 중학생이 고등학생보다 높다.

오답분석
① 전체에서 금전출납부의 기록, 미기록 비율은 각각 30%, 70%로 기록 안 하는 비율이 기록하는 비율보다 높다.
② 용돈을 받는 남학생과 여학생의 비율은 각각 83%, 86%로 여학생의 비율이 남학생의 비율보다 높다.
④ 고등학생 전체 인원을 100명이라고 한다면, 그중에 용돈을 받는 학생은 80명이다. 80명 중에 월간 용돈을 5만 원 이상 받는 학생의 비율은 40%이므로 80×0.4=32명이다.

정답 ③

06 다음은 A~D 네 국가의 정부신뢰에 대한 자료이다. 〈조건〉에 근거하여 A~D에 해당하는 국가를 바르게 짝지은 것은?

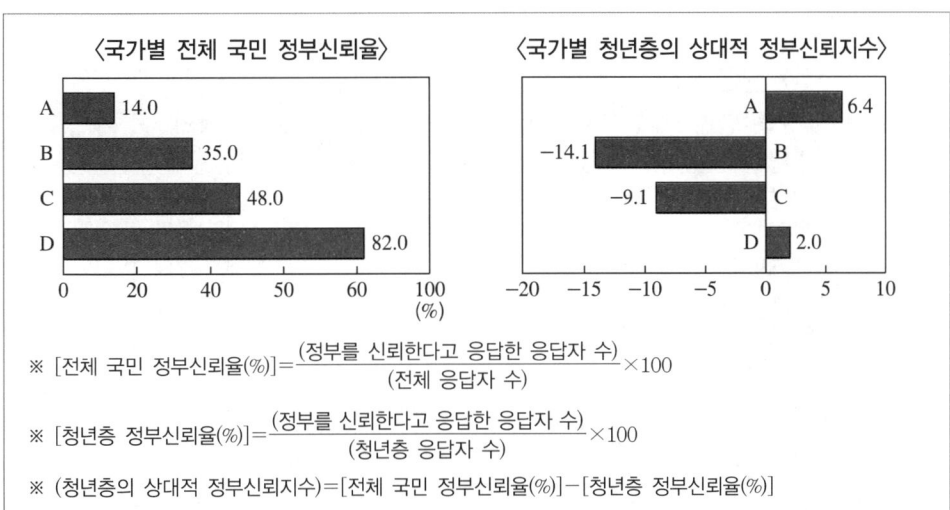

- ※ [전체 국민 정부신뢰율(%)] = $\dfrac{\text{(정부를 신뢰한다고 응답한 응답자 수)}}{\text{(전체 응답자 수)}} \times 100$
- ※ [청년층 정부신뢰율(%)] = $\dfrac{\text{(정부를 신뢰한다고 응답한 응답자 수)}}{\text{(청년층 응답자 수)}} \times 100$
- ※ (청년층의 상대적 정부신뢰지수) = [전체 국민 정부신뢰율(%)] − [청년층 정부신뢰율(%)]

조건
- 청년층 정부신뢰율은 스위스가 그리스의 10배 이상이다.
- 영국과 미국에서는 청년층 정부신뢰율이 전체 국민 정부신뢰율보다 높다.
- 청년층 정부신뢰율은 미국이 스위스보다 30%p 이상 낮다.

	A	B	C	D
①	그리스	영국	미국	스위스
②	스위스	영국	미국	그리스
③	스위스	미국	영국	그리스
④	그리스	미국	영국	스위스

07 다음은 B공사에서 공개한 2024년 구분 손익계산서이다. 이에 대한 설명으로 옳은 것은?

⟨2024년 구분 손익계산서⟩

(단위 : 억 원)

구분	합계	손실보전대상사업					토지은행 사업	일반 사업
		공공주택 (보금자리)	산업단지 개발	주택관리 사업	행정중심 복합도시	혁신도시 개발		
매출액	180,338	68,245	7,349	13,042	6,550	2,617	2,486	80,049
매출원가	146,978	55,230	4,436	22,890	3,421	1,846	2,327	56,828
매출총이익	33,360	13,015	2,913	−9,848	3,129	771	159	23,221
판매비와 관리비	7,224	2,764	295	1,789	153	7	60	2,156
영업이익	26,136	10,251	2,618	−11,637	2,976	764	99	21,065
기타수익	9,547	296	77	96	56	133	0	8,889
기타비용	3,451	68	5	1	1	11	1	3,364
기타이익(손실)	−60	−7	0	0	0	−3	0	−50
금융수익	2,680	311	18	0	112	13	0	2,226
금융원가	6,923	−2,610	487	6,584	585	−7	57	1,827
지분법적용관계 기업이익(손실)	33	0	0	0	0	0	0	33
법인세비용 차감 전 순이익	27,962	13,393	2,221	−18,126	2,558	903	41	26,972
법인세비용	7,195	3,446	572	−4,664	658	232	11	6,940
당기순이익	20,767	9,947	1,649	−13,462	1,900	671	30	20,032

① 주택관리사업의 판매비와 관리비는 공공주택사업의 판매비와 관리비의 80% 이상이다.
② 금융원가가 높은 사업의 순위와 기타수익이 높은 사업의 순위는 동일하다.
③ 행정중심복합도시의 영업이익이 2024년 총영업이익에서 차지하는 비율은 20% 이상이다.
④ 혁신도시개발의 매출총이익은 법인세비용 차감 전 순이익의 75% 이상이다.

08 퇴직 후 네일아트를 전문적으로 하는 뷰티숍을 개점하려는 B씨는 평소 눈여겨 본 지역의 고객 분포를 알아보기 위해 직접 설문조사를 하였다. 설문조사 결과가 다음과 같을 때, B씨가 이해한 내용으로 옳은 것은?(단, 복수 응답과 무응답은 없다)

〈응답자의 연령대별 방문 횟수〉

(단위 : 명)

방문횟수 \ 연령대	20~25세	26~30세	31~35세	합계
1회	19	12	3	34
2~3회	27	32	4	63
4~5회	6	5	2	13
6회 이상	1	2	0	3
합계	53	51	9	113

〈직업별 응답자 수〉

(단위 : 명)

구분	응답자
학생	49
회사원	43
공무원	2
전문직	7
자영업	9
가정주부	3
합계	113

① 전체 응답자 중 20~25세 응답자가 차지하는 비율은 50% 이상이다.
② 26~30세 응답자 중 4회 이상 방문한 응답자 비율은 10% 이상이다.
③ 31~35세 응답자의 1인당 평균 방문 횟수는 2회 미만이다.
④ 전체 응답자 중 직업이 학생 또는 공무원인 응답자 비율은 50% 이상이다.

09 다음은 주중과 주말 교통상황에 대한 자료이다. 이에 대한 〈보기〉의 설명 중 옳은 것을 모두 고르면?

〈주중·주말 예상 교통량〉

(단위 : 만 대)

구분	전국	수도권 → 지방	지방 → 수도권
주중 예상 교통량	40	4	2
주말 예상 교통량	60	5	3

〈대도시 간 예상 최대 소요 시간〉

구분	서울 – 대전	서울 – 부산	서울 – 광주	서울 – 강릉	남양주 – 양양
주중	1시간	4시간	3시간	2시간	1시간
주말	2시간	5시간	4시간	3시간	2시간

보기

ㄱ. 대도시 간 예상 최대 소요 시간은 모든 구간에서 주중이 주말보다 적게 걸린다.
ㄴ. 주중 전국 예상 교통량 중 수도권에서 지방으로 가는 예상 교통량의 비율은 10%이다.
ㄷ. 지방에서 수도권으로 가는 주말 예상 교통량은 주중 예상 교통량의 2배이다.
ㄹ. 서울 – 광주 구간 주중 예상 소요 시간은 서울 – 강릉 구간 주말 예상 소요 시간과 같다.

① ㄱ, ㄴ
② ㄴ, ㄷ
③ ㄷ, ㄹ
④ ㄱ, ㄴ, ㄹ

10 다음은 학교 수 현황에 대한 그래프이다. 〈보기〉의 설명 중 옳은 것을 모두 고르면?

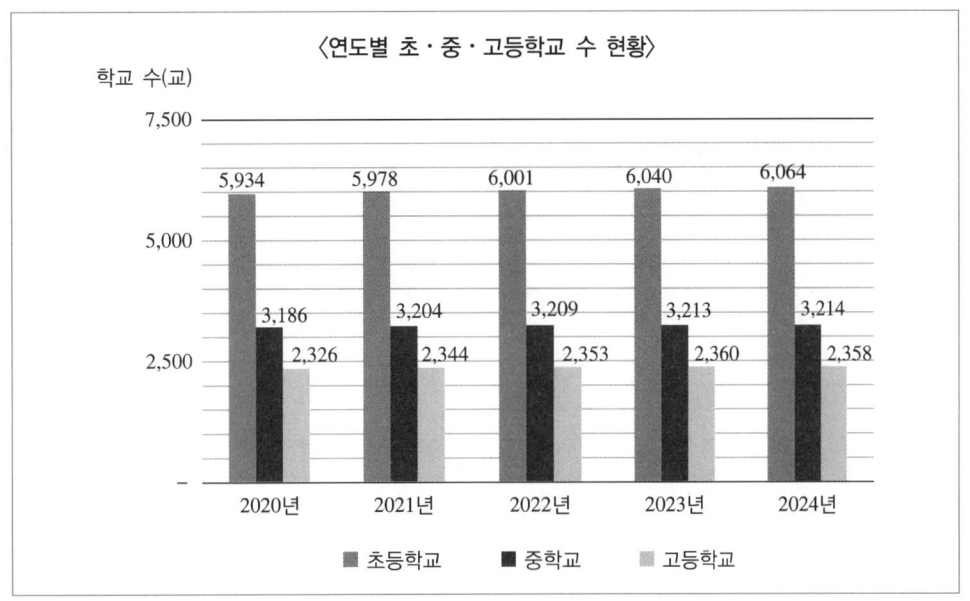

보기

ㄱ. 2021년부터 2024년까지 전년 대비 증감 추이는 초등학교와 고등학교가 동일하다.
ㄴ. 2020년부터 2024년까지 초등학교 수와 중학교 수의 차이가 가장 큰 해는 2023년이다.
ㄷ. 초·중·고등학교 수의 총합은 2022년 대비 2024년에 증가하였다.

① ㄱ
② ㄷ
③ ㄱ, ㄴ
④ ㄴ, ㄷ

11 다음은 시·도별 농가 현황에 대한 자료이다. 이에 대한 설명으로 옳지 않은 것은?

〈시·도별 농가 현황〉

(단위 : 천 가구)

구분	2023년		2024년		증감
	농가 수	구성비	농가 수	구성비	
전국	1,088	100	1,069	100	−20
특별·광역시	82	7.5	81	7.6	−1
경기	127	11.6	120	11.3	−6
강원	73	6.7	73	6.8	0
충북	75	6.9	75	7	0
충남	132	12.1	128	12	−4
전북	100	9.2	99	9.3	−1
전남	150	13.8	151	14.1	1
경북	185	17	181	16.9	−4
경남	131	12.1	128	11.9	−4
제주	33	3.1	33	3.1	0

① 2023년과 2024년 모두 경북 지역의 농가가 가장 많다.
② 2023년 대비 2024년 농가 수가 변하지 않은 지역은 세 곳이다.
③ 2023년 대비 2024년 경북 지역의 농가 감소율은 전국 평균 농가 감소율보다 크다.
④ 특별·광역시를 제외한 2023년의 구성비 순위와 2024년의 구성비 순위는 동일하다.

※ 다음은 국유재산 종류별 규모 현황에 대한 자료이다. 이어지는 질문에 답하시오. [12~13]

〈국유재산 종류별 규모 현황〉

(단위 : 억 원)

구분	2020년	2021년	2022년	2023년	2024년
합계	9,384,902	9,901,975	10,444,088	10,757,551	10,817,554
토지	4,374,692	4,485,830	4,670,080	4,630,098	4,677,016
건물	580,211	616,824	652,422	677,188	699,211
공작물	2,615,588	2,664,379	2,756,345	2,821,660	2,887,831
입목죽	108,049	110,789	80,750	128,387	88,025
선박·항공기	21,775	20,882	23,355	23,178	25,524
기계·기구	4,124	4,096	6,342	9,252	10,524
무체재산	10,432	10,825	11,334	11,232	11,034
유가증권	1,670,031	1,988,350	2,243,460	2,456,556	2,418,389

12 다음 중 2022년에 국유재산의 규모가 10조를 넘는 국유재산 종류의 개수는?

① 2개 ② 3개
③ 4개 ④ 5개

13 다음 중 위 자료에 대한 〈보기〉의 설명 중 옳은 것을 모두 고르면?

보기
ㄱ. 2022년과 2024년에 국유재산 종류별로 규모가 큰 순서는 동일하다.
ㄴ. 2020년과 2021년에 규모가 가장 작은 국유재산은 동일하다.
ㄷ. 2021년 국유재산 중 건물과 무체재산, 유가증권 규모의 합계는 260조 원보다 크다.
ㄹ. 2020년부터 2023년까지 국유재산 중 선박·항공기와 기계·기구의 전년 대비 증감 추이는 동일하다.

① ㄴ, ㄷ ② ㄷ, ㄹ
③ ㄱ, ㄴ, ㄷ ④ ㄴ, ㄷ, ㄹ

※ 다음은 지역별 의료기관 종별 간호사 수 추이에 대한 자료이다. 이어지는 질문에 답하시오. [14~15]

〈지역별 의료기관 종별 100병상당 간호사 수 추이〉

(단위 : 명)

구분		2019년	2020년	2021년	2022년	2023년	2024년
서울	상급종합병원	61.52	67.1	81.44	88.84	94.31	111.78
	종합병원	52.61	54.73	57.23	59.06	64.32	74.88
	병원	21.86	20.53	23.61	23.78	25.65	27.05
	요양병원	9.69	9.42	10.33	10.69	13.28	13.83
	의원	6.71	6.88	7.13	7.88	9.5	9.97
서울 외 지역	상급종합병원	55.63	54.07	64.12	76.85	79.26	92.52
	종합병원	38.43	38.91	43.38	44.96	46.32	54.66
	병원	11.55	11.25	11.75	12.73	13.69	14.37
	요양병원	6.74	5.82	6.27	6.45	7.44	8.12
	의원	5.41	5.23	5.2	5.23	5.63	5.73

14 다음 중 위 자료에 대한 설명으로 옳은 것은?

① 서울 지역의 100병상당 간호사 수 추이는 모든 의료기관에서 증가하고 있다.
② 서울 지역에서 2019년 대비 2024년의 증가율은 상급종합병원이 요양병원보다 낮다.
③ 서울 외 지역에서 2023년에 전년 대비 증가율이 가장 높은 곳은 요양병원이다.
④ 서울 외 지역에서 2022년에 전년 대비 100병상당 간호사 수가 가장 많이 증가한 곳은 의원이다.

15 다음 위 자료에 대한 〈보기〉의 설명 중 옳은 것을 모두 고르면?

> **보기**
> ㄱ. 전체 서울 지역의 100병상당 간호사 수 추이는 계속 증가하고 있다.
> ㄴ. 전체 서울과 서울 외 지역의 100병상당 간호사 차이는 계속 증가하고 있다.
> ㄷ. 2024년의 전체 서울과 서울 외 지역의 100병상당 간호사 차이는 60명 이상이다.
> ㄹ. 2021년의 전체 서울과 서울 외 지역의 100병상당 간호사 차이는 50명 이상이다.

① ㄱ, ㄴ
② ㄱ, ㄷ
③ ㄴ, ㄷ
④ ㄴ, ㄹ

CHAPTER 04
공간지각력

합격 CHEAT KEY

| 출제유형 |

01 평면도형

종이를 접어 구멍을 뚫은 후 다시 펼쳤을 때의 모습을 찾는 펀칭 문제와 일정 규칙에 따른 도형의 변화를 보고 빈칸에 들어갈 도형을 찾는 패턴 찾기 문제, 전개도를 접었을 때 나올 수 없는 도형을 찾는 전개도 문제 등이 출제되고 있다.

02 입체도형

단면도를 보고 입체도형을 찾는 단면도 문제와 모양이 다른 하나를 찾는 투상도 문제, 블록을 결합했을 때 모습 또는 빈칸에 들어갈 블록을 찾는 블록결합 문제 등이 출제되고 있다.

| 학습전략 |

01 평면도형

- 공부를 하다가 잘 이해가 되지 않는 경우에는 머릿속으로 상상하는 것에 그치지 말고 실제로 종이를 접어 구멍을 뚫어 보거나 잘라보는 것이 좋다.

02 입체도형

- 여러 시점에서 바라본 도형의 모습을 연상하며, 보이지 않는 부분까지도 유추할 수 있는 능력을 키워야 한다.
- 입체도형은 큰 덩어리보다 작고 세밀한 부분에서 답이 나올 확률이 높다. 따라서 눈대중으로 훑어보아서는 안되며, 작은 부분까지 꼼꼼하게 체크하면서 답을 찾아야 한다.

CHAPTER 04 공간지각력 핵심이론

01 평면도형

1. 펀칭

주어진 종이를 조건에 맞게 접은 후 구멍을 뚫고 펼쳤을 때 나타나는 모양을 고르는 유형이 출제된다.
- 펀칭 유형은 종이에 구멍을 낸 후 다시 종이를 펼쳐가며 구멍의 위치와 모양을 추적하는 방법으로 해결할 수 있다.
- 종이를 펼쳤을 때 구멍의 개수와 위치를 판별하는 것이 핵심이다. 이를 위해서는 '대칭'에 대한 이해가 필요하다. 구멍은 종이를 접은 선을 기준으로 대칭되어 나타난다는 것에 유의한다.
  - 개수 : 면에 구멍을 뚫으면 종이를 펼쳤을 때 구멍이 2개 나타나고, 접은 선 위에 구멍을 뚫으면 종이를 펼쳤을 때 구멍이 1개 나타난다.
  - 위치 : 종이를 접는 방향을 주의 깊게 살펴야 한다. 종이를 왼쪽에서 오른쪽으로 접은 경우, 구멍의 위치는 오른쪽에서 왼쪽으로 표시하며 단계를 거슬러 올라간다.

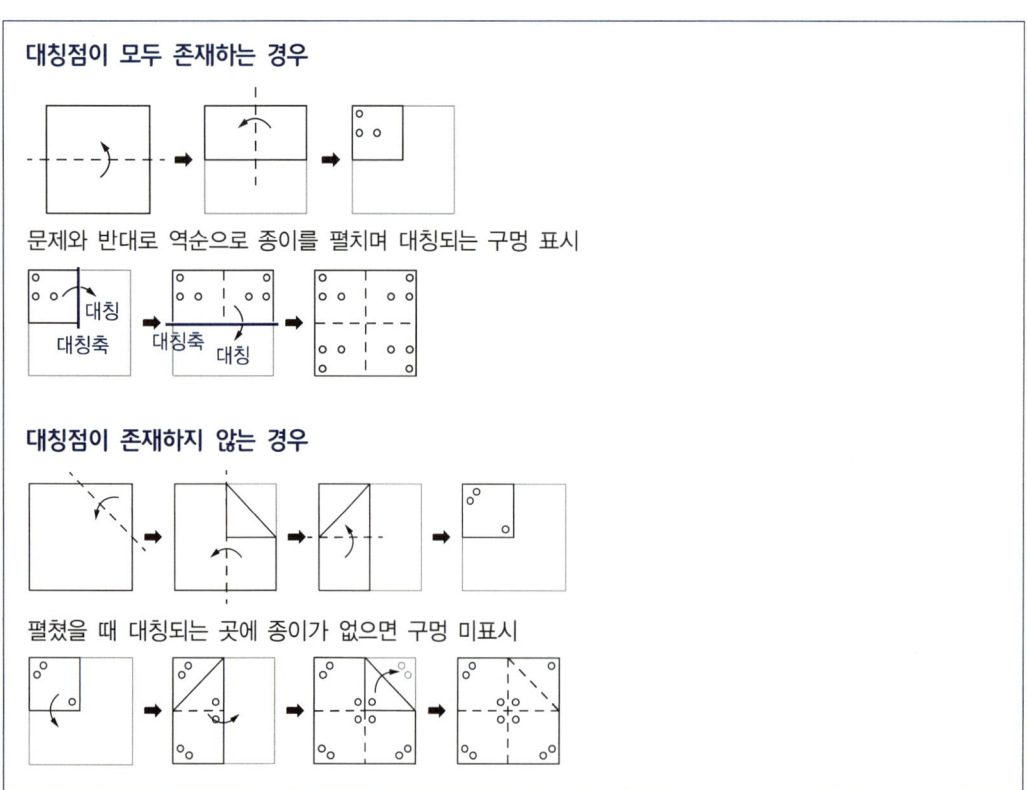

2. 도형추리

(1) 180° 회전한 도형은 좌우와 상하가 모두 대칭이 된 모양이 된다.

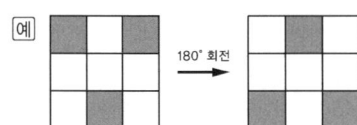

(2) 시계 방향으로 90° 회전한 도형은 시계 반대 방향 270° 회전한 도형과 같다.

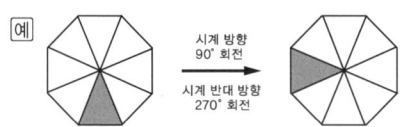

(3) 좌우 반전 → 좌우 반전, 상하 반전 → 상하 반전은 같은 도형이 된다.

(4) 도형을 거울에 비친 모습은 방향에 따라 좌우 또는 상하로 대칭된 모습이 나타난다.

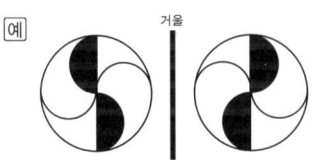

02　입체도형

1. 전개도

제시된 전개도를 이용하여 만들 수 있는 입체도형을 찾는 문제와 제시된 입체도형의 전개도로 알맞은 것을 고르는 유형이 출제된다.

- 전개도상에서는 떨어져 있지만 입체도형으로 만들었을 때 서로 연결되는 면을 주의 깊게 살핀다.
- 마주보는 면과 인접하는 면을 구분하여 학습한다.
- 평면이었던 전개도가 입체도형이 되면서 면의 그림이 회전되는 모양을 확인한다.
- 많이 출제되는 전개도는 미리 마주보는 면과 인접하는 면, 만나는 꼭짓점을 학습한다.
  - ①~⑥은 접었을 때 마주보는 면을 의미한다. 즉, 두 수의 합이 7이 되는 면끼리 마주 보는 면이다. 또한 각 전개도에서 ①에 위치하는 면이 같다고 할 때, 전개도마다 면이 어떻게 배열되는지도 나타낸다.
  - 1~8은 접었을 때 만나는 점을 의미한다. 즉 접었을 때 같은 숫자가 적힌 점끼리 만난다.

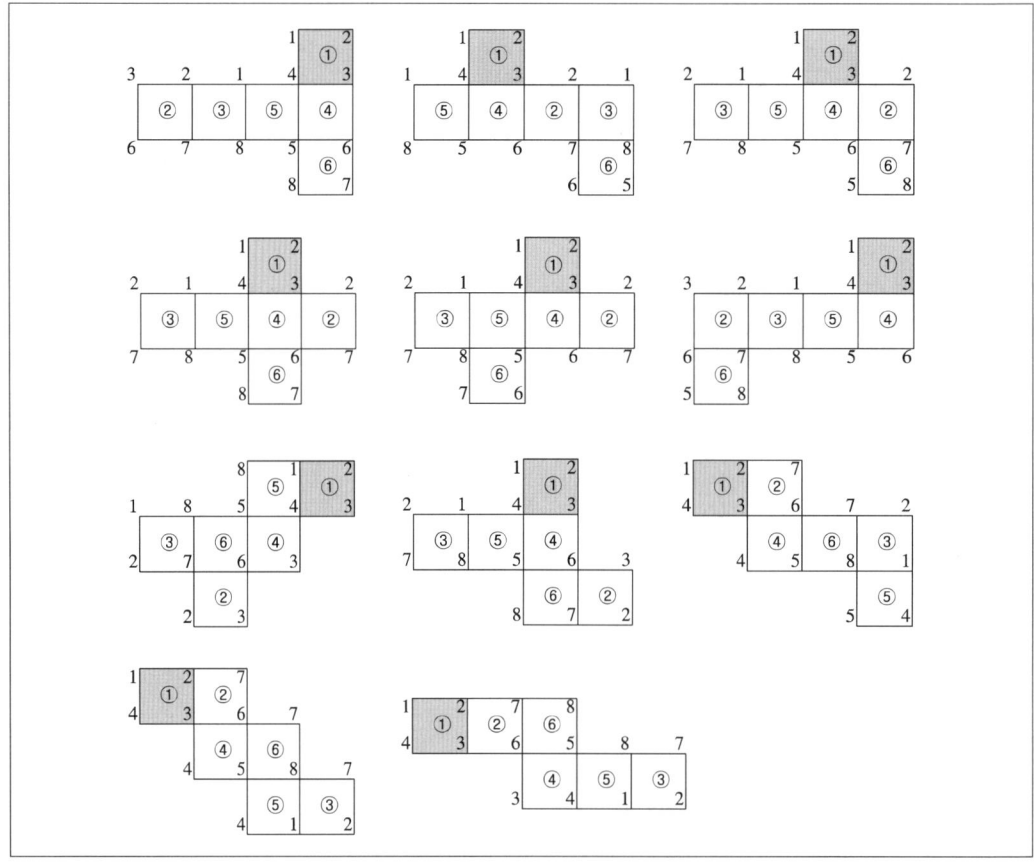

2. 단면도

입체도형을 세 방향에서 봤을 때 나타나는 단면과 일치하는 것을 고르는 유형이 출제된다.
- 제시된 세 단면이 입체도형을 어느 방향에서 바라본 단면인지 파악한다.
- 보기에 제시된 입체도형에서 서로 다른 부분을 표시한다.
- 입체도형에 표시된 부분을 기준으로 제시된 단면과 일치하지 않는 입체도형을 지워나간다.

3. 투상도

여러 방향으로 회전된 입체도형 중에 일치하지 않는 것을 고르는 유형이 출제된다.
- 주로 밖으로 나와 있는 모양이나 안으로 들어가 있는 모양이 반대로 되어 있거나 입체도형을 회전하였을 때 모양이 왼쪽, 오른쪽이 반대로 되어 있는 경우가 많으므로 이 부분을 중점으로 확인한다.

4. 블록결합

직육면체로 쌓아진 블록을 세 개의 블록으로 분리했을 때 제시되지 않은 하나의 블록을 고르는 유형이 출제된다.
- 쉽게 파악되지 않는 블록의 경우 블록을 한 층씩 나누어 생각한다.
- 블록은 다양한 방향과 각도로 회전하여 결합할 수 있으므로 결합되는 여러 가지 경우의 수를 판단한다.

직육면체의 입체도형을 세 개의 블록으로 분리했을 때, 들어갈 블록의 모양으로 옳은 것을 고르는 유형

〈전체〉　　〈A〉　　〈B〉　　〈C〉

- 개별 블록과 완성된 입체도형을 비교하여 공통된 부분을 찾는다.
- 완성된 입체도형에서 각각의 블록에 해당되는 부분을 소거한다. 전체 블록은 16개의 정육면체가 2단으로 쌓인 것으로, 〈A〉와 〈B〉를 제하면 윗단은 ▨이 되고, 아랫단은 ▨이 되어 〈C〉에는 ▨이 들어가야 함을 알 수 있다.

CHAPTER 04 공간지각력 기출예상문제

정답 및 해설 p.020

01 평면도형

대표유형 1 펀칭

01 다음과 같이 화살표 방향으로 종이를 접은 후, 펀치로 구멍을 뚫어 다시 펼쳤을 때의 모양으로 옳은 것은?

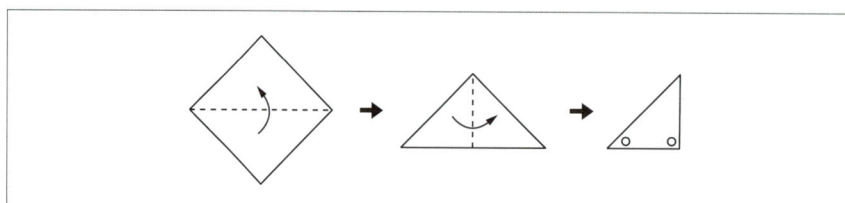

① 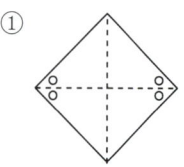   ②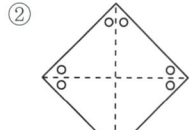

③ 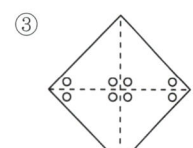   ④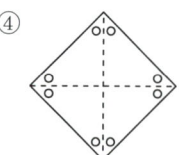

| 해설 |

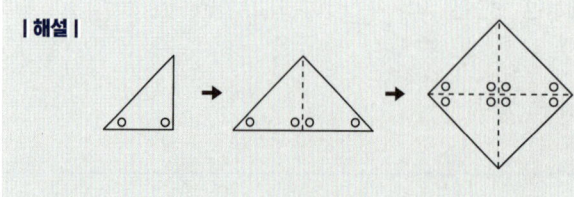

정답 ③

02 다음과 같은 정사각형의 종이를 화살표 방향으로 접고 〈보기〉의 좌표가 가리키는 위치에 구멍을 뚫었다. 다시 펼쳤을 때 뚫린 구멍의 위치를 좌표로 나타낸 것으로 옳은 것은?(단, 좌표가 그려진 사각형의 크기와 종이의 크기는 일치하며, 종이가 접힐 때 종이의 위치는 바뀌지 않는다)

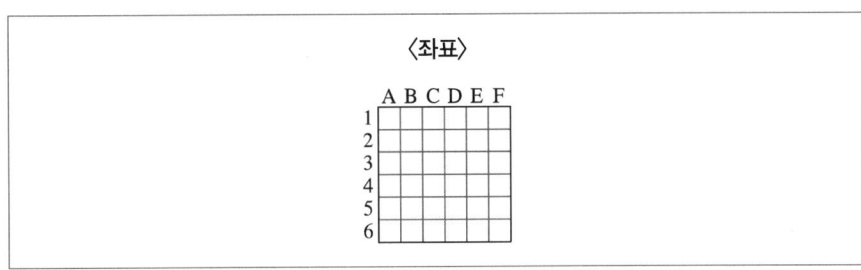

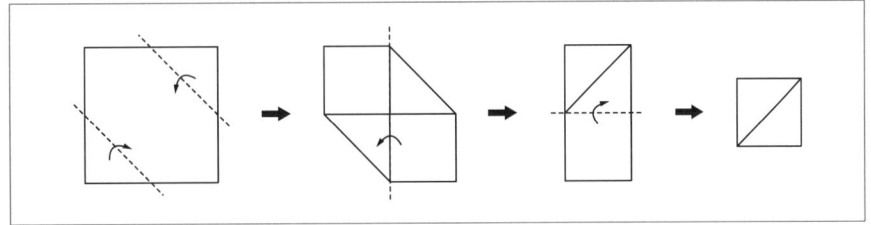

보기

C3

① A5, C3, C4, D3, D4, F5
② A6, C2, C5, D2, D5, F1
③ A6, C3, C4, D3, D4, F1
④ C3, C4, D3, D4

| 해설 | 종이에 구멍을 뚫은 상태에서 거꾸로 펼쳐가며 모양을 역추적한 후, 점선에 대하여 대칭으로 구멍의 위치를 좌표에 표시하며 답을 찾는다.

정답 ③

※ 다음과 같이 화살표 방향으로 종이를 접은 후, 펀치로 구멍을 뚫어 다시 펼쳤을 때의 모양으로 옳은 것을 고르시오. [1~3]

01

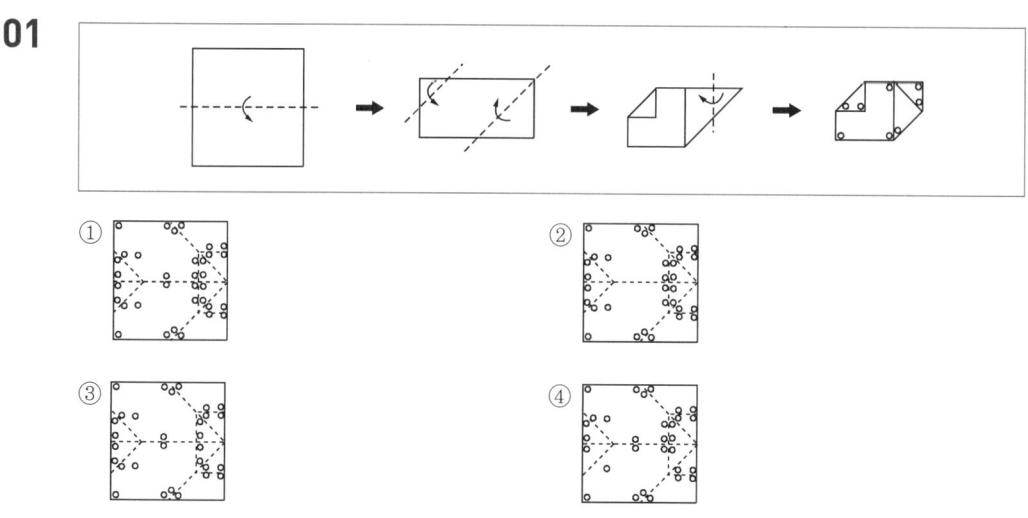

02

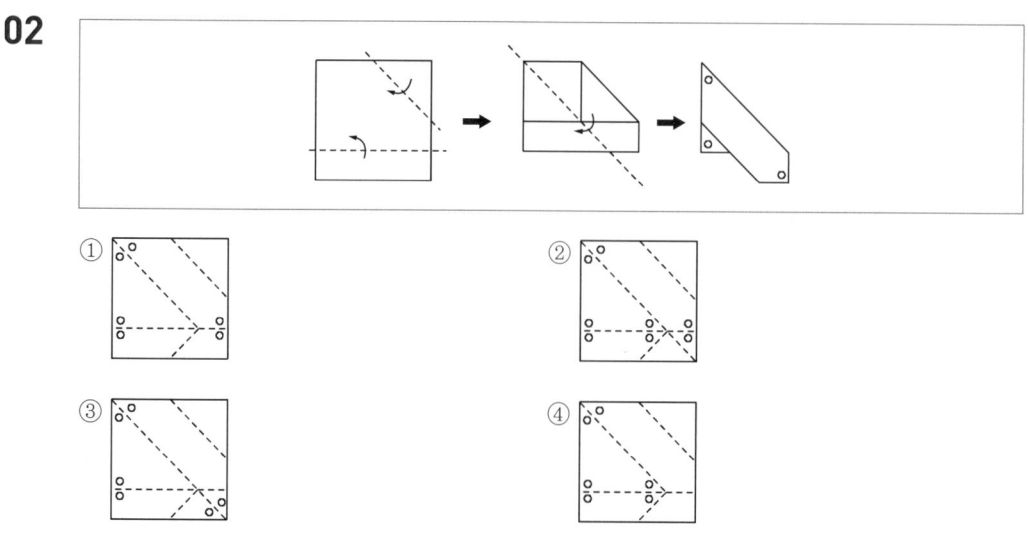

03

①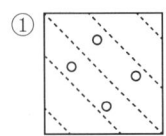

②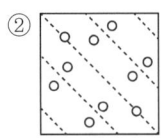

③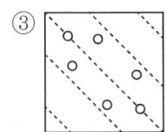

④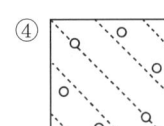

※ 다음과 같은 정사각형의 종이를 화살표 방향으로 접고 〈보기〉의 좌표가 가리키는 위치에 구멍을 뚫었다. 다시 펼쳤을 때 뚫린 구멍의 위치를 좌표로 나타낸 것으로 옳은 것을 고르시오(단, 좌표가 그려진 사각형의 크기와 종이의 크기는 일치하며, 종이가 접힐 때 종이의 위치는 바뀌지 않는다). 【4~6】

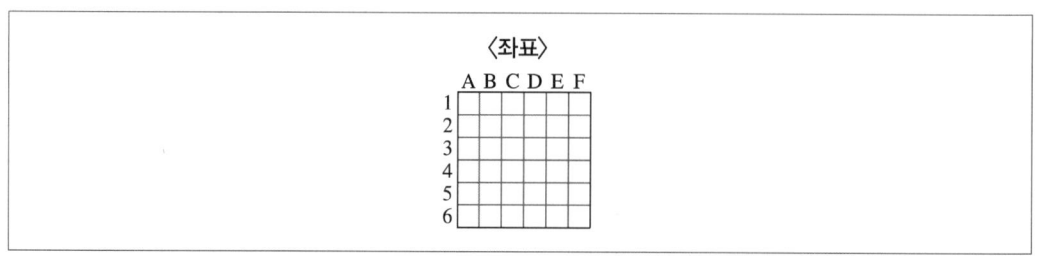

04

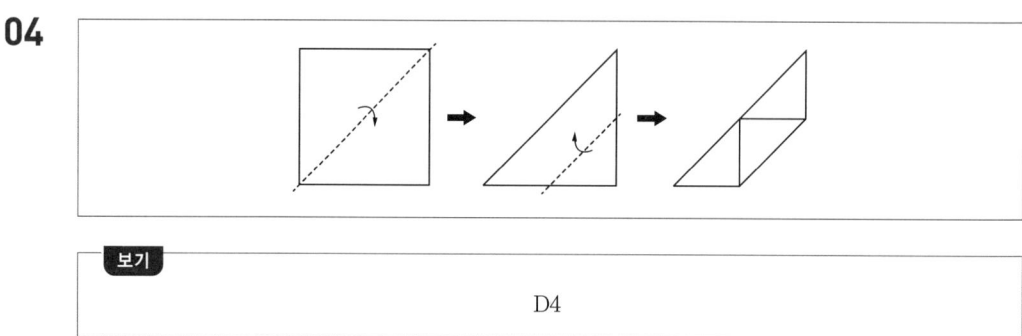

보기

D4

① A1, A4, C3, D6
② A1, C2, D1, F4
③ A1, C3, D4, F6
④ A2, C3, D4, F6

05

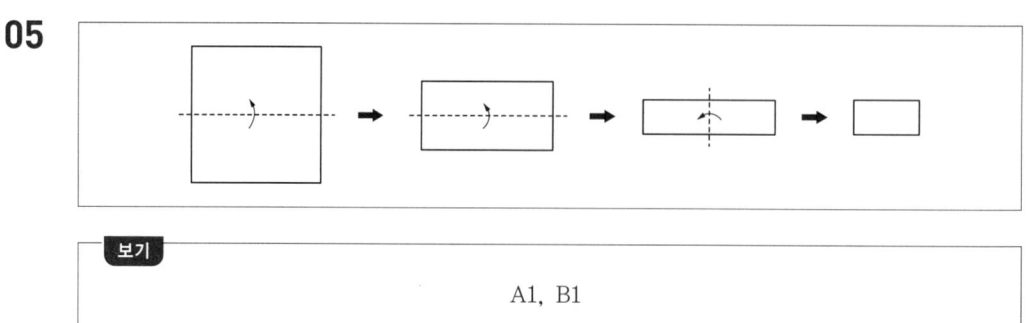

보기

A1, B1

① A1, A3, A4, A6, B1, B3, B4, B6, E1, E3, E4, E6, F1, F3, F4, F6
② A1, A2, A5, A6, B1, B2, B5, B6, E1, E2, E5, E6, F1, F2, F5, F6
③ A1, A6, B1, B6, E1, E6, F1, F6
④ A1, A3, A4, A6, F1, F3, F4, F6

06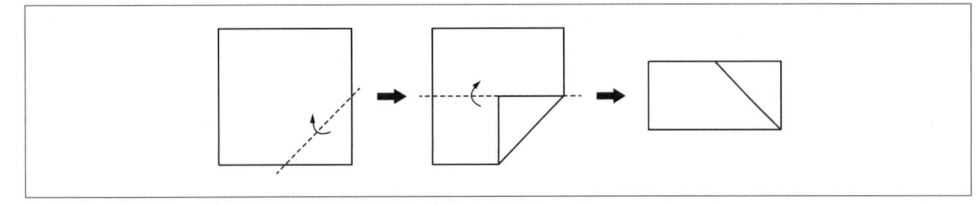

보기
D2

① A1, C2, D2, D5
② A2, C1, D2, D5
③ C2, D2, D5, E6
④ D2, D5, E6

대표유형 2 패턴 찾기

다음 도형 또는 도형 내부의 기호들은 일정한 규칙으로 변화한다. ?에 들어갈 도형으로 옳은 것은?

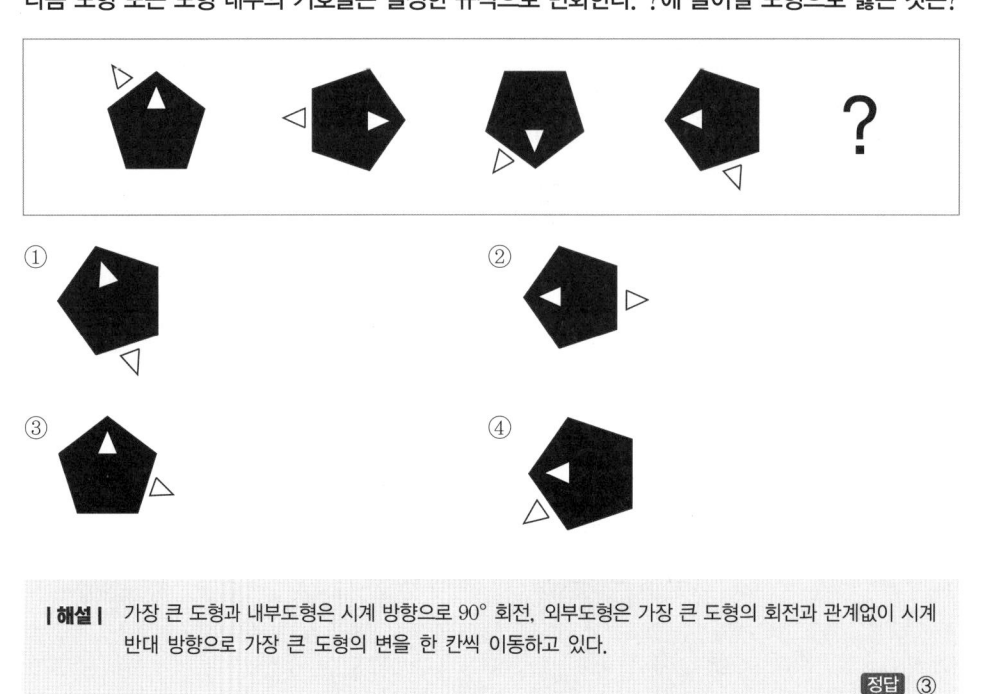

| 해설 | 가장 큰 도형과 내부도형은 시계 방향으로 90° 회전, 외부도형은 가장 큰 도형의 회전과 관계없이 시계 반대 방향으로 가장 큰 도형의 변을 한 칸씩 이동하고 있다.

정답 ③

※ 다음 도형 또는 도형 내부의 기호들은 일정한 규칙으로 변화한다. ?에 들어갈 도형으로 옳은 것을 고르시오. [7~10]

07

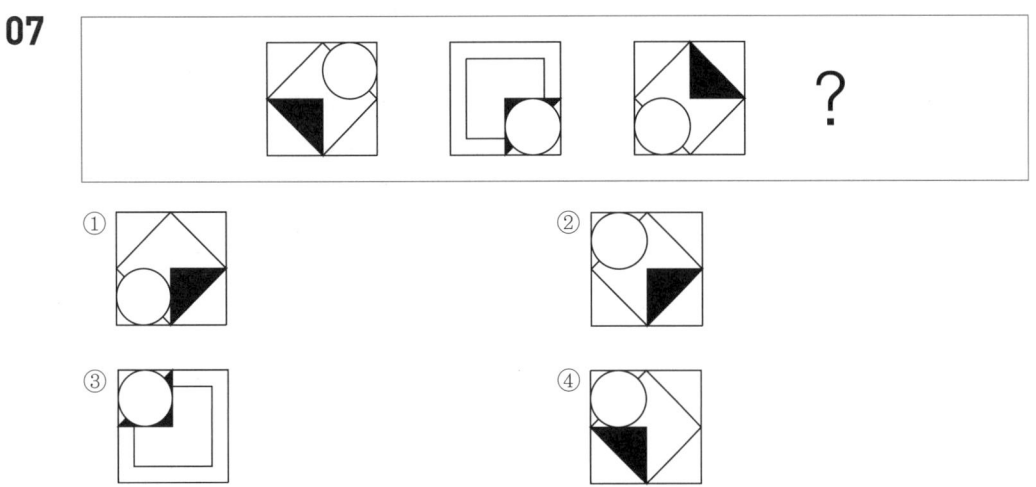

08

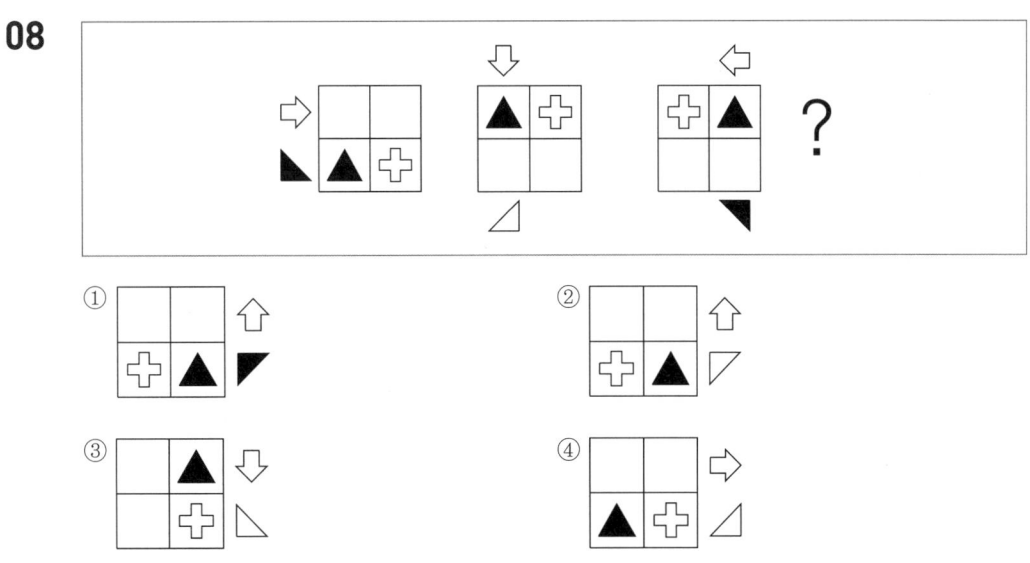

09

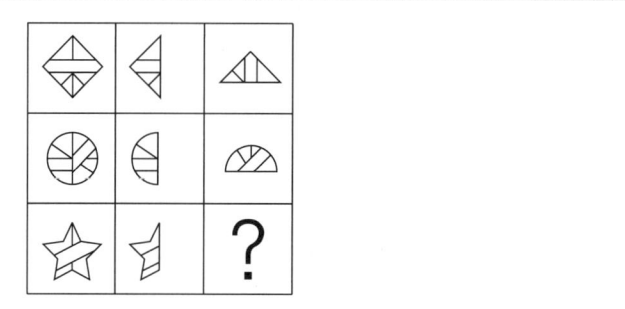

10

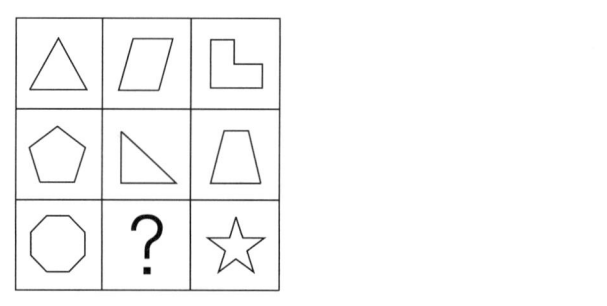

02 입체도형

대표유형 1 전개도

다음 전개도로 입체도형을 만들 때, 만들어질 수 없는 것은?

| 해설 |

정답 ④

※ 다음 전개도로 입체도형을 만들 때, 만들어질 수 없는 것을 고르시오. **[1~2]**

01

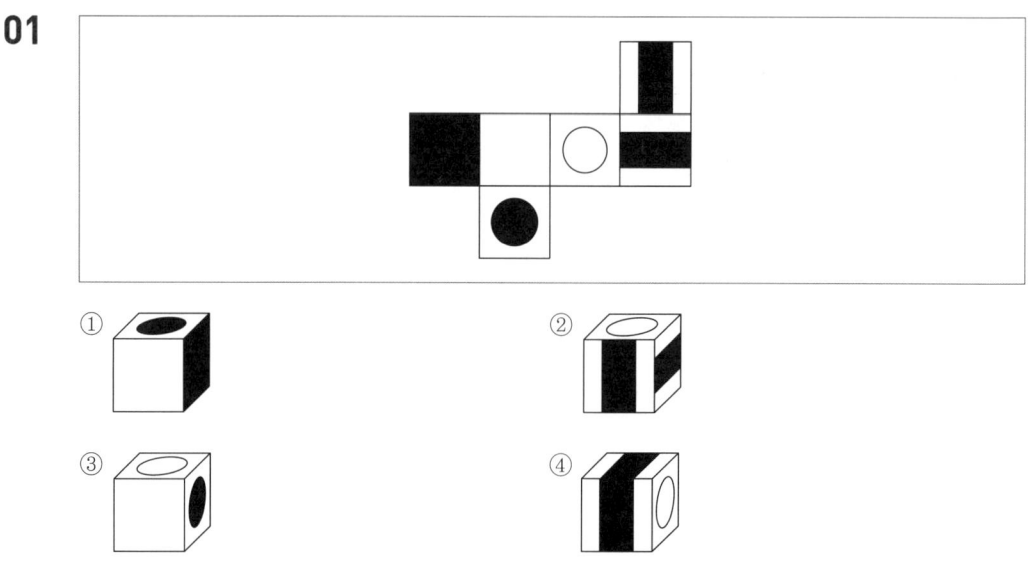

02

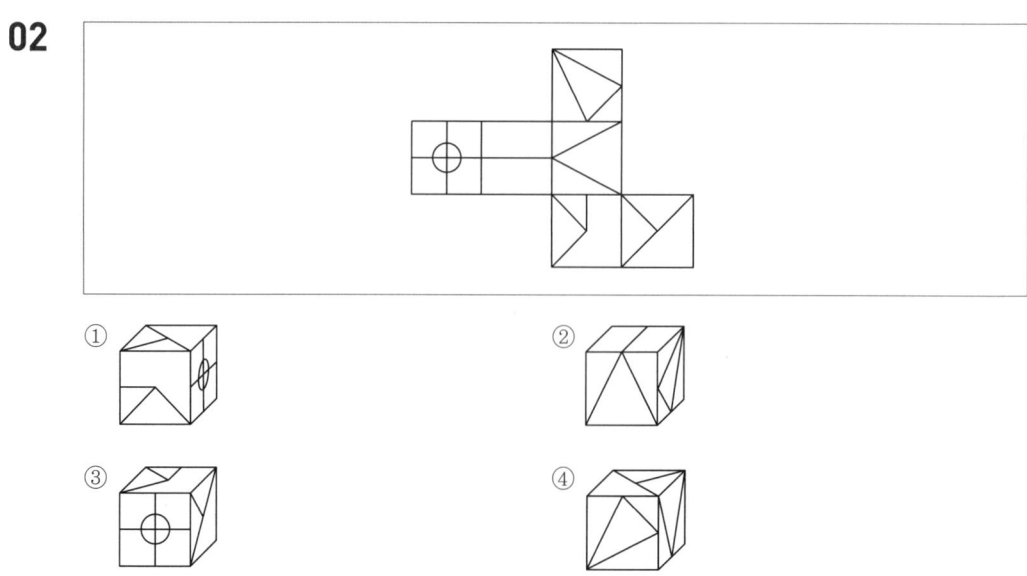

03 다음 중 입체도형을 만들었을 때, 나머지와 모양이 다른 하나는?

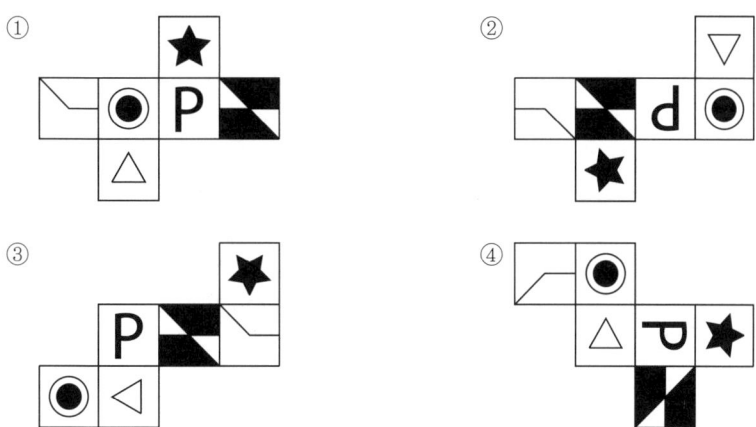

※ 다음 전개도로 입체도형을 만들 때, 만들어질 수 있는 것을 고르시오. **[4~5]**

04

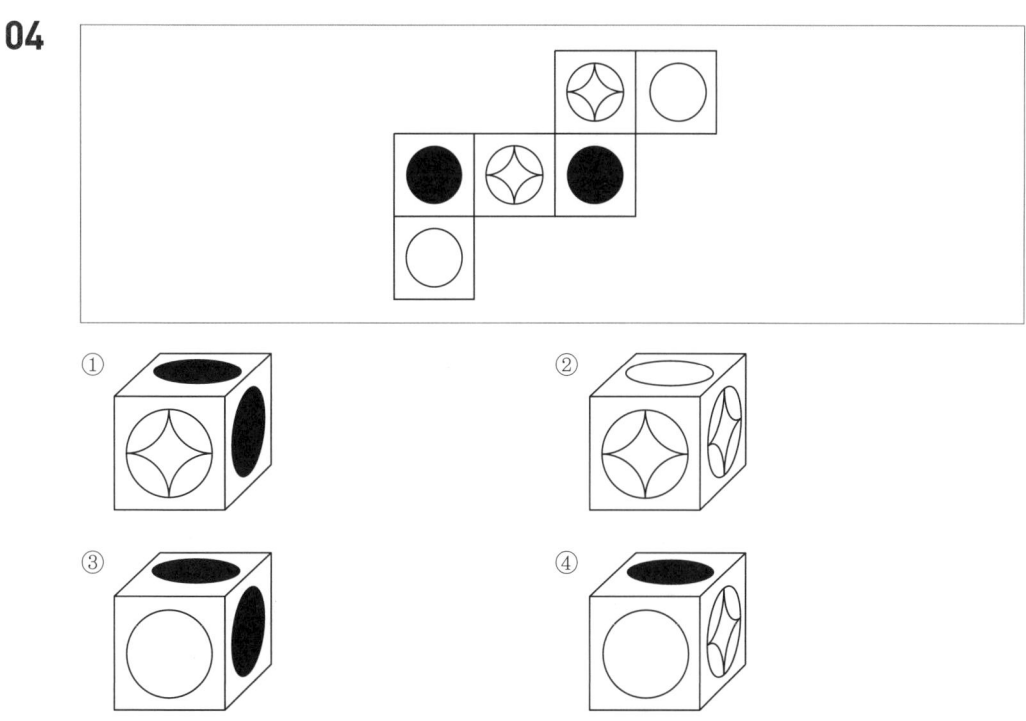

05

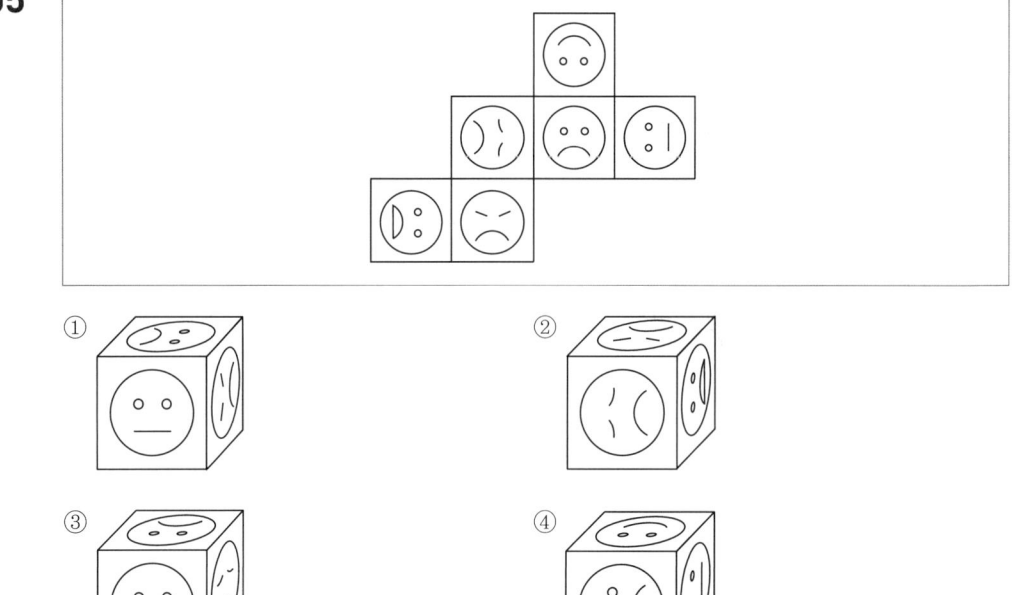

대표유형 2   단면도

다음 제시된 단면과 일치하는 입체도형은?

A   B   C

① ② ③ ④

|해설|

정답 ①

※ 다음 제시된 단면과 일치하는 입체도형을 고르시오. [6~10]

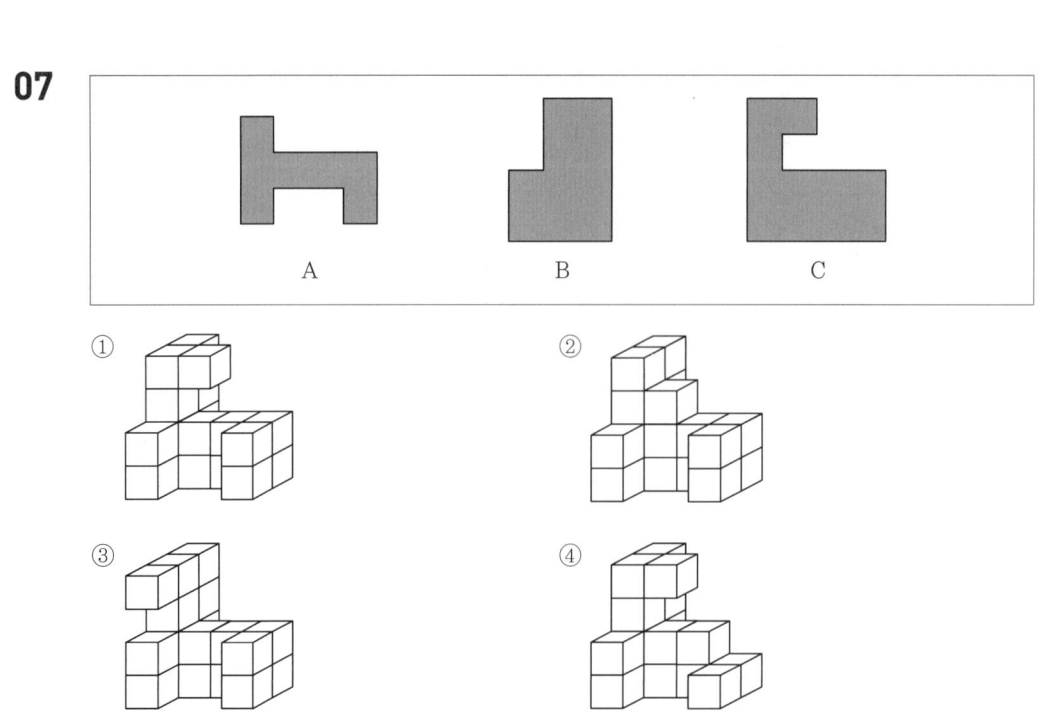

08

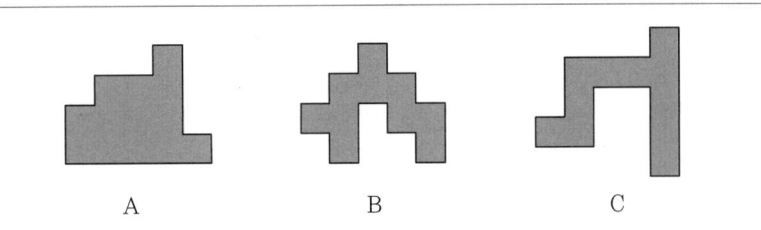

① 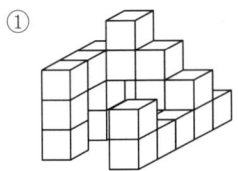   ②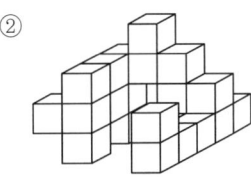

③ 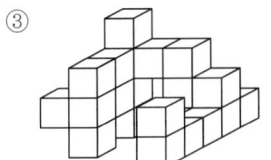   ④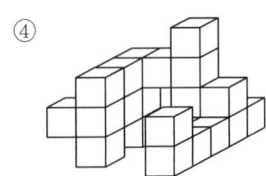

09

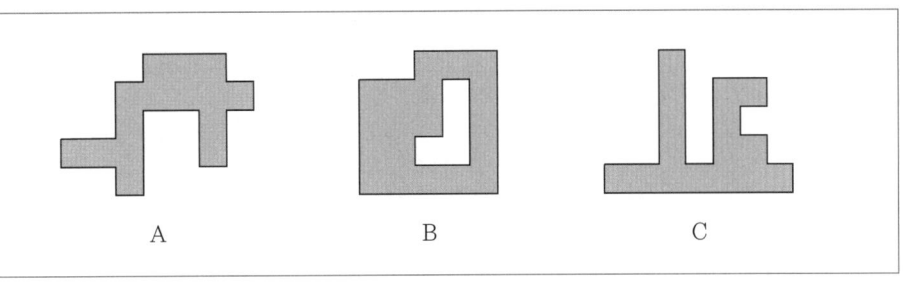

① 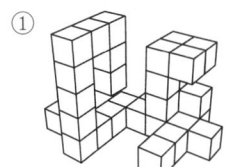   ②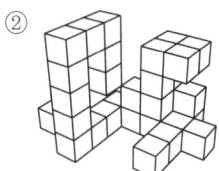

③ 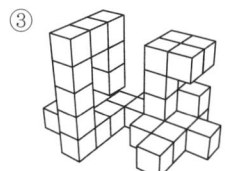   ④

10

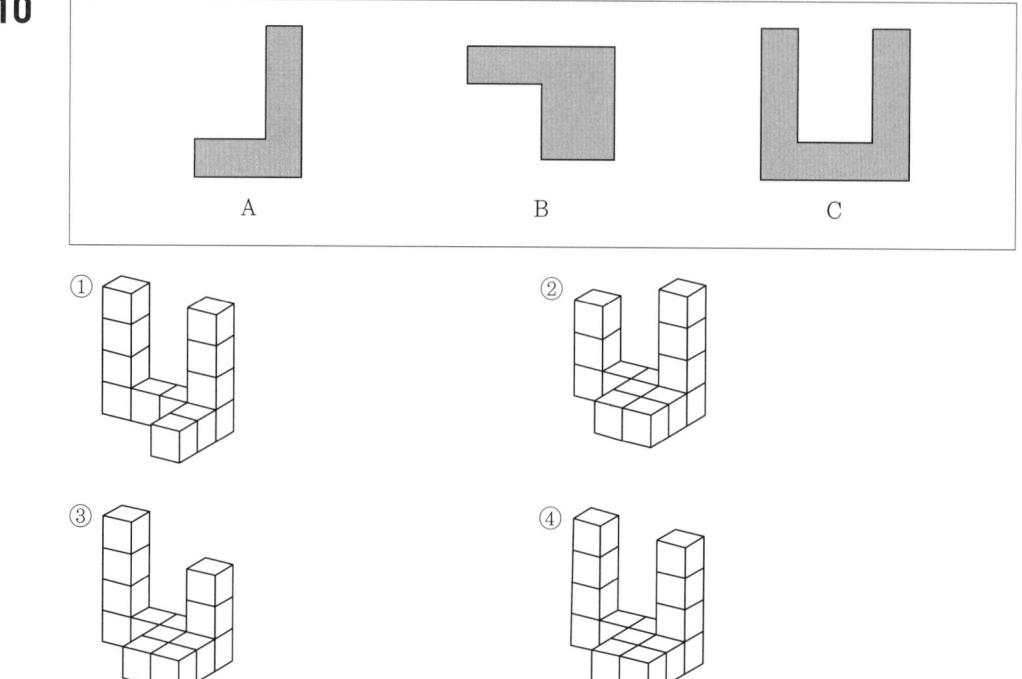

대표유형 3 투상도

다음 주어진 입체도형 중 나머지와 다른 것은?

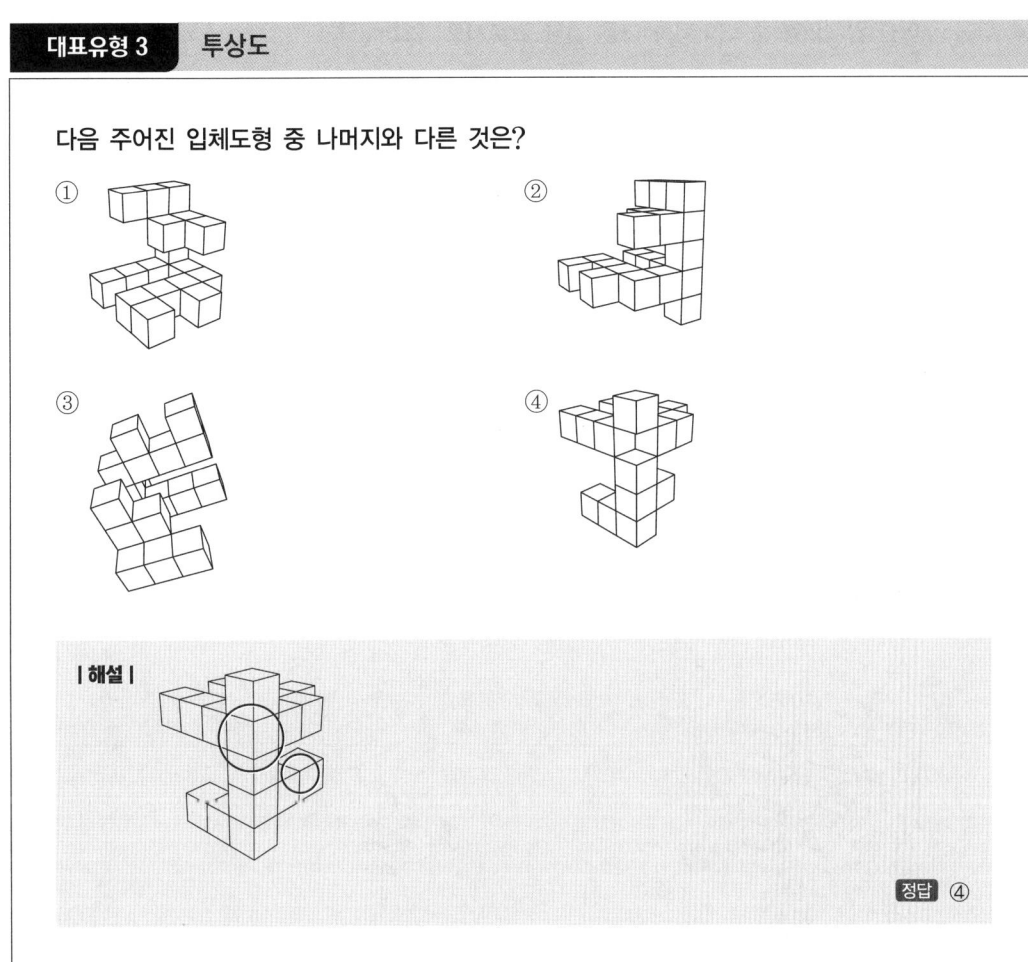

정답 ④

※ 다음 주어진 입체도형 중 나머지와 다른 것을 고르시오. [11~15]

11 ① 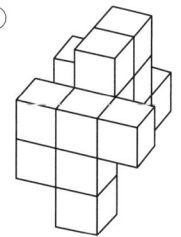 ②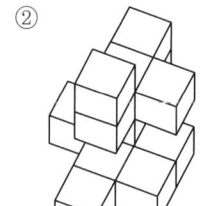
③ 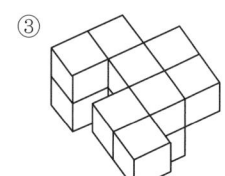 ④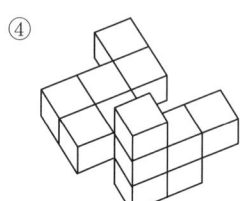

12 ① 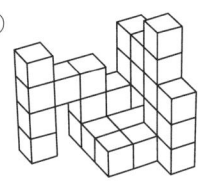 ②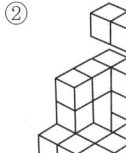
③ 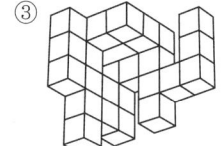 ④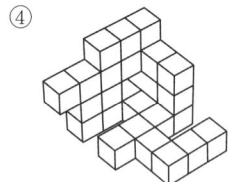

13 ① 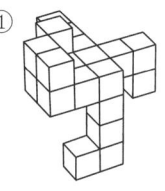 ②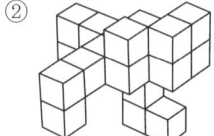
③ 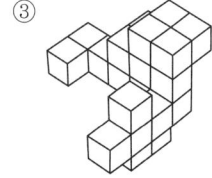 ④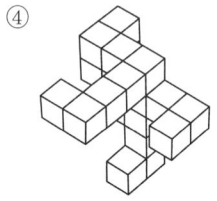

14 ① 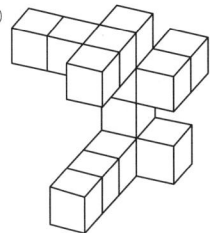 ②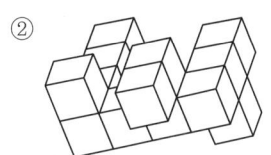

③ 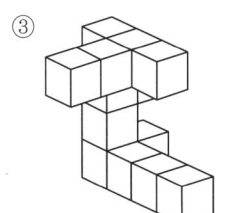 ④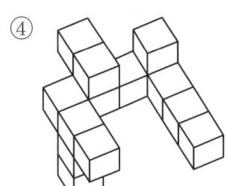

15 ① 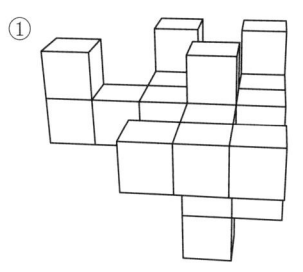 ②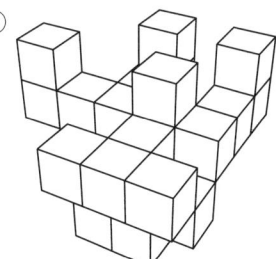

③ 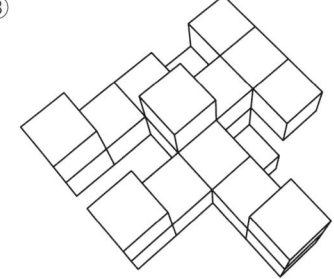 ④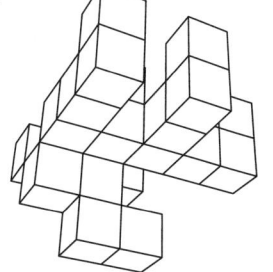

대표유형 4 블록결합

01 왼쪽에 제시된 직육면체 모양의 입체도형은 두 번째, 세 번째 입체도형과 ?를 조합하여 만들 수 있다. 다음 중 ?에 들어갈 도형으로 옳은 것은?

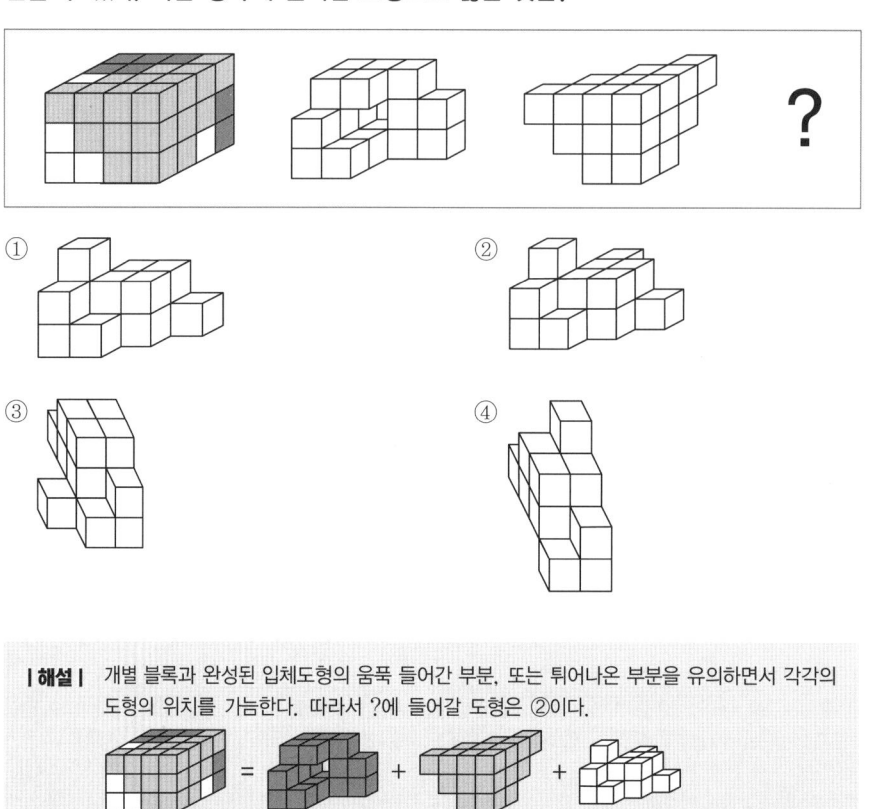

| 해설 | 개별 블록과 완성된 입체도형의 움푹 들어간 부분, 또는 튀어나온 부분을 유의하면서 각각의 도형의 위치를 가늠한다. 따라서 ?에 들어갈 도형은 ②이다.

정답 ②

02 왼쪽의 두 입체도형을 합치면 오른쪽의 3×3×3 정육면체가 완성된다. ?에 들어갈 도형을 회전한 모양으로 옳은 것은?

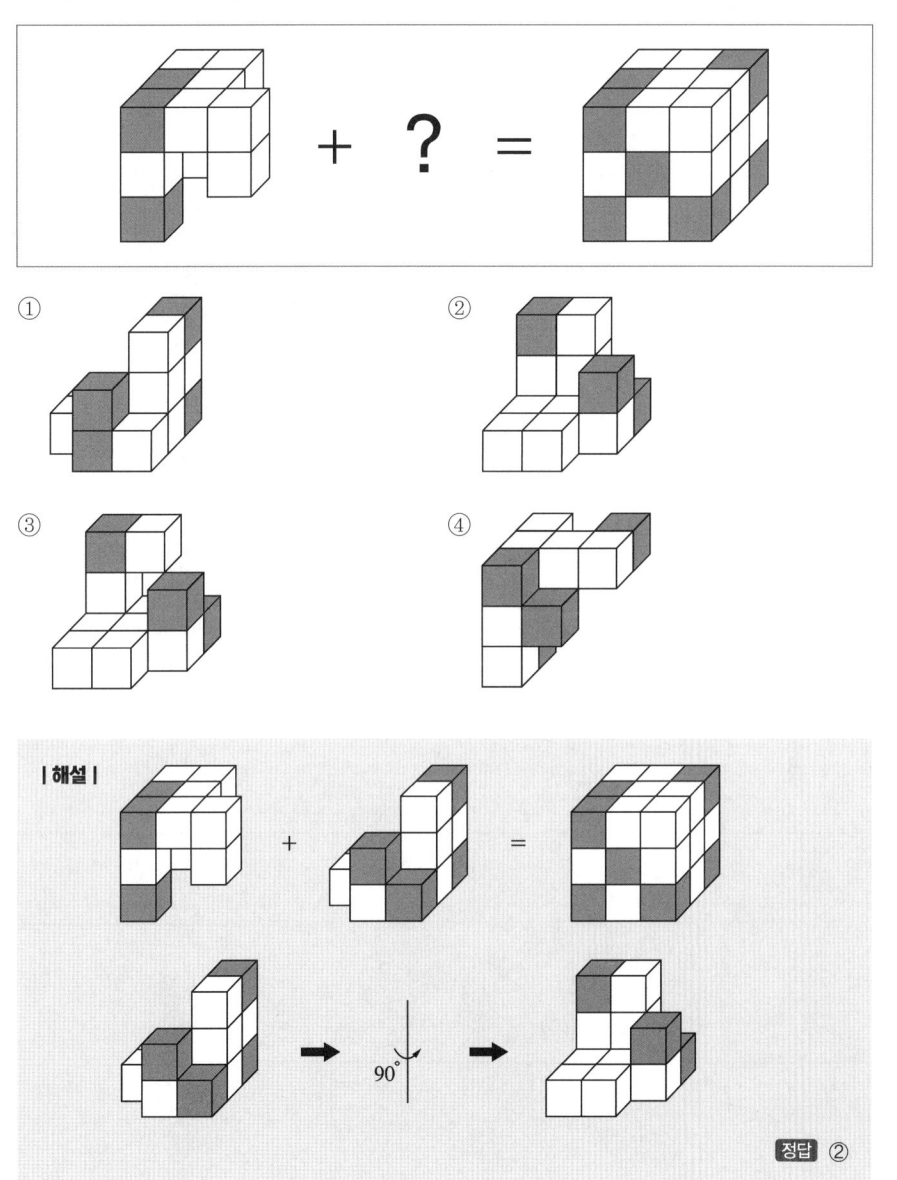

03 다음 두 블록을 합쳤을 때, 나올 수 있는 형태로 옳은 것은?

① ② ③ ④

| 해설 |

정답 ③

16 왼쪽에 제시된 직육면체 모양의 입체도형은 두 번째, 세 번째 입체도형과 ?를 조합하여 만들 수 있다. 다음 중 ?에 들어갈 도형으로 옳은 것은?

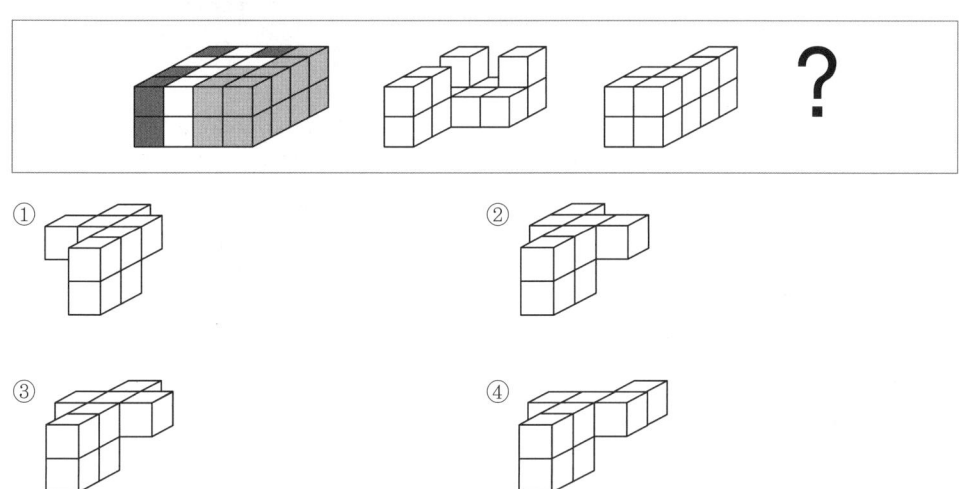

17 왼쪽의 두 입체도형을 합치면 오른쪽의 3×3×3 정육면체가 완성된다. ?에 들어갈 도형을 회전한 모양으로 옳은 것은?

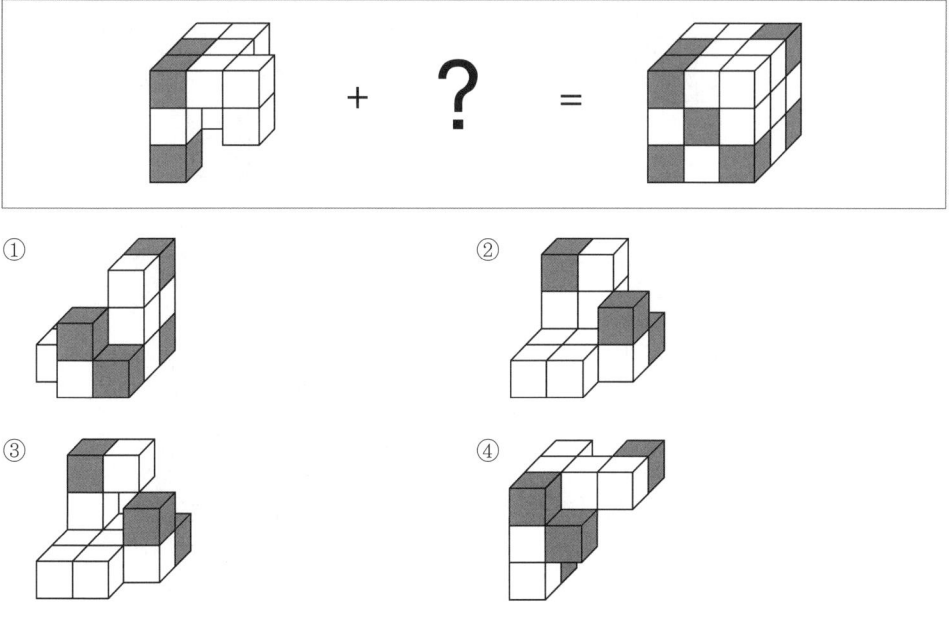

18 다음 두 블록을 합쳤을 때, 나올 수 있는 형태로 옳은 것은?

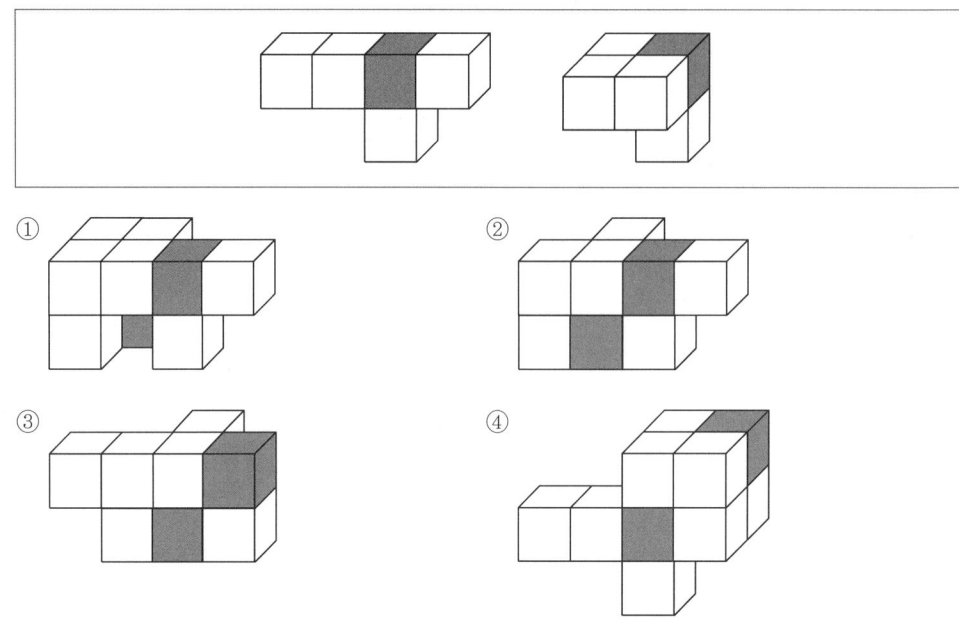

19 다음 세 블록을 합쳤을 때, 나올 수 있는 형태로 옳은 것은?

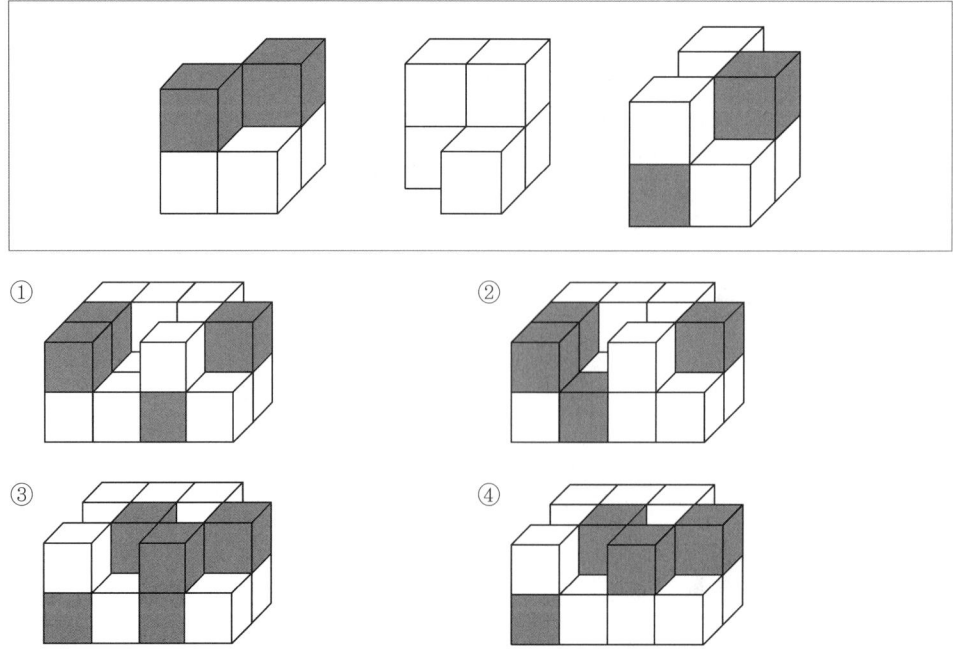

20 다음 두 블록을 합쳤을 때, 나올 수 있는 형태로 옳은 것은?

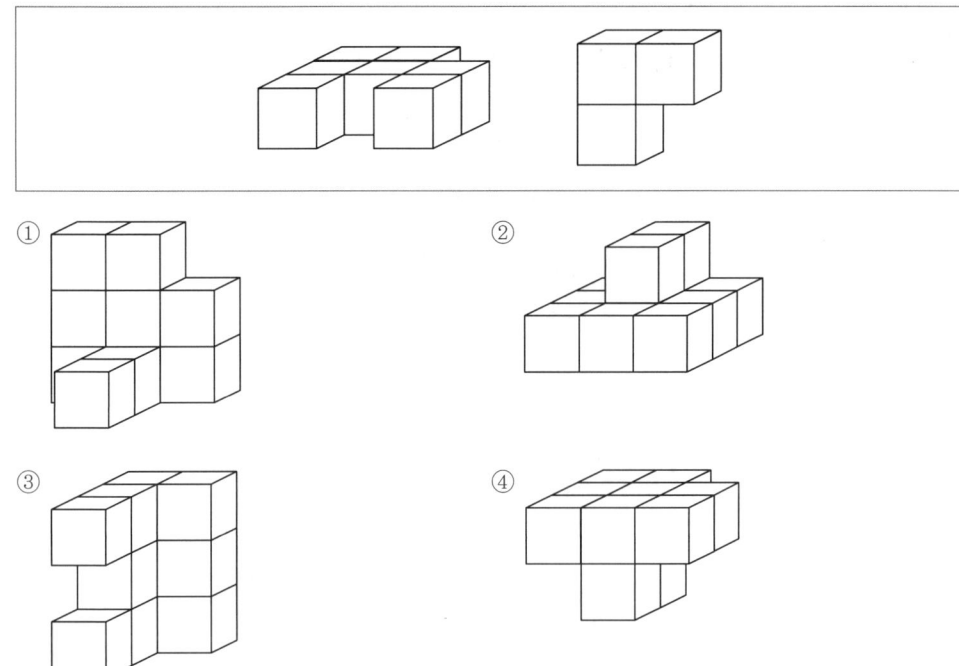

대표유형 5 블록 개수

다음 블록의 개수는 몇 개인가?(단, 보이지 않는 곳의 블록은 있다고 가정한다)

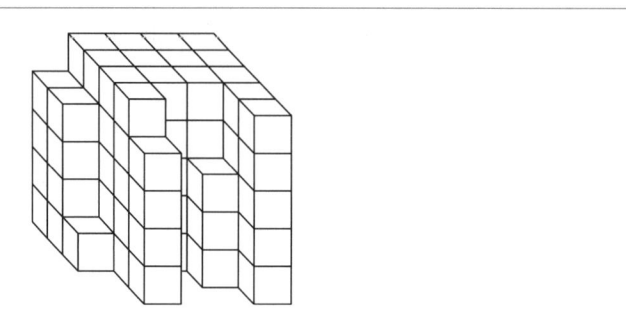

① 85개
③ 89개
② 87개
④ 91개

|해설| • 1층 : 3+5+3+4+5=20개
　　　• 2층 : 2+5+3+4+5=19개
　　　• 3층 : 2+5+3+4+5=19개
　　　• 4층 : 2+5+3+3+5=18개
　　　• 5층 : 0+4+3+3+5=15개
　　　∴ 20+19+19+18+15=91개

정답 ④

※ 다음 블록의 개수는 몇 개인지 고르시오(단, 보이지 않는 곳의 블록은 있다고 가정한다). [21~25]

21

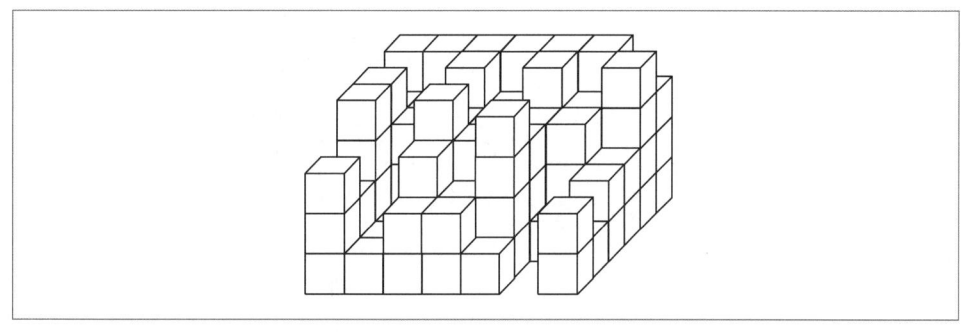

① 114개 ② 113개
③ 112개 ④ 111개

22

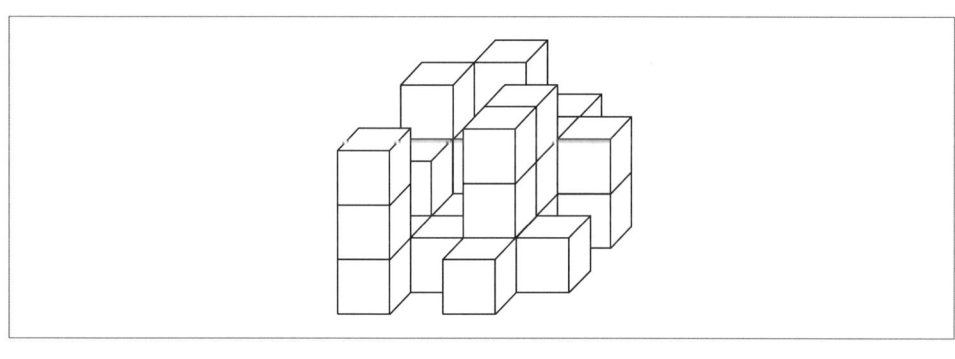

① 31개 ② 32개
③ 33개 ④ 34개

23

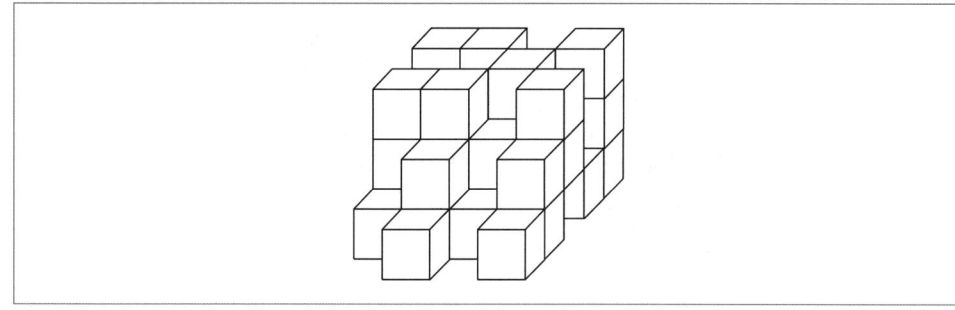

① 36개 ② 37개
③ 38개 ④ 39개

24

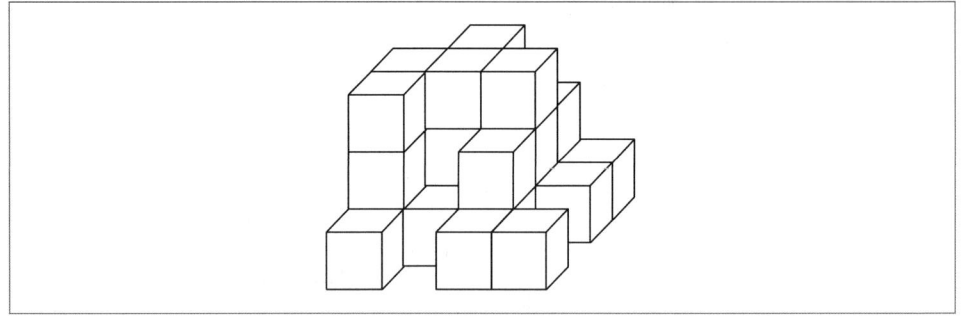

① 25개 ② 26개
③ 27개 ④ 28개

25

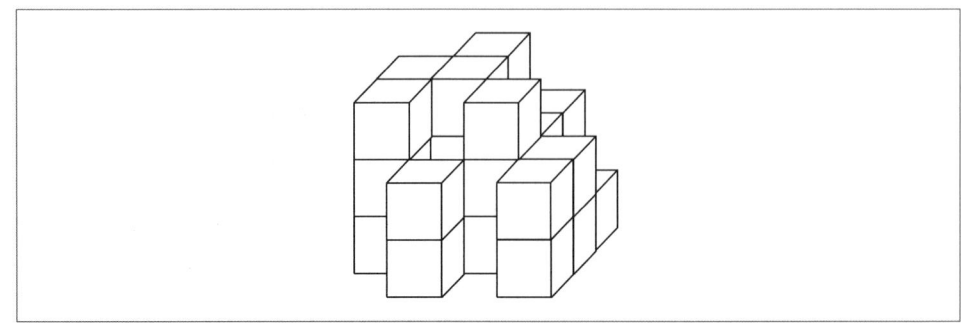

① 29개 ② 30개
③ 31개 ④ 32개

MEMO

CHAPTER 05
문제해결력

합격 CHEAT KEY

출제유형

01 수 · 문자추리

나열된 수열이나 문자를 보고 규칙을 찾아서 빈칸에 들어갈 알맞은 숫자나 문자를 고르는 유형으로, 기본적인 수열뿐 아니라 복잡한 형태의 종잡을 수 없는 규칙도 나오는데다가 제한시간도 매우 짧다.

02 언어추리

3~4개의 주어진 명제나 조건으로부터 결론을 도출하거나, 이를 바탕으로 옳거나 옳지 않은 보기를 고르는 문제가 출제되고 있다.

학습전략

01 수・문자추리

- 눈으로만 규칙을 찾고자 할 경우 변화된 값을 모두 외우기 어려우므로 나열된 수의 변화된 값이나 문자의 규칙을 적어두면 발견하기 용이하다.
- 규칙이 발견되지 않는 경우에는 홀수 항과 짝수 항을 분리해서 파악하거나 군수열을 생각해 본다.

02 언어추리

- 세 개 이상의 비교 대상이 등장하며, '~보다', '가장' 등의 표현에 유의해 풀어야 한다.
- '어떤'과 '모든'이 나오는 명제는 벤다이어그램을 활용한다.
- 주어진 규칙과 조건을 파악한 후 이를 도식화(표, 기호 등으로 정리)하여 문제에 접근한다.
- 〈조건〉에 사용된 조사의 의미와 제한사항 등을 제대로 이해해야 정답을 찾을 수 있으므로 문제와 제시된 문장을 꼼꼼히 읽는 습관을 기른다.

CHAPTER 05 문제해결력 핵심이론

01 수·문자추리

1. 수추리

(1) **등차수열** : 앞의 항에 일정한 수를 더해 이루어지는 수열

예) 1, 3, 5, 7, 9, 11, 13, 15 (+2씩)

(2) **등비수열** : 앞의 항에 일정한 수를 곱해 이루어지는 수열

예) 1, 2, 4, 8, 16, 32, 64, 128 (×2씩)

(3) **계차수열** : 앞의 항과의 차가 일정하게 증가하는 수열

예) 1, 2, 4, 7, 11, 16, 22, 29 (차: +1, +2, +3, +4, +5, +6, +7)

(4) **피보나치 수열** : 앞의 두 항의 합이 그 다음 항의 수가 되는 수열

$a_n = a_{n-1} + a_{n-2}$ $(n \geq 3,\ a_1 = 1,\ a_2 = 1)$

예) 1, 1, 2, 3, 5, 8, 13, 21
   (1+1, 1+2, 2+3, 3+5, 5+8, 8+13)

(5) **건너뛰기 수열**

- 두 개 이상의 수열이 일정한 간격을 두고 번갈아가며 나타나는 수열

  예) 1, 1, 3, 7, 5, 13, 7, 19
  - 홀수항 : 1, 3, 5, 7 (+2씩)
  - 짝수항 : 1, 7, 13, 19 (+6씩)

- 두 개 이상의 규칙이 일정한 간격을 두고 번갈아가며 적용되는 수열

  예) 0, 1, 3, 4, 12, 13, 39, 40 (+1, ×3, +1, ×3, +1, ×3, +1)

(6) **군수열** : 일정한 규칙성으로 몇 항씩 묶어 나눈 수열

예) • 1 1 2 1 2 3 1 2 3 4
   ⇒ 1 1 2 │ 1 2 3 │ 1 2 3 4
     (1+1=2) (1+2=3) (1+2+3=4)

- 1 3 4 6 5 11 2 6 8 9 3 12
  ⇒ $\underline{1\ 3\ 4}_{1+3=4}$ $\underline{6\ 5\ 11}_{6+5=11}$ $\underline{2\ 6\ 8}_{2+6=8}$ $\underline{9\ 3\ 12}_{9+3=12}$
- 1 3 3 2 4 8 5 6 30 7 2 14
  ⇒ $\underline{1\ 3\ 3}_{1\times3=3}$ $\underline{2\ 4\ 8}_{2\times4=8}$ $\underline{5\ 6\ 30}_{5\times6=30}$ $\underline{7\ 2\ 14}_{7\times2=14}$

2. 문자추리

(1) 알파벳, 자음, 한자, 로마자

1	2	3	4	5	6	7	8	9	10	11	12	13	14	15	16	17	18	19	20	21	22	23	24	25	26
A	B	C	D	E	F	G	H	I	J	K	L	M	N	O	P	Q	R	S	T	U	V	W	X	Y	Z
ㄱ	ㄴ	ㄷ	ㄹ	ㅁ	ㅂ	ㅅ	ㅇ	ㅈ	ㅊ	ㅋ	ㅌ	ㅍ	ㅎ												
一	二	三	四	五	六	七	八	九	十																
i	ii	iii	iv	v	vi	vii	viii	ix	x																

(2) 일반모음

1	2	3	4	5	6	7	8	9	10
ㅏ	ㅑ	ㅓ	ㅕ	ㅗ	ㅛ	ㅜ	ㅠ	ㅡ	ㅣ

(3) 일반모음 + 이중모음(사전 등재 순서)

1	2	3	4	5	6	7	8	9	10	11	12	13	14	15	16	17	18	19	20	21
ㅏ	ㅐ	ㅑ	ㅒ	ㅓ	ㅔ	ㅕ	ㅖ	ㅗ	ㅘ	ㅙ	ㅚ	ㅛ	ㅜ	ㅝ	ㅞ	ㅟ	ㅠ	ㅡ	ㅢ	ㅣ

02 언어추리

1. 연역 추론

이미 알고 있는 판단(전제)을 근거로 새로운 판단(결론)을 유도하는 추론이다. 연역 추론은 진리일 가능성을 따지는 귀납 추론과는 달리, 명제 간의 관계와 논리적 타당성을 따진다. 즉 연역 추론은 전제들로부터 절대적인 필연성을 가진 결론을 이끌어내는 추론이다.

(1) 직접 추론

한 개의 전제로부터 중간적 매개 없이 새로운 결론을 이끌어내는 추론이며, 대우 명제가 그 대표적인 예이다.

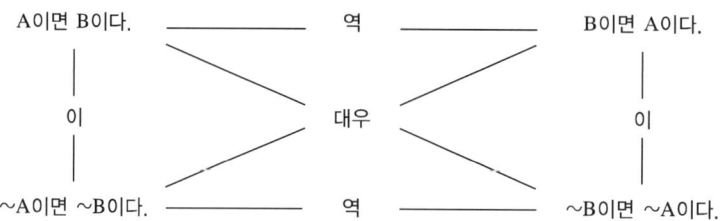

> • 한국인은 모두 황인종이다. (전제)
> • 그러므로 황인종이 아닌 사람은 모두 한국인이 아니다. (결론 1)
> • 그러므로 황인종 중에는 한국인이 아닌 사람도 있다. (결론 2)

(2) 간접 추론

둘 이상의 전제로부터 새로운 결론을 끌어내는 추론이다. 삼단논법이 가장 대표적인 예이다.

① **정언 삼단논법** : 세 개의 정언명제로 구성된 간접추론 방식이다. 세 개의 명제 가운데 두 개의 명제는 전제이고, 나머지 한 개의 명제는 결론이다. 세 명제의 주어와 술어는 세 개의 서로 다른 개념을 표현한다.

② **가언 삼단논법** : 가언명제로 이루어진 삼단논법을 말한다. 가언명제란 두 개의 정언명제가 '만일 ~이라면'이라는 접속어에 의해 결합된 복합명제이다. 여기서 '만일'에 의해 이끌리는 명제를 전건이라고 하고, 그 뒤의 명제를 후건이라고 한다. 가언 삼단논법의 종류로는 혼합 가언 삼단논법과 순수 가언 삼단논법이 있다.

㉠ 혼합가언 삼단논법 : 대전제만 가언명제로 구성된 삼단논법이다. 긍정식과 부정식 두 가지가 있으며, 긍정식은 'A면 B이다. A이다. 그러므로 B이다.'이고, 부정식은 'A면 B이다. B가 아니다. 그러므로 A가 아니다.'이다.

> • 만약 A라면 B이다.
> • B가 아니다.
> • 그러므로 A가 아니다.

㉡ 순수가언 삼단논법 : 대전제와 소전제 및 결론까지 모두 가언명제들로 구성된 삼단논법이다.

> • 만약 A라면 B이다.
> • 만약 B라면 C이다.
> • 그러므로 만약 A라면 C이다.

③ **선언 삼단논법** : '~이거나 ~이다.'의 형식으로 표현되며 전제 속에 선언 명제를 포함하고 있는 삼단논법이다.

> • 내일은 비가 오거나 눈이 온다(A 또는 B이다).
> • 내일은 비가 오지 않는다(A가 아니다).
> • 그러므로 내일은 눈이 온다(그러므로 B이다).

④ 딜레마 논법 : 대전제는 두 개의 가언명제로, 소전제는 하나의 선언명제로 이루어진 삼단논법으로, 양도 추론이라고도 한다.

- 만일 네가 거짓말을 하면, 신이 미워할 것이다. (대전제)
- 만일 네가 거짓말을 하지 않으면, 사람들이 미워할 것이다. (대전제)
- 너는 거짓말을 하거나, 거짓말을 하지 않을 것이다. (소전제)
- 그러므로 너는 미움을 받게 될 것이다. (결론)

2. 귀납 추론

특수한 또는 개별적인 사실로부터 일반적인 결론을 끌어내는 추론을 말한다. 귀납 추론은 구체적 사실들을 기반으로 하여 결론을 끌어내기 때문에 필연성을 따지기보다는 개연성과 유관성, 표본성 등을 중시하게 된다. 여기서 개연성이란, 관찰된 어떤 사실이 같은 조건하에서 앞으로도 관찰될 수 있는가 하는 가능성을 말하고, 유관성은 추론에 사용된 자료가 관찰하려는 사실과 관련되어야 하는 것을 일컬으며, 표본성은 추론을 위한 자료의 표본 추출이 공정하게 이루어져야 하는 것을 가리킨다. 이러한 귀납 추론은 일상생활 속에서 많이 사용하고, 우리가 알고 있는 과학적 사실도 이와 같은 방법으로 밝혀졌다.

그러나 전제들이 참이어도 결론이 항상 참인 것은 아니다. 단 하나의 예외로 인하여 결론이 거짓이 될 수 있다.

- 성냥불은 뜨겁다.
- 연탄불도 뜨겁다.
- 그러므로 모든 불은 뜨겁다.

위 예문에서 '성냥불이나 연탄불이 뜨거우므로 모든 불은 뜨겁다.'라는 결론이 나왔는데, 반딧불은 뜨겁지 않으므로 '모든 불이 뜨겁다.'라는 결론은 거짓이 된다.

(1) 완전 귀납 추론

관찰하고자 하는 집합의 전체를 다 검증함으로써 대상의 공통 특질을 밝혀내는 방법이다. 이는 예외 없는 진실을 발견할 수 있다는 장점은 있으나, 집합의 규모가 크고 속성의 변화가 다양할 경우에는 적용하기 어려운 단점이 있다.

예 1부터 10까지의 수를 다 더하여 그 합이 55임을 밝혀내는 방법

(2) 통계적 귀납 추론

통계적 귀납 추론은 관찰하고자 하는 집합의 일부에서 발견한 몇 가지 사실을 열거함으로써 그 공통점을 결론으로 끌어내려는 방식을 가리킨다. 관찰하려는 집합의 규모가 클 때 그 일부를 표본으로 추출하여 조사하는 방식이 이에 해당하며, 표본 추출의 기준이 얼마나 적합하고 공정한가에 따라 그 결과에 대한 신뢰도가 달라진다는 단점이 있다.

예 여론조사에서 일부의 국민에 대한 설문 내용을 바탕으로, 이를 전체 국민의 여론으로 제시하는 것

(3) 인과적 귀납 추론

관찰하고자 하는 집합의 일부 원소들이 지닌 인과 관계를 인식하여 그 원인이나 결과를 끌어내려는 방식이다.

① **일치법** : 공통적인 현상을 지닌 몇 가지 사실 중에서 각기 지닌 요소 중 어느 한 가지만 일치한다면 이 요소가 공통 현상의 원인이라고 판단

  예 마을 잔칫집에서 돼지고기를 먹은 사람들이 집단 식중독을 일으켰다. 따라서 식중독의 원인은 상한 돼지고기가 아닌가 생각한다.

② **차이법** : 어떤 현상이 나타나는 경우와 나타나지 않은 경우를 놓고 보았을 때, 각 경우의 여러 조건 중 단 하나만이 차이를 보인다면 그 차이를 보이는 조건이 원인이 된다고 판단

  예 현수와 승재는 둘 다 지능이나 학습 시간, 학습 환경 등이 비슷한데 공부하는 태도에는 약간의 차이가 있다. 따라서 두 사람이 성적이 차이를 보이는 것은 학습 태도의 차이 때문으로 생각된다.

③ **일치·차이 병용법** : 몇 개의 공통 현상이 나타나는 경우와 몇 개의 그렇지 않은 경우를 놓고 일치법과 차이법을 병용하여 적용함으로써 그 원인을 판단

  예 학업능력 정도가 비슷한 두 아동 집단에 대해 처음에는 같은 분량의 과제를 부여하고 나중에는 각기 다른 분량의 과제를 부여한 결과, 많이 부여한 집단의 성적이 훨씬 높게 나타났다. 이로 보아, 과제를 많이 부여하는 것이 적게 부여하는 것보다 학생의 학업성적 향상에 도움이 된다고 판단할 수 있다.

④ **공변법** : 관찰하는 어떤 사실의 변화에 따라 현상의 변화가 일어날 때 그 변화의 원인이 무엇인지 판단

  예 담배를 피우는 양이 각기 다른 사람들의 집단을 조사한 결과, 담배를 많이 피울수록 폐암에 걸릴 확률이 높다는 사실이 발견되었다.

⑤ **잉여법** : 앞의 몇 가지 현상이 뒤의 몇 가지 현상의 원인이며, 선행 현상의 일부분이 후행 현상의 일부분이라면, 선행 현상의 나머지 부분이 후행 현상의 나머지 부분의 원인임을 판단

  예 어젯밤 일어난 사건의 혐의자는 정은이와 규민이 두 사람인데, 정은이는 알리바이가 성립되어 혐의 사실이 없는 것으로 밝혀졌다. 따라서 그 사건의 범인은 규민이일 가능성이 높다.

3. 유비 추론

두 개의 대상 사이에 일련의 속성이 동일하다는 사실에 근거하여 그것들의 나머지 속성도 동일하리라는 결론을 끌어내는 추론, 즉 이미 알고 있는 것에서 다른 유사한 점을 찾아내는 추론을 말한다. 그렇기 때문에 유비 추론은 잣대(기준)가 되는 사물이나 현상이 있어야 한다. 유비 추론은 가설을 세우는 데 유용하다. 이미 알고 있는 사례로부터 아직 알지 못하는 것을 생각해 봄으로써 쉽게 가설을 세울 수 있다. 이때 유의할 점은 이미 알고 있는 사례와 이제 알고자 하는 사례가 매우 유사하다는 확신과 증거가 있어야 한다. 그렇지 않은 상태에서 유비 추론에 의해 결론을 이끌어내면, 그것은 개연성이 거의 없고 잘못된 결론이 될 수도 있다.

- 지구에는 공기, 물, 흙, 햇빛이 있다(A는 a, b, c, d의 속성을 가지고 있다).
- 화성에는 공기, 물, 흙, 햇빛이 있다(B는 a, b, c, d의 속성을 가지고 있다).
- 지구에 생물이 살고 있다(A는 e의 속성을 가지고 있다).
- 그러므로 화성에도 생물이 살고 있을 것이다(그러므로 B도 e의 속성을 가지고 있을 것이다).

CHAPTER 05 문제해결력 기출예상문제

정답 및 해설 p.027

01 수·문자추리

대표유형 1 수추리

※ 일정한 규칙으로 수를 나열할 때, 빈칸에 들어갈 수로 알맞은 것을 고르시오. [1~3]

01

| 432 176 48 −16 −48 −64 ( ) |

① −80　　　　　　　　② −72
③ −68　　　　　　　　④ −56

| 해설 | 앞의 항에 -2^8, -2^7, -2^6, -2^5, -2^4, -2^3, …을 더하는 수열이다.
따라서 ( )=−64−8=−72이다.

정답 ②

02

| $\frac{2}{3}$　$\frac{1}{2}$　$\frac{1}{3}$　( )　$\frac{1}{21}$ |

① $\frac{1}{18}$　　　　　　　　② $\frac{1}{6}$
③ $\frac{1}{36}$　　　　　　　　④ $\frac{1}{4}$

| 해설 | 앞의 항에 $\frac{(분자)+1}{(분모)+1}$을 곱하는 수열이다.
따라서 ( )=$\frac{1}{3} \times \frac{2}{4} = \frac{1}{6}$이다.

정답 ②

03

| 1 2 2   2 4 2   3 12 ( ) |

① 4   ② 5
③ 6   ④ 7

|해설| 나열된 수를 각각 A, B, C라고 하면 다음과 같은 식이 성립한다.
$\underline{A\ B\ C} \rightarrow A \times C = B$
따라서 ( )=12÷3=4이다.

정답 ①

※ 일정한 규칙으로 수를 나열할 때, 빈칸에 들어갈 수로 알맞은 것을 고르시오. **[1~10]**

01

| 1   6   −4   ( )   −9   16 |

① 5   ② 9
③ 11   ④ 13

02

| 2   −4   8   −16   32   −64   128   ( ) |

① −192   ② 192
③ −256   ④ 256

03

| 24   189   34   63   44   ( )   54   7 |

① 6   ② 11
③ 16   ④ 21

04

| | 12.3 15 7.5 10.2 ( ) 7.8 3.9 | |

① 4.2   ② 5.1
③ 6.3   ④ 7.2

05

| | 6.3 5.6 7.2 6.5 ( ) 7.4 9 8.3 | |

① 8.0   ② 8.1
③ 8.2   ④ 8.3

06

| | $\frac{6}{15}$ $\frac{18}{15}$ $\frac{18}{45}$ ( ) $\frac{54}{135}$ | |

① $\frac{36}{135}$ ② $\frac{54}{135}$
③ $\frac{54}{68}$ ④ $\frac{54}{45}$

07

| | 5 $\frac{10}{9}$ $\frac{9}{2}$ $\frac{20}{81}$ ( ) | |

① $\frac{729}{40}$ ② $\frac{718}{40}$
③ $\frac{707}{40}$ ④ $\frac{729}{30}$

08 3 7 16 −1 3 −8 ( ) −4 3

① 7 ② 5
③ 0 ④ −2

09 6 3 45 10 ( ) 60 8 4 60

① 2 ② 3
③ 4 ④ 5

10 5 1 2 3 9 4 8 ( ) 6

① 2 ② 7
③ 10 ④ 11

대표유형 2 　문자추리

01 일정한 규칙으로 문자를 나열할 때, 빈칸에 들어갈 문자로 알맞은 것은?

> E　ㄹ　(　)　ㅇ　I　ㄴ

① A　　　　　　　　　② C
③ G　　　　　　　　　④ I

| 해설 | 홀수 항은 2씩 더하고, 짝수 항은 2씩 곱하는 수열이다.

E	ㄹ	(G)	ㅇ	I	ㄴ
5	4	7	8	9	16(2)

정답 ③

02 다음 중 규칙이 다른 하나는?

① 어오어어　　　　　　② 러버러러
③ GNGG　　　　　　　④ 유이유유

| 해설 | 오답분석
①·②·④ 앞 문자에 +2, -2, +0으로 나열한 것이다.

정답 ③

※ 일정한 규칙으로 문자를 나열할 때, 빈칸에 들어갈 문자로 알맞은 것을 고르시오(단, 모음은 일반모음 10개만 세는 것을 기준으로 한다). [11~20]

11

E   N   (   )   K   T   H

① D ② I
③ J ④ L

12

ㄱ   E   9   ㅍ   Q   21   ㅋ   (   )

① C ② G
③ J ④ V

13

G   8   10   M   17   22   B   (   )

① 31 ② 35
③ I   ④ K

14

ㄱ   ㄴ   ㄹ   ㅁ   ㅅ   ㅇ   ㅊ   (   )

① ㄴ ② ㅁ
③ ㅈ ④ ㅋ

15

D   E   G   J   K   M   P   (   )

① H ② Q
③ R ④ S

16

| ㅜ ㄷ ( ) ㅅ ㅓ ㅋ |

① ㅠ   ② ㅂ
③ ㅆ   ④ ㅗ

17

| A ㄴ 3 ( ) E ㅂ 7 八 |

① 4   ② D
③ ㄹ   ④ 四

18

| ㄱ ㄷ ㄴ ( ) ㄹ ㅅ |

① ㅈ   ② ㅆ
③ ㅇ   ④ ㅁ

19

| 캐 해 새 채 매 애 ( ) |

① 매   ② 배
③ 래   ④ 채

20

| B X D L H F P ( ) |

① W   ② X
③ Z   ④ C

※ 다음 중 규칙이 다른 하나를 고르시오(단, 모음은 일반모음 10개만 세는 것을 기준으로 한다). [21~25]

21 ① ㄱㄷㅁㅅ ② 가거고구
  ③ EGIK ④ 노도모보

22 ① CFZD ② 귀뉘튀뉘
  ③ KVHL ④ 쳐츄초쵸

23 ① CFFL ② 가갸갸겨
  ③ 마차차바 ④ 사라라하

24 ① 디됴더됴 ② 퀴쉬뤼뷔
  ③ RNKV ④ QMJT

25 ① EOMZ ② 러터처허
  ③ 뱌뵤벼뷰 ④ 1312

02 언어추리

대표유형 1 논리추론

01 다음 명제가 모두 참일 때, 빈칸에 들어갈 내용으로 가장 적절한 것은?

> • 어휘력이 좋지 않으면 책을 많이 읽지 않은 것이다.
> • 글쓰기 능력이 좋지 않으면 어휘력이 좋지 않은 것이다.
> • _____

① 책을 많이 읽지 않으면 어휘력이 좋지 않은 것이다.
② 글쓰기 능력이 좋으면 어휘력이 좋은 것이다.
③ 어휘력이 좋지 않으면 글쓰기 능력이 좋지 않은 것이다.
④ 글쓰기 능력이 좋지 않으면 책을 많이 읽지 않은 것이다.

| 해설 | '어휘력이 좋다.'를 A, '책을 많이 읽다.'를 B, '글쓰기 능력이 좋다.'를 C라고 하면 전제1은 ~A → ~B, 전제2는 ~C → ~A이다. 삼단논법에 의해 ~C → ~A → ~B가 성립하므로 결론은 ~C → ~B나 B → C이다. 따라서 빈칸에 들어갈 내용으로 '글쓰기 능력이 좋지 않으면 책을 많이 읽지 않은 것이다.'가 적절하다.

정답

02 다음 명제가 모두 참일 때, 추론할 수 있는 것은?

> • 효주는 지영이보다 나이가 많다.
> • 효주와 채원이는 같은 회사에 다니고, 이 회사는 나이 많은 사람이 승진을 더 빨리 한다.
> • 효주는 채원이보다 승진을 빨리 했다.

① 효주는 나이가 가장 많다.
② 채원이는 지영이보다 나이가 많다.
③ 채원이는 효주보다 나이가 많다.
④ 지영이는 채원이보다 나이가 많다.

| 해설 | 제시된 조건을 나열하면 '효주>지영', '효주>채원'임을 알 수 있다.
따라서 지영이와 채원이의 나이는 알 수 없지만 효주의 나이가 가장 많다는 것을 알 수 있다.

정답

※ 다음 명제가 모두 참일 때, 빈칸에 들어갈 내용으로 가장 적절한 것을 고르시오. [1~3]

01

- 자전거를 타면 폐활량이 좋아진다.
- 주말에 특별한 일이 없으면 자전거를 탄다.
- _____

① 폐활량이 좋아지면 주말에 특별한 일이 있다.
② 주말에 특별한 일이 없으면 폐활량이 좋아진다.
③ 자전거를 타면 주말에 특별한 일이 없다.
④ 폐활량이 좋아지지 않으면 주말에 특별한 일이 없다.

02

- 비가 오지 않으면 산책을 나간다.
- 공원에 들르지 않으면 산책을 나가지 않은 것이다.
- _____

① 공원에 들르지 않으면 비가 온 것이다.
② 비가 오면 공원에 들르지 않은 것이다.
③ 공원에 들르면 산책을 나간 것이다.
④ 산책을 나가면 공원에 들르지 않은 것이다.

03

- 아침에 운동을 했다면 건강한 하루를 시작한 것이다.
- _____
- 건강한 하루를 시작하지 않으면 일찍 일어나지 않은 것이다.

① 일찍 일어나면 아침에 운동을 한다.
② 아침에 운동을 하면 일찍 일어난 것이다.
③ 일찍 일어나지 않으면 아침에 운동을 하지 않은 것이다.
④ 건강한 하루를 시작하면 일찍 일어난 것이다.

※ 다음 명제가 모두 참일 때, 추론할 수 있는 것을 고르시오. [4~6]

04

- 어떤 학생은 음악을 즐긴다.
- 모든 음악을 즐기는 것은 나무로 되어 있다.
- 나무로 되어 있는 것은 모두 악기이다.

① 어떤 학생은 악기이다.
② 모든 학생은 악기이다.
③ 모든 음악을 즐기는 것은 학생이다.
④ 어떤 음악을 즐기는 것은 나무로 되어 있지 않다.

05

- 데스크탑은 노트북보다 가격이 높다.
- 만년필은 노트북보다 저렴하다.
- 제일 저렴한 것은 손목시계라고 한다.

① 가장 가격이 높은 것은 노트북이다.
② 두 번째로 가격이 높은 것은 만년필이다.
③ 노트북은 손목시계보다 가격이 높지만 만년필보다 가격이 낮다.
④ 데스크탑과 만년필의 가격 사이에는 노트북의 가격이 형성되어 있다.

06

- 어떤 안경은 바다를 좋아한다.
- 바다를 좋아하는 것은 유리로 되어 있다.
- 모든 유리로 되어 있는 것은 열쇠이다.

① 모든 안경은 열쇠이다.
② 유리로 되어 있는 어떤 것 중 안경이 있다.
③ 바다를 좋아하는 모든 것은 안경이다.
④ 바다를 좋아하는 어떤 것은 유리로 되어 있지 않다.

대표유형 2   참·거짓

A~D 네 사람만 참여한 달리기 시합에서 동순위 없이 순위가 완전히 결정되었으며 이들의 진술은 다음과 같다. 자신보다 낮은 순위의 사람에 대한 진술은 참, 높은 순위의 사람에 대한 진술은 거짓이라고 할 때, 반드시 참인 것은?

- A : C는 1위이거나 2위이다.
- B : D는 3위이거나 4위이다.
- C : D는 2위이다.

① A는 1위이다.
② B는 2위이다.
③ D는 4위이다.
④ A가 B보다 순위가 높다.

| 해설 |
- A의 진술이 참인 경우
  A가 1위, C가 2위이다. 그러면 B의 진술은 참이며 B가 3위, D가 4위이다. 그러나 D가 C보다 순위가 낮음에도 C의 진술은 거짓이다. 이는 제시된 조건에 위배된다.
- A의 진술이 거짓인 경우
  제시된 조건에 따라 A의 진술이 거짓이라면 C는 3위 또는 4위일 것인데, 자신보다 높은 순위의 사람에 대한 진술이 거짓이므로 C는 3위, A는 4위이다.
  따라서 B의 진술은 거짓이므로 1위부터 순서대로 나열하면 D>B>C>A이다.

정답 ②

---

07 경찰은 용의자 A~E 5명을 심문하였으며 이들의 진술은 다음과 같다. 이 중 2명은 참을, 3명은 거짓을 말할 때, 범인은 누구인가?(단, 범행 현장에는 범죄자와 목격자가 있고, 범죄자는 목격자가 아니며, 모든 사람은 참이나 거짓만 말한다)

- A : 나는 범인이 아니고, 나와 E만 범행 현장에 있었다.
- B : C와 D는 범인이 아니고, 목격자는 2명이다.
- C : 나는 B와 함께 있었고, 범행 현장에 있지 않았다.
- D : C의 말은 모두 참이고, B가 범인이다.
- E : 나는 범행 현장에 있었고, A가 범인이다.

① A
② B
③ C
④ D

08 어느 모임에서 지갑 도난 사건이 일어났다. A ~ E 5명 중 1명이 범인이고, 그들의 진술은 다음과 같다. 5명이 각자 말한 세 가지 진술 중에 두 가지는 참이지만, 한 가지는 거짓이라고 밝혀졌다. 이때, 지갑을 훔친 범인은 누구인가?

- A : 나는 훔치지 않았다. C도 훔치지 않았다. D가 훔쳤다.
- B : 나는 훔치지 않았다. D도 훔치지 않았다. E가 진짜 범인을 알고 있다.
- C : 나는 훔치지 않았다. E는 내가 모르는 사람이다. D가 훔쳤다.
- D : 나는 훔치지 않았다. E가 훔쳤다. A가 내가 훔쳤다고 말한 것은 거짓말이다.
- E : 나는 훔치지 않았다. B가 훔쳤다. C와 나는 오랜 친구이다.

① A ② B
③ C ④ D

09 A ~ E 5명은 점심 식사 후 제비뽑기를 통해 '꽝'을 뽑은 1명이 나머지 4명의 아이스크림을 모두 사주기로 하였다. 다음 대화에서 1명이 거짓말을 한다고 할 때, 아이스크림을 사야 할 사람은 누구인가?

- A : D는 거짓말을 하고 있지 않아.
- B : '꽝'을 뽑은 사람은 C이다.
- C : B의 말이 사실이라면 D의 말은 거짓이야.
- D : E의 말이 사실이라면 '꽝'을 뽑은 사람은 A이다.
- E : C는 빈 종이를 뽑았어.

① A ② B
③ C ④ D

10 Z회사에서 근무하는 A ~ E 5명의 사원 중 1명은 이번 주 금요일에 열리는 세미나에 참석해야 한다. 다음 대화에서 2명이 거짓말을 하고 있다고 할 때, 이번 주 금요일 세미나에 참석하는 사람은 누구인가?

- A사원 : 나는 금요일 세미나에 참석하지 않아.
- B사원 : 나는 금요일에 중요한 미팅이 있어. D사원이 세미나에 참석할 예정이야.
- C사원 : 나와 D는 금요일에 부서 회의에 참석해야 하므로 세미나는 참석할 수 없어.
- D사원 : C와 E 중 1명이 참석할 예정이야.
- E사원 : 나는 목요일부터 금요일까지 휴가라 참석할 수 없어. 그리고 C의 말은 모두 사실이야.

① A사원 ② B사원
③ C사원 ④ D사원

PART 3
최종점검 모의고사

제1회 최종점검 모의고사
제2회 최종점검 모의고사
제3회 최종점검 모의고사
제4회 최종점검 모의고사

제1회 최종점검 모의고사

☑ 응시시간 : 50분　　☑ 문항 수 : 45문항　　　　　정답 및 해설 p.032

01 다음 제시된 단어와 반대되는 의미를 가진 것은?

소소리바람

① 선풍(旋風)　　　　　　　　② 열풍(熱風)
③ 질풍(疾風)　　　　　　　　④ 소풍(逍風)

02 민철이와 현민이는 방과 후에 도서관에 가기로 하였다. 학교 정문에서 민철이는 50m/min의 속도로 걸어갔고, 민철이가 출발한 지 24분 후에 현민이가 자전거를 타고 출발하여 200m/min의 속도로 갔다. 둘이 도서관에 동시에 도착했다면 민철이가 도서관까지 가는 데 걸린 시간은?

① 31분　　　　　　　　② 32분
③ 33분　　　　　　　　④ 34분

03 무게가 서로 다른 ⓐ~ⓕ 6개 돌이 다음과 같은 〈조건〉을 가질 때, 추론할 수 없는 것은?

조건
- ⓑ는 ⓐ보다 무겁고, ⓕ보다 무겁다.
- ⓒ는 ⓑ보다 무겁고, ⓓ보다 가볍다.
- ⓔ는 ⓒ보다 가볍다.

① ⓐ는 ⓕ보다 무겁다.
② ⓒ는 두 번째로 무겁다.
③ ⓔ는 ⓓ보다 가볍다.
④ ⓒ와 ⓓ는 ⓑ보다 무겁다.

04 다음의 사자성어에서 연상할 수 있는 동물로 옳지 않은 것은?

| ・首丘初心 | ・亡羊補牢 | ・堂狗風月 |

①
②
③
④

05 Z회사 1층 커피숍에서는 모든 음료를 주문할 때마다 음료의 수에 따라 쿠폰에 도장을 찍어준다. 10개의 도장을 모두 채울 경우 1잔의 음료를 무료로 받을 수 있다고 할 때, 다음 〈조건〉을 바탕으로 바르게 추론한 것은?(단, 서로 다른 2장의 쿠폰은 1장의 쿠폰으로 합칠 수 있으며, 음료를 무료로 받을 때 쿠폰은 반납해야 한다)

〈조건〉
- A사원은 B사원보다 2개의 도장을 더 모았다.
- C사원은 A사원보다 1개의 도장을 더 모았으나, 무료 음료를 받기엔 2개의 도장이 모자라다.
- D사원은 오늘 무료 음료 1잔을 포함하여 총 3잔을 주문하였다.
- E사원은 D사원보다 6개의 도장을 더 모았다.

① A사원의 쿠폰과 D사원의 쿠폰을 합치면 무료 음료 1잔을 받을 수 있다.
② A사원은 4개의 도장을 더 모아야 무료 음료 1잔을 받을 수 있다.
③ C사원과 E사원이 모은 도장 개수는 서로 같다.
④ D사원이 오늘 모은 도장 개수는 B사원보다 많다.

06 X 커피 300g은 A원두와 B두의 양을 1:2 비율로 배합하여 만들고, Y 커피 300g은 A원두와 B원두의 양을 2:1 비율로 배합하여 만든다. 두 커피 300g의 판매 가격이 각각 3,000원, 2,850원일 때, B원두의 100g당 원가는?(단 판매가격은 원가의 합의 1.5배이다)

① 500원 ② 600원
③ 700원 ④ 800원

07 다음은 '사이버 폭력의 원인과 대처 방안'을 주제로 하는 글의 개요이다. 빈칸에 들어갈 내용으로 가장 적절한 것은?

> 1. 문제 제기
>   (1) 사이버 폭력의 실태
>   (2) 사이버 폭력의 문제점
> 2. 사이버 폭력의 원인
>   (1) 인터넷 공간의 익명성과 비대면성
>   (2) 인터넷 공간의 상업적 악용
>   (3) _____
> 3. 사이버 폭력에 대한 대처 방안
>   (1) 법 조항의 엄격한 적용
>   (2) 누리꾼의 자정 능력 제고
> 4. 올바른 사이버 문화 정립의 필요성

① 인터넷 실명제 실시 ② 사이버 폭력의 심각성
③ 인터넷 공간에서의 인권 의식 부재 ④ 최근 3년간 사이버 폭력 신고 현황

08 8월 19일이 월요일이라면 30일 후는 무슨 요일인가?

① 수요일 ② 목요일
③ 금요일 ④ 토요일

09 다음 그림과 같이 화살표 방향으로 종이를 접은 후, 펀치로 구멍을 뚫어 다시 펼쳤을 때의 그림으로 옳은 것은?

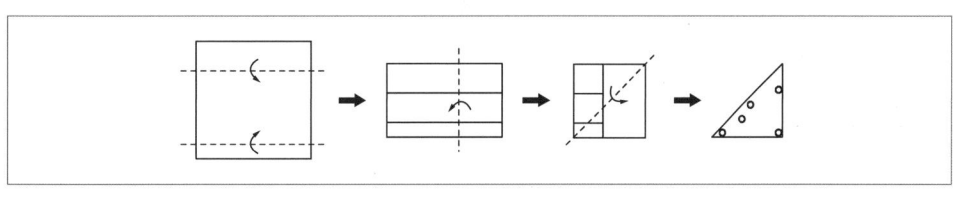

① 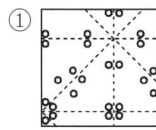   ②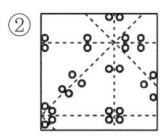

③ 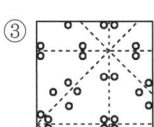   ④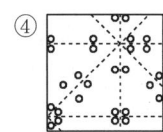

※ 다음 글을 읽고 이어지는 질문에 답하시오. [10~11]

세계 표준시가 정해지기 전 사람들은 태양이 가장 높게 뜬 시간을 정오로 정하고, 이를 해당 지역의 기준 시간으로 삼았다. 그러다 보니 수많은 태양 정오 시간(자오시간)이 생겨 시간의 통일성을 가질 수 없었고, 다른 지역과 시간을 통일해야 한다는 필요성도 느끼지 못했다. 그러나 이 세계관은 철도의 출현으로 인해 무너졌다.

1969년 미국 최초의 대륙 횡단 철도가 개통되었다. 당시 미 대륙 철도역에서 누군가가 현재 시각을 물으면 대답하는 사람은 한참 망설여야 했다. 각기 다른 여러 시간이 공존했기 때문이다. 시간의 혼란은 철도망이 확장될수록 점점 더 심각해졌다. 이에 따라 캐나다 태평양 철도 건설을 진두지휘한 샌퍼드 플레밍은 자신의 고국인 영국에서 철도 시간 때문에 겪었던 불합리한 경험을 토대로 세계 표준시를 정하는 데 온 힘을 쏟았다. 지구를 경도에 따라 15도씩 나눠 15도마다 1시간씩 시간 간격을 두고, 이를 24개 시차 구역으로 구별한 플레밍의 제안은 1884년 미국 전역에 도입되었다. 이는 다시 1884년 10월 워싱턴에서 열린 '국제자오선 회의'로 이어졌고, 각국이 영국 그리니치 천문대를 통과하는 자오선을 본초자오선으로 지정하는 데 동의했다. 워싱턴에서 열린 회의의 주제는 본초자오선, 즉 전 세계 정오의 기준선이 되는 자오선을 어디로 설정해야 하는가에 대한 것이었다. 3주간의 일정으로 시작된 본초자오선 회의는 영국과 프랑스의 대결이었다. 어떻게 든 그리니치가 세계 표준시의 기준으로 채택되는 것을 관철하려는 영국 그리고 이를 막고 파리 본초자오선을 세계기준으로 삼으려는 프랑스의 외교 전쟁이 불꽃을 튀겼다. 지루한 회의와 협상 끝에 마침내 1884년 10월 13일 그리니치가 세계 표준시로 채택됐다. 지구상의 경도마다 창궐했던 각각의 지역 표준시들이 사라지고, 하나의 시간 틀에 인류가 속하게 된 것이다.

우리나라는 대한제국 때인 1908년 세계 표준시를 도입했다. 한반도 중심인 동경 127.5도 기준으로, 세계 표준시의 기준인 영국보다 8시간 30분 빨랐다. 하지만 일제강점기인 1912년, 일본의 총독부는 우리의 표준시를 동경 135도를 기준으로 하는 일본 표준시로 변경하였다. 광복 후 1954년에는 주권 회복 차원에서 127.5도로 환원했다가 1961년 박정희 정부 때 다시 국제 교역 문제로 인해 135도로 변경되었다.

10 다음 중 윗글의 서술상 특징으로 가장 적절한 것은?

① 구체적인 사례를 들어 세계 표준시에 대한 이해를 돕고 있다.
② 세계 표준시에 대한 여러 가지 견해를 소개하고 이를 비교, 평가하고 있다.
③ 세계 표준시가 등장하게 된 배경을 구체적으로 소개하고 있다.
④ 세계 표준시의 변화 과정과 그것의 문제점을 언급하고 있다.

11 다음 중 윗글의 내용으로 적절하지 않은 것은?

① 표준시가 정해지기 전에는 수많은 시간이 존재하였다.
② 철도의 발달이 세계 표준시 정립에 결정적인 역할을 하였다.
③ 영국과 프랑스는 본초자오선 설정을 두고 치열하게 대립했다.
④ 현재 우리나라의 시간은 대한제국 때 지정한 시각보다 30분 느리다.

12 다음과 같은 정사각형의 종이를 화살표 방향으로 접고 〈보기〉의 좌표가 가리키는 위치에 구멍을 뚫었다. 다시 펼쳤을 때 뚫린 구멍의 위치를 좌표로 나타낸 것으로 옳은 것은?(단, 좌표가 그려진 사각형의 크기와 종이의 크기는 일치하며, 종이가 접힐 때 종이의 위치는 바뀌지 않는다)

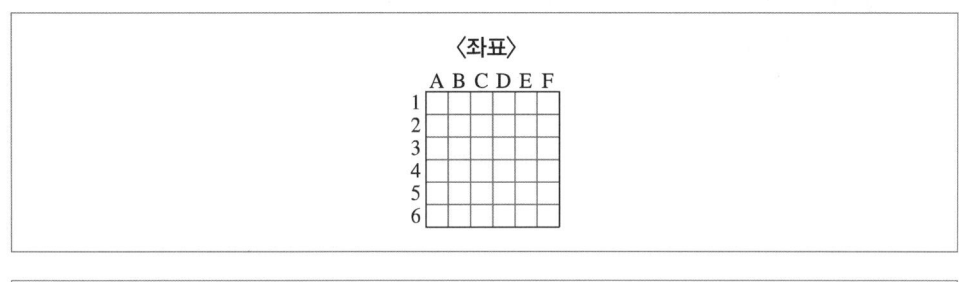

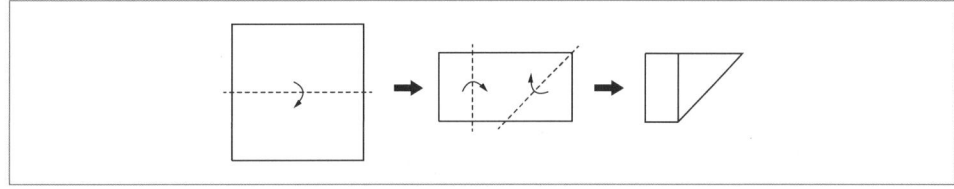

보기

D5

① C3, C4, D2, D5, D6
② C3, C5, C6, D6
③ C3, C6, D5, D6
④ D2, D5, E1, E6

13 물 200g과 녹차 가루 50g을 가진 P사원은 같은 부서 동료인 A, B사원에게 농도가 다른 녹차를 타주려고 한다. A사원에게는 물 65g과 녹차 가루 35g으로, B사원에게는 남은 물과 녹차 가루로 녹차를 타주려고 할 때, B사원이 마시는 녹차의 농도는?(단, 모든 물과 녹차 가루를 남김없이 사용한다)

① 10% ② 11%
③ 12% ④ 13%

14 다음은 갑국의 총인구수와 인구성장률 추이를 나타낸 자료이다. 이에 대한 설명으로 옳은 것은?

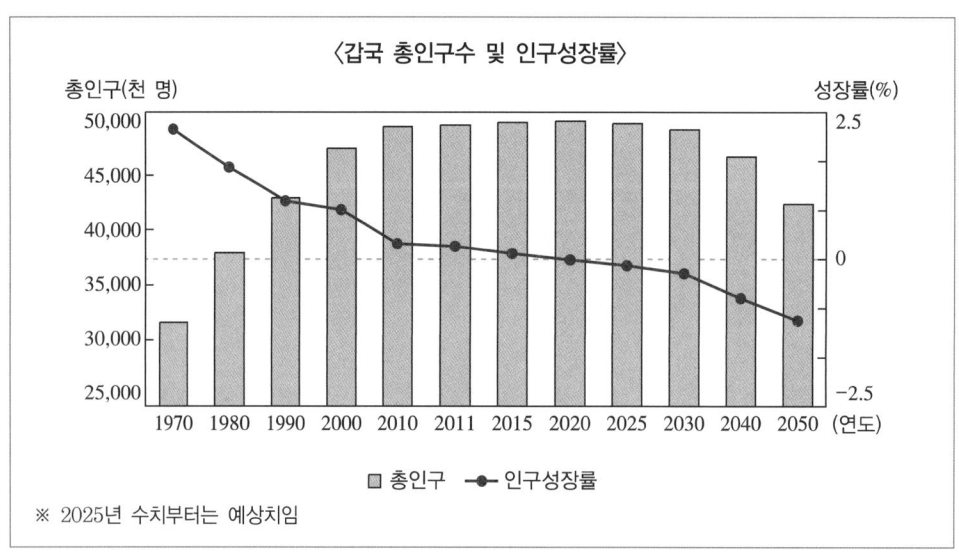

① 인구성장률은 2025년에 잠시 증가하다가 다시 감소할 것이다.
② 2011년부터 총인구는 감소할 것이다.
③ 2000~2010년의 기간보다 2025~2030년 기간의 인구 증가가 덜 할 것이다.
④ 2040년의 총인구는 1990년 총인구보다 적을 것이다.

15 다음 제시된 문단을 읽고, 이어질 문단을 논리적 순서대로 바르게 나열한 것은?

현대 대부분 국가가 선택하는 정치체제는 민주주의이다. 민주주의는 물론 단점도 가지고 있지만, 여태까지 성립된 정치체제 중에서 가장 나은 체제라는 평가를 받고 있다.

(가) 일반적으로 민주주의에서 가장 중요한 것은 국민주권이며, 따라서 사회적 계급은 존재할 수 없다. 민주주의 체제가 성립되기 이전에 대부분 국가의 정치체제는 전제주의였는데, 전제주의에서는 특권자인 국왕에게 주권이 있는 것과 극명히 대비되는 부분이다.
(나) 입헌군주제에서 국왕은 통치 능력이 없다. 일종의 국가 상징으로서만 받아들여지는 것이다. 이러한 입헌군주제에서의 국왕을 가장 잘 표현하는 말이 '군림하나 통치하지 않는다.'일 것이다.
(다) 아무리 상징으로서만 국왕이 존재한다고 해도 영국에서 입헌군주제를 폐기하자는 움직임이 존재한다. 이들은 입헌군주제를 옹호하는 '근왕파'와 대비되어 '공화파'라 불리며, 어떤 신문은 공화파를 위한 신문 사이트를 따로 개설하여 국왕의 소식이 보이지 않게 하기도 했다.
(라) 그럼에도 불구하고 민주주의가 시작된 나라 중 하나인 영국에는 아직도 국왕이 있다. 이러한 정치체제를 입헌군주제라 하는데, 입헌군주제에서의 왕은 입법, 사법, 행정의 모든 권력을 행사하던 전제주의에서의 국왕과는 다르다.

① (가) - (다) - (나) - (라)
② (가) - (라) - (나) - (다)
③ (가) - (라) - (다) - (나)
④ (라) - (나) - (다) - (가)

16 어느 회사의 작년 직원 수는 올해보다 5% 많았고, 내년에는 올해보다 4% 늘려 28명을 추가로 고용할 예정이다. 이 회사의 작년 직원 수와 내년 직원 수의 차이는?

① 7명
② 8명
③ 9명
④ 10명

17 다음 글의 제목으로 가장 적절한 것은?

'100세 시대' 노인의 큰 고민거리 중 하나가 바로 주변의 도움 없이도 긴 세월을 잘 버텨낼 주거 공간이다. 이미 많은 언론에서 보도되었듯이 우리나라는 '노인이 살기 불편한 나라'인 것이 사실이다. 일본이 고령화 시대의 도시 모델로 의(醫)·직(職)·주(住) 일체형 주거 단지를 도입하고 있는데 비해 우리나라는 아직 노인을 위한 공용 주택도 변변한 게 없는 실정이다.

일본은 우리보다 30년 빠르게 고령화 사회에 당면했다. 일본 정부는 개인 주택을 노인 친화적 구조로 개조하도록 전문 컨설턴트를 붙이고 보조금까지 주고 있다. 또한 사회 전반에는 장애 없는 '유니버설 디자인'을 보편화하도록 노력해 왔다. 그 결과 실내에 휠체어 작동 공간이 확보되고, 바닥에는 턱이 없으며 손잡이와 미끄럼 방지 장치도 기본적으로 설치되었다. 이 같은 준비는 노쇠해 거동이 불편해져도 익숙한 집, 익숙한 마을에서 끝까지 살고 싶다는 노인들의 바람을 존중했기 때문이다. 그러나 이 정책의 이면에는 기하급수적으로 증가하는 사회 복지 비용을 절감하자는 목적도 있었다. 고령자 입주 시설을 설치하고 운영하는 비용이 재가 복지 비용보다 몇 배나 더 들기 때문이다.

우리나라의 경우 공동 주택인 아파트를 잘 활용하면 의외로 문제를 쉽게 풀 수 있을 것이다. 대규모 주거 단지의 일부를 고령 친화형으로 설계해서 노인 공유 동(棟)을 의무적으로 공급하는 것이다. 그곳에 식당, 욕실, 스포츠센터, 독서실, 오락실, 세탁실, 요양실, 게스트하우스, 육아 시설 등 노인들이 선호하는 시설을 넣으면 된다. 이러한 공유 공간은 가구당 전용 면적을 줄이고 공유 면적을 넓히면 해결된다. 이런 공유 경제가 확산되면 모든 공동 주택이 작은 공동체로 바뀌어갈 것이다. 공유 공간에서의 삶은 노인들만 모여 사는 실버타운과 달리 전체적인 활력도 높아질 것이다.

① 더욱더 빨라지는 고령화 속도를 줄이는 방법
② '유니버설 디자인'의 노인 친화적 주택
③ 노인 주거 문제, 소유에서 공유로 바꿔 해결하자.
④ 증가하는 사회 복지 비용, 그 해결 방안은?

18 다음 중 밑줄 친 부분의 맞춤법이 옳지 않은 것은?

① <u>저녁노을</u>이 참 곱다.
② 여기서 밥 먹게 <u>돗자리</u> 펴라.
③ <u>담배꽁초</u>를 함부로 버리지 마라.
④ 영희는 자기 잇속만 챙기는 <u>깍정이</u>다.

※ 일정한 규칙으로 수 또는 문자를 나열할 때, 빈칸에 들어갈 수 또는 문자로 알맞은 것을 고르시오.
[19~21]

19 $\dfrac{2}{7}$ $\dfrac{10}{6}$ $\dfrac{50}{5}$ $\dfrac{250}{4}$ ( )

① $\dfrac{1,250}{4}$ ② $\dfrac{1,000}{4}$
③ $\dfrac{1,250}{3}$ ④ $\dfrac{1,000}{3}$

20 5 2 6 15   4 6 18 12   15 5 ( ) 75

① 5 ② 10
③ 20 ④ 25

21 E C J H P N ( )

① F ② U
③ W ④ Y

22 A~E 5명은 일정 금액 이상 구매 시 추첨을 통해 경품을 제공하는 백화점 이벤트에 응모하였다. 얼마 후 당첨자가 발표되었고, 이들 중 1명이 1등에 당첨되었다. 다음 대화에서 1명이 거짓말을 한다고 할 때, 1등 당첨자는 누구인가?

- A : C는 1등이 아닌 3등에 당첨됐어.
- B : D가 1등에 당첨됐고, 나는 2등에 당첨됐어.
- C : A가 1등에 당첨됐어.
- D : C의 말은 거짓이야.
- E : 나는 5등에 당첨되었어.

① A ② B
③ C ④ D

23 다음은 B국의 사회간접자본(SOC) 투자 규모에 대한 자료이다. 이에 대한 설명으로 옳지 않은 것은?(단, 소수점 둘째 자리에서 반올림한다)

〈B국의 사회간접자본(SOC) 투자 규모〉

(단위 : 조 원, %)

구분	2020년	2021년	2022년	2023년	2024년
SOC 투자 규모	20.5	25.4	25.1	24.4	23.1
총지출 대비 SOC 투자 규모 비중	7.8	8.4	8.6	7.9	6.9

① 2024년 총지출은 300조 원 이상이다.
② 2021년 SOC 투자 규모의 전년 대비 증가율은 30% 이하이다.
③ 2021 ~ 2024년 동안 SOC 투자 규모가 전년에 비해 가장 큰 비율로 감소한 해는 2024년이다.
④ 2021 ~ 2024년 동안 SOC 투자 규모와 총지출 대비 SOC 투자 규모 비중의 전년 대비 증감 방향은 동일하다.

24 다음 전개도로 입체도형을 만들었을 때, 만들어질 수 없는 것은?

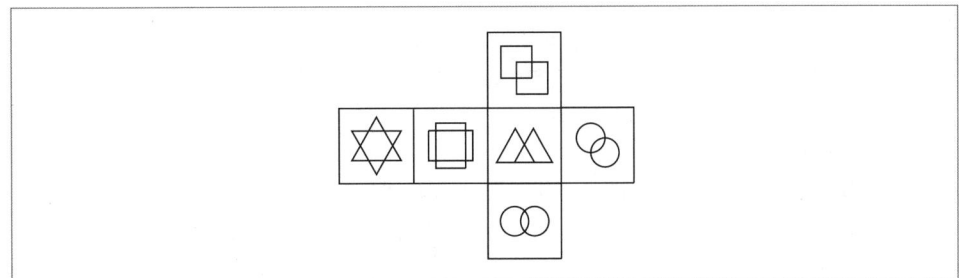

① 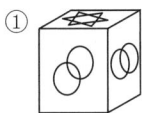   ②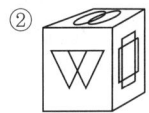

③ 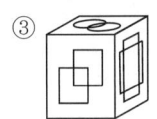   ④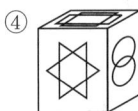

25 다음 글의 전개 방식으로 가장 적절한 것은?

> 1972년 프루시너는 병에 걸린 동물을 연구하다가 우연히 정상 단백질이 어떤 원인에 의해 비정상적인 구조로 변하면 바이러스처럼 전염되며 신경 세포를 파괴한다는 사실을 밝혀냈다. 프루시너는 이 단백질을 '단백질(Protein)'과 '바이러스 입자(Viroid)'의 합성어인 '프리온(Prion)'이라 명명하고 이를 학계에 보고했다.
> 프루시너가 프리온의 존재를 발표하던 당시, 분자 생물학계의 중심 이론은 1957년 크릭에 의해 주창된 '유전 정보 중심설'이었다. 이 이론의 핵심은 유전되는 모든 정보는 DNA 속에 담겨 있다는 것과 유전 정보는 핵산(DNA, RNA)에서 단백질로만 이동이 가능하다는 것이다. 크릭에 따르면 모든 동식물의 세포에서 DNA의 유전 정보는 DNA로부터 세포핵 안의 또 다른 핵산인 RNA가 전사되는 과정에서 전달되고, 이 RNA가 세포질로 나와 단백질을 합성하는 번역의 과정을 통해 단백질로의 전달이 이루어진다. 따라서 단백질은 핵산이 없으므로 스스로 정보를 저장할 수 없고 자기 복제를 할 수 없다는 것이다.
> 그런데 프루시너는 프리온이라는 단백질은 핵산이 아예 존재하지 않음에도 자기 복제를 한다고 주장하였다. 이 주장은 크릭의 유전 정보 중심설에 기반한 분자 생물학계의 중심 이론을 흔들게 된다. 아직 논란이 끝난 것은 아니지만 '자기 복제하는 단백질'이라는 개념이 분자 생물학자들에게 받아들여지기까지는 매우 험난한 과정이 필요했다. 과학자들은 충분하지 못한 증거를 가진 주장에 대해서는 매우 보수적일 뿐만 아니라, 기존의 이론으로 설명할 수 없는 현상을 대했을 때는 어떻게든 기존의 이론으로 설명해내려 노력하기 때문이다. 프루시너가 프리온을 발견한 공로로 노벨 생리학·의학상을 받은 것은 1997년에 이르러서였다.

① 특정 이론과 그에 대립하는 이론을 함께 설명하고 있다.
② 어떤 현상을 비판하고 그에 대한 반박 가능성을 예측하고 있다.
③ 특정 이론을 실제 사례에 적용하여 실현 가능성을 검토하고 있다.
④ 현상에 대한 여러 관점을 소개한 뒤, 각 관점의 장단점을 평가하고 있다.

26 다음 글의 빈칸에 들어갈 접속어로 옳은 것은?

> 날이 추우면 통증이 커질 수 있는 질환이 몇 가지 있다. 골관절염이나 류머티즘 관절염 등 관절 관련 질환이 여기에 해당한다. 통증은 신체에 어떤 이상이 있으니 상황이 악화되지 않도록 피할 방법을 준비하라고 스스로에게 알리는 경고이다.
>
> 골관절염과 류머티즘 관절염은 여러 면에서 차이가 있으나 환절기에 추워지면 증상이 악화될 수 있다는 공통점이 있다. 날씨에 따라 관절염 증상이 악화되는 이유를 의학적으로 명확하게 설명할 수 있는 근거는 다소 부족하지만 추위로 인해 관절염 통증이 심해질 수 있다. 우리는 신체의 신경을 통해 통증을 느끼는데, 날이 추워지면 신체의 열을 빼앗기지 않고자 조직이 수축한다. 이 과정에서 신경이 자극을 받아 통증을 느끼게 되는 것이다. 즉, 관절염의 질환 상태에는 큰 변화가 없을지라도 평소보다 더 심한 통증을 느끼게 된다.
>
> _____ 날이 추워질수록 외부 온도 변화에 대응할 수 있도록 가벼운 옷을 여러 개 겹쳐 입어 체온을 일정하게 유지해야 한다. 특히 일교차가 큰 환절기에는 아침, 점심, 저녁으로 변화하는 기온에 따라 옷을 적절하게 입고 벗을 필요가 있다. 오전에 첫 활동을 시작할 때는 가벼운 스트레칭을 통해 체온을 올린 후 활동하는 것도 효과적이다. 춥다고 웅크린 상태에서 움직이지 않으면 체온이 유지되지 않을 수 있으므로 적절한 활동을 지속하는 것이 중요하다.

① 그러나 ② 따라서
③ 한편   ④ 그리고

27 항공기를 최대 70대 세워둘 수 있는 어떤 공항이 있다. 현재 30대가 세워져 있고 활주로로 항공기가 착륙하여 들어오는 숫자가 시간당 9대이고, 이륙하여 나가는 숫자가 시간당 3대일 때, 몇 시간이 지나면 더는 항공기를 세워 둘 수 없는 시점이 도래하겠는가?

① 5시간 50분 ② 6시간 20분
③ 6시간 30분 ④ 6시간 40분

※ 다음 도형 또는 도형 내부의 기호들은 일정한 패턴을 가지고 변화한다. 다음 중 ?에 들어갈 도형으로 가장 적절한 것을 고르시오. [28~29]

28

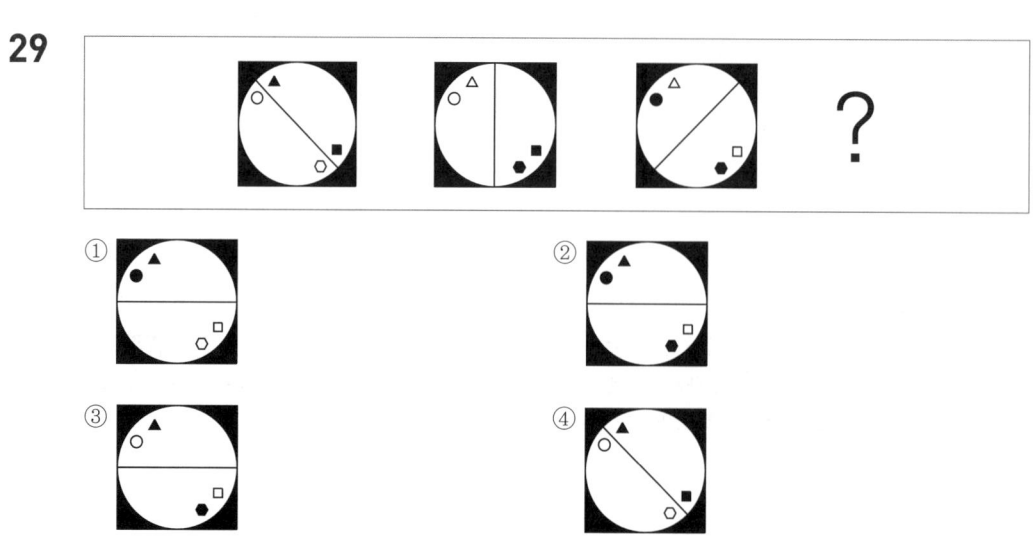

29

30 다음 글의 빈칸에 들어갈 내용으로 가장 적절한 것은?

> 발전은 항상 변화를 내포하고 있다. 그러나 모든 형태의 변화가 전부 발전에 해당하는 것은 아니다. 이를테면 교통신호등이 빨강에서 파랑으로, 파랑에서 빨강으로 바뀌는 변화를 발전으로 생각할 수는 없다. 즉 _____ 좀 더 구체적으로 말해, 사태의 진전 과정에서 나중에 나타나는 것은 적어도 그 이전 단계에 내재적으로나마 존재했던 것의 전개에 해당한다는 것이다. 이렇게 볼 때 발전은 선적(線的)인 특성이 있다. 순전한 반복의 과정으로 보이는 것을 발전이라고 규정하지 않는 이유는 그 때문이다. 반복과정에서는 최후에 명백히 나타나는 것이 처음에 존재했던 것과 거의 다르지 않다. 그러나 또 한편으로 우리는 비록 반복의 경우라도 때때로 그 과정 중의 특정 단계를 따로 떼어서 그것을 발견이라고 생각하기도 한다. 즉, 전체 과정에서 어떤 종류의 질이 그 시기에 특정의 수준까지 진전한 경우를 말한다.

① 발전은 어떤 특정한 방향으로 일어나는 변화라는 의미를 내포하고 있다.
② 변화는 특정한 방향으로 발전하는 것을 의미한다.
③ 발전은 불특정 방향으로 일어나는 변모라는 의미이다.
④ 발전은 어떤 특정한 반복으로 일어나는 변화라는 의미로 사용된다.

31 다음은 연도별 황사 발생횟수와 지속일수에 대한 자료이다. 이에 대한 설명으로 옳지 않은 것은?

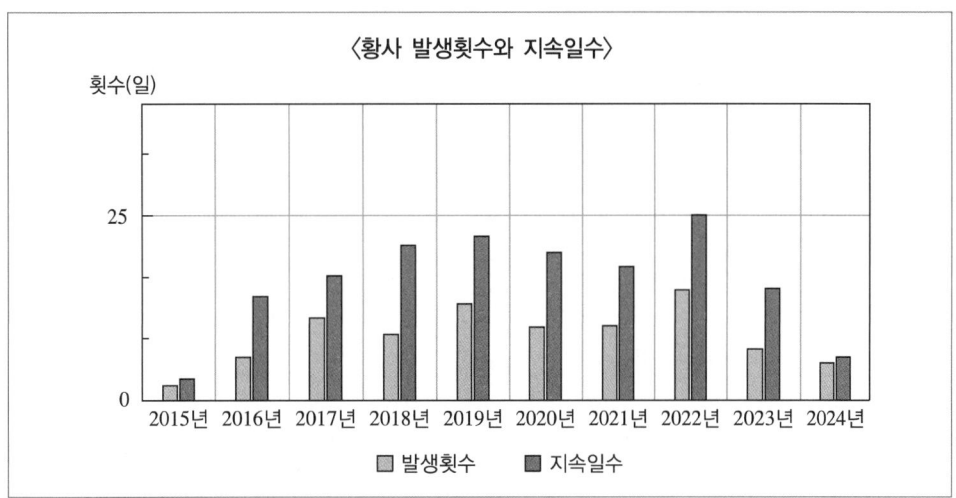

① 연도별 황사의 지속일수는 2022년에 25일로 가장 높았다.
② 연도별 황사의 발생횟수는 2017년에 최고치를 기록했다.
③ 2022년 이후 연도별 황사 발생횟수는 감소하는 추세이다.
④ 2022년 이후 연도별 황사 지속일수는 감소하는 추세이다.

32 다음 글을 읽고 추론한 내용으로 적절하지 않은 것은?

> 우리는 도시화, 산업화, 고도성장 과정에서 우리 경제의 뒷방살이 신세로 전락한 한국 농업의 새로운 가치에 주목해야 한다. 농업은 경제적 효율성이 뒤처져서 사라져야 할 사양산업이 아니다. 전 지구적인 기후변화와 식량 및 에너지 등 자원 위기에 대응하여 나라와 생명을 살릴 미래산업으로서 농업의 전략적 가치가 크게 부각되고 있다. 농본주의의 기치를 앞세우고 농업 르네상스 시대의 재연을 통해 우리 경제가 당면한 불확실성의 터널을 벗어나야 한다.
> 우리는 왜 이런 주장을 하는가? 농업은 자원 순환적이고 환경 친화적인 산업이기 때문이다. 땅의 생산력에 기초해서 한계적 노동력을 고용하는 지연(地緣) 산업인 동시에 식량과 에너지를 생산하는 원천적인 생명산업이기 때문이다. 물질적인 부의 극대화를 위해서 한 지역의 자원을 개발하여 이용한 뒤에 효용가치가 떨어지면 다른 곳으로 이동하는 유목민적 태도가 오늘날 위기를 낳고 키워 왔는지 모른다. 급변하는 시대의 흐름에 부응하지 못하는 구시대의 경제 패러다임으로는 오늘날의 역사에 동승하기 어렵다. 이런 맥락에서 지키고 가꾸어 후손에게 넘겨주는 문화적 지속성을 존중하는 농업의 가치가 새롭게 조명 받는 이유에 주목할 만하다. 과학기술의 눈부신 발전성과를 수용하여 새로운 상품과 시장을 창출할 수 있는 녹색 성장산업으로서 농업의 잠재적 가치가 중시되고 있는 것이다.

① 산업화를 위한 국가의 정책 추진 과정에서 농업은 소외되어 왔다.
② 농업의 성장을 위해서는 먼저 과학기술의 문제점을 성찰해야 한다.
③ 지나친 경제적 효율성 추구로 세계는 현재 자원 위기에 처해 있다.
④ 자원 순환적·환경 친화적 산업의 가치가 부각되고 있다.

33 온라인 쇼핑몰에서 두 유형의 설문조사를 실시하였다. A형 설문조사는 2,000명이 응했고 만족도는 평균 8점이었으며, B형 설문조사는 500명이 응했고 만족도는 평균 6점이었다. 이때, A, B형 설문조사 전체 평균 만족도 점수는?

① 7.6점　　　　　　　　　　② 7.8점
③ 8.0점　　　　　　　　　　④ 8.2점

34 다음 전개도로 입체도형을 만들었을 때, 만들어질 수 있는 것은?

①
②
③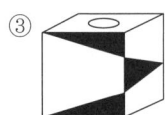
④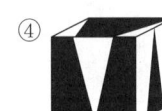

35 다음 식을 계산한 값으로 옳은 것은?

69,980+6,980+680+70

① 74,710　　　　　　　　　② 75,710
③ 76,710　　　　　　　　　④ 77,710

36 B는 전국을 일주하고자 한다. 다음 〈조건〉에 따라 방문할 도시들을 결정한다고 할 때, B가 반드시 방문하는 도시가 아닌 것은?

> **조건**
> - 대구를 방문하면, 경주는 방문하지 않는다.
> - 광주와 전주 중 한 도시만 방문한다.
> - B는 익산을 반드시 방문한다.
> - 대구를 방문하지 않으면, 익산을 방문하지 않는다.
> - 경주를 방문하지 않으면, 대전과 전주를 방문한다.

① 전주
② 대구
③ 대전
④ 경주

37 다음 글에서 ㉠~㉣의 수정 방안으로 적절하지 않은 것은?

> 행동경제학은 기존의 경제학과 ㉠ <u>다른</u> 시선으로 인간을 바라본다. 기존의 경제학은 인간을 철저하게 합리적이고 이기적인 존재로 상정(想定)하여, 인간은 시간과 공간에 관계없이 일관된 선호를 보이며 효용을 극대화하는 방향으로 선택을 한다고 본다. ㉡ <u>기존의 경제학자들은 인간의 행동이 예측 가능하다는 것을 전제(前提)로 경제 이론을 발전시켜 왔다.</u> 반면 행동경제학에서는 인간이 제한적으로 합리적이며 감성적인 존재라고 보며, 처한 상황에 따라 선호가 바뀌기 때문에 그 행동을 예측하기 어렵다고 생각한다. 또한 인간은 효용을 ㉢ <u>극대화하기 보다는</u> 어느 정도 만족하는 선에서 선택을 한다고 본다. 행동경제학은 기존의 경제학이 가정하는 인간관을 지나치게 이상적이고 비현실적이라고 비판한다. ㉣ <u>그러나</u> 행동경제학은 인간이 때로는 이타적인 행동을 하고 비합리적인 행동을 하는 존재라는 점을 인정하며, 현실에 실제하는 인간을 연구 대상으로 한다.

① ㉠ – 문맥을 고려하여 '같은'으로 고친다.
② ㉡ – 문장을 자연스럽게 연결하기 위해 문장 앞에 '그러므로'를 추가한다.
③ ㉢ – 띄어쓰기가 올바르지 않으므로 '극대화하기보다는'으로 고친다.
④ ㉣ – 앞 문장과의 내용을 고려하여 '그래서'로 고친다.

38 다음 빈칸에 들어갈 수로 옳은 것은?

$$\frac{3}{11} < (\quad) < \frac{36}{121}$$

① $\frac{1}{11}$
② $\frac{35}{121}$
③ $\frac{4}{11}$
④ $\frac{32}{121}$

39 다음 블록의 개수는 몇 개인가?(단, 보이지 않는 곳의 블록은 있다고 가정한다)

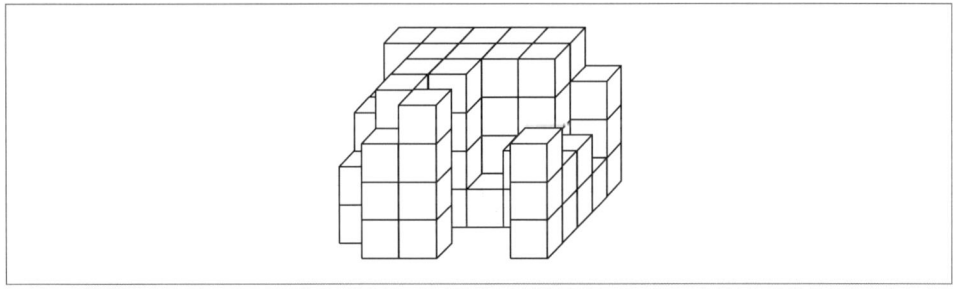

① 75개
② 76개
③ 77개
④ 78개

40 다음 밑줄 친 부분과 유사한 의미로 쓰인 것은?

그의 출중한 외모는 사람들의 시선을 <u>모으기</u>에 충분했다.

① 그 영상은 높은 조회 수를 기록하며 사람들의 관심을 <u>모았다</u>.
② 이번 안건은 많은 사람의 의견을 <u>모아</u> 결정할게.
③ 슬기는 미뤄둔 일들을 <u>모아서</u> 한꺼번에 처리하기로 했다.
④ 진희는 돈을 <u>모아</u> 여행을 떠나기로 결심했다.

※ 다음 주어진 입체도형 중 나머지와 다른 하나를 고르시오. [41~42]

41 ① 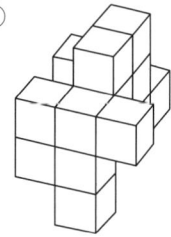 ②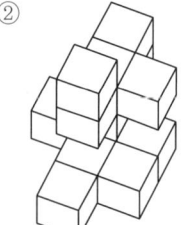

③ 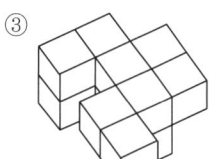 ④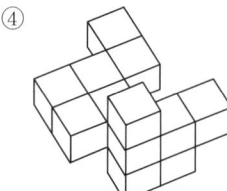

42 ①  ②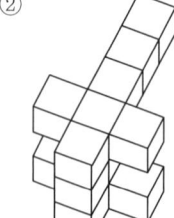

③ 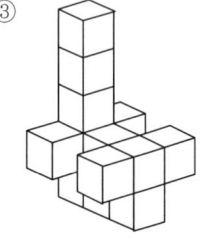 ④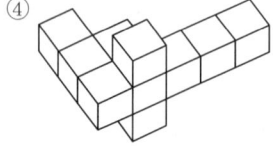

※ 다음은 농촌·도시 간 유동인구 현황에 대한 자료이다. 이어지는 질문에 답하시오. [43~44]

〈농촌·도시 간 유동인구 현황〉

(단위 : 백 명)

구분	2022년	2023년	2024년
농촌 → 도시	500	600	700
도시 → 농촌	400	300	100

43 2021년의 농촌의 인구가 150,000명, 도시의 인구가 300,000명이라면, 다음 중 2024년의 도시와 농촌의 인구로 올바른 것은?

	도시의 인구	농촌의 인구
①	430,000명	20,000명
②	420,000명	30,000명
③	410,000명	40,000명
④	400,000명	50,000명

44 2021년의 농촌의 인구가 150,000명, 도시의 인구가 300,000명이라면, 다음 중 2024년 도시와 농촌의 2022년 대비 인구 증감률은?(단, 소수점 이하는 버림한다)

	도시	농촌
①	27%	−66%
②	28%	−65%
③	29%	−64%
④	30%	−63%

45 다음 두 블록을 합쳤을 때, 나올 수 있는 형태로 옳지 않은 것은?

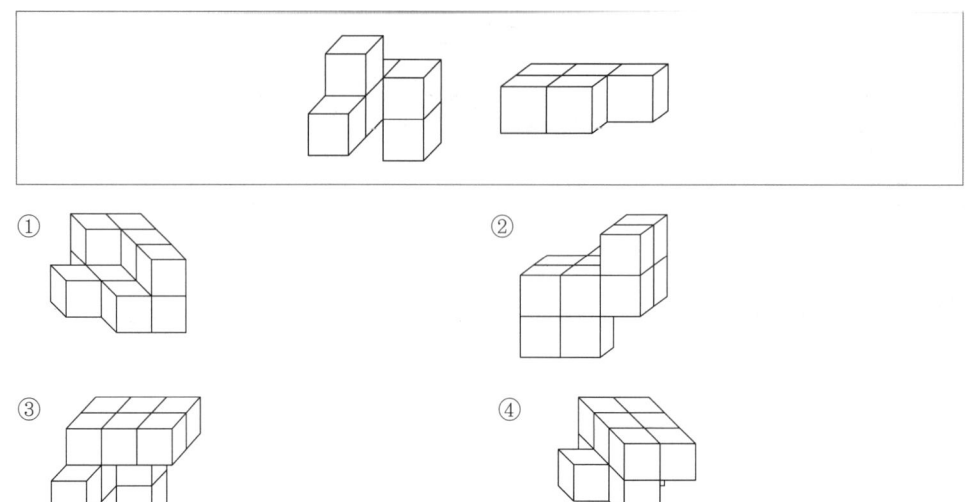

제2회 최종점검 모의고사

응시시간 : 50분 문항 수 : 45문항

01 '등불을 가까이 할만하다.'는 뜻으로 가을밤에 등불을 가까이 하여 글 읽기에 좋다는 의미를 가진 한자성어는?

① 天高馬肥 ② 螢雪之功
③ 燈火可親 ④ 韋編三絶

02 다음 제시된 단어와 같거나 유사한 의미를 가진 것은?

이목

① 괄목 ② 경계
③ 기습 ④ 시선

03 다음 명제가 모두 참일 때, 추론할 수 있는 것은?

- 정직한 사람은 이웃이 많을 것이다.
- 성실한 사람은 외롭지 않을 것이다.
- 이웃이 많은 사람은 외롭지 않을 것이다.

① 이웃이 많은 사람은 성실할 것이다.
② 성실한 사람은 정직할 것이다.
③ 정직한 사람은 외롭지 않을 것이다.
④ 외롭지 않은 사람은 정직할 것이다.

04 다음은 '탄소 배출량 줄이기'에 대한 글을 쓰기 위해 작성한 개요이다. 이를 수정·보완할 내용으로 적절하지 않은 것은?

> Ⅰ. 서론 : 쓰레기 종량제 실시의 필요성 ·· ㉠
> Ⅱ. 본론
>   1. 문제점 분석
>   가. 탄소 배출량에 대한 개인의 인식 부족
>   나. 탄소 배출 제한 제도 운영상의 문제점 ··· ㉡
>   2. 해결 방안 제시 ·· ㉢
>   가. 탄소 배출 제한 제도의 보완 및 확대 방안
>   나. 국립공원 지정을 통한 산림 보호 ··· ㉣
> Ⅲ. 결론 : 탄소배출량을 줄이기 위한 개인과 사회의 노력 촉구

① ㉠은 글의 주제를 고려하여 '탄소 배출량 줄이기의 필요성'으로 고친다.
② ㉡은 상위 항목을 고려하여 '탄소 배출 제한 제도에 따른 국가 간 협력 필요'로 고친다.
③ ㉢에는 'Ⅱ-1-가'를 고려하여 '탄소 배출량에 대한 정부와 기업의 적극적 홍보'를 하위 항목으로 추가한다.
④ ㉣은 상위 항목과의 연관성을 고려하여 삭제한다.

05 다음 글을 읽고 추론한 내용으로 가장 적절한 것은?

> 최근 비즈니스 세계에서 라이코노믹스(Likeonomics, 호감경제학)라는 용어가 부쩍 회자되고 있다. 여기서 '호감 경제학'으로 번역된 '라이코노믹스'(Likeonomics)란 'Like'(호감)와 'Economics'(경제학)를 합성해 만든 신조어이다. 이는 우리가 내리는 거의 모든 결정에 영향을 미치는 것은 논리가 아니라 관계이며, 이것의 기반은 대상을 향한 높은 호감도라는 개념을 내포한다. 세계적인 마케팅 권위자 로히트 바르가바 교수는 그의 책 『호감이 전략을 이긴다』에서 라이코노믹스의 중요성을 강조한다. 그는 경쟁사회에서 신뢰를 얻고 경쟁력 우위를 점할 수 있는 방법은 "호감을 얻어 인간적이고 친밀한 유대 관계를 맺는 것뿐"이라고 말하며 그 수단으로 5가지 원칙을 꼽았다. 바로 진실성(Truth), 관련성(Relevance), 이타성(Unselfishness), 단순성(Simplicity) 그리고 타이밍(Timing)이다.

① 라이코노믹스는 기존의 경제학보다 복잡하다.
② 라이코노믹스는 소비자의 호감을 얻기 위해 논리성을 강조한다.
③ 라이코노믹스는 전략적으로 호감을 얻어야 한다고 주장한다.
④ 라이코노믹스는 논리보다 관계가 더 중요하다는 것을 보여준다.

06 다음 식을 계산한 값으로 옳은 것은?

$$3.3 \times 3 + 2.2 \div 2 + 44.4$$

① 45.4   ② 55.4
③ 56.4   ④ 65.4

07 다음 그림과 같이 화살표 방향으로 종이를 접은 후, 펀치로 구멍을 뚫어 다시 펼쳤을 때의 그림으로 가장 적절한 것은?

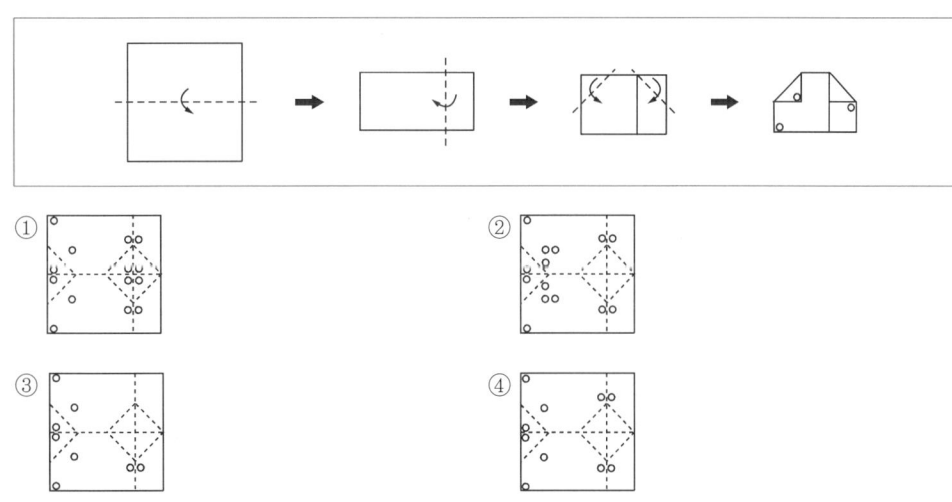

08 다음 블록의 개수는 몇 개인가?(단, 보이지 않는 곳의 블록은 있다고 가정한다)

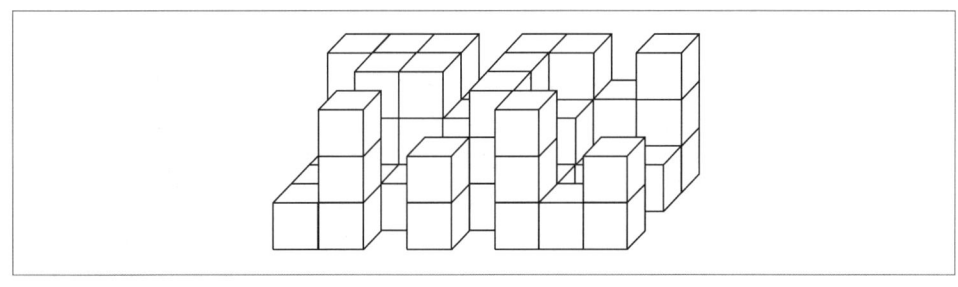

① 56개   ② 57개
③ 58개   ④ 59개

09 B레스토랑에서는 두 가지 음식을 묶은 런치세트를 구성해 판매한다. 런치세트 메뉴와 금액이 다음과 같을 때, 아라비아따의 할인 전 가격은?

〈런치세트 메뉴〉

구분	구성 음식	금액(원)
A세트	까르보나라, 알리오올리오	24,000
B세트	마르게리따피자, 아라비아따	31,000
C세트	까르보나라, 고르곤졸라피자	31,000
D세트	마르게리따피자, 알리오올리오	28,000
E세트	고르곤졸라피자, 아라비아따	32,000

※ 런치세트 메뉴의 가격은 파스타 종류는 500원, 피자 종류는 1,000원을 할인한 뒤 합하여 책정함
※ 파스타 : 까르보나라, 알리오올리오, 아라비아따
※ 피자 : 마르게리따피자, 고르곤졸라피자

① 14,000원 ② 14,500원
③ 15,000원 ④ 15,500원

10 갑 ~ 무 5명은 연극 연습을 위해 동아리 회장으로부터 동아리 방의 열쇠를 빌렸으나, 이들 중 1명이 동아리 방의 열쇠를 잃어버렸다. 다음 대화에서 2명이 거짓말을 한다고 할 때, 열쇠를 잃어버린 사람은 누구인가?

- 갑 : 나는 누군가가 회장에게 열쇠를 받는 것을 봤어. 난 열쇠를 갖고 있던 적이 없어.
- 을 : 나는 회장에게 열쇠를 받지 않았어. 열쇠를 잃어버린 사람은 정이야.
- 병 : 나는 마지막으로 무가 열쇠를 가지고 있는 것을 봤어. 무가 열쇠를 잃어버린 게 확실해.
- 정 : 갑과 을 중 한 명이 회장에게 열쇠를 받았고, 그중 한 명이 열쇠를 잃어버렸어.
- 무 : 사실은 내가 열쇠를 잃어버렸어.

① 갑 ② 을
③ 병 ④ 무

11 다음 글에 대한 〈보기〉의 내용 중 적절하지 않은 것을 모두 고르면?

> 벼슬에 나아감과 물러남의 도리에 밝은 옛 군자는 조금이라도 관직에 책임을 다하지 못하거나 의리의 기준으로 보아 직책을 더 이상 수행할 수 없을 경우, 반드시 몸을 이끌고 급히 물러났습니다. 그들도 임금을 사랑하는 정(情)이 있기에 차마 물러나기 어려웠을 터이나, 정 때문에 주저하여 자신이 물러나야 할 때를 놓치지는 않았으니, 이는 정보다는 의리를 지키지 않을 수 없었기 때문입니다.
>
> 임금과 어버이는 일체이므로 모두 죽음으로 섬겨야 할 대상입니다. 그러나 부자관계는 천륜이어서 자식이 어버이를 봉양하는 데 한계가 없지만, 군신관계는 의리로 합쳐진 것이라 신하가 임금을 받드는 데 한계가 있습니다. 한계가 없는 경우에는 은혜가 항상 의리에 우선하므로 관계를 떠날 수 없지만, 한계가 있는 경우에는 때때로 의리가 은혜보다 앞서기도 하므로 떠날 수 있는 상황이 생기는 것입니다. 의리의 문제는 사람과 때에 따라 같지 않습니다. 공들의 경우는 벼슬에 나가는 것이 의리가 되지만 나에게 공들처럼 하도록 요구해서는 안 되며, 내 경우는 물러나는 것이 의리가 되니 공들에게 나처럼 하도록 바라서도 안 됩니다.

보기

ㄱ. 부자관계에서는 은혜가 의리보다 중요하다.
ㄴ. 군신관계에서 의리가 은혜에 항상 우선하는 것은 아니다.
ㄷ. 군신관계에서 신하들이 임금에 대해 의리를 실천하는 방식은 누구에게나 동일하다.

① ㄱ
② ㄷ
③ ㄱ, ㄴ
④ ㄴ, ㄷ

※ 일정한 규칙으로 수 또는 문자를 나열할 때, 빈칸에 들어갈 수 또는 문자로 알맞은 것을 고르시오.
[12~15]

12

40　45　60　50　79　56　97　63　114　(　)

① 64　　② 67
③ 69　　④ 71

13

$\dfrac{101}{399}$　$\dfrac{126}{374}$　(　)　$\dfrac{221}{279}$　$\dfrac{284}{216}$

① $\dfrac{112}{578}$　　② $\dfrac{67}{312}$
③ $\dfrac{19}{481}$　　④ $\dfrac{77}{223}$

14

2　3　8　　3　5　243　　4　(　)　256

① 2　　② 3
③ 4　　④ 5

15

A　B　3　T　V　42　X　Y　(　)

① 22　　② 31
③ 49　　④ 52

16 다음 문단을 논리적 순서대로 바르게 나열한 것은?

(가) 매년 수백만 톤의 황산이 애팔래치아 산맥에서 오하이오 강으로 흘러들어 간다. 이 황산은 강을 붉게 물들이고 산성으로 변화시킨다. 이렇듯 강이 붉게 물드는 것은 티오바실러스라는 세균으로 인해 생성된 침전물 때문이다. 철2가 이온(Fe^{2+})과 철3가 이온(Fe^{3+})의 용해도가 이러한 침전물의 생성에 중요한 역할을 한다.

(나) 애팔래치아 산맥의 석탄 광산에 있는 황철광에는 이황화철(FeS_2)이 함유되어 있다. 티오바실러스는 이 황철광에 포함된 이황화철(FeS_2)을 산화시켜 철2가 이온(Fe^{2+})과 강한 산인 황산을 만든다. 이 과정에서 티오바실러스는 일차적으로 에너지를 얻는다. 일단 만들어진 철2가 이온(Fe^{2+})은 티오바실러스에 의해 다시 철3가 이온(Fe^{3+})으로 산화되는데, 이 과정에서 또 다시 티오바실러스는 에너지를 이차적으로 얻는다.

(다) 이황화철(FeS_2)의 산화는 다음과 같이 가속된다. 티오바실러스에 의해 생성된 황산은 황철광을 녹이게 된다. 황철광이 녹으면 황철광 안에 들어 있던 이황화철(FeS_2)은 티오바실러스와 공기 중의 산소에 더 노출되어 화학반응이 폭발적으로 증가하게 된다. 티오바실러스의 생장과 번식에는 이와 같이 에너지의 원료가 되는 이황화철(FeS_2)과 산소 그리고 세포 구성에 필요한 무기질이 꼭 필요하다. 이러한 환경조건이 자연적으로 완비된 광산 지역에서는 일반적인 방법으로 티오바실러스의 생장을 억제하기가 힘들다. 이황화철(FeS_2)과 무기질이 다량으로 광산에 있으므로 이 경우 오하이오 강의 오염을 막기 위한 방법은 광산을 밀폐시켜 산소의 공급을 차단하는 것뿐이다.

(라) 철2가 이온(Fe^{2+})은 강한 산(pH 3.0 이하)에서 물에 녹은 상태를 유지한다. 그러한 철2가 이온(Fe^{2+})은 자연 상태에서 pH 4.0~5.0 사이가 되어야 철3가 이온(Fe^{3+})으로 산화된다. 놀랍게도 티오바실러스는 강한 산에서 잘 자라고 강한 산에 있는 철2가 이온(Fe^{2+})을 적극적으로 산화시켜 철3가 이온(Fe^{3+})을 만든다. 그리고 물에 녹지 않는 철3가 이온(Fe^{3+})은 다른 무기 이온과 결합하여 붉은 침전물을 만든다. 환경에 영향을 미칠 정도로 다량의 붉은 침전물을 만들기 위해서는 엄청난 양의 철2가 이온(Fe^{2+})과 강한 산이 있어야 한다. 이것들은 어떻게 만들어지는 것일까?

① (가) – (나) – (라) – (다)
② (가) – (라) – (나) – (다)
③ (라) – (가) – (다) – (나)
④ (라) – (나) – (가) – (다)

17 다음 빈칸에 들어갈 수로 옳은 것은?

$$\frac{1}{7} < (\quad) < \frac{4}{21}$$

① $\frac{1}{28}$ ② $\frac{1}{6}$

③ $\frac{1}{3}$ ④ $\frac{3}{7}$

18 타율이 2할인 타자가 두 번 타석에 설 때, 적어도 한 번은 안타를 칠 확률은?

① 0.24   ② 0.36
③ 0.48   ④ 0.56

※ 다음 도형 또는 도형 내부의 기호들은 일정한 패턴을 가지고 변화한다. ?에 들어갈 도형으로 옳은 것을 고르시오. [19~20]

19

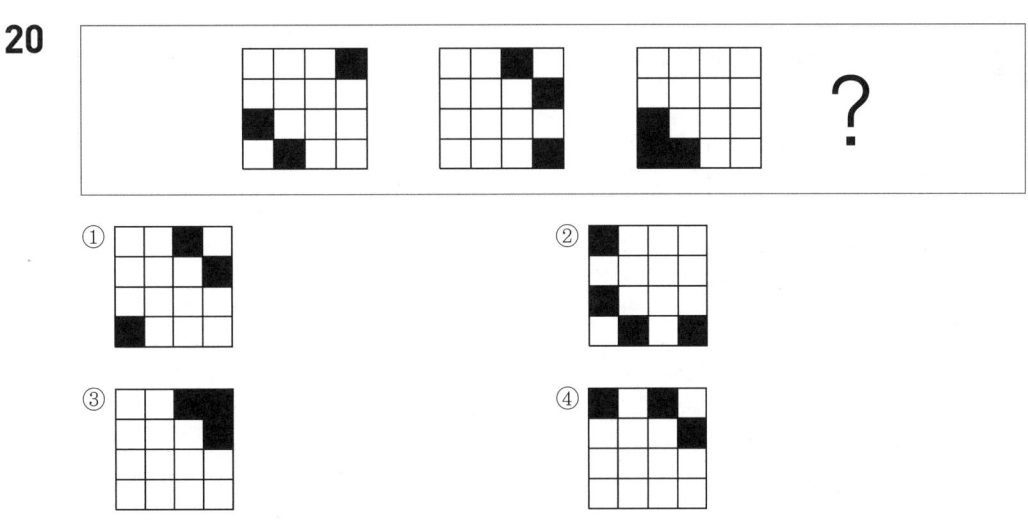

21 다음은 서울과 각 지역의 지역사회 정신건강 예산에 대한 자료이다. 2023년 대비 2024년 정신건강 예산의 증가액이 가장 큰 지역을 순서대로 바르게 나열한 것은?

<시도별 공공의료기관 인력 현황>

(단위 : 천 원, 원)

구분	2024년		2023년	
	정신건강 예산	인구 1인당 지역사회 정신건강 예산	정신건강 예산	인구 1인당 지역사회 정신건강 예산
서울	58,981,416	6,208	53,647,039	5,587
부산	24,205,167	7,275	21,308,849	6,373
대구	12,256,595	5,133	10,602,255	4,382
인천	17,599,138	5,984	12,662,483	4,291
광주	13,479,092	9,397	12,369,203	8,314
대전	14,142,584	9,563	12,740,140	8,492
울산	6,497,177	5,782	5,321,968	4,669
세종	1,515,042	4,129	1,237,124	3,546
제주	5,600,120	8,319	4,062,551	6,062

① 서울 – 세종 – 인천 – 대구 – 제주 – 대전 – 울산 – 광주 – 부산
② 서울 – 인천 – 부산 – 대구 – 제주 – 대전 – 울산 – 광주 – 세종
③ 서울 – 대구 – 인천 – 대전 – 부산 – 대전 – 울산 – 광주 – 제주
④ 서울 – 인천 – 대전 – 부산 – 제주 – 대구 – 울산 – 세종 – 광주

22 다음 명제를 통해 참인지 거짓인지 알 수 없는 것은?

- H빌라의 주민들은 모두 A의 친척이다.
- B는 자식이 없다.
- C는 A의 오빠이다.
- D는 H빌라의 주민이다.
- A의 아들은 미국에 산다.

① A의 아들은 C와 친척이다.
② D는 A와 친척 간이다.
③ B는 H빌라의 주민이다.
④ A와 D는 둘 다 남자이다.

23 다음 ㉠~㉢의 빈칸에 들어갈 접속어가 순서대로 연결된 것은?

> 아리스토텔레스는 달 이상의 천상계를 완벽한 세상으로 보았다. ㉠ 달을 포함한 천체는 완벽한 구이며, 이러한 천체들은 완벽한 원운동을 한다고 주장하였다. ㉡ 갈릴레오가 망원경으로 직접 관측한 달의 모습은 달랐다. 지구처럼 울퉁불퉁한 산맥과 골짜기가 있고, 운석 구덩이도 보였다. ㉢ 갈릴레오는 천상계의 달 표면이 지구의 표면과 별반 다르지 않음을 알아낸 것이다.

	㉠	㉡	㉢
①	그러나	반면에	또한
②	따라서	반면에	즉
③	따라서	그러므로	즉
④	그런데	그러므로	게다가

24 다음 밑줄 친 현상에 대한 문제점 또는 해결 방안으로 적절하지 않은 것은?

> 농가가 급감하고 있는 가운데 고령화 농업인의 비율은 10년 전보다 10% 이상 늘어나는 등 고령화가 급속도로 진행되고 있다. 이런 농촌의 고령화 진행 속도로 보아 2030년에는 45.2%로, 2040년에는 52.5%로 증가할 전망이다. 이 같은 현상이 지속될 경우 점차 소수의 고령화 농가만이 농사를 짓는 상황이 벌어지게 될 것이다.

① 사회 복지 비용이 증가한다.
② 대한민국의 식량 주권을 잃게 될 수 있다.
③ 농업 농촌의 6차 산업화 지원정책을 확대한다.
④ 시니어 산업을 축소해야 한다.

25 영희와 어머니의 나이 차는 20이다. 현재 어머니의 나이가 영희 나이의 6배라면, 영희와 어머니의 나이는?

① 영희 3살, 어머니 18살
② 영희 4살, 어머니 24살
③ 영희 5살, 어머니 25살
④ 영희 6살, 어머니 36살

26 다음 글의 주장을 반박하는 내용으로 적절하지 않은 것은?

> 윤리와 관련하여 가장 광범위하게 받아들여진 사실 가운데 하나는 옳은 것과 그른 것에 대한 광범위한 불일치가 과거부터 현재까지 항상 있었고, 아마도 앞으로도 계속 있을 것이라는 점이다. 가령 육식이 올바른지를 두고 한 문화에 속해 있는 사람들의 판단은 다른 문화에 속해 있는 사람들의 판단과 굉장히 다르다. 그뿐만 아니라 한 문화에 속한 사람들의 판단은 시대마다 아주 다르기도 하다. 심지어 우리는 동일한 문화와 시대 안에서도 하나의 행위에 대해 서로 다른 윤리적 판단을 하는 경우를 볼 수 있다.
> 이러한 사실이 의미하는 바는 사람들의 윤리적 기준이 시간과 장소 그리고 그들이 사는 상황에 따라 달라진다는 것이다. 그러므로 올바른 윤리적 기준은 그것을 적용하는 사람에 따라 상대적이다. 이것이 바로 윤리적 상대주의의 핵심 논지이다. 따라서 우리는 윤리적 상대주의가 참이라는 결론을 내려야 한다.

① 사람들의 윤리적 판단은 그들이 사는 지역에 따라 크게 다르지 않다.
② 윤리적 상대주의가 옳다고 해서 사람들의 윤리적 판단이 항상 서로 다른 것은 아니다.
③ 윤리적 판단이 다르다고 해서 윤리적 기준도 반드시 달라지는 것은 아니다.
④ 인류학자들에 따르면 문화에 따른 판단의 차이에도 불구하고 일부 윤리적 기준은 보편적으로 신봉되고 있다.

27 다음 빈칸에 들어갈 단어의 표기로 옳은 것은?

- 성준이는 수업 시간에 ㉠딴생각 / 딴 생각을 많이 하는 편이다.
- 그는 내가 ㉡사사받은 / 사사한 교수님이다.
- 궂은 날씨로 인해 기대했던 약속이 ㉢파토 / 파투 났다.

	㉠	㉡	㉢
①	딴생각	사사받은	파토
②	딴생각	사사한	파투
③	딴 생각	사사받은	파토
④	딴 생각	사사받은	파투

28 다음 전개도로 입체도형을 만들었을 때, 만들어질 수 있는 것은?

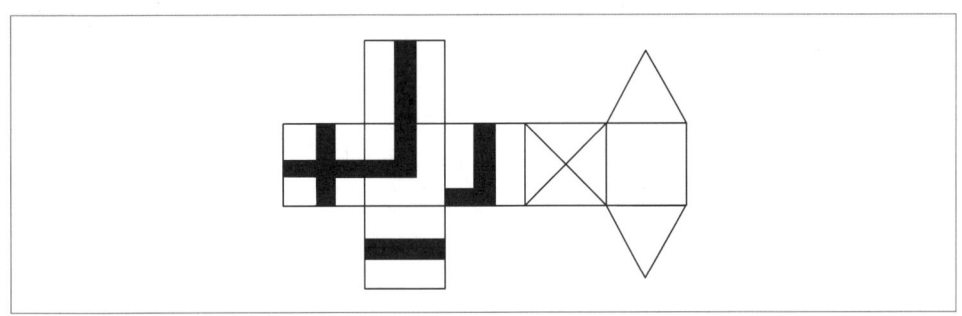

① 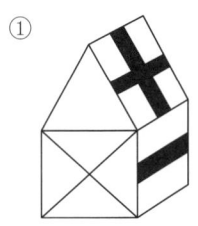   ②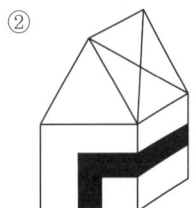

③ 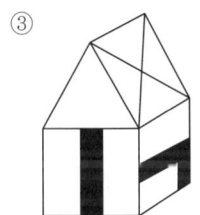   ④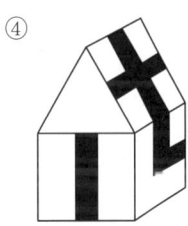

29 소연이는 집에서 마트까지 시속 6km의 속력으로 걸어가서 40분 동안 물건을 구매 후 같은 길을 시속 4km로 걸어 집으로 돌아왔더니 2시간 30분이 걸렸다. 이때 집에서 마트까지의 거리는?

① 4.1km   ② 4.4km
③ 4.9km   ④ 5.4km

30 다음과 같은 정사각형의 종이를 화살표 방향으로 접고 〈보기〉의 좌표가 가리키는 위치에 구멍을 뚫었다. 다시 펼쳤을 때 뚫린 구멍의 위치를 좌표로 나타낸 것으로 옳은 것은?(단, 좌표가 그려진 사각형의 크기와 종이의 크기는 일치하며, 종이가 접힐 때 종이의 위치는 바뀌지 않는다)

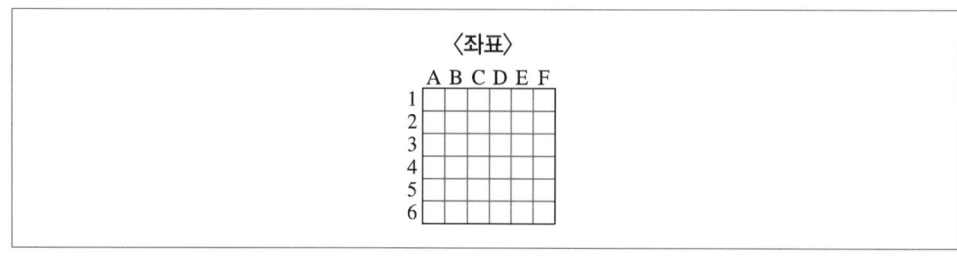

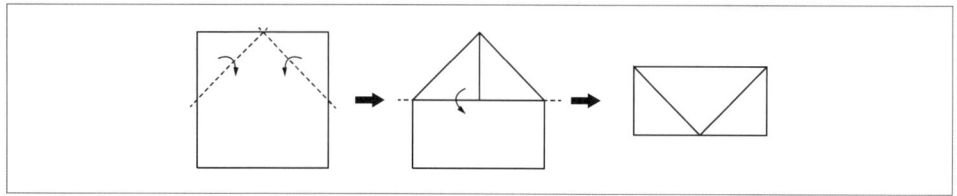

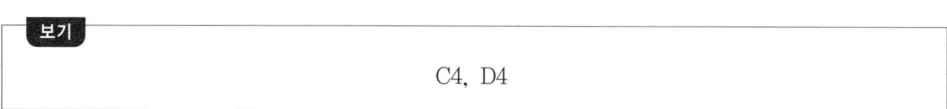

① A1, B3, C3, C6, D6
② A1, C3, C1, D2
③ A1, C3, C4, D3, D4, F1
④ A1, C4, D4, D6

31 다음 명제가 모두 참일 때, 반드시 참인 것은?

- 사람의 얼굴을 보면 성격을 알 수 있다.
- 얼굴에 구김살이 있으면 예민한 성격이다.
- 온화한 사람은 얼굴에 구김살이 없다.

① 얼굴이 온화하지 않으면 성격을 알 수 없다.
② 성격을 알 수 있는 얼굴은 구김살이 있다.
③ 얼굴에 구김살이 있으면 예민한 성격이거나 온화하지 않은 성격이다.
④ 예민한 성격은 온화하지 않다.

32 다음 글의 서술상 특징으로 가장 적절한 것은?

> 어느 의미에서는 고정불변(固定不變)의 신비로운 전통이라는 것이 존재(存在)한다기보다 오히려 우리 자신이 전통을 찾아내고 창조한다고도 할 수가 있다. 따라서 과거에는 훌륭한 문화적 전통의 소산으로 생각되던 것이, 후대에는 버림을 받게 되는 예도 허다하다. 한편 과거에는 돌보아지지 않던 것이 후대에 높이 평가되는 일도 한두 가지가 아니다. 연암의 문학은 바로 그러한 예인 것이다. 비단 연암의 문학만이 아니다. 우리가 현재 민족 문화의 전통과 명맥을 이어준 것이라고 생각하는 것의 대부분이 그러한 것이다. 신라의 향가, 고려의 가요, 조선 시대의 사설시조, 백자, 풍속화 같은 것이 그러한 것이다.

① 익살스러운 문체를 통해 풍자의 효과를 살리고 있다.
② 대상의 직접적인 평가를 피하며 상상력을 자극하고 있다.
③ 비유를 통해 대상의 다양한 속성을 드러내고 있다.
④ 설명하고자 하는 바를 예를 들어 설명하고 있다.

33 다음 그림은 출생연대별로 드러난 개인주의 가치성향을 조사한 결과이다. 이에 대한 설명으로 옳은 것은?

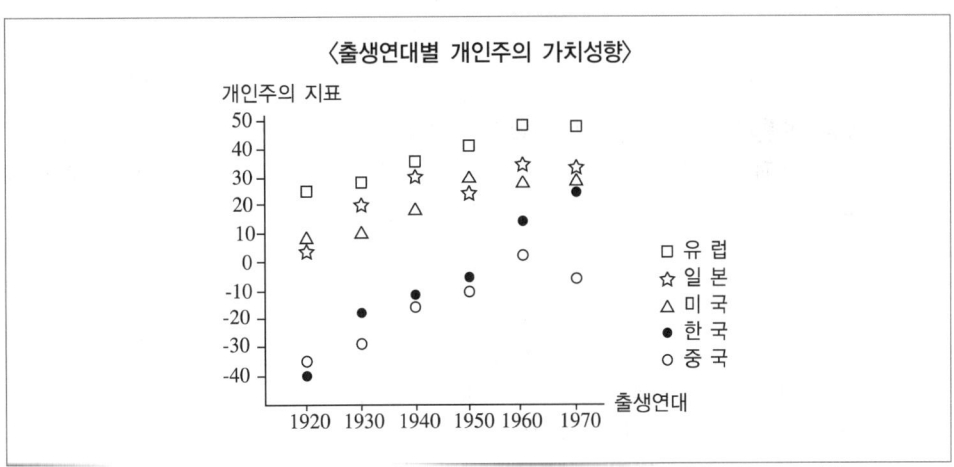

① 세대별로 개인주의 가치성향 차이는 한국보다 유럽이 큰 편이다.
② 한국을 제외하고는 나이와 개인주의 가치성향이 항상 반비례하고 있다.
③ 중국의 1960년대생과 1970년대생은 비슷한 개인주의 가치성향을 보인다.
④ 전체 인구를 보면 대체로 유럽, 일본, 미국이 한국, 중국보다 개인주의 가치성향이 더 강하다.

34 다음은 '할랄 식품'에 대한 자료이다. 이를 토대로 이슬람 친구에게 추천할 수 있는 식품을 바르게 고른 것은?

> ■ 할랄 식품(Halal Food)이란?
> - 이슬람 율법은 식품 섭취에 대한 여러 가지 제한을 두고 있는데, 여기에 해당하지 않는 식품을 '할랄 식품(Halal Food)'이라 한다.
> - 육류의 경우 양·소·닭 등은 허용되지만, 대신 이슬람식 방법에 따라 도축된 것만을 인정한다(과자, 빵, 주스 등 가공식품은 돼지고기나 알코올 성분이 없어야 한다).
>
> ■ 하람(Haram)이란?
> - 아랍어로 종교적·도덕적·윤리적 금기사항을 의미하며, 「코란」과 순나(Sunnah)에 구체적인 행위가 언급되어 있다.
> - 돼지고기 및 이와 관련한 음식, 피와 관련한 부산물, 파충류 및 곤충, 허용된 육류이지만 이슬람식 방법에 따라 도살하지 않은 육류, 다른 신의 이름으로 도살한 육류, 죽은 동물, 알코올 성분이 있어 사람들을 취하게 만드는 것은 금지한다.

① 염소, 뱀, 조개
② 복숭아, 잡곡밥, 고등어
③ 칠면조, 번데기, 우유
④ 조기, 막걸리, 김치

35 매주 화요일에 진행되는 취업스터디에 A ~ E 5명의 친구가 함께 참여하고 있다. 스터디 불참 시 벌금이 부과되는 규칙에 따라 지난주 불참한 2명은 벌금을 내야 한다. 이들 중 2명이 거짓말을 하고 있다고 할 때, 다음 중 옳은 것은?

> - A : 내가 다음 주에는 사정상 참석할 수 없지만 지난주에는 참석했어!
> - B : 지난주 불참한 C가 반드시 벌금을 내야 해.
> - C : 지난주 스터디에 A가 불참한 건 확실해!
> - D : 사실 나는 지난주 스터디에 불참했어.
> - E : 지난주 스터디에 나는 참석했지만, B는 불참했어.

① A와 B가 벌금을 내야 한다.
② A와 C가 벌금을 내야 한다.
③ A와 E가 벌금을 내야 한다.
④ B와 D가 벌금을 내야 한다.

※ 다음 주어진 입체도형 중 나머지와 다른 하나를 고르시오. [36~37]

36 ①  ②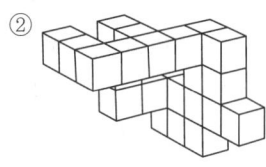

③  ④

37 ① 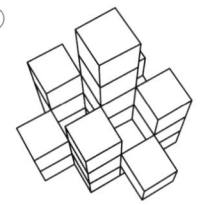 ②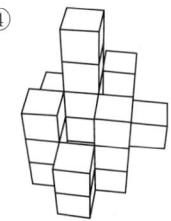

③ 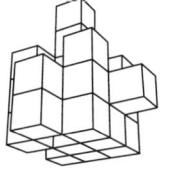 ④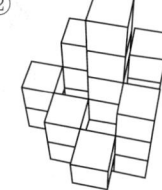

38 다음 밑줄 친 단어의 쓰임이 옳은 것은?

① 김 팀장님, 여기 서류에 <u>결제</u> 부탁드립니다.
② 한국 남자 수영팀이 10년 만에 한국 신기록을 <u>갱신</u>했다.
③ 일제강점기 독립운동가들은 일제 경찰에게 갖은 <u>곤혹</u>을 당했다.
④ 그녀는 솔직하고 <u>담백하게</u> 자신의 마음을 표현했다.

39 다음 전개도로 입체도형을 만들었을 때, 만들어질 수 없는 것은?

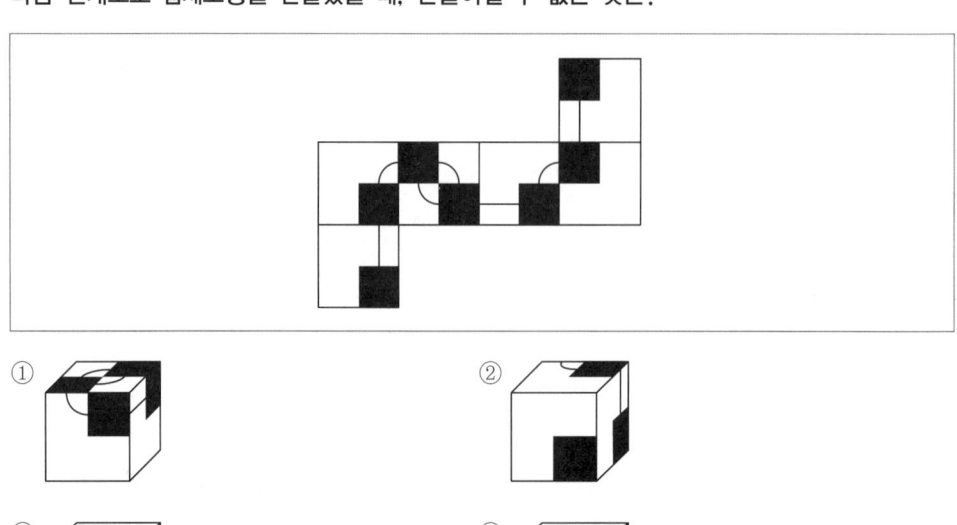

40 B기업에서는 조직 개편을 하려고 한다. 5명을 한 팀으로 조직하면 2명이 팀에 편성되지 않고, 6명을 한 팀으로 조직하면 팀에 편성되지 않는 사람은 없지만, 5명을 한 팀으로 조직했을 때보다 2팀이 줄어든다. 5명을 한 팀으로 조직했을 때, 총 몇 팀 만들어지는가?

① 12팀
② 13팀
③ 14팀
④ 15팀

41 다음 글의 빈칸에 들어갈 내용으로 가장 적절한 것은?

> 동물들은 홍채에 있는 근육의 수축과 이완을 통해 눈동자를 크게 혹은 작게 만들어 눈으로 들어오는 빛의 양을 조절하므로 눈동자 모양이 원형인 것이 가장 무난하다. 그런데 고양이와 늑대와 같은 육식동물은 세로로, 양이나 염소와 같은 초식동물은 가로로 눈동자 모양이 길쭉하다. 특별한 이유가 있는 것일까?
> 육상동물 중 모든 육식동물의 눈동자가 세로로 길쭉한 것은 아니다. 주로 매복형 육식동물의 눈동자가 세로로 길쭉하다. 이는 숨어서 기습을 하는 사냥 방식과 밀접한 관련이 있는데, 세로로 길쭉한 눈동자가 _____ 일반적으로 매복형 육식동물은 양쪽 눈으로 초점을 맞춰 대상을 보는 양안시로, 각 눈으로부터 얻는 영상의 차이인 양안시차를 하나의 입체 영상으로 재구성하면서 물체와의 거리를 파악한다. 그런데 이러한 양안시차뿐만 아니라 거리지각에 대한 정보를 주는 요소로 심도 역시 중요하다. 심도란 초점이 맞는 공간의 범위를 말하며, 심도는 눈동자의 크기에 따라 결정된다. 즉 눈동자의 크기가 커져 빛이 많이 들어오게 되면, 커지기 전보다 초점이 맞는 범위가 좁아진다. 이렇게 초점의 범위가 좁아진 경우를 '심도가 얕다.'고 하며, 반대인 경우를 '심도가 깊다.'고 한다.

① 사냥감의 주변 동태를 정확히 파악하는 데 효과적이기 때문이다.
② 사냥감의 움직임을 정확히 파악하는 데 효과적이기 때문이다.
③ 사냥감의 위치를 정확히 파악하는 데 효과적이기 때문이다.
④ 사냥감과의 거리를 정확히 파악하는 데 효과적이기 때문이다.

42 다음 글을 읽고 '한국인의 수면 시간'과 관련된 글을 쓴다고 할 때, 글의 주제로 가장 적절하지 않은 것은?

> 인간은 평생 3분의 1 정도를 잠으로 보낸다. 잠은 낮에 사용한 에너지를 보충하고, 피로를 회복하는 중요한 과정이다. 하지만 한국인은 잠이 부족하다. 한국인의 수면 시간은 7시간 41분밖에 되지 않으며, 2016년 기준 경제협력개발기구(OECD) 회원국 가운데 꼴찌를 차지했다. 한 조사에 따르면 전 국민의 17% 정도가 주 3회 이상 불면 증상을 갖고 있으며, 이는 연령이 높아짐에 따라 늘어났다.
> 이에 따라 불면증, 기면증, 수면무호흡증 등 수면장애로 병원을 찾는 사람은 2016년 기준 291만 8,976명으로 5년 새 13% 증가했다. 수면장애를 방치하면 삶의 질 저하는 물론 만성 두통, 심혈관계 질환 등이 발생할 수 있다. 불면증은 수면 질환의 대명사로, 가장 흔하고 복합적인 질환이다. 불면증은 면역기능 저하, 인지 감퇴뿐만 아니라 일상생활에 장애를 초래할 수 있으며 우울증, 인지장애 등을 유발할 수 있다.
> 코를 골며 자다가 몇 초에서 몇 분 동안 호흡을 멈추는 수면무호흡증도 있다. 이 역시 인지기능 저하와 심혈관계질환 등 합병증을 일으킨다. 특히 수면무호흡증은 비만과 관계가 깊고, 졸음운전의 원인이 되기도 한다.
> 최근 고령 인구 증가로 뇌 퇴행성 질환인 렘수면 행동장애(RBD; Rem Sleep Behavior Disorder)도 늘고 있다. 이 병은 잠자는 동안 악몽을 꾸면서 소리를 지르고, 팔다리를 움직이고, 벽을 치고, 침대에서 뛰어내리는 등 난폭한 행동을 한다. 이 병을 앓는 상당수는 치매와 파킨슨병으로 이어진다. 또한 잠들기 전에 다리에 이상 감각이나 통증이 생기는 하지불안증후군도 수면의 질을 떨어뜨리는 병이다. 낮 동안 졸리는 기면증(嗜眠症) 역시 일상생활에 심각한 장애를 초래한다.
> 한 정신건강의학과 교수는 "수면 문제는 결국 심혈관계질환, 치매와 파킨슨병 등의 퇴행성 질환, 우울증, 졸음운전의 원인이 되므로 전문적인 치료를 받아야 한다."고 했다.

① 한국인의 부족한 수면 시간　　　② 수면 마취제의 부작용
③ 수면장애의 종류　　　　　　　　④ 수면장애의 심각성

※ 다음은 시·도별 연령에 따른 인구 비중을 나타낸 자료이다. 이어지는 질문에 답하시오. [43~44]

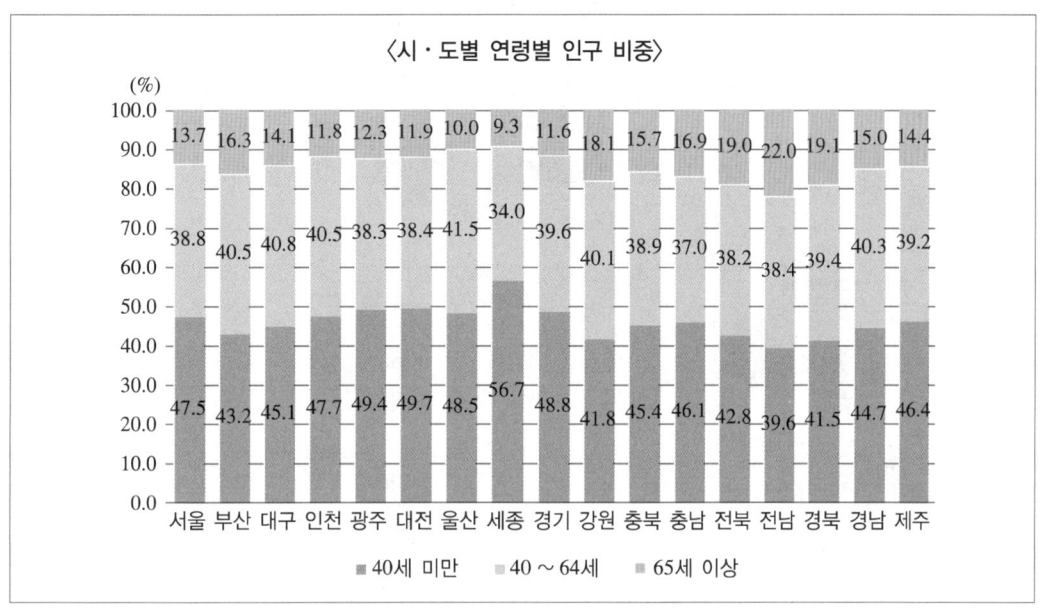

43 65세 이상 인구 비중이 세 번째로 높은 지역의 64세 이하의 비율은 얼마인가?

① 81% ② 80%
③ 79% ④ 78%

44 다음 중 위 자료에 대한 설명으로 옳지 않은 것은?

① 울산의 40세 미만 비율과 대구의 40~64세 비율 차이는 7.7%p이다.
② 인천 지역의 총 인구가 300만 명일 때, 65세 이상 인구는 33.4만 명이다.
③ 40세 미만의 비율이 높은 다섯 지역 순서는 '세종 – 대전 – 광주 – 경기 – 울산'이다.
④ 조사 지역의 인구가 모두 같을 경우 40~64세 인구가 두 번째로 많은 지역은 대구이다.

45 다음 두 블록을 합쳤을 때, 나올 수 있는 형태로 옳은 것은?

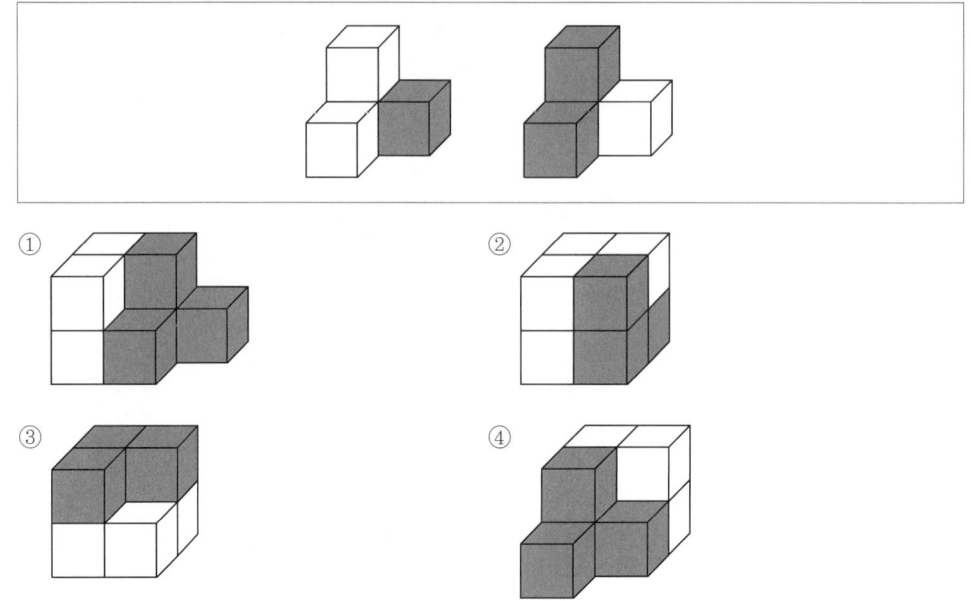

제3회 최종점검 모의고사

응시시간 : 50분   문항 수 : 45문항

01 다음 중 주어진 사실로부터 추론할 수 있는 것은?

- 현수는 주현이보다 일찍 일어난다.
- 주현이는 수현이보다 늦게 일어난다.

① 현수가 가장 먼저 일어난다.
② 수현이가 가장 먼저 일어난다.
③ 주현이가 가장 늦게 일어난다.
④ 수현이는 현수보다 먼저 일어난다.

02 다음 전개도로 입체도형을 만들었을 때, 만들어질 수 있는 것은?

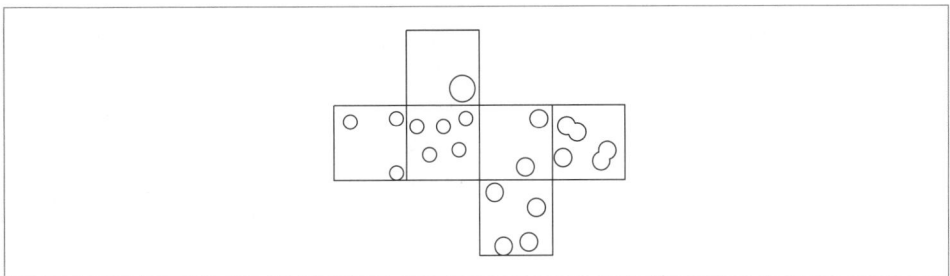

① 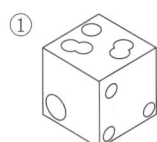 ②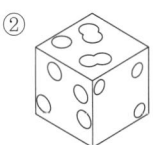

③ 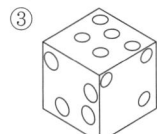 ④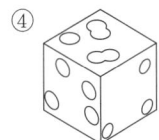

03 다음 식을 계산한 값으로 옳은 것은?

> 5,752+4,755+3,452+2,111

① 15,070
② 16,070
③ 17,070
④ 18,070

04 다음 글과 가장 관련 있는 한자성어는?

> 사우디아라비아(이하 사우디)와 러시아는 지정학적 문제 등에서 정반대의 입장을 취하고 있음에도 불구하고 에너지 분야에서는 지난 18개월 동안 같은 목소리를 내고 있다. 세계 전체 산유량의 약 5분의 1을 담당하는 양국이 이처럼 손을 맞잡은 것은 수년 전만 해도 전혀 예상할 수 없는 일이었다. 그 계기는 사우디의 전통적 우방국인 미국이 제공했다.
> 미국이 본격적으로 셰일 석유를 생산하면서 유가가 떨어지자 산유국들은 서로 협력을 모색하기 시작했다. 특히 1위와 2위의 산유국인 러시아와 사우디가 석유의 생산량과 재고를 줄이기 위한 노력을 선도했다. 내년에 미국의 산유량은 사상 최고치에 도달하여 2위인 사우디를 추월하고 1위인 러시아에 필적할 것으로 예상된다. 사우디는 이에 맞서기 위해 러시아를 끌어들임으로써 글로벌 석유 시장의 옛 질서를 되찾는 데 활용하고 있다.
> 그러나 일부 전문가들은 사우디와 러시아의 전략적 이해가 상이한 만큼 에너지 동맹이 견고하다고 보지 않는다. 무엇보다도 러시아가 중동 전체에 대한 영향력 확대를 모색하고 있기 때문이다. 러시아는 시리아 내전에서 아사드 대통령의 정권을 지원하고 있어 사우디와는 반대편에 서 있고, 사우디의 앙숙인 이란과도 에너지·금융 협정을 맺고 있다.

① 면백(免白)
② 천재일우(千載一遇)
③ 비분강개(悲憤慷慨)
④ 오월동주(吳越同舟)

05 다음은 범죄유형별 범죄자 수를 나타낸 자료이다. 남성 범죄자 비율이 가장 높은 범죄는 무엇인가?

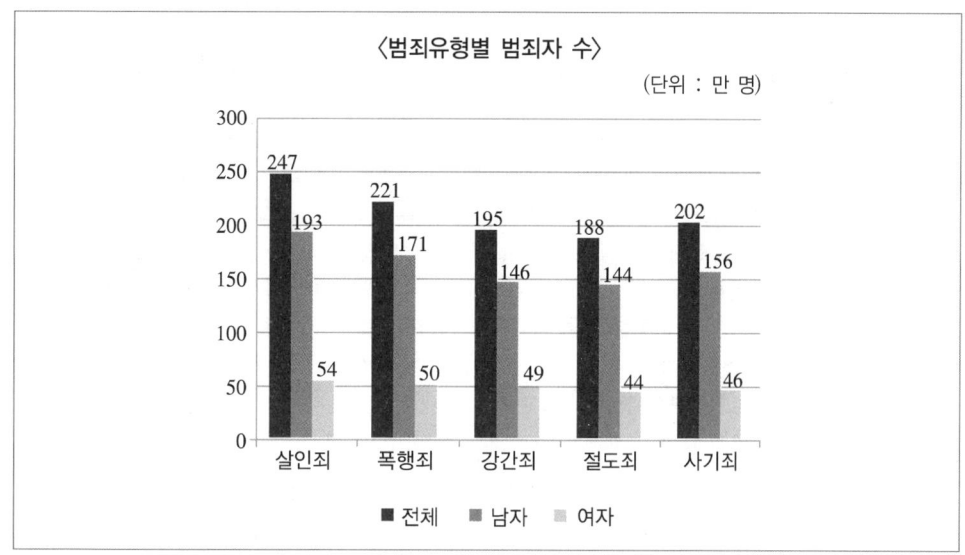

① 살인죄 ② 폭행죄
③ 강간죄 ④ 절도죄

06 상걸이는 B할인 매장에서 근무하고 있다. 오늘 하루 해당 매장에서 특가 이벤트 행사를 열기로 했는데, 할인율에 따라 함께 판매할 수 있는 품목의 종류가 다르다. 다음 〈조건〉에 따라 물건을 판매하려고 할 때, 빈칸에 들어갈 명제로 가장 적절한 것은?

조건
- 의류를 판매하면 핸드백을 판매할 수 없다.
- 핸드백을 판매하면 구두를 판매할 수 없다.
- 의류를 판매하지 않으면 모자를 판매할 수 있다.
- 모자를 판매하면 구두를 판매할 수 없다.
- _____ 의류를 판매할 수 있다.

① 구두를 판매하지 않으면
② 구두를 판매하면
③ 모자를 판매하면
④ 핸드백을 판매하지 않으면

※ 다음 글의 내용으로 적절하지 않은 것을 고르시오. [7~8]

07

최근 민간부문에 이어 공공부문의 인사관리 분야에 '역량(Competency)'의 개념이 핵심 주제로 등장하고 있다. '역량'이라는 개념은 1973년 사회심리학자인 맥클랜드에 의하여 '전통적 학업 적성 검사 혹은 성취도 검사의 문제점 지적'이라는 연구에서 본격적으로 논의된 이후 나양하게 정의되어 왔으나, 여기서 역량의 개념은 직무에서 탁월한 성과를 나타내는 고성과자(High Performer)에게서 일관되게 관찰되는 행동적 특성을 의미한다. 즉 지식, 기술, 태도 등 내적 특성들이 상호작용하여 높은 성과로 이어지는 행동적 특성을 말한다. 따라서 역량은 관찰과 측정할 수 있는 구체적인 행위의 관점에서 설명된다. 조직이 필요로 하는 역량 모델이 개발된다면 이는 채용이나 선발, 경력관리, 평가와 보상, 교육훈련 등 다양한 인사관리 분야에 적용될 수 있다.

① 역량의 개념 정의는 역사적으로 다양하였다.
② 역량은 개인의 내재적 특성을 포함하는 개념이다.
③ 역량은 직무에서 높은 성과로 이어지는 행동적 특성을 말한다.
④ 역량 모델은 공공부문보다 민간부문에서 더욱 효과적으로 작용한다.

08

현재의 특허법에서는 생명체나 생명체의 일부분이라도 그것이 인위적으로 분리·확인된 것이라면 발명으로 간주하고 있다. 따라서 유전자도 자연으로부터 분리·정제되어 이용 가능한 상태가 된다면 화학 물질이나 미생물과 마찬가지로 특허의 대상으로 인정된다. 그러나 유전자 특허 반대론자들은 생명체 진화 과정에서 형성된 유전자를 분리하고 그 기능을 확인했다는 이유만으로 독점적 소유권을 인정하는 일은 마치 한마을에서 수십 년 동안 함께 사용해 온 우물물의 독특한 성분을 확인했다는 이유로 특정한 개인에게 독점권을 준다는 논리만큼 부당하다고 주장한다.

① 현재의 특허법은 자연 자체에 대해서도 소유권을 인정한다.
② 유전자 특허 반대론자는 비유를 이용하여 주장을 펼치고 있다.
③ 유전자 특허 반대론자에 따르면 유전자는 특허의 대상이 아니다.
④ 현재의 특허법은 대상보다는 특허권 신청자의 인위적 행위 결과에 중점을 둔다.

09 A, B는 오후 1시부터 오후 6시까지 근무를 한다. A는 310개의 제품을 포장하는 데 1시간이 걸리고, B는 작업속도가 1시간마다 바로 전 시간의 2배가 된다. 두 사람이 받는 하루 임금이 같다고 할 때, B는 처음 시작하는 1시간 동안에 몇 개의 제품을 포장하는가?(단, 일급은 그날 포장한 제품의 개수에 비례한다)

① 25개
② 50개
③ 75개
④ 100개

10 다음은 '청소년의 신체활동 증진 방안'에 대한 글을 쓰기 위해 작성한 개요이다. 이를 수정·보완 및 자료 제시 방안으로 적절하지 않은 것은?

> Ⅰ. 서론 : 우리나라 청소년의 신체활동 실태 ················· ㉠
> Ⅱ. 본론
>   1. 청소년 신체활동의 필요성 ································· ㉡
>   1) 청소년의 IT 기기 사용 시간의 증가로 신체활동 시간의 부족
>   2) 다양한 신체활동 프로그램 부족
>   2. 청소년 신체활동 증진 방안
>   1) 교과 선행학습 시간을 줄이고, 신체활동 시간을 늘림 ············ ㉢
>   2) 다양한 신체활동 증진 프로그램 도입
>   3) 지역 주민의 신체활동 증진을 위해 학교 운동장 개방 ············ ㉣
> Ⅲ. 결론 : 청소년 신체활동 증진을 위한 개인과 학교의 노력 필요

① ㉠ – 청소년의 낮은 신체 활동량을 보도한 신문 기사를 제시한다.
② ㉡ – 하위 항목을 고려하여 '청소년 신체활동 부족의 원인'으로 고친다.
③ ㉢ – 'Ⅱ-1.-1)'의 내용을 고려하여 '학기당 체육 이수 시간을 늘려 신체활동 시간을 늘림'으로 고친다.
④ ㉣ – 글의 주제를 고려하여 삭제한다.

11 다음 빈칸에 들어갈 수로 옳은 것은?

$$0.3598 < (\quad) < 0.9584$$

① $\dfrac{7}{20}$ ② $\dfrac{10}{9}$

③ $\dfrac{8}{15}$ ④ $\dfrac{35}{33}$

12 다음 제시된 단어와 반대되는 의미를 가진 것은?

가열하다

① 감시하다 ② 가득하다
③ 냉각하다 ④ 냉철하다

13 다음 명제가 모두 참일 때, 반드시 참인 것은?

- 닭이 크다고 해서 반드시 달걀이 큰 건 아니다.
- 달걀이 클수록 껍데기가 두껍다.
- 껍데기가 두꺼울수록 건강한 병아리가 태어난다.

① 달걀이 작으면 닭 크기가 작다.
② 닭이 크면 달걀 껍데기가 두껍다.
③ 달걀이 클수록 건강한 병아리가 태어난다.
④ 건강한 병아리는 큰 닭이 된다.

※ 다음 도형 또는 도형 내부의 기호들은 일정한 패턴을 가지고 변화한다. ?에 들어갈 도형으로 옳은 것을 고르시오. **[14~15]**

14

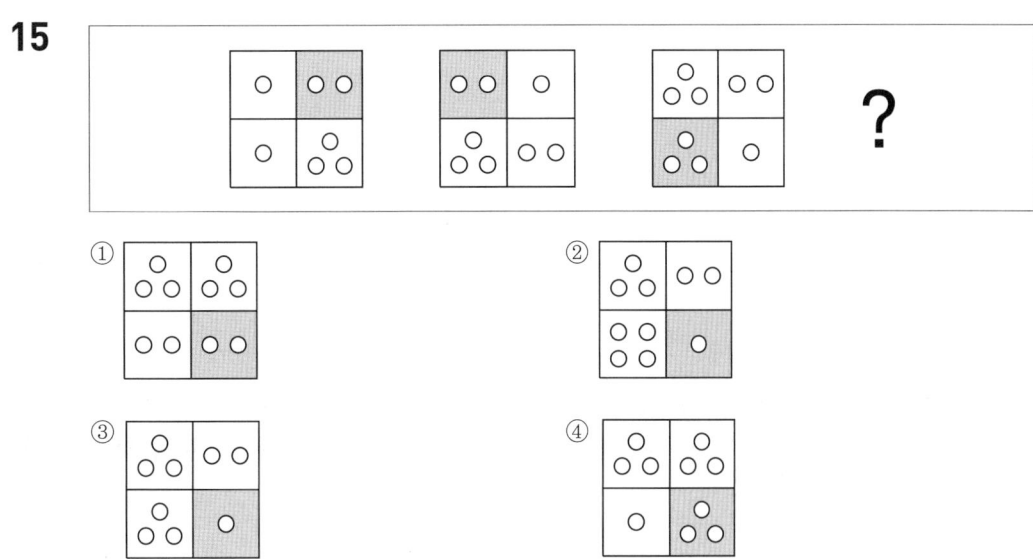

16 Z중학교에서 전교생 합창대회를 위해 강당을 대관하고자 한다. 다음 〈조건〉에 따라 장소를 선정할 때, 대관해야 하는 강당은?

> **조건**
> - 학생, 교직원은 모두 450명이다.
> - 학년이 다르면 다른 구역에 앉는다.
> - 학교와의 거리는 3km 이내이어야 한다.
> - 대관 시간은 3시간이다.
> - 대관에 배정된 예산은 50만 원 이하이다.

구분	수용 가능 인원	구역 수	거리	대관료
A강당	700명	4개	10km	6시간 이용 40만 원, 이후 1시간마다 5만 원
B강당	300명	2개	500m	시간당 5만 원
C강당	500명	3개	1km	종일 60만 원(일 단위 대관으로만 운영)
D강당	550명	3개	2.5km	2시간 이용 30만 원, 이후 1시간마다 7만 원

① A강당　　　　　　　　　　② B강당
③ C강당　　　　　　　　　　④ D강당

17 일정한 속력으로 달리는 기차가 길이 480m인 터널을 완전히 통과하는 데 걸리는 시간이 36초이고 같은 속력으로 길이 600m인 철교를 완전히 통과하는 데 걸리는 시간이 44초일 때, 기차의 속력은?

① 15m/s　　　　　　　　　　② 18m/s
③ 20m/s　　　　　　　　　　④ 24m/s

18 다음은 OECD 주요 국가별 삶의 만족도 및 관련 지표를 나타낸 자료이다. 이에 대한 설명으로 옳지 않은 것은?

〈OECD 주요 국가별 삶의 만족도 및 관련 지표〉

(단위 : 점, %, 시간)

구분	삶의 만족도	장시간 근로자 비율	여가·개인 돌봄시간
덴마크	7.6	2.1	16.1
아이슬란드	7.5	13.7	14.6
호주	7.4	14.2	14.4
멕시코	7.4	28.8	13.9
미국	7.0	11.4	14.3
영국	6.9	12.3	14.8
프랑스	6.7	8.7	15.3
이탈리아	6.0	5.4	15.0
일본	6.0	22.6	14.9
한국	6.0	28.1	14.9
에스토니아	5.4	3.6	15.1
포르투갈	5.2	9.3	15.0
헝가리	4.9	2.7	15.0

※ 장시간 근로자 비율은 전체 근로자 중 주 50시간 이상 근무한 근로자의 비율임

① 삶의 만족도가 가장 높은 국가는 장시간 근로자 비율이 가장 낮다.
② 한국의 장시간 근로자 비율은 삶의 만족도가 가장 낮은 국가의 장시간 근로자 비율의 10배 이상이다.
③ 삶의 만족도가 한국보다 낮은 국가들의 장시간 근로자 비율 산술평균은 이탈리아의 장시간 근로자 비율보다 높다.
④ 여가·개인 돌봄시간이 가장 긴 국가와 가장 짧은 국가의 삶의 만족도 차이는 0.3점 이하이다.

19 다음 밑줄 친 부분의 맞춤법이 옳은 것은?

① 나는 보약을 믹어서 기운이 뻗쳤다.
② 한약을 다릴 때는 불 조절이 중요하다.
③ 가을이 되어 찬바람이 부니 몸이 으시시 추워진다.
④ 밤을 새우다시피 하며 시험을 치루고 나니 몸살이 났다.

20 다음 블록의 개수는 몇 개인가?(단, 보이지 않는 곳의 블록은 있다고 가정한다)

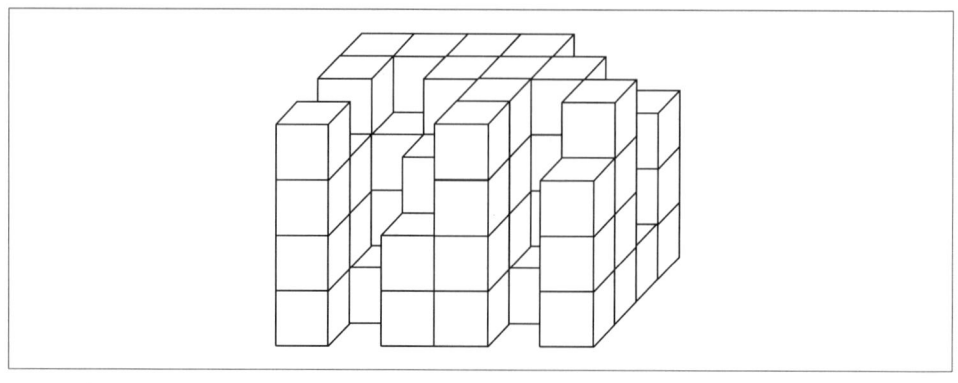

① 74개　　　　　② 73개
③ 72개　　　　　④ 71개

21 다음 글의 빈칸에 들어갈 접속어로 가장 적절한 것은?

> 우리나라는 빠른 속도로 증가하는 치매의 사회경제적 부담에 대응하기 위하여 선제적으로 치매 환자와 가족을 위한 정책 비전을 제시하고, 치매국가책임제 발표를 통해 관련한 세부 과제들을 더욱 구체화함으로써 큰 틀에서의 방향성은 확고히 마련되었다고 볼 수 있다. 하지만 이렇게 마련된 정책이 국민에게 맞춤형으로 적절히 제공되기 위해서는 수립된 계획을 적극적으로 추진해 나갈 수 있도록 재정확보, 전문 인력 양성, 국민의 인식제고 등의 노력이 함께 뒷받침되어야 한다.
>
> 이번에 제시된 치매국가책임제의 내용은 제3차 국가치매관리종합계획에서 제시한 치매 환자를 위한 보건복지 관련 정책 및 제도적 추진 방향을 보다 구체화하고 확대하였다는 점에서 큰 의의가 있다. 그럼에도 불구하고 치매안심센터가 지역 내 치매 환자를 위한 종합적인 정보제공, 상담 등의 역할을 충실히 담당해 나갈 수 있도록 기능을 명확히 하고 관계자들의 전문성 확보, 효과적인 기관 설립 및 운영이 가능할 수 있도록 정부 차원의 적극적인 지원이 필요할 것으로 사료된다. _____ 치매 환자를 위한 장기요양서비스를 확대함에 있어서도 인프라 확충과 함께 관련 직종의 관계자가 치매케어를 보다 전문적으로 수행할 수 있도록 치매 증상에 맞춘 서비스 제공 기술 고도화 등의 노력이 전제되어야 할 것이며, 의료서비스 기관의 확충 역시 충분히 그 역할을 담당해 나갈 수 있도록 정책적 지원이 수반되어야 한다.
>
> 치매 환자 및 가족을 위한 관련 정책을 신속히 안착시키기 위해서는 지역주민들이 치매 환자에 대한 부정적 인식을 가지기보다는 일상생활상의 불편함을 함께 극복해 나가는 사회적 분위기가 조성될 수 있도록 국민들의 치매에 대한 관심을 높이고, 홍보를 적극적으로 추진해 나가는 노력이 필요하다. 무엇보다도 치매 질환을 갖고 있다고 해서 시설이나 병원으로 가야할 것이 아니라, 충분히 내 집에서, 우리 동네에서 살아갈 수 있음을 제시해 주는 인식 대전환의 기회들이 적극적으로 제시되어야 할 것이다.

① 그러나 ② 이렇듯
③ 하지만 ④ 또한

22 독서실 총무인 소연이는 독서실의 시계가 4시간마다 6분씩 늦어진다는 것을 확인하여 오전 8시 정각에 시계를 맞춰 놓았다. 다음 날 아침 오전 9시 30분까지 서울역에 가야하는 소연이는 오전 8시에 독서실을 나서야 하는데, 그때 독서실 시계가 가리키고 있는 시간은?

① 오전 7시 21분 ② 오전 7시 24분
③ 오전 7시 27분 ④ 오전 7시 30분

23 다음은 우리나라 국민들의 환경오염 방지 기여도에 대한 자료이다. 이에 대한 설명으로 옳은 것은?

〈환경오염 방지 기여도〉

(단위 : %)

구분		합계	매우 노력함	약간 노력함	별로 노력하지 않음	전혀 노력하지 않음
성별	남성	100	13.6	43.6	37.8	5
	여성	100	23.9	50.1	23.6	2.4
연령	10~19세	100	13.2	41.2	39.4	6.2
	20~29세	100	10.8	39.9	42.9	6.4
	30~39세	100	13.1	46.7	36	4.2
	40~49세	100	15.5	52.4	29.4	2.7
	50~59세	100	21.8	50.4	25.3	2.5
	60~69세	100	29.7	46	21.6	2.7
	70세 이상	100	31.3	44.8	20.9	3
경제활동	취업	100	16.5	47	32.7	3.8
	실업 및 비경제활동	100	22	46.6	27.7	3.7

① 10세 이상 국민들 중 환경오염 방지를 위해 별로 노력하지 않는 사람 비율의 합이 가장 높다.
② 10세 이상 국민들 중 환경오염 방지를 위해 매우 노력하는 사람의 비율이 가장 높은 연령층은 60~69세이다.
③ 우리나라 국민들 중 환경오염 방지를 위해 전혀 노력하지 않는 사람의 비율이 가장 높은 연령층은 10~19세이다.
④ 매우 노력함과 약간 노력함의 비율 합은 남성보다 여성이, 취업자보다 실업 및 비경제활동자가 더 높다.

24 다음 글의 밑줄 친 부분과 같은 의미로 쓰인 것은?

정부가 고강도의 부동산 대책을 발표하자 일부 매도자와 매수자는 정부가 규제를 풀 때까지 부동산 거래를 하지 않겠다고 이야기했다.

① 내가 이렇게까지 사과했으면 너도 이제 그만 화를 풀 때가 되지 않았니?
② 연장 승부 끝에 우승을 차지한 선수는 마침내 무관의 한을 풀었다.
③ 비트코인은 이용자들이 컴퓨터에서 복잡한 암호를 풀 때 그 대가로 주는 가상화폐이다.
④ 지난 말 일반 소비자들의 LPG 차량 구매 제한을 풀면서 LPG 신차 판매 수요가 빠르게 증가하였다.

25 다음 글의 주제로 가장 적절한 것은?

> 딸기에는 비타민 C가 귤의 1.6배, 레몬의 2배, 키위의 2.6배, 사과의 10배 정도 함유되어 있어 딸기 5~6개를 먹으면 하루에 필요한 비타민 C를 전부 섭취할 수 있다. 비타민 C는 신진대사 활성화에 도움을 줘 원기를 회복하고 체력을 증진시키며, 멜라닌 색소가 축적되는 것을 막아 기미, 주근깨를 예방해 준다. 멜라닌 색소가 많을수록 피부색이 검어지므로 미백 효과도 있는 셈이다. 또한 비타민 C는 피부 저항력을 높여줘 알레르기성 피부나 홍조가 짙은 피부에도 좋다. 비타민 C가 내는 신맛은 식욕 증진 효과와 스트레스 해소 효과가 있다.
> 한편 딸기에 비타민 C만큼 풍부하게 함유된 성분이 항산화 물질인데, 이는 암세포 증식을 억제하는 동시에 콜레스테롤 수치를 낮춰주는 기능을 한다. 그래서 심혈관계 질환, 동맥경화 등에 좋고 눈의 피로를 덜어주며 시각기능을 개선해 주는 효과도 있다.
> 딸기는 식물성 섬유질 함량도 높은 과일이다. 섬유질 성분은 콜레스테롤을 낮추고, 혈액을 깨끗하게 만들어준다. 뿐만 아니라 소화 기능을 촉진하고 장운동을 활발히 해 변비를 예방한다. 딸기 속 철분은 빈혈 예방 효과가 있어 혈색이 좋아지게 한다. 더불어 모공을 축소시켜 피부 탄력도 증진시킨다. 딸기와 같은 붉은 과일에는 라이코펜이라는 성분이 들어있는데, 이 성분은 면역력을 높이고 혈관을 튼튼하게 해 노화 방지 효과를 낸다. 이처럼 딸기는 건강에 무척 좋지만 당도가 높으므로 하루에 5~10개 정도만 먹는 것이 적당하다. 물론 달달한 맛에 비해 칼로리는 100g당 27kcal로 높지 않아 다이어트 식품으로 선호도가 높다.

① 딸기 속 비타민 C를 찾아라
② 비타민 C의 신맛의 비밀
③ 제철과일, 딸기 맛있게 먹는 법
④ 다양한 효능을 가진 딸기

26 자동차 회사에 다니는 A~C 3명은 각각 대전지점, 강릉지점, 군산지점으로 출장을 다녀왔다. 이들의 출장지는 서로 다르며 1명만 참을 말할 때, 다음 중 A~C의 출장지를 바르게 연결한 것은?

- A : 나는 대전지점에 가지 않았다.
- B : 나는 강릉지점에 가지 않았다.
- C : 나는 대전지점에 갔다.

	대전지점	강릉지점	군산지점
①	A	B	C
②	A	C	B
③	B	A	C
④	B	C	A

27 다음과 같은 정사각형의 종이를 화살표 방향으로 접고 〈보기〉의 좌표가 가리키는 위치에 구멍을 뚫었다. 다시 펼쳤을 때 뚫린 구멍의 위치를 좌표로 나타낸 것으로 옳은 것은?(단, 좌표가 그려진 사각형의 크기와 종이의 크기는 일치하며, 종이가 접힐 때 종이의 위치는 바뀌지 않는다)

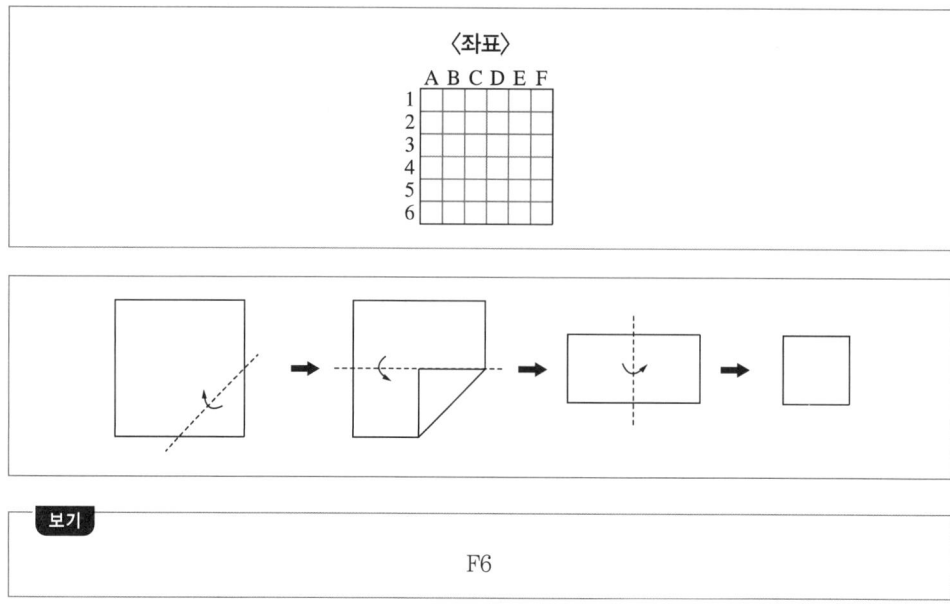

보기

F6

① A2, B2, F1
② A1, A6, F6
③ A1, A6, F1
④ A6, F1, F6

28 농도 4%의 설탕물 400g이 들어있는 컵을 방에 두고 자고 일어나서 보니 물이 증발하여 농도가 8%가 되었다. 이때, 남아 있는 물의 양은?

① 100g
② 200g
③ 300g
④ 400g

29 다음 글의 글쓴이가 〈보기〉의 글쓴이에게 해 줄 수 있는 말로 가장 적절한 것은?

> 행랑채가 퇴락하여 지탱할 수 없게끔 된 것이 세 칸이었다. … (중략) … 그 중의 두 칸은 앞서 장마에 비가 샌 지 오래되었으나, 나는 그것을 알면서도 이럴까 저럴까 망설이다가 손을 대지 못했던 것이고, 나머지 한 칸은 비를 한 번 맞고 샜던 것이라 서둘러 기와를 갈았던 것이다. 이번에 수리하려고 본즉 비가 샌 지 오래된 것은 그 서까래, 추녀, 기둥, 들보가 모두 썩어서 못 쓰게 되었던 까닭으로 수리비가 엄청나게 들었고, 한 번밖에 비를 맞지 않았던 한 칸의 재목들은 완전하여 다 쓸 수 있었던 까닭으로 그 비용이 많지 않았다.
> 나는 이에 느낀 것이 있었다. 사람의 몸에 있어서도 마찬가지라는 사실을. 잘못을 알고서도 바로 고치지 않으면 곧 그 자신이 나쁘게 되는 것이 마치 나무가 썩어서 못쓰게 되는 것과 같으며, 잘못을 알고 고치기를 꺼리지 않으면 해(害)를 받지 않고 다시 착한 사람이 될 수 있으니, 저 집의 재목처럼 말끔하게 다시 쓸 수 있는 것이다. 뿐만 아니라 나라의 정치도 이와 같다. 백성을 좀먹는 무리들을 내버려 두었다가는 백성들이 도탄에 빠지고 나라가 위태롭게 된다. 그런 연후에 급히 바로잡으려 하면 이미 썩어버린 재목처럼 때는 늦은 것이다. 어찌 삼가지 않겠는가.

보기
임금은 하늘의 뜻을 받드는 존재이다. 그가 정치를 잘 펴서 백성들을 평안하게 하는 것은 하늘의 뜻을 바르게 펴는 증거요, 임금이 정치를 바르게 하지 않는 것 역시 하늘의 뜻이다. 하늘의 뜻은 쉽게 판단할 수 없기 때문이다. 임금이 백성들을 괴롭게 하더라도 그것에 대한 평가는 그가 죽은 뒤에 할 일이다.

① 태평천하(太平天下)인 상황에서도 한가롭게 하늘의 뜻을 생각할 겁니까?
② 가렴주구(苛斂誅求)의 결과 나라가 무너지고 나면 그때는 어떻게 할 겁니까?
③ 과유불급(過猶不及)이라고 하지 않습니까? 무엇이든 적당히 해야 좋은 법입니다.
④ 대기만성(大器晩成)이라고 했습니다. 결과는 나중에 확인하는 것이 바람직합니다.

※ 다음은 물류 창고에서 제품을 보관할 때 사용하는 상품 코드번호 부여 방식이다. 이어지는 질문에 답하시오. [30~31]

[예시] 상품 코드

2023년 2월에 경상북도 제2공장에서 20번째로 생산된 거실가구 TV거실장 코드

2302	−	5L	−	02009	−	00020
[생산연월]		[생산 공장]		[제품 종류]		[생산 순서]

생산연월	생산 공장			제품 종류			생산 순서
	지역 코드		고유 번호		분류 코드		고유 번호	

• 2305
  − 2023년 5월
• 2212
  − 2022년 12월
• 2201
  − 2022년 1월
	1	경기도	A	제1공장	01	침실
						가구
							001	침대	• 00001부터 시작하여 생산 순서대로 5자리의 번호가 매겨짐
									• 생산연월에 따라 번호가 갱신됨

			B	제2공장			002	매트리스	
			C	제3공장			003	장롱	
	2	강원도	D	제1공장			004	화장대	
			E	제2공장			005	거울	
	3	충청북도	F	제1공장			006	서랍장	
			G	제2공장	02	거실 가구	007	소파	
			H	제3공장			008	테이블	
	4	충청남도	I	제1공장			009	TV거실장	
			J	제2공장			010	장식장	
	5	경상북도	K	제1공장	03	서재· 사무용 가구	011	책상	
			L	제2공장			012	책장	
	6	경상남도	M	제1공장			013	책꽂이	
			N	제2공장			014	의자	
			O	제3공장	04	수납 가구	015	행거	
	7	전라북도	P	제1공장			016	수납장	
			Q	제2공장			017	선반	
			R	제3공장			018	공간박스	
	8	전라남도	S	제1공장			019	코너장	
			T	제2공장			020	소품수납함	

30 다음 중 2023년에 경상남도 제1공장에서 생산된 화장대의 상품 코드번호로 옳은 것은?

① 23068T0401900050　② 23015L0100514789
③ 23012E0200800004　④ 23016M0100401020

31 다음 중 생산연월과 제품 종류가 동일한 상품 코드번호로 짝지어진 것은?

① 23063G0200700123 − 23063F0200700258
② 22081C0301200025 − 22087Q0301102421
③ 22126O0100101002 − 22123H0301400274
④ 23015K0301301111 − 23016M0100401020

32 다음 문단을 논리적 순서대로 바르게 나열한 것은?

(가) '빅뱅 이전에 아무 일도 없었다.'는 말을 달리 해석하는 방법도 있다. 그것은 바로 빅뱅 이전에는 시간도 없었다고 해석하는 것이다. 그 경우 '빅뱅 이전'이라는 개념 자체가 성립하지 않으므로 그 이전에 아무 일도 없었던 것은 당연하다. 그렇게 해석한다면 빅뱅이 일어난 이유도 설명할 수 있게 된다. 즉 빅뱅은 '0년'을 나타내는 것이다. 시간의 시작은 빅뱅의 시작으로 정의되기 때문에 우주가 그 이전이든 이후이든 왜 탄생했느냐고 묻는 것은 이치에 닿지 않는다.

(나) 단지 지금 설명할 수 없다는 뜻이 아니라 설명 자체가 있을 수 없다는 뜻이다. 어떻게 설명이 가능하겠는가? 수도관이 터진 이유는 그전에 닥쳐온 추위로 설명할 수 있다. 공룡이 멸종한 이유는 그 전에 지구와 운석이 충돌했을 가능성으로 설명하면 된다. 바꿔 말해서, 우리는 한 사건을 설명하기 위해 그 사건 이전에 일어났던 사건에서 원인을 찾는다. 그러나 빅뱅의 경우에는 그 이전에 아무것도 없었으므로 어떠한 설명도 찾을 수 없는 것이다.

(다) 그런데 이런 식으로 사고하려면 아무 일도 일어나지 않고 시간만 존재하는 것을 상상할 수 있어야 한다. 그것은 곧 시간을 일종의 그릇처럼 상상하고 그 그릇 안에 담긴 것과 무관하게 여긴다는 뜻이다. 시간을 이렇게 본다면 변화는 일어날 수 없다. 여기서 변화는 시간의 경과가 아니라 사물의 변화를 가리킨다. 이런 전제하에서 우리가 마주하는 문제는 이것이다. 어떤 변화가 생겨나기도 전에 영겁의 시간이 있었다면, 왜 우주가 탄생하게 되었는지를 설명할 수 없다.

(라) 우주론자들에 따르면 우주는 빅뱅으로부터 시작되었다고 한다. 빅뱅이란 엄청난 에너지를 가진 아주 작은 우주가 폭발하듯 갑자기 생겨난 사건을 말한다. 그게 사실이라면 빅뱅 이전에는 무엇이 있었느냐는 질문이 나오는 게 당연하다. 아마 아무것도 없었을 것이다. 하지만 빅뱅 이전에 아무것도 없었다는 말은 무슨 뜻일까? 영겁의 시간 동안 단지 진공이었다는 뜻이다. 움직이는 것도, 변화하는 것도 없었다는 것이다.

① (가) – (나) – (다) – (라)
② (가) – (다) – (나) – (라)
③ (라) – (가) – (나) – (다)
④ (라) – (다) – (나) – (가)

33 다음 전개도로 입체도형을 만들었을 때, 만들어질 수 없는 것은?

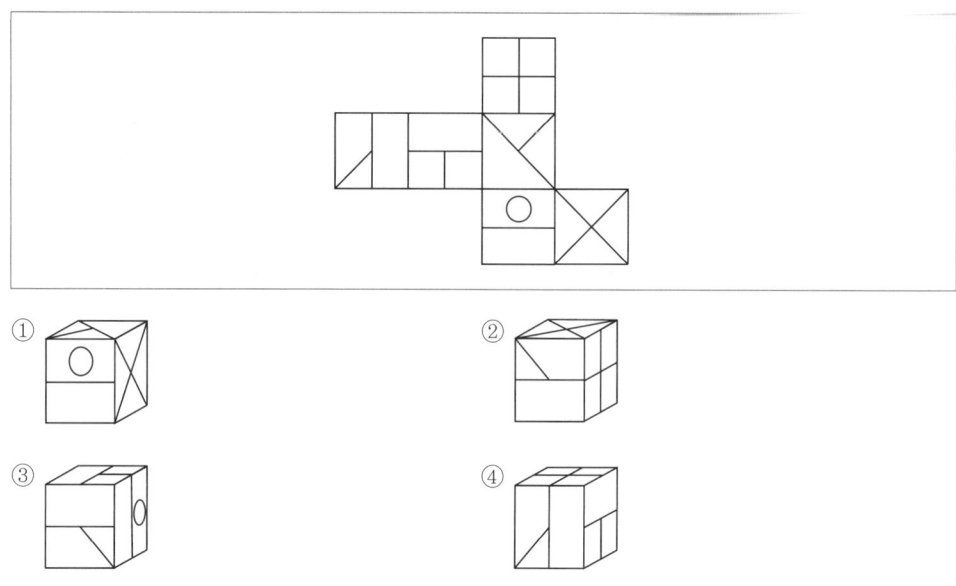

34 왼쪽에 제시된 직육면체 모양의 입체도형은 두 번째, 세 번째 입체도형과 ?를 조합하여 만들 수 있다. 다음 중 ?에 들어갈 알맞은 도형은?

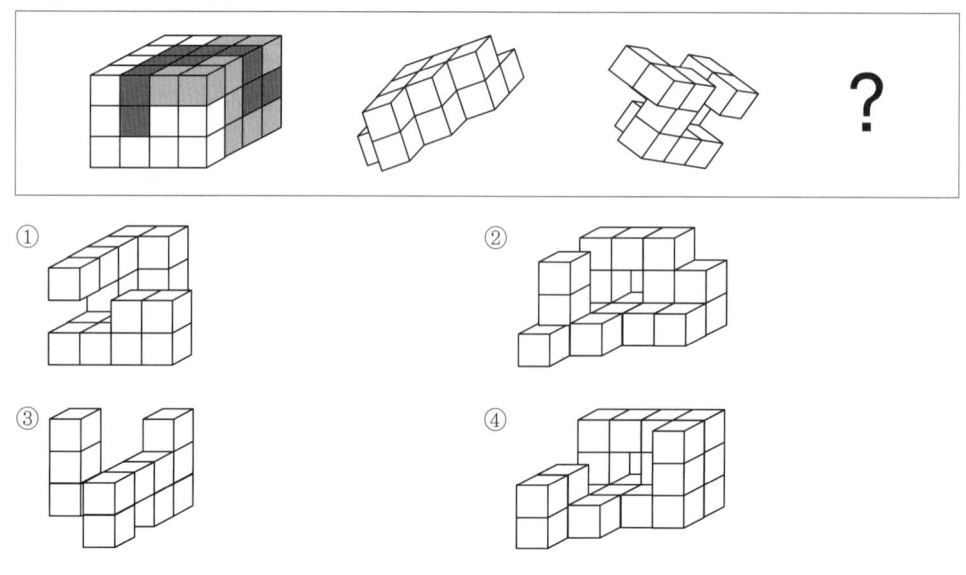

※ 일정한 규칙으로 수 또는 문자를 나열할 때, 빈칸에 들어갈 수 또는 문자로 옳은 것을 고르시오. [35~37]

35 1 3 4 7 9 10 13 15 16 ( )

① 11   ② 14
③ 19   ④ 22

36 17 2 14 29   4 7 5 2   23 8 1 ( )

① 15   ② 16
③ 17   ④ 18

37 ㄴ ㄷ ㅁ ㅇ ㅌ ㄷ ( )

① ㅂ   ② ㅅ
③ ㅇ   ④ ㅈ

38 다음 글의 빈칸에 들어갈 내용으로 가장 적절한 것은?

소독이란 물체의 표면 및 그 내부에 있는 병원균을 죽여 전파력 또는 감염력을 없애는 것이다. 이때, 소독의 가장 안전한 형태로는 멸균이 있다. 멸균이란 대상으로 하는 물체의 표면 또는 그 내부에 분포하는 모든 세균을 완전히 죽여 무균의 상태로 만드는 조작으로, 살아있는 세포뿐만 아니라 포자, 박테리아, 바이러스 등을 완전히 파괴하거나 제거하는 것이다.

물리적 멸균법은 열, 햇빛, 자외선, 초단파 따위를 이용하여 균을 죽여 없애는 방법이다. 열(Heat)에 의한 멸균에는 건열 방식과 습열 방식이 있는데, 건열 방식은 소각과 건식 오븐을 사용하여 멸균하는 방식이다. 건열 방식이 활용되는 예로는 미생물 실험실에서 사용하는 많은 종류의 기구를 물 없이 멸균하는 것이 있다. 이는 습열 방식을 활용했을 때 유리를 포함하는 기구가 파손되거나 금속 재질로 이루어진 기구가 습기에 의해 부식할 가능성을 보완한 방법이다. 그러나 건열 멸균법은 습열 방식에 비해 멸균 속도가 느리고 효율이 떨어지며, 열에 약한 플라스틱이나 고무 제품은 대상물의 변성이 이루어져 사용할 수 없다. 예를 들어 많은 세균의 내생포자는 습열 멸균 온도 조건(121℃)에서는 5분 이내에 사멸되나, 건열 멸균법을 활용할 경우 이보다 더 높은 온도(160℃)에서도 약 2시간 정도가 지나야 사멸되는 양상을 나타낸다. 반면 습열 방식은 바이러스, 세균, 진균 등의 미생물들을 손쉽게 사멸시킨다. 습열은 효소 및 구조단백질 등의 필수 단백질의 변성을 유발하고, 핵산을 분해하며 세포막을 파괴하여 미생물을 사멸시킨다. 끓는 물에 약 10분간 노출하면 대개의 영양세포나 진핵포자를 충분히 죽일 수 있으나, 100℃의 끓는 물에서는 세균의 내생포자를 사멸시키지는 못한다. 따라서 물을 끓여서 하는 열처리는 _____ 멸균을 시키기 위해서는 100℃가 넘는 온도(일반적으로 121℃)에서 압력(약 1.1kg/cm²)을 가해 주는 고압증기멸균기를 이용한다. 고압증기멸균기는 물을 끓여 증기를 발생시키고 발생한 증기와 압력에 의해 멸균을 시키는 장치이다. 고압증기멸균기 내부가 적정 온도와 압력(121℃, 약 1.1kg/cm²)에 이를 때까지 뜨거운 포화 증기를 계속 유입시킨다. 해당 온도에서 포화 증기는 15분 이내에 모든 영양세포와 내생포자를 사멸시킨다. 고압증기멸균기에 의해 사멸되는 미생물은 고압에 의해서라기보다는 고압에서 수증기가 얻을 수 있는 높은 온도에 의해 사멸되는 것이다.

① 더 많은 세균을 사멸시킬 수 있다.
② 멸균 과정에서 더 많은 비용이 소요된다.
③ 멸균 과정에서 더 많은 시간이 소요된다.
④ 소독을 시킬 수는 있으나, 멸균을 시킬 수는 없다.

※ 다음 주어진 입체도형 중 나머지와 다른 하나를 고르시오. [39~40]

39 ① 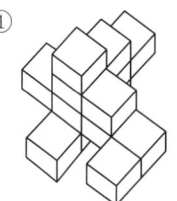 ②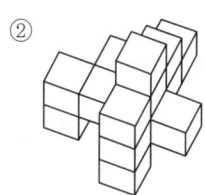

③ 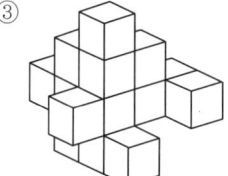 ④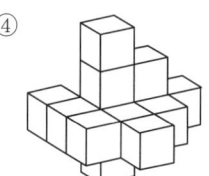

40 ① 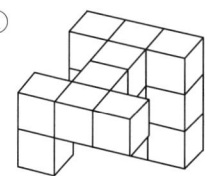 ②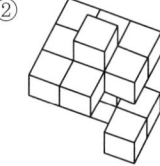

③ 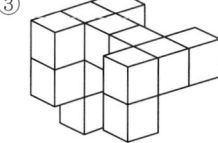 ④

※ 다음은 프로 스포츠 종목의 연간 경기장 수용규모 및 관중수용률을 나타낸 자료이다. 이어지는 질문에 답하시오. [41~42]

〈프로 스포츠 종목의 연간 경기장 수용규모 및 관중수용률〉

(단위 : 천 명, %)

구분		2018년	2019년	2020년	2021년	2022년	2023년
야구	수용규모	20,429	20,429	20,429	20,429	19,675	19,450
	관중수용률	30.6	41.7	53.3	56.6	58.0	65.7
축구	수용규모	40,255	40,574	40,574	37,865	36,952	33,320
	관중수용률	21.9	26.7	28.7	29.0	29.4	34.9
농구	수용규모	5,899	6,347	6,354	6,354	6,354	6,653
	관중수용률	65.0	62.8	66.2	65.2	60.9	59.5
핸드볼	수용규모	3,230	2,756	2,756	2,756	2,066	2,732
	관중수용률	26.9	23.5	48.2	43.8	34.1	52.9
배구	수용규모	5,129	5,129	5,089	4,843	4,409	4,598
	관중수용률	16.3	27.3	24.6	30.4	33.4	38.6

41 다음 중 위 자료에 대한 설명으로 옳은 것은?

① 농구의 관중수용률은 매년 감소한다.
② 관중수용률은 농구가 야구보다 매년 높다.
③ 관중수용률이 매년 증가한 종목은 3개이다.
④ 2021년 관중 수는 배구가 핸드볼보다 많다.

42 2023년 야구 관중 수와 축구 관중 수를 비교할 때, 어느 종목이 몇 명 더 많은가?(단, 관중수용률은 소수점 첫째 자리에서 반올림한다)

① 축구, 293천 명
② 야구, 614천 명
③ 축구, 887천 명
④ 야구, 1,175천 명

43 다음과 같이 화살표 방향으로 종이를 접은 후, 펀치로 구멍을 뚫어 다시 펼쳤을 때의 모양으로 옳은 것은?

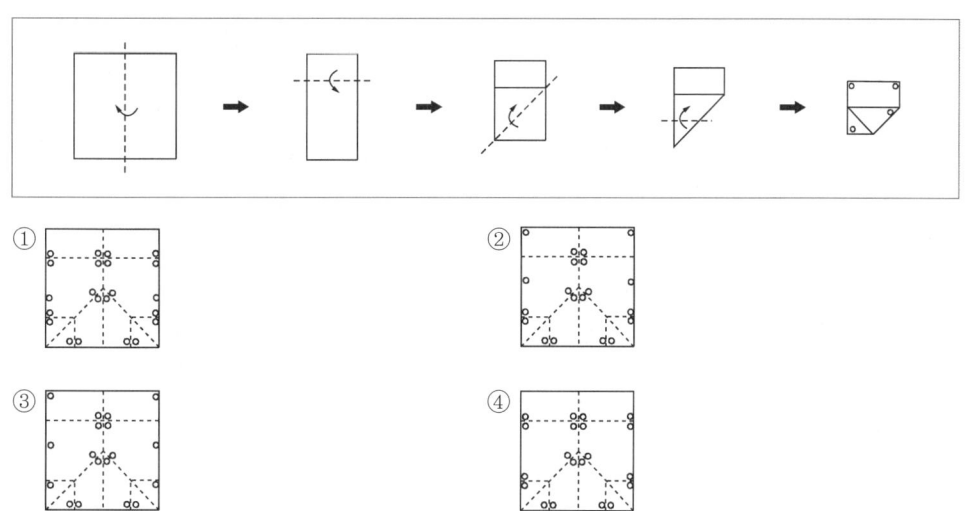

※ 다음 글을 읽고 이어지는 질문에 답하시오. [44~45]

4차 산업이라는 단어와 함께 세상의 관심을 끄는 것 중 하나가 드론이다. 드론이란 다양한 무게와 크기의 무인비행기를 무선전파로 조종하는 무인 비행장치이다. 드론은 배달, 군사, 기상, 농업, 건설 등 여러 분야에서 미래에 중요한 역할을 할 것으로 예측되어 어른 아이 할 것 없이 드론을 배우고자 하는 사람의 수가 급상승하였다. 이에 따라 저렴한 가격의 드론이 출시되어 누구나 드론을 접할 수 있게 되었다.

하지만 쉽게 드론을 구할 수 있다고 해서 덥석 드론을 샀다간 낭패를 볼 수 있다. 우리나라에서는 드론 비행이 규제되고 있기 때문이다. 현재 국내 항공안전법상 드론 비행이 제한되는 지역은 행사장 등 인구밀집지역, 공항 주변이나 군 시설 주변 등이다. 이를 위반할 경우 최대 200만 원의 벌금이 부과된다. 야간 비행과 가시권 밖 비행은 2017년 7월에 항공안전법 개정안이 통과되면서 원천 금지에서 허가제로 규제가 완화되었다. 이렇게 규제가 점점 풀리고는 있지만 국가 주요시설이 몰려있는 서울은 대부분 드론 비행이 금지된 구역이다. 그나마 규제 적용을 덜 받을 수 있는 곳은 국내에 드론 시범 사업지역 7곳과 드론 전용 비행구역 10곳뿐인데 이마저도 대부분 지방에 위치해 있다. 드론 수요를 충족하기엔 턱없이 부족하다는 지적과 함께, 드론과 관련된 사업이 많아지고 있고 드론 관련 직업이 미래 유망 직업으로 떠오르고 있어 드론 규제를 완화해야 한다는 목소리가 커지고 있다.

해외에서도 드론 비행을 규제하고 있는데 나라마다 규제 정도는 다르다. 중국의 경우는 우리나라의 규제와 비슷하지만 베이징을 제외하면 비교적 자유롭게 비행할 수 있는 지역이 많다. 일본은 드론 규제가 점점 완화되고 있는 우리나라와는 반대로 정부청사에 드론을 이용한 테러가 일어나는 등 일본 전역에서 드론 관련 사건이 발생해 규제가 강화되었다. 또한 러시아는 규제가 강한 나라 중 하나인데 러시아 어느 지역이든지 드론을 비행시키려면 사전 허가를 받아야 할 뿐만 아니라 드론 비행을 책임질 조종사와 이를 감시할 사람으로 이루어진 2인 1조로 드론을 운행해야 한다.

44 다음 중 윗글의 내용으로 적절하지 않은 것은?

① 드론은 무선전파를 이용하여 조종할 수 있는 무인비행장치이다.
② 드론으로 야간 비행을 할 경우 최대 200만 원의 벌금이 부과된다.
③ 드론 시범사업지역과 드론 전용 비행구역은 대부분 지방에 위치해 있다.
④ 드론 비행을 할 수 있는 장소의 수용량보다 드론의 수요가 훨씬 많다.

45 다음 중 윗글의 설명 방식으로 가장 적절한 것은?

① 대상의 다른 사례를 들어 비교하며 설명하고 있다.
② 대상의 문제점을 파악하고 해결책을 제시해 주고 있다.
③ 대상을 다양한 관점에서 소개하면서 여러 의견을 소개해 주고 있다.
④ 대상에 대해 찬반으로 나누어 각각의 입장을 설명하고 있다.

제4회 최종점검 모의고사

☑ 응시시간 : 50분 ☑ 문항 수 : 45문항

정답 및 해설 p.056

01 다음 밑줄 친 부분의 띄어쓰기가 옳은 것은?

① 최선의 세계를 만들기 위해서 <u>무엇 보다</u> 이 세계에 있는 모든 대상들이 지닌 성질을 정확하게 <u>인식해야 만</u> 한다.
② 일과 여가 <u>두가지를</u> 어떻게 <u>조화시키느냐하는</u> 문제는 항상 인류의 관심대상이 되어 왔다.
③ <u>내로라하는</u> 영화배우 중 내 고향 출신도 상당수 된다. 그래서 자연스럽게 영화배우를 꿈꿨고, <u>그러다 보니</u> 영화는 내 생활의 일부가 되었다.
④ 실기시험은 까다롭게 <u>심사하는만큼</u> 준비를 철저히 해야 한다. <u>한 달 간</u> 실전처럼 연습하면서 시험에 대비하자.

02 다음은 '국내여행 활성화를 위한 방안'이라는 주제로 보고서를 작성하기 위해 개요를 작성했다. 개요에 들어갈 내용으로 적절하지 않은 것은?

> Ⅰ. 목적
>   국내여행을 활성화하기 위한 방안을 마련한다.
> Ⅱ. 조사 내용
>   • 국내여행의 현황과 현재 실시되고 있는 정책을 파악한다.
>   • 외국의 여행 정책과 국내의 여행 정책을 비교한다. …… ㉠
> Ⅲ. 조사 방법
>   • 정부나 지자체에서 과거에 시행했던 관광 정책을 조사한다. …… ㉡
>   • 국내 관광객 증감 현황을 보여주는 통계를 찾아본다. …… ㉢
>   • 국민들의 여행 목적(국내, 해외)을 조사한다. …… ㉣
>   • 국내여행에 대한 만족도를 조사한다.
>   • 관련 기관의 공청회에 참여한다.

① ㉠   ② ㉡
③ ㉢   ④ ㉣

03 다음 글과 가장 관련 있는 한자성어는?

기업과 정부는 국가 경제를 구성하는 핵심이다. 기업은 재화와 서비스를 만들어 부가가치를 창출하고, 임금과 세금을 지급한다. 임금과 세금으로 가계와 정부는 다시 재화와 서비스를 소비한다. 이 양이 늘어나면 국가 경제도 성장한다.
기업과 정부는 납세와 행정 서비스를 주고받는 관계다. 기업의 매출과 이익 그리고 그 숫자가 늘어야 정부의 재정도 풍성해질 수 있다. 활발해진 기업 활동으로 늘어난 일자리와 가계 소득은 정부의 서비스 제공 부담을 덜어주기도 한다. 반대로 기업과 정부가 갈등만 반복한다면, 경제 자체는 힘들어진다. 정부는 기업을 가로막고, 기업은 조세와 사회적 책임에서 도피와 회피만 거듭하게 된다.
세계는 지금 기업의 기 살리기 전쟁 중이다. 미국은 법인세를 절반 가까이 낮추겠다고 나섰고, 프랑스도 이 행렬에 동참했다. 2008년부터 2015년 사이 법인세율을 인하했거나 유지한 국가는 28개국에 달한다. 눈앞의 조세 한 푼 대신, 전반적인 경제 활성화에 따른 중장기 경제 성장과 조세 확충의 길을 택한 것이다.
정경 유착은 당연히 사라져야 할 일이지만 기술과 산업전략, 고용 등과 관련하여 정부와 기업의 충분한 의견 교환은 반드시 필요하다. 기업은 산업경쟁력 강화를 위해, 정부는 경제 정책의 성공을 위해 서로 대립이 아닌 협력의 관계를 구축해야 한다.

① 수복강녕(壽福康寧) ② 괄목상대(刮目相對)
③ 순망치한(脣亡齒寒) ④ 가화만사성(家和萬事成)

04 민솔이네 가족은 Z통신사를 이용하며 민솔이는 79분을 사용하여 20,950원, 아빠는 90분을 사용하여 21,390원의 요금을 청구받았다. Z통신사의 요금 부과 규칙이 다음과 같을 때, 101분을 사용한 엄마의 통화 요금은?

- 60분 이하 사용 시 기본요금 x원이 부과됩니다. … (1)
- 60분 초과 사용 시 (1) 요금에 초과한 시간에 대한 1분당 y원이 추가로 부과됩니다. … (2)
- 100분 초과 시 (2) 요금에 초과한 시간에 대한 1분당 $2y$원이 추가로 부과됩니다.

① 21,830원 ② 21,870원
③ 21,900원 ④ 21,930원

05 다음 블록의 개수는 몇 개인가?(단, 보이지 않는 곳의 블록은 있다고 가정한다)

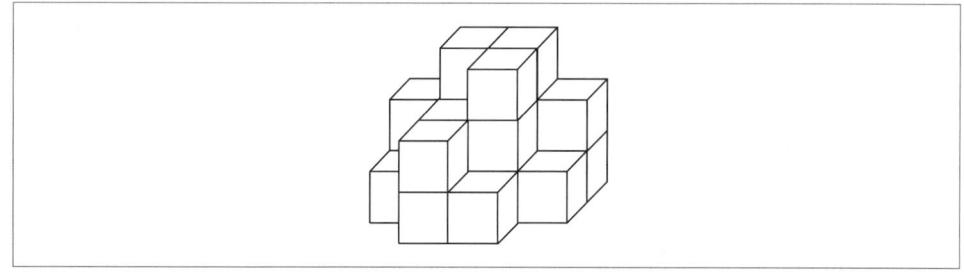

① 23개 ② 22개
③ 21개 ④ 20개

06 다음은 청소년이 고민하는 문제에 대해 조사한 자료이다. 13 ~ 18세 청소년이 가장 많이 고민하는 문제와 19 ~ 24세가 두 번째로 많이 고민하고 있는 문제를 바르게 나열한 것은?

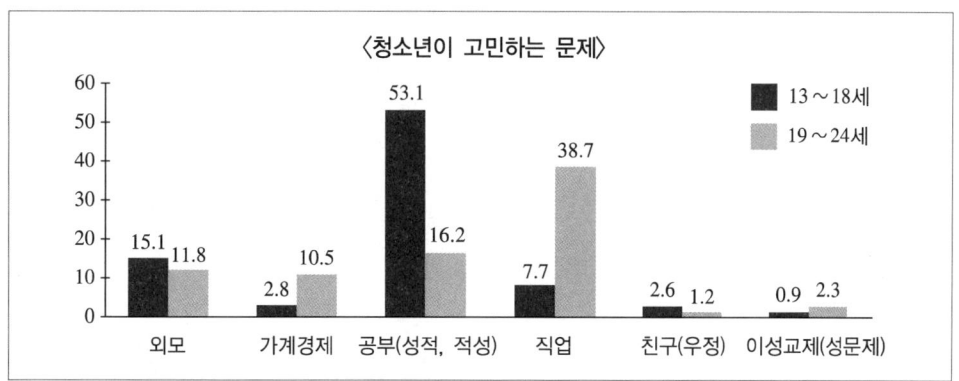

① 직업, 직업 ② 공부, 공부
③ 외모, 직업 ④ 직업, 공부

07 다음 밑줄 친 부분의 수정 방안으로 옳지 않은 것은?

> 옛것을 본받는 사람은 옛 자취에 얽메이는 것이 문제다. 새것을 만드는 사람은 이치에 합당지 않은 것이 걱정이다. 진실로 능히 옛것을 변화할줄 알고, 새것을 만들면서 법도에 맞을 수만 있다면 지금 글도 옛글만큼 훌륭하게 쓸 수 있을 것이다.

① 본받는 → 본 받는
② 얽메이는 → 얽매이는
③ 합당지 → 합당치
④ 변화할줄 → 변화할 줄

※ 다음 식의 계산 값을 구하시오. [8~9]

08

$$17 \times 409 \times 23$$

① 159,917 ② 159,919
③ 159,927 ④ 159,935

09

$$(16+4 \times 5) \div 4$$

① 7 ② 8
③ 9 ④ 10

10 다음 글의 내용으로 가장 적절한 것은?

> 독일에서 'Fräulein'은 원래 미혼 여성을 뜻하는 말이었는데 제2차 세계대전 이후 미군과 결혼한 여성을 가리키는 말이 되면서 부정적인 색채를 띠게 되었다. 그러자 미혼 여성들은 자신들을 'Frau'(영어의 'Mrs.'와 같다)로 불러달라고 공식적으로 요청하기 시작했다. 이런 요구를 하는 여성들이 갑자기 늘어나자 언론은 '부인으로 불러달라는 여자들이라니.'라는 제목 아래 여자들이 별 희한한 요구를 다 한다는 식으로 보도했다. 'Fräulein'과 'Frau'는 한동안 함께 사용되다가 점차 'Frau'의 사용이 늘자 1984년에는 공문서상 미혼 여성도 'Frau'로 표기한다고 법으로 규정했다. 'Fräulein'이라는 말이 여성들의 의식이 달라진 이 시대에 뒤떨어졌다는 것이었다. 프랑스에서 'Mademoiselle'도 같은 운명을 겪고 있다.

① 언어는 자족적 체계이다.
② 언어는 사회적 가치를 반영한다.
③ 언어는 특정 언어공동체의 의사소통의 도구이다.
④ 언어는 의미와 형식의 결합으로 이루어진 기호의 일종이다.

11 다음과 같이 화살표 방향으로 종이를 접은 후, 펀치로 구멍을 뚫어 다시 펼쳤을 때의 모양으로 옳은 것은?

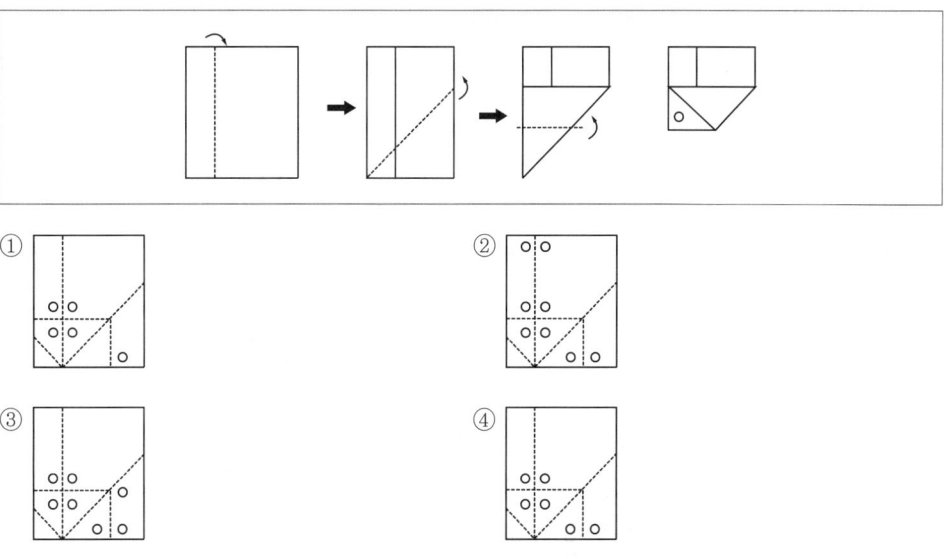

12 다음 중 맞춤법이 옳지 않은 것은?

① 문을 잠갔다.
② 불을 보듯 뻔한 일이다.
③ 이 자리를 빌어 감사의 뜻을 전한다.
④ 변덕이 죽 끓듯 하다.

13 다음 중 계산 값이 다른 하나는?

① $\frac{13}{12} - \frac{7}{12} \times 2$
② $\frac{5}{9} \div \frac{10}{9} + \frac{1}{2}$
③ $\frac{9}{4} - \frac{5}{8} \div \frac{1}{2}$
④ $\frac{1}{3} + \frac{8}{7} \times \frac{7}{12}$

14 다음 제시문을 바탕으로 추론할 수 있는 것은?

- 착한 사람은 거짓말을 하지 않는다.
- 성실한 사람은 모두가 좋아한다.
- 거짓말을 하지 않는 사람은 모두가 좋아한다.

① 착한 사람은 모두가 좋아한다.
② 거짓말을 하지 않는 사람은 성실한 사람이다.
③ 모두가 좋아하는 사람은 착한 사람이다.
④ 성실한 사람은 착한 사람이다.

15 다음 제시된 단어와 같거나 유사한 의미를 가진 것은?

마수걸이

① 시작
② 시초
③ 개시
④ 시기

16 다음과 같은 정사각형의 종이를 화살표 방향으로 접고 〈보기〉의 좌표가 가리키는 위치에 구멍을 뚫었다. 다시 펼쳤을 때 뚫린 구멍의 위치를 좌표로 나타낸 것으로 옳은 것은?(단, 좌표가 그려진 사각형의 크기와 종이의 크기는 일치하며, 종이가 접힐 때 종이의 위치는 바뀌지 않는다)

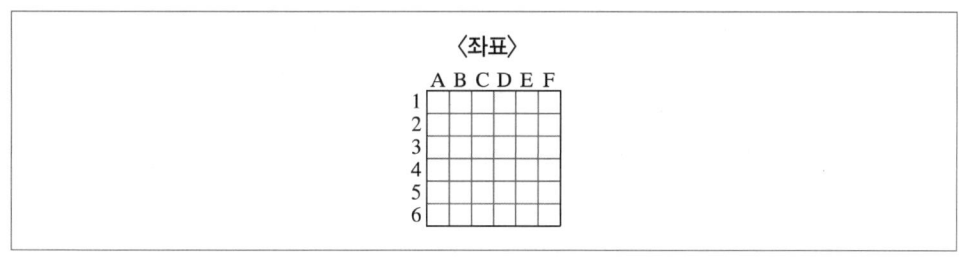

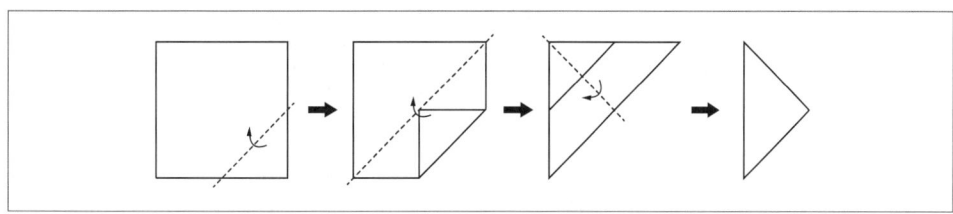

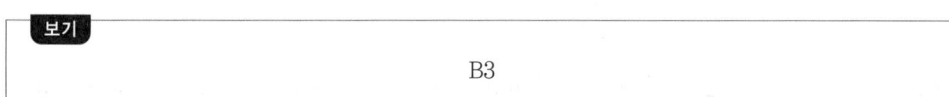

보기

B3

① A1, B2, C1, D1, E3, F4
② A1, B3, C2, E1, E6, F4
③ B3, C2, D5, E4, E6, F5
④ B4, C2, D6, E4, E6, F5

17 다음 글의 주제로 가장 적절한 것은?

> 서양에서는 아리스토텔레스가 중용을 강조했다. 하지만 우리의 중용과는 다르다. 아리스토텔레스가 말하는 중용은 균형을 중시하는 서양인의 수학적 의식에 기초했으며 또한 우주와 천체의 운동을 완벽한 원과 원운동으로 이해한 우주관에 기초한 것이다. 그러므로 그것은 명백한 대칭과 균형의 의미를 갖는다. 팔씨름에 비유해 보면 아리스토텔레스는 똑바로 두 팔이 서 있을 때 중용이라고 본 데 비해 우리는 팔이 한 쪽으로 완전히 기울었다 해도 아직 승부가 나지 않았으면 중용이라고 보는 것이다. 따라서 비대칭도 균형을 이루면 중용을 이룰 수 있다는 생각은 분명 서양의 중용관과는 다르다.
> 이러한 정신은 병을 다스리고 약을 쓰는 방법에도 나타난다. 서양의 의학은 병원체와의 전쟁이고 그 대상을 완전히 제압하는 데 반해, 우리 의학은 각 장기 간의 균형을 중시한다. 만약 어떤 이가 간장이 나쁘다면 서양 의학은 그 간장의 능력을 회생시키는 방향으로만 애를 쓴다. 그런데 우리는 만약 더 이상 간장 기능을 강화할 수 없다고 할 때 간장과 대치되는 심장의 기능을 약하게 만드는 방법을 쓰는 것이다. 한쪽의 기능이 치우치면 병이 심해진다고 보기 때문이다. 우리는 의학 처방에 있어서조차 중용관에 기초해서 서양의 그것과는 다른 가치관과 세계관을 적용하면서 살아온 것이다.

① 아리스토텔레스의 중용의 의미
② 서양 의학과 우리 의학의 차이
③ 서양과 우리의 가치관
④ 서양 중용관과 우리 중용관의 차이

18 농도 5%의 소금물 800g이 있다. 여기에서 몇 g의 물을 증발시키면 농도 8%의 소금물이 되는가?

① 100g ② 200g
③ 300g ④ 500g

19 다음은 기업 집중도 현황에 대한 자료이다. 이에 대한 설명으로 옳지 않은 것은?

〈기업 집중도 현황〉

구분	2021년	2022년	2023년	전년 대비
상위 10대 기업	25.0%	26.9%	25.6%	▽ 1.3%p
상위 50대 기업	42.2%	44.7%	44.7%	-
상위 100대 기업	48.7%	51.2%	51.0%	▽ 0.2%p
상위 200대 기업	54.5%	56.9%	56.7%	▽ 0.2%p

① 2023년의 상위 10대 기업의 점유율은 전년도에 비해 낮아졌다.
② 2021년 상위 101 ~ 200대 기업이 차지하고 있는 비율은 5% 미만이다.
③ 전년 대비 2023년에는 상위 50대 기업을 제외하고 모두 점유율이 감소했다.
④ 전년 대비 2023년의 상위 100대 기업이 차지하고 있는 점유율은 약간 감소했다.

20 다음 문장을 논리적 순서대로 바르게 나열한 것은?

> (가) 많은 전통적 인식론자는 임의의 명제에 대해 우리가 세 가지 믿음의 태도 중 하나만을 가질 수 있다고 본다.
> (나) 반면 베이즈주의자는 믿음은 정도의 문제라고 본다. 가령 각 인식 주체는 '내일 눈이 온다.'가 참이라는 것에 대하여 가장 강한 믿음의 정도에서 가장 약한 믿음의 정도까지 가질 수 있다.
> (다) 이처럼 베이즈주의자는 믿음의 정도를 믿음의 태도에 포함함으로써 많은 전통적 인식론자들과 달리 믿음의 태도를 풍부하게 표현한다.
> (라) 가령 '내일 눈이 온다.'는 명제를 참이라고 믿거나, 거짓이라고 믿거나, 참이라 믿지도 않고 거짓이라 믿지도 않을 수 있다.

① (가) - (나) - (라) - (다)
② (가) - (다) - (나) - (라)
③ (가) - (다) - (라) - (나)
④ (가) - (라) - (나) - (다)

21 다음 ㉠~㉣ 중 어법상 옳지 않은 것은?

> 훈민정음은 크게 '예의'와 '해례'로 ㉠ 나뉘어져 있다. 예의는 세종이 직접 지었는데 한글을 만든 이유와 한글의 사용법을 간략하게 설명한 글이다. 해례는 집현전 학사들이 한글의 자음과 모음을 만든 원리와 용법을 상세하게 설명한 글이다.
> 서문을 포함한 예의 부분은 무척 간략해『세종실록』과『월인석보』등에도 실리며 전해져 왔지만, 한글 창제 원리가 ㉡ 밝혀져 있는 해례는 전혀 알려져 있지 않았다. 그런데 예의와 해례가 모두 실려 있는 훈민정음 정본이 1940년에야 ㉢ 발견됐다. 그것이『훈민정음 해례본』이다. 그러나 이『훈민정음 해례본』이 대중에게, 그리고 한글학회 간부들에게 공개된 것은 해방 후에 이르러서였다.
> 하나의 나라, 하나의 민족정신을 담은 그릇은 바로 그들의 언어이다. 언어가 사라진다는 것은 세계를 바라보는 방법, 즉 세계관이 사라진다는 것과 ㉣ 진배없다. 일제강점기 일제의 민족말살정책 중 가장 악랄했던 것 중 하나가 바로 우리말과 글에 대한 탄압이었다. 일제는 진정으로 우리말과 글이 사라지길 바랐다. 18세기 조선의 실학 연구자들은 중국의 중화사관에서 탈피하여 우리 고유의 문물과 사상에 대한 연구를 본격화했다. 이때 실학자들의 학문적 성과가 바로 훈민정음 해례를 한글로 풀어쓴 언해본의 발견이었다. 일제는 그것을 18세기에 만들어진 위작이라는 등 허구로 몰아갔고, 해례본을 찾느라 혈안이 되어 있었다. 해례본을 없앤다면 세종의 한글 창제를 완벽히 허구화할 수 있기 때문이었다.

① ㉠ ② ㉡
③ ㉢ ④ ㉣

22 카드게임을 하기 위해 A~F 6명이 원형 테이블에 앉고자 한다. 다음 〈조건〉에 따라 이들의 좌석을 배치하고자 할 때, F와 이웃하여 앉을 사람은?(단, 좌우 방향은 원탁을 바라보고 앉은 상태를 기준으로 한다)

> **조건**
> • B는 C와 이웃하여 앉는다.
> • A는 E와 마주보고 앉는다.
> • C의 오른쪽에는 E가 앉는다.
> • F는 A와 이웃하여 앉지 않는다.

① A, C ② B, D
③ C, D ④ D, E

23 다음 전개도로 입체도형을 만들었을 때, 만들어질 수 없는 것은?

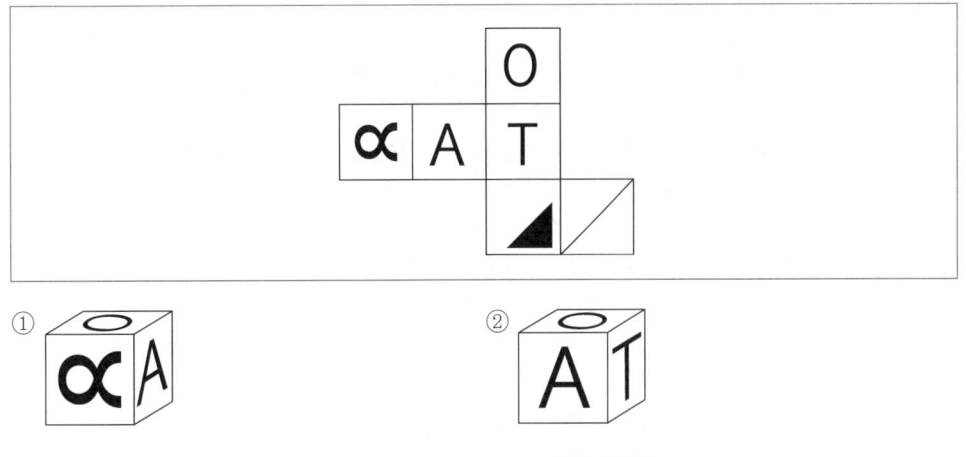

24 다음 글의 빈칸에 들어갈 내용으로 가장 적절한 것은?

> 경기적 실업이란 경기 침체의 영향으로 기업 활동이 위축되고 이로 인해 노동에 대한 수요가 감소하여 고용량이 줄어들어 발생하는 실업이다. 다시 말해 경기적 실업은 노동 시장에서 노동의 수요와 공급이 균형을 이루고 있는 상태라고 가정할 때, 경기가 침체되어 물가가 하락하게 되면 _____ 경기적 실업은 다른 종류의 실업에 비해 생산량 측면에서 경제적으로 큰 손실을 발생시킬 수 있기에 경제학자들은 이를 해결하기 위한 정부의 역할에 대해 다양한 의견을 제시한다.

① 기업은 생산량을 줄이게 되고 이로 인해 노동에 대한 공급이 감소하여 발생한다.
② 기업은 생산량을 늘리게 되고 이로 인해 노동에 대한 수요가 증가하여 발생한다.
③ 기업은 생산량을 늘리게 되고 이로 인해 노동에 대한 공급이 감소하여 발생한다.
④ 기업은 생산량을 줄이게 되고 이로 인해 노동에 대한 수요가 감소하여 발생한다.

25 다음 글을 읽고 〈보기〉와 같이 반응했을 때, 빈칸에 들어갈 단어가 바르게 연결된 것은?

> 와인을 마실 때는 와인의 종류에 따라 그에 맞는 적당한 잔을 선택하는 것이 중요하다. 와인 잔은 크게 레드 와인 잔, 화이트 와인 잔, 스파클링 와인 잔으로 나눌 수 있다. 레드 와인 잔은 화이트 와인 잔보다 둘레가 넓어 와인의 향기를 풍성하게 느낄 수 있다. 잔의 둘레가 넓어질수록 와인이 공기와 접촉하는 면적이 넓어지기 때문이다. 화이트 와인 잔은 레드 와인 잔에 비해 크기가 작다. 차게 마시는 화이트 와인의 특성상 온도가 올라가지 않도록 잔의 용량 크기를 작게 만드는 것이다. 마지막으로 스파클링 와인 잔의 길쭉한 튤립 모양은 와인의 탄산을 보존할 수 있도록 해준다. 좋은 스파클링 와인일수록 조그만 기포들이 잔 속에서 끊임없이 솟아오른다. 입구가 좁고 높이가 높은 잔을 사용하면 스파클링 와인의 기포를 감상하며 즐길 수 있다.

보기
레드 와인은 와인의 ㉠ 을/를, 화이트 와인은 와인의 ㉡ 을/를 중요하게 생각하기 때문에 서로 다른 와인 잔을 사용하는군.

	㉠	㉡		㉠	㉡
①	향	탄산	②	향	온도
③	온도	향	④	온도	맛

26 다음은 우표 발행 현황에 대한 자료이다. 이에 대한 설명으로 옳은 것은?

〈우표 발행 현황〉
(단위 : 천 장)

구분	2019년	2020년	2021년	2022년	2023년
보통우표	163,000	164,000	69,000	111,000	105,200
기념우표	47,180	58,050	43,900	35,560	33,630
나만의 우표	7,700	2,368	1,000	2,380	1,908
합계	217,880	224,418	113,900	148,940	140,738

① 기념우표는 나만의 우표 발행 수효와 등락폭을 같이 한다.
② 모든 종류의 우표 발행 수가 가장 낮은 연도는 2021년이다.
③ 보통우표와 기념우표 발행 수가 가장 큰 차이를 보이는 해는 2019년이다.
④ 2021년 전체 발행 수와 비교해 나만의 우표가 차지하고 있는 비율은 1% 이상이다.

27 Z그룹 신입사원인 A~E 5명은 각각 영업팀, 기획팀, 홍보팀 중 한 곳에 속해있다. 각 팀은 모두 같은 날, 같은 시간에 회의가 있고, Z그룹은 3층과 5층에 회의실이 두 개씩 있다. 따라서 세 팀이 모두 한 층에서 회의를 할 수는 없다. 다음 이들의 진술 중 2명은 참을, 3명은 거짓을 말할 때, 〈보기〉 중 항상 참인 것은?

- A사원 : 기획팀은 3층에서 회의를 한다.
- B사원 : 영업팀은 5층에서 회의를 한다.
- C사원 : 홍보팀은 5층에서 회의를 한다.
- D사원 : 나는 3층에서 회의를 한다.
- E사원 : 나는 3층에서 회의를 하지 않는다.

보기
㉠ 영업팀과 홍보팀이 같은 층에서 회의를 한다면 E는 기획팀이다.
㉡ 기획팀이 3층에서 회의를 한다면, D사원과 E사원은 같은 팀일 수 있다.
㉢ 두 팀이 5층에서 회의를 하는 경우가 3층에서 회의를 하는 경우보다 많다.

① ㉠
② ㉡
③ ㉡, ㉢
④ ㉠, ㉢

28 10명의 학생들 중 2명의 임원을 뽑고 남은 학생들 중 2명의 주번을 뽑는다고 할 때, 나올 수 있는 경우의 수는?

① 1,024가지
② 1,180가지
③ 1,260가지
④ 1,320가지

29 다음 글을 읽고 추론한 내용으로 적절하지 않은 것은?

> 비만 환자의 경우 식사 조절을 통한 섭취량 감소가 중요하므로 적절한 식이요법이 필요하다. 먼저 환자의 표준 체중에 대한 기초대사량과 활동대사량을 파악하고, 이에 따라 3대 영양소인 단백질과 지방, 탄수화물의 섭취량을 조절해야 한다.
> 표준 체중은 남성의 경우 $\{키(m)\}^2 \times 22kg$으로 계산하고, 여성의 경우에는 $\{키(m)\}^2 \times 21kg$으로 계산한다. 성인의 하루 기초대사량은 1kcal×(표준 체중)×24로 계산하고, 활동대사량은 활동의 정도에 따라 기초대사량에 0.2배(정적 활동), 0.4배(보통 활동), 0.8배(격심한 활동)를 곱한다. 기초대사량에 활동대사량을 합한 값이 성인이 하루에 필요로 하는 칼로리가 된다.
> 필요한 칼로리가 정해지면 우선 단백질의 섭취량을 계산하고, 나머지를 지방과 탄수화물로 배분한다. 성인의 하루 단백질 섭취량은 표준 체중을 기준으로 0.8~1.2g/kg(평균 1.13g/kg)이며, 비만 환자가 저열량 식이 조절을 하는 경우에는 1.2~1.5g/kg(평균 1.35g/kg)으로 계산한다. 지방은 전체 필요 칼로리 중 20% 이하로 섭취하는 것이 좋으며, 콜레스테롤은 하루 300mg 이하로 제한하는 것이 좋다. 탄수화물의 경우 섭취량이 부족하면 단백질을 분해하여 포도당을 생성하게 되므로 케톤산증을 유발할 수 있다. 따라서 총 섭취 칼로리의 55~60% 정도의 섭취를 권장하며, 반드시 최소 100g 정도의 탄수화물을 섭취해야 한다.

① 신장 178cm인 성인 남성의 표준 체중은 약 69.7kg이 된다.
② 주로 정적 활동을 하는 남성의 표준 체중이 73kg이라면 하루에 필요한 칼로리는 2,102.4kcal이다.
③ 표준 체중이 55kg인 성인 여성의 경우 하루 평균 62.15g의 단백질을 섭취하는 것이 좋다.
④ 주로 보통 활동을 하는 성인 남성의 하루 기초대사량이 1,728kcal라면 하루 500g 이하의 지방을 섭취하는 것이 좋다.

30 테니스공, 축구공, 농구공, 배구공, 야구공, 럭비공을 각각 A~C 3개의 상자에 넣으려고 한다. 한 상자에 공을 두 개까지 넣을 수 있으며, 조건이 다음과 같다고 할 때, 항상 참이 될 수 없는 것은?

> **조건**
> • 테니스공과 축구공은 같은 상자에 넣는다.
> • 럭비공은 B상자에 넣는다.
> • 야구공은 C상자에 넣는다.

① 농구공을 C상자에 넣으면 배구공은 B상자에 들어가게 된다.
② 테니스공과 축구공은 반드시 A상자에 들어간다.
③ 배구공과 농구공은 같은 상자에 들어갈 수 없다.
④ 럭비공은 반드시 배구공과 같은 상자에 들어간다.

※ 다음 주어진 입체도형 중 나머지와 다른 하나를 고르시오. [31~32]

31

① 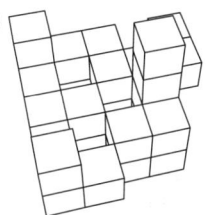   ②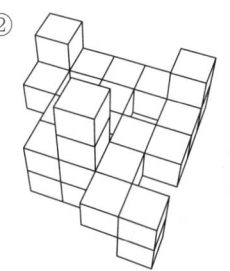

③ 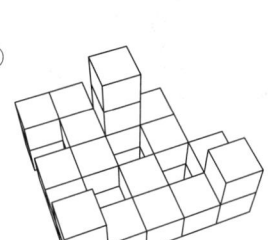   ④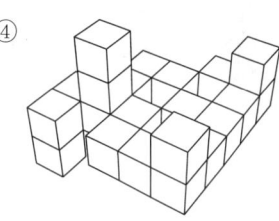

32

① 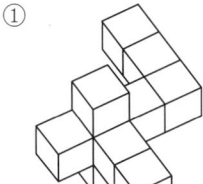   ②

③ 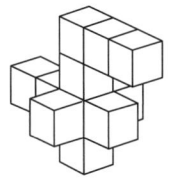   ④

※ 다음은 아시아 국가별 평균 교육기간을 나타낸 자료이다. 이어지는 질문에 답하시오. [33~34]

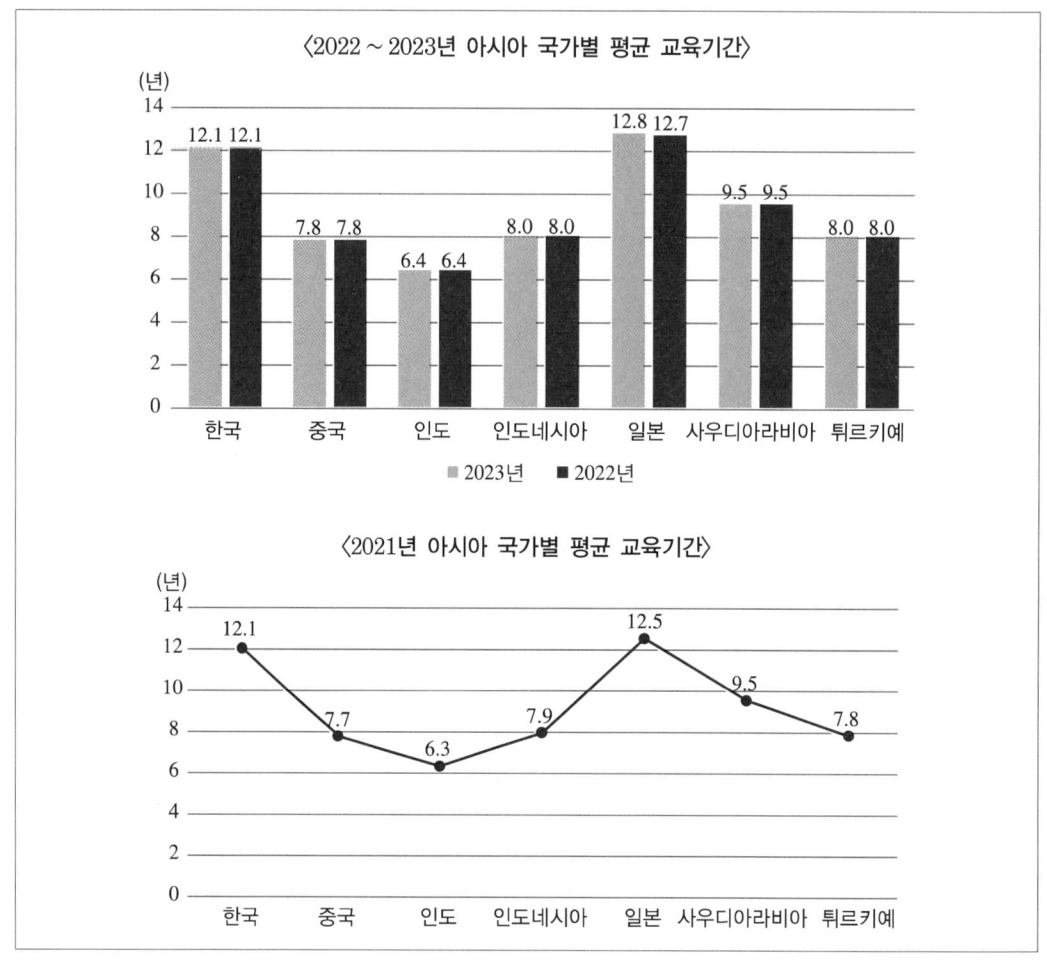

33 다음 중 위 자료에 대한 설명으로 옳지 않은 것은?

① 한국은 2021~2023년까지의 평균 교육기간은 동일하다.
② 2021년보다 2022년의 평균 교육기간이 높아진 국가는 5개국이다.
③ 2022년과 2023년의 아시아 각 국가의 평균 교육기간은 동일하다.
④ 2021~2023년 동안 매년 평균 교육기간이 8년 이하인 국가는 4개국이다.

34 2021년에 평균 교육기간이 8년 이하인 국가들의 평균 교육기간 평균은?

① 7.105년
② 7.265년
③ 7.425년
④ 7.595년

※ 일정한 규칙으로 수 또는 문자를 나열할 때, 빈칸에 들어갈 수 또는 문자로 알맞은 것을 고르시오.
[35~38]

35

| 4 −1 2 −3 6 1 −2 −7 14 ( ) |

① 2　　　　　　　　　　② 9
③ 19　　　　　　　　　　④ −28

36

| 31 71 27 64 ( ) 57 19 50 |

① 9　　　　　　　　　　② 23
③ 41　　　　　　　　　　④ 63

37

| b g e j ( ) m k p |

① h　　　　　　　　　　② i
③ l　　　　　　　　　　④ n

38

| E F 30 D H 32 J L ( ) |

① 40　　　　　　　　　　② 60
③ 80　　　　　　　　　　④ 120

39 다음 글의 내용으로 가장 적절한 것은?

> 제2차 세계대전 중, 태평양의 한 전투에서 일본군은 미군 흑인 병사들에게 자신들은 유색인과 전쟁할 의도가 없으니 투항하라고 선전하였다. 이 선전물을 본 백인 장교들은 그것이 흑인 병사들에게 미칠 영향을 우려하여 급하게 부대를 철수시켰다. 사회학자인 데이비슨은 이 사례에서 아이디어를 얻어서 대중매체가 수용자에게 미치는 영향과 관련한 '제3자 효과(Third-Person Effect)' 이론을 발표하였다.
> 이 이론의 핵심은 대중매체의 영향력을 차별적으로 인식한다는 데에 있다. 곧 사람들은 수용자의 의견과 행동에 미치는 대중매체의 영향력이 자신보다 다른 사람들에게서 더 크게 나타나리라고 믿는 경향이 있다는 것이다. 예를 들어 선거 때 어떤 후보에게서 탈세 의혹이 있다는 신문보도를 보았다고 하자. 그때 사람들은 후보를 선택하는 데 자신보다 다른 독자들이 더 크게 영향을 받을 것이라고 여긴다.
> 제3자 효과는 대중매체가 전달하는 내용에 따라 다르게 나타난다. 예컨대 대중매체가 건강 캠페인과 같이 사회적으로 바람직한 내용을 전달할 때보다 폭력물이나 음란물처럼 유해한 내용을 전달할 때, 사람들은 자신보다 다른 사람들에게 미치는 영향력을 더욱 크게 인식한다는 것이다. 이러한 인식은 수용자의 구체적인 행동에도 영향을 미쳐, 제3자 효과가 크게 나타나는 사람일수록 내용물의 심의, 검열, 규제와 같은 법적·제도적 조치에 찬성하는 성향을 보인다.
> 제3자 효과 이론은 사람들이 다수의 의견처럼 보이는 것에 영향받을 수 있다는 이론과 연결되면서, 여론의 형성 과정을 설명하는 데도 이용되었다. 이 설명에 따르면 사람들은 자신은 대중매체의 전달 내용에 쉽게 영향받지 않는다고 생각하면서도 다른 사람들이 영향받을 것을 고려하여 자신의 태도와 행위를 결정한다. 즉, 다른 사람들에게서 소외되어 고립되는 것을 염려한 나머지 자신의 의견을 포기하고 다수의 의견이라고 생각하는 것을 따라가게 된다는 것이다.

① 태평양 전쟁 당시 흑인 병사들에게 나타난 제3자 효과는 미군 철수의 원인이 되었다.
② 대중매체의 영향을 크게 받는 사람일수록 대중매체에 대한 법적·제도적 조치에 반대하는 경향이 있다.
③ 사람들은 자신이 타인에 비해 대중매체의 영향을 덜 받는다 생각하면서도 결과적으로 타인과 의견을 같이하는 경향이 있다.
④ 제3자 효과가 나타나는 사람은 일단 한번 대중매체를 타면 어떤 내용이든지 동등한 수준으로 다른 이들에게 영향을 끼친다고 믿는다.

※ 다음 도형 또는 도형 내부의 기호들은 일정한 패턴을 가지고 변화한다. 다음 중 ?에 들어갈 도형으로 가장 적절한 것을 고르시오. [40~41]

40

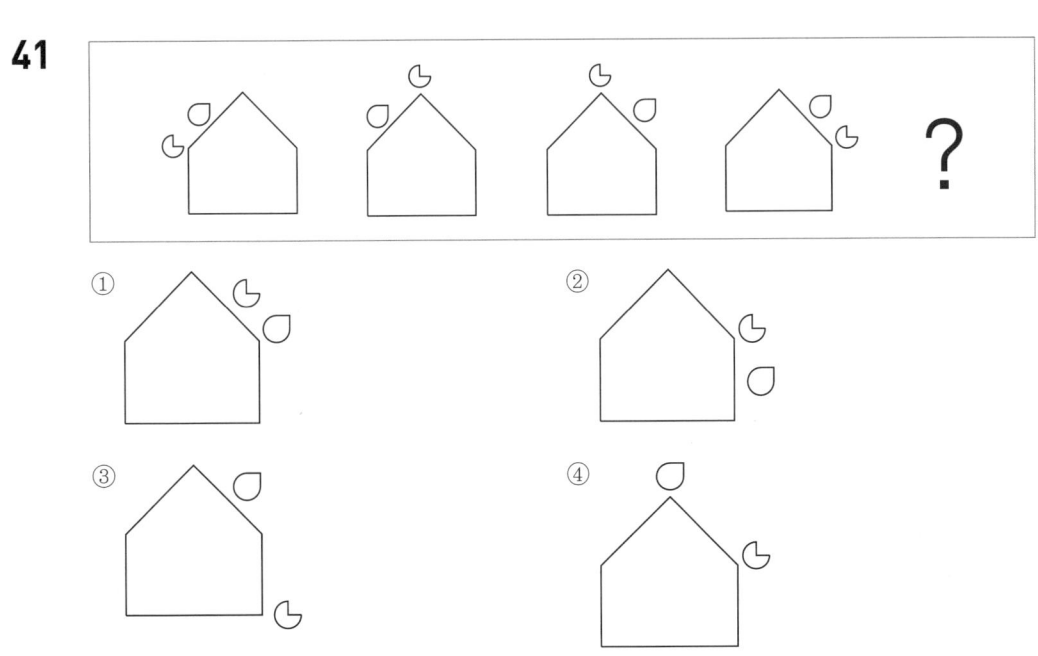

42. 다음 글의 빈칸에 들어갈 문장을 〈보기〉에서 찾아 순서대로 나열한 것은?

한 조사 기관에 따르면 해마다 척추 질환으로 병원을 찾는 청소년들이 연평균 5만 명에 이르며 그 수가 지속적으로 증가하고 있다. 청소년의 척추 질환은 성장을 저해하고 학업의 효율성을 저하시킬 수 있다. _____(가)_____ 따라서 청소년 척추 질환의 원인을 알고 예방하기 위한 노력이 필요하다. 전문가들은 앉은 자세에서 척추에 가해지는 하중이 서 있는 자세에 비해 1.4배 정도 크기 때문에 책상 앞에 오래 앉아 있는 청소년들의 경우, 척추 건강에 적신호가 켜질 가능성이 매우 높다고 말한다. 또한 전문가들은 청소년들의 운동 부족도 청소년 척추 질환의 원인이라고 강조한다. 척추 건강을 위해서는 기립근과 장요근 등을 강화하는 근력 운동이 필요하다. 그런데 실제로 질병관리본부의 조사에 따르면, 청소년들 가운데 주 3일 이상 근력 운동을 하고 있다고 응답한 비율은 남성이 약 33%, 여성이 약 9% 정도밖에 되지 않았다.

청소년들이 생활 속에서 비교적 쉽게 척추 질환을 예방할 수 있는 방법은 무엇일까? 첫째, 바른 자세로 책상 앞에 앉아 있는 습관을 들여야 한다. _____(나)_____ 또한 책을 보기 위해 고개를 아래로 많이 숙이는 행동은 목뼈가 받는 부담을 크게 늘려 척추 질환을 유발하므로 책상 높이를 조절하여 목과 허리를 펴고 반듯하게 앉아 책을 보는 것이 좋다. 둘째, 틈틈이 척추 근육을 강화하는 운동을 해 준다. _____(다)_____

그리고 발을 어깨보다 약간 넓게 벌리고 서서 양손을 허리에 대고 상체를 서서히 뒤로 젖혀 준다. 이러한 동작들은 척추를 지지하는 근육과 인대를 강화시켜 척추가 휘어지거나 구부러지는 것을 막아 준다. 따라서 이런 운동은 척추 건강을 위해 반드시 필요하다.

〈보기〉

㉠ 허리를 곧게 펴고 앉아 어깨를 뒤로 젖히고 고개를 들어 하늘을 본다.
㉡ 그렇기 때문에 적절한 대응 방안이 마련되지 않으면 문제가 더욱 심각해질 것이다.
㉢ 의자에 앉아 있을 때는 엉덩이를 의자 끝까지 밀어 넣고 등받이에 반듯하게 상체를 기대 척추를 꼿꼿하게 유지해야 한다.

	(가)	(나)	(다)
①	㉡	㉠	㉢
②	㉡	㉢	㉠
③	㉢	㉠	㉡
④	㉢	㉡	㉠

43 10%의 불량품이 들어 있는 제품 중에서 임의로 4개의 제품을 택할 때, 2개의 제품이 불량품일 확률은?

① 0.0025
② 0.0125
③ 0.0486
④ 0.0492

44 다음 두 블록을 합쳤을 때, 나올 수 있는 형태는?

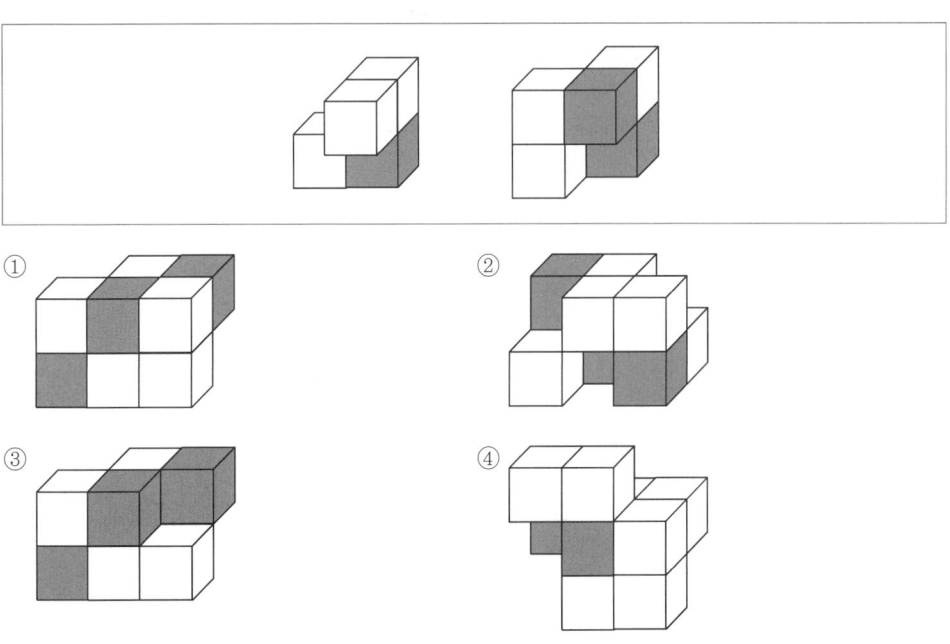

45 다음 글을 읽고, 뒤르켐이 헤겔에게 비판할 수 있는 주장으로 가장 적절한 것은?

> 시민 사회라는 용어는 17세기에 등장했지만 19세기 초에 이를 국가와 구분하여 개념적으로 정교화한 인물이 헤겔이다. 그가 활동하던 시기에 유럽의 후진국인 프러시아에는 절대주의 시대의 잔재가 아직 남아 있었다. 산업 자본주의도 미성숙했던 때여서 산업화를 추진하고 자본가들을 육성하며 심각한 빈부 격차나 계급 갈등 등의 사회문제를 해결해야 하는 시대적 과제가 있었다. 그는 사익의 극대화가 국부를 증대해 준다는 점에서 공리주의를 긍정했으나 그것이 시민 사회 내에서 개인들의 무한한 사익 추구가 일으키는 빈부 격차나 계급 갈등을 해결할 수는 없다고 보았다. 그는 시민 사회가 개인들의 사적 욕구를 추구하며 살아가는 생활 영역이자 그 욕구를 사회적 의존 관계 속에서 추구하게 하는 공동체적 윤리성의 영역이어야 한다고 생각했다. 특히 시민 사회 내에서 사익 조정과 공익 실현에 기여하는 직업 단체와 복지 및 치안 문제를 해결하는 복지행정조직의 역할을 설정하면서, 이 두 기구가 시민 사회를 이상적인 국가로 이끌 연결 고리가 될 것으로 기대했다. 하지만 빈곤과 계급 갈등은 시민 사회 내에서 근원적으로 해결될 수 없는 것이었다. 따라서 그는 국가를 사회문제를 해결하고 공적 질서를 확립할 최종 주체로 설정하면서 시민 사회가 국가에 협력해야 한다고 생각했다.
>
> 한편 1789년 프랑스 혁명 이후 프랑스 사회는 혁명을 이끌었던 계몽주의자들의 기대와는 다른 모습을 보이고 있었다. 사회는 사익을 추구하는 파편화된 개인들의 각축장이 되어 있었고 빈부 격차와 계급 갈등은 격화된 상태였다. 이러한 혼란을 극복하기 위해 노동자 단체와 고용주 단체 모두를 불법으로 규정한 르샤폴리에 법이 1791년부터 약 90년간 시행되었으나, 이 법은 분출되는 사익의 추구를 억제하지도 못하면서 오히려 프랑스 시민 사회를 극도로 위축시켰다.
>
> 뒤르켐은 이러한 상황을 아노미, 곧 무규범 상태로 파악하고 최대 다수의 최대 행복을 표방하는 공리주의가 사실은 개인의 이기심을 전제로 하고 있기에 아노미를 조장할 뿐이라고 생각했다. 그는 사익을 조정하고 공익과 공동체적 연대를 실현할 도덕적 개인주의의 규범에 주목하면서, 이를 수행할 주체로서 직업 단체의 역할을 강조하였다. 뒤르켐은 직업 단체가 정치적 중간 집단으로서 구성원의 이해관계를 국가에 전달하는 한편 국가를 견제해야 한다고 보았던 것이다.

① 직업 단체는 정치적 중간 집단의 역할로 빈곤과 계급 갈등을 근원적으로 해결하지 못해요.
② 직업 단체와 복지행정조직이 시민 사회를 이상적인 국가로 이끌어줄 열쇠에요.
③ 국가가 주체이기는 하지만 공동체적 연대의 실현을 수행할 중간 집단으로서의 주체가 필요해요.
④ 국가를 최종 주체로 설정한다면 사익을 조정할 수 있고, 공적 질서를 확립할 수 있어요.

PART

4

면접

CHAPTER 01 면접 소개

CHAPTER 02 부산광역시교육청 예상 면접질문

CHAPTER 01 면접 소개

01 면접 주요사항

면접의 사전적 정의는 면접관이 지원자를 직접 만나보고 인품(人品)이나 언행(言行) 따위를 시험하는 일로, 흔히 필기시험 후에 최종적으로 심사하는 방법이다.

최근 주요 기관의 인사담당자들을 대상으로 한 설문조사에서 채용 시 면접이 차지하는 비중이 50～80% 이상이라고 답한 사람은 전체 응답자의 80%를 넘었다. 이와 대조적으로 지원자들을 대상으로 취업 시험에서 면접을 준비하는 기간을 물었을 때, 대부분의 응답자가 2～3일 정도라고 대답했다.

지원자는 서류전형과 직무적성검사를 통과해야만 면접을 볼 수 있기 때문에 자연스럽게 면접은 그 비중이 작아질 수밖에 없다. 하지만 아이러니하게도 실제 채용 과정에서 면접이 차지하는 비중은 절대적이라고 해도 과언이 아니다.

기관들은 채용 과정에서 토론 면접, 인성 면접, 프레젠테이션 면접, 역량 면접 등의 다양한 면접을 실시한다. 1차 커트라인이라고 할 수 있는 서류전형을 통과한 지원자들의 스펙이나 능력은 서로 엇비슷하다고 판단하기 때문에 지원자의 인성을 파악하기 위해 면접을 더욱 강화하는 것이다.

면접의 기본은 자기 자신을 면접관에게 알기 쉽게 표현하는 것이다. 이러한 표현을 바탕으로 자신의 단점을 극복할 수 있는 연습을 한다면 좋은 결과를 얻을 수 있을 것이다.

1. 자기소개

자기소개를 시키는 이유는 면접자가 지원자의 자기소개서를 압축해서 듣고, 지원자의 첫인상을 평가할 시간을 가질 수 있기 때문이다. 면접을 위한 워밍업이라고 할 수 있으며, 첫인상을 결정하는 과정이므로 매우 중요한 순간이다. 자신을 잘 소개할 수 있는 문구의 1분 자기소개를 미리 준비해서 연습해야 한다.

2. 1분 자기소개 시 주의사항

면접에서 바른 자세가 중요하다는 것은 익히 알고 있다. 하지만 문제는 무의식적으로 나오는 흐트러진 자세 때문에 나쁜 인상을 줄 수 있다는 것이다. 이러한 습관을 고칠 수 있는 가장 좋은 방법은 캠코더로 녹화하거나 스터디를 통해 모의 면접을 해 보면서 끊임없이 피드백을 받는 것이다.

3. 대화법

전문가들이 말하는 대화법의 핵심은 '상대방을 배려하면서 이야기하라.'는 것이다. 대화는 나와 다른 사람의 소통이다. 내용에 대한 공감이나 이해가 없다면 대화는 더 이상 진전되지 않는다.

4. 첫인상

취업을 위해 성형수술을 받는 지원자들에 대한 이야기는 더 이상 뉴스거리가 되지 않는다. 그만큼 많은 사람이 좁은 취업문을 뚫기 위해 이미지 향상에 신경을 쓰고 있다. 하지만 외모와 첫인상을 절대적인 관계로 이해하는 것은 잘못된 판단이다. 외모가 첫인상에서 많은 부분을 차지하지만, 외모 외에 다른 결점이 발견된다면 그로 인해 장점들이 가려질 수도 있다. 첫인상은 말 그대로 한 번밖에 기회가 주어지지 않으며 몇 초 안에 결정된다. 첫인상을 결정짓는 요소 중 시각적인 요소가 80% 이상을 차지한다. 첫눈에 들어오는 생김새나 복장, 표정 등에 의해서 결정되는 것이다. 면접을 시작할 때 자기소개를 시키는 것도 지원자별로 첫인상을 평가하기 위해서이다. 첫인상이 중요한 이유는 만약 첫인상이 부정적으로 인지될 경우, 지원자의 다른 좋은 면까지 거부당하기 때문이다. 이러한 현상을 심리학에서는 초두효과(Primacy Effect)라고 한다.

이는 먼저 제시된 정보가 추후 알게 된 정보보다 더 강력한 영향을 미치는 현상으로, 앞서 제시된 정보가 나중의 것보다 기억이 더 잘 되고, 인출도 더 잘 된다는 것이다. 예를 들어 첫인상이 착하게 기억되면 나중에 나쁜 행동을 하더라도 순간의 실수로 생각되는 반면, 첫인상이 나쁘다면 착한 행동을 하더라도 그 진위에 의심을 사게 되는 것이다. 이처럼 한 번 형성된 첫인상은 여간해서 바꾸기 힘들다. 따라서 평소에 첫인상을 좋게 만들기 위한 노력을 꾸준히 해야만 한다.

깔끔한 옷차림과 부드러운 표정 그리고 말과 행동 등에 의해 전반적인 이미지가 만들어진다. 누구나 한두 가지 단점은 가지고 있지만 이미지 컨설팅을 통해서 자신의 단점들을 보완하는 지원자도 있다. 특히, 표정이 밝지 않은 지원자는 평소 웃는 연습을 의식적으로 하여 면접을 받는 동안 계속해서 여유 있는 표정을 짓는 것이 중요하다. 성공한 사람들은 인상이 좋다는 것을 명심하자.

02 면접의 유형 및 실전 대책

1. 면접의 유형

과거 천편일률적인 일대일 면접과 달리 현재는 면접에 다양한 유형이 도입되어 "면접은 이렇게 보는 것이다."라고 말할 수 있는 정해진 유형이 없어졌다. 그러나 대부분의 기관에서 현재까지는 집단 면접과 다대일 면접이 진행되고 있으므로 어느 정도 유형을 파악하여 사전에 대비가 가능하다. 면접의 기본인 단독 면접부터 다대일 면접, 집단 면접, PT면접 유형과 그 대책에 대해 알아보자.

(1) 단독 면접

단독 면접이란 응시자와 면접관이 일대일로 마주하는 형식을 말한다. 면접위원 한 사람과 응시자 한사람이 마주 앉아 자유로운 화제를 가지고 질의응답을 되풀이하는 방식이다. 이 방식은 면접의 가장 기본적인 방법으로 소요시간은 10 ~ 20분 정도가 일반적이다.

① 단독 면접의 장점

필기시험 등으로 판단할 수 없는 성품이나 능력을 알아내는 데 가장 적합하다고 평가받아 온 면접방식으로 응시자 한 사람 한 사람에 대해 여러 면에서 비교적 폭넓게 파악할 수 있다. 응시자의 입장에서는 한 사람의 면접관만을 대하는 것이므로 상대방에게 집중할 수 있으며, 긴장감도 다른 면접방식에 비해서는 적은 편이다.

② 단독 면접의 단점

면접관의 주관이 강하게 작용해 객관성을 저해할 소지가 있으며, 면접 평가표를 활용한다 하더라도 일면적인 평가에 그칠 가능성을 배제할 수 없다. 또한 시간이 많이 소요되는 것도 단점이다.

> **단독 면접 준비 Point**
>
> 단독 면접에 대비하기 위해서는 평소 일대일로 논리 정연하게 대화를 나눌 수 있는 능력을 기르는 것이 중요하다. 그리고 면접장에서는 면접관을 선배나 선생님 혹은 아버지를 대하는 기분으로 면접에 임하는 것이 부담도 훨씬 적고 실력을 발휘할 수 있는 방법이 될 것이다.

(2) 다대일 면접

다대일 면접은 일반적으로 가장 많이 사용되는 면접방법으로 보통 2~5명의 면접관이 1명의 응시자에게 질문하는 형태의 면접방법이다. 면접관이 여러 명이므로 다각도에서 질문을 하여 응시자에 대한 정보를 많이 알아낼 수 있다는 점 때문에 선호하는 면접방법이다.

하지만 응시자의 입장에서는 면접관에 따라 질문도 각양각색이고 동료 응시자가 없으므로 숨 돌릴 틈도 없게 느껴진다. 또한 관찰하는 눈도 많아서 조그만 실수라도 지나치는 법이 없기 때문에 정신적 압박과 긴장감이 높은 면접방법이다. 따라서 응시자는 긴장을 풀고 한 명의 면접관이 질문하더라도 면접관 전원을 향해 대답한다는 기분으로 또박또박 대답하는 자세가 필요하다.

① 다대일 면접의 장점

면접관이 집중적인 질문과 다양한 관찰을 통해 응시자가 과연 조직에 필요한 인물인가를 완벽히 검증할 수 있다.

② 다대일 면접의 단점

면접시간이 보통 10~30분 정도로 긴 편이고 응시자에게 지나친 긴장감을 조성하는 면접방법이다.

> **다대일 면접 준비 Point**
>
> 질문을 들을 때 시선은 면접위원을 향하고 다른 데로 돌리지 말아야 하며, 대답할 때에도 고개를 숙이거나 입속에서 우물거리는 소극적인 태도는 피하도록 한다. 면접위원과 대등하다는 마음가짐으로 편안한 태도를 유지하면 대답도 자연스러운 상태에서 좀 더 충실히 할 수 있고, 이에 따라 면접위원이 받는 인상도 달라진다.

(3) 집단 면접

집단 면접은 다수의 면접관이 여러 명의 응시자를 한꺼번에 평가하는 방식으로 짧은 시간에 능률적으로 면접을 진행할 수 있다. 각 응시자에 대한 질문 내용, 질문 횟수, 시간 배분이 똑같지는 않으며, 모두에게 같은 질문이 주어지기도 하고, 각각 다른 질문을 받기도 한다.

또 어떤 응시자가 한 대답에 대한 의견을 묻는 등 그때그때의 분위기나 면접관의 의향에 따라 변수가 많다. 집단 면접의 경우 응시자의 입장에서는 개별 면접에 비해 긴장감은 다소 덜한 반면에 다른 응시자들과 확실하게 비교되므로 응시자는 몸가짐이나 표현력·논리성 등이 결여되지 않도록 자신의 생각이나 의견을 솔직하게 발표하여 집단 속에 묻히거나 밀려나지 않도록 주의해야 한다.

① 집단 면접의 장점

집단 면접의 장점은 면접관이 응시자 한 사람에 대한 관찰시간이 상대적으로 길고, 비교 평가가 가능하기 때문에 결과적으로 평가의 객관성과 신뢰성을 높일 수 있다는 점이며, 응시자는 동료들과 함께 면접을 받기 때문에 긴장감이 다소 덜하다는 것을 들 수 있다. 또한 동료가 답변하는 것을 들으며, 자신의 답변 방식이나 자세를 조정할 수 있다는 것도 큰 이점이다.

② 집단 면접의 단점

응답하는 순서에 따라 응시자마다 유리하고 불리한 점이 있고, 면접위원의 입장에서는 각각의 개인적인 문제를 깊게 다루기가 곤란하다는 것이 단점이다.

> **집단 면접 준비 Point**
>
> 너무 자기 과시를 하지 않는 것이 좋다. 대답은 자신이 말하고 싶은 내용을 간단명료하게 말해야 한다. 내용이 없는 발언을 한다거나 대답을 질질 끄는 태도는 좋지 않다. 또 말하는 중에 내용이 주제에서 벗어나거나 자기중심적으로만 말하는 것도 피해야 한다. 집단 면접에 대비하기 위해서는 평소에 설득력을 지닌 자신의 논리력을 계발하는 데 힘써야 하며, 다른 사람 앞에서 자신의 의견을 조리 있게 개진할 수 있는 발표력을 갖추는 데에도 많은 노력을 기울여야 한다.
> - 실력에는 큰 차이가 없다는 것을 기억하라.
> - 동료 응시자들과 서로 협조하라.
> - 답변하지 않을 때의 자세가 중요하다.
> - 개성 표현은 좋지만 튀는 것은 위험하다.

(4) 집단 토론식 면접

집단 토론식 면접은 집단 면접과 형태는 유사하지만 질의응답이 아니라 응시자들끼리의 토론이 중심이 되는 면접방법으로 최근 들어 급증세를 보이고 있다.

이는 공통의 주제에 대해 다양한 견해들이 개진되고 결론을 도출하는 과정, 즉 토론을 통해 응시자의 다양한 면에 대한 평가가 가능하다는 집단 토론식 면접의 장점이 널리 확산된 데 따른 것으로 보인다. 사실 집단 토론식 면접을 활용하면 주제와 관련된 지식 정도와 이해력, 판단력, 설득력, 협동성은 물론 리더십, 조직 적응력, 적극성과 대인관계 능력 등을 파악하는 것이 용이하다고 한다. 토론식 면접에서는 자신의 의견을 명확히 제시하면서도 상대방의 의견을 경청하는 토론의 기본자세가 필수적이며, 지나친 경쟁심이나 자기 과시욕은 접어두는 것이 좋다.

또한 집단 토론의 목적이 결론을 도출해 나가는 과정에 있다는 것을 감안하여 무리하게 자신의 주장을 관철시키기보다 오히려 토론의 질을 높이는 데 기여하는 것이 좋은 인상을 줄 수 있다는 점을 알아야 한다. 취업 희망자들은 토론식 면접이 급속도로 확산되는 추세임을 감안해 특히 철저한 준비를 해야 한다.

평소에 신문의 사설이나 매스컴 등의 토론 프로그램을 주의 깊게 보면서 논리 전개 방식을 비롯한 토론 과정을 익히도록 하고, 친구들과 함께 간단한 주제를 놓고 토론을 진행해 볼 필요가 있다. 또한 사회·시사문제에 대해 자기 나름대로의 관점을 정립해두는 것도 꼭 필요하다.

집단 토론식 면접 준비 Point

- 토론은 정답이 없다는 것을 명심한다.
- 내 주장을 강조하지 않는다.
- 남이 말할 때 끼어들지 않는다.
- 필기구를 준비하여 메모하면서 면접에 임한다.
- 주제에 자신이 없다면 첫 번째 발언자가 되지 않는다.
- 자신의 입장을 먼저 밝힌다.
- 상대측의 사소한 발언에 집착하지 않고 전체적인 의미에 초점을 놓치지 않아야 한다.
- 남의 의견을 경청한다.
- 예상 밖의 반론에 당황스럽다 하더라도 유연함을 잃지 않아야 한다.

(5) PT 면접

PT 면접, 즉 프레젠테이션 면접은 최근 들어 집단 토론 면접과 더불어 그 활용도가 점차 커지고 있다. PT 면접은 기관마다 특성이 다르고 인재상이 다른 만큼 인성 면접만으로는 알 수 없는 지원자의 문제해결능력, 전문성, 창의성, 기본 실무능력, 논리성 등을 관찰하는 데 중점을 두는 면접으로, 지원자 간의 변별력이 높아 대부분의 기관에서 적용하고 있으며, 확산되는 추세이다.

면접 시간은 기관별로 차이가 있지만, 전문지식, 시사성 관련 주제를 제시한 다음 보통 20~50분 정도 준비하여 5분가량 발표할 시간을 준다. 단순히 질의응답으로 이루어지는 것이 아니라 면접관은 주제에 대해 일정 시간 동안 지원자의 발언과 발표하는 모습 등을 관찰하게 된다. 정확한 답이나 지식보다는 논리적 사고와 의사표현력이 더 중시되기 때문에 자신의 생각을 어떻게 설명하느냐가 매우 중요하다.

PT 면접에서 같은 주제라도 직무별로 평가요소가 달리 나타난다. 예를 들어, 영업직은 설득력과 의사소통능력에 중점을 둘 수 있겠고, 관리직은 신뢰성과 창의성 등을 더 중요하게 평가한다.

PT 면접 준비 Point

- 면접관의 관심과 주의를 집중시키고, 발표 태도에 유의한다.
- 모의 면접이나 거울 면접으로 미리 점검한다.
- PT 내용은 세 가지 정도로 정리해서 말한다.
- PT 내용에는 자신의 생각이 담겨 있어야 한다.
- PT 중간에 자문자답 방식을 활용한다.
- 평소 지원하는 분야의 동향이나 직무에 대한 전문지식을 쌓아둔다.
- 부적절한 용어 사용이나 무리한 주장 등은 하지 않는다.

2. 면접의 실전 대책

(1) 면접 대비사항

① 지원한 기관에 대한 사전지식을 충분히 갖는다.

필기시험 또는 서류전형의 합격통지가 온 후 면접시험 날짜가 정해지는 것이 보통이다. 이때 지원자는 면접시험을 대비해 사전에 본인이 지원한 기관 또는 부서에 대해 폭넓은 지식을 가질 필요가 있다.

> **지원 기관에 대해 알아두어야 할 사항**
> - 지원 기관의 연혁
> - 지원 기관의 장
> - 지원 기관의 경영목표와 방침
> - 지원 분야의 업무 내용
> - 지원 기관의 인재상
> - 지원 기관의 비전

② 충분한 수면을 취한다.

충분한 수면으로 안정감을 유지하고 첫 출발의 신선한 마음가짐을 갖는다.

③ 면접 당일 아침에 인터넷으로 신문을 읽는다.

그날의 뉴스가 질문 대상에 오를 수가 있다. 특히 경제면, 정치면, 문화면 등을 유의해서 봐둘 필요가 있다.

> **출발 전 확인할 사항**
> 스케줄표, 지갑, 신분증(주민등록증), 손수건, 휴지, 필기도구, 예비스타킹(여성의 경우) 등을 준비하자.

(2) 면접 시 옷차림

면접에서 옷차림은 간결하고 단정한 느낌을 주는 것이 가장 중요하다. 색상과 디자인 면에서 지나치게 화려한 색상이나, 노출이 심한 디자인은 자칫 면접관의 눈살을 찌푸리게 할 수 있다. 단정한 차림을 유지하면서 자신만의 독특한 멋을 연출하는 것, 지원 기관의 분위기를 파악했다는 센스를 보여주는 것 등이 면접 복장의 포인트다.

> **복장 점검**
> - 구두는 잘 닦여 있는가?
> - 옷은 깨끗이 다려져 있으며 스커트 길이는 적당한가?
> - 손톱은 길지 않고 깨끗한가?
> - 머리는 흐트러짐 없이 단정한가?

(3) 면접요령

① 첫인상을 중요시한다.

상대에게 인상을 좋게 주지 않으면 어떠한 얘기를 해도 충분히 전달되지 않을 수 있다. 예를 들면 '저 친구는 표정이 없고 무엇을 생각하고 있는지 전혀 알 길이 없다.'라고 생각하게 만들면 최악의 상태다. 청결한 복장과 바른 자세로 면접장에 침착하게 들어가 건강하고 신선한 이미지를 주도록 한다.

② 좋은 표정을 짓는다.

얘기할 때의 표정은 중요한 사항 중 하나다. 거울 앞에서 웃는 연습을 해본다. 웃는 얼굴은 상대를 편안하게 만들고 특히 면접 등 긴박한 분위기에서는 큰 효과를 나타낼 것이다. 그렇다고 하여 항상 웃고만 있어서는 안 된다. 본인이 할 얘기를 진정으로 전하고 싶을 때는 진지한 표정으로 상대의 눈을 바라보며 얘기한다.

③ 결론부터 이야기한다.

본인의 의사나 생각을 상대에게 정확하게 전달하기 위해서는 먼저 무엇을 말하고자 하는가를 명확히 결정해 두어야 한다. 대답을 할 경우에는 결론을 먼저 이야기하고 나서 그에 따르는 설명과 이유를 나중에 덧붙이면 논지(論旨)가 명확해지고 이야기가 깔끔하게 정리된다. 보통 한 가지 사실을 이야기하거나 설명하는 데는 3분이면 충분하다. 복잡한 이야기도 어느 정도의 길이로 요약해서 이야기하면 상대도 이해하기 쉽고 자기도 정리할 수 있다. 긴 이야기는 오히려 상대를 불쾌하게 할 수가 있다.

④ 질문의 요지를 파악한다.

면접 때의 이야기는 간결성만으로 부족하다. 상대의 질문이나 이야기에 대해 적절하고 필요한 대답을 하지 않으면 대화는 끊어지고 자기의 생각도 제대로 표현하지 못한다. 이는 면접관이 지원자의 인품이나 사고방식 등을 명확히 파악할 수 없도록 만들게 된다. 면접에서는 면접관이 무엇을 묻고 있는지, 무슨 이야기를 하고 있는지 그 요점을 정확히 알아내야 한다.

(4) 면접 시 주의사항

① 지각은 있을 수 없다.

면접 당일에 시간을 맞추지 못하여 지각하는 것은 있을 수 없는 일이다. 약속을 못 지키는 사람은 좋은 평가를 받을 수 없다. 면접 당일에는 지정시간 10~20분쯤 전에 미리 면접장에 도착해 마음을 가라앉히고 준비해야 한다.

② 손가락을 움직이지 마라.

면접 시에 손가락을 까딱거리거나 만지작거리는 행동은 유난히 눈에 띌 뿐만 아니라 면접관의 눈에 거슬리기 마련이다. 다리를 떠는 행동은 말할 것도 없다. 불안정하거나 산만하다는 느낌을 줄 수 있으므로 주의할 필요가 있다.

③ 옷매무새를 자주 고치지 마라.

여성의 경우 외모에 너무 신경 쓴 나머지 머리를 계속 쓸어 올리거나, 깃과 치마 끝을 만지작거리는 경우가 많다. 짧은 미니스커트를 입고 와서 면접시간 내내 치마 끝을 내리는 행위는 면접관으로 하여금 인상을 찌푸리게 만든다. 인사담당자의 말에 의하면 이런 사람이 의외로 많다고 한다.

④ 적당한 목소리 톤으로 말해라.

면접관과의 거리가 어느 정도 떨어져 있기 때문에 작은 소리로 웅얼거리는 것은 좋지 않다. 그러나 너무 크게 소리를 질러가며 말하는 사람은 오히려 거북하게 느껴진다.

⑤ 성의 있는 응답 자세를 보여라.
질문에 대해 너무 '예, 아니요'로만 답변하면 성의 없다는 인상을 심어주게 된다. 따라서 설명을 덧붙일 수 있는 질문에 대해서는 지루하지 않을 만큼의 설명을 붙인다.

⑥ 구두를 깨끗이 닦는다.
앉아있는 사람의 구두는 면접관의 위치에서 보면 눈에 잘 띈다. 그러나 의외로 구두에 대해 신경써서 미리 깨끗이 닦아둔 사람은 드물다. 면접 전날 반드시 구두를 깨끗이 닦아준다.

⑦ 지나친 화장은 피한다.
여성의 경우 지나치게 화장을 짙게 하면 거부감을 불러일으킬 수 있다. 또한 머리도 단정히 정리해서 이마가 가급적이면 드러나 보이게 하는 것이 좋다. 여기저기 흘러나온 머리는 지저분하고 답답한 느낌을 준다. 지나친 액세서리도 금물이다.

⑧ 기타 사항
㉠ 앉으라고 할 때까지 앉지 마라. 의자로 재빠르게 다가와 앉으면 무례한 사람처럼 보이기 쉽다.
㉡ 응답 시 너무 말을 꾸미지 마라.
㉢ 질문이 떨어지자마자 답변을 외운 것처럼 바쁘게 대답하지 마라.
㉣ 혹시 잘못 대답하였다고 해서 혀를 내밀거나 머리를 긁지 마라.
㉤ 머리카락에 손대지 마라. 정서불안으로 보이기 쉽다.
㉥ 면접실에 다른 지원자가 들어올 때 절대로 일어서지 마라.
㉦ 동종업계나 라이벌 회사에 대해 비난하지 마라.
㉧ 면접관 책상에 있는 서류를 보지 마라.
㉨ 농담을 하시 마라. 쾌활한 것은 좋지만 지나치게 경망스러운 태도는 의지가 부족해 보인다.
㉩ 질문에 대해 대답할 말이 생각나지 않는다고 천장을 쳐다보거나 고개를 푹 숙이고 바닥을 내려다 보지 마라.
㉪ 면접관이 서류를 검토하는 동안 말하지 마라.
㉫ 과장이나 허세로 면접관을 압도하려 하지 마라.
㉬ 은연중에 연고를 과시하지 마라.

> **면접 전 마지막 체크 사항**
> • 지원 기관의 소재지(본사·지사·공장 등)를 정확히 알고 있다.
> • 지원 기관의 정식 명칭(Full Name)을 알고 있다.
> • 약속된 면접시간 10분 전에 도착하도록 스케줄을 짤 수 있다.
> • 면접실에 들어가서 공손히 인사한 후 또렷한 목소리로 자기 수험번호와 성명을 말할 수 있다.
> • 앉으라고 할 때까지는 의자에 앉지 않는다는 것을 알고 있다.
> • 자신에 대해 3분간 이야기할 수 있는 준비가 되어 있다.
> • 자신의 긍정적인 면을 상대방에게 바르게 전달할 수 있다.

CHAPTER 02 부산광역시교육청 예상 면접질문

- 1분 동안 자신을 소개해 보시오.
- 교육공무직원의 자질을 3가지 말해 보시오.
- 교육공무직원이 하는 업무 3가지 이상 말해 보시오.
- 지원한 직렬에서 가장 중요하게 생각하는 것을 말해 보시오.
- 업무에 임하는 데 있어 중요하다고 생각하는 가치관을 3가지 이상 말해 보시오.
- 교육공무직원으로 근무하면서 지켜야 할 복무 의무 3가지 이상 말해 보시오.
- 악성 민원인이 학교로 찾아왔을 때 대응 방안을 순서대로 말해 보시오.
- 두 명이 동시에 업무를 부탁했을 때 처리하는 방법 순서대로 말해 보시오.
- 급식, 안전, 귀가지도 중 가장 중요하게 생각하는 분야 1가지와 지도방법 5가지 이상 말해 보시오.
- 학부모 만족도를 높일 수 있는 운영방안을 4가지 이상 말해 보시오.
- 문제 행동을 하는 아이의 지도방법에 대해 말해 보시오.
- 아이가 다쳤을 경우 대처방안에 대해 말해 보시오.
- 생활 수칙 중 본인이 중요하다고 생각하는 것을 5가지 이상 말해 보시오.
- 다양한 사람들과 어울려서 업무를 하는 데 있어 자신만의 노하우를 말해 보시오.
- 학교 기록물 종류와 관리법에 대해 말해 보시오.
- 교육공무직에 지원하게 된 동기를 말해 보시오.
- 부산광역시교육청의 교육정책을 말해 보시오.
- 부산광역시교육 브랜드 슬로건을 말해 보시오.
- 부산광역시교육 브랜드 슬로건의 표현 의미를 설명해 보시오.
- 교육이란 무엇이라고 생각하는지 말해 보시오.
- 교육공무직원이 하는 일을 설명해 보시오.
- 교육공무직의 8가지 의무를 4가지 이상 말해 보시오.
- 교육공무직원의 업무를 3가지 이상 말해 보시오.
- 교육공무직원이 갖춰야 할 자세를 3가지 이상 말해 보시오.
- 교육공무직원이 필요한 이유를 4가지 이상 설명해 보시오.
- 교육공무직을 수행하는 데 있어 가장 중요한 것이 무엇이라고 생각하는지 말해 보시오.
- 교육공무제도의 장·단점을 설명해 보시오.
- 부산광역시교육청 행정서비스헌장에 대하여 설명해 보시오.
- 공무원과 교육공무직원의 공통점과 차이점을 말해 보시오.
- 교육청에서 하는 업무에 대하여 아는 대로 설명해 보시오.
- 학교에서 하는 업무를 아는 대로 말해 보시오.
- 교육청과 학교 근무의 차이점에 대하여 설명해 보시오.
- 지원한 직렬에서 수행하는 업무에 대하여 아는 대로 설명해 보시오.
- 2명의 상급자로부터 업무를 지시받았을 때 어떻게 해결할 것인지 말해 보시오.
- 업무를 수행하는 과정에서 상급자의 실수를 발견하였다면 어떻게 할 것인지 말해 보시오.

- 갈등이 있을 때 어떻게 해결하는지 말해 보시오.
- 채용 후 본인 업무 외 다른 업무를 시킬 경우 어떻게 대처할 것인지 말해 보시오.
- 민원 처리 방법에 대하여 설명해 보시오.
- 방문 민원 응대 방법에 대하여 설명해 보시오.
- 전화 응대 방법에 대하여 설명해 보시오.
- 폭언을 하는 민원인의 민원을 어떻게 해결할 것인지 말해 보시오.
- 부정청탁 금품 수수에 해당하는 사례를 말해 보시오.
- 최근 교육 관련 이슈에 대하여 소개하고, 자신의 의견을 말해 보시오.
- 교육공무직원이 되면 무엇을 잘할 수 있는지 말해 보시오.
- 학부모가 화를 내면서 찾아온다면 어떻게 할 것인지 말해 보시오.
- 지인이나 친구들에게 어떤 친구로 기억되고 싶은지 말해 보시오.
- 직장 내 동료와 갈등이 발생한다면 어떻게 해결하겠는지 말해 보시오.

합격의 공식 **시대에듀**

교육공무직 합격!

시대에듀에서 제안하는
교육공무직
합격 로드맵

교육공무직 어떻게 준비하세요?
핵심만 짚어주는 교재!
시대에듀의 교육공무직 교재로 합격을 준비하세요.

더 이상의 교육청 시리즈는 없다!

"알차다"
꼭 알아야 할 내용을 담고 있으니까

"친절하다"
핵심 내용을 쉽게 설명하고 있으니까

"핵심을 뚫는다"
시험 유형과 적합한 문제를 다루니까

"명쾌하다"
상세한 풀이로 완벽하게 익힐 수 있으니까

시대에듀가 신뢰와 책임의 마음으로 수험생 여러분에게 다가갑니다.

[2026 최신판]

부산광역시 교육청

교육공무직원 소양평가

인성검사 3회 + 모의고사 7회 + 면접 + 무료공무직특강

편저 | SDC(Sidae Data Center)

모바일 OMR
답안채점 / 성적분석
서비스

[합격시대]
온라인 모의고사
무료쿠폰

정답 및 해설

PART 2

직무능력검사

CHAPTER 01 언어논리력
CHAPTER 02 이해력
CHAPTER 03 수리력
CHAPTER 04 공간지각력
CHAPTER 05 문제해결력

끝까지 책임진다! 시대에듀!

QR코드를 통해 도서 출간 이후 발견된 오류나 개정법령, 변경된 시험 정보, 최신기출문제, 도서 업데이트 자료 등이 있는지 확인해 보세요! **시대에듀 합격 스마트 앱**을 통해서도 알려 드리고 있으니 구글 플레이나 앱 스토어에서 다운받아 사용하세요. 또한, 파본 도서인 경우에는 구입하신 곳에서 교환해 드립니다.

CHAPTER 01 언어논리력 기출예상문제

01 어휘력

01	02	03	04	05	06	07	08	09	10
④	④	③	①	④	①	③	④	①	①
11	12	13	14	15	16	17	18	19	20
④	④	②	③	①	①	③	③	①	③
21	22	23	24	25	26	27	28	29	30
①	③	①	③	④	①	①	④	①	④
31	32	33							
②	③	②							

01 정답 ④
- 한둔 : 한데에서 밤을 지새움
- 노숙 : 한데에서 자는 잠

[오답분석]
① 하숙 : 일정한 방세와 식비를 내고 남의 집에 머물면서 숙식함
② 숙박 : 여관이나 호텔 따위에서 잠을 자고 머무름
③ 투숙 : 여관, 호텔 따위의 숙박 시설에 들어서 묵음

02 정답 ④
- 독려 : 감독하며 격려함
- 고취 : 의견이나 사상 따위를 열렬히 주장하며 불어넣음

[오답분석]
① 달성 : 목적한 것을 이룸
② 구획 : 토지 따위를 경계를 지어 가름. 또는 그런 구역
③ 낙담 : 너무 놀라 간이 떨어지는 듯하다는 뜻으로, 바라던 일이 뜻대로 되지 않아 마음이 몹시 상함

03 정답 ③
- 구속 : 행동이나 의사의 자유를 제한하거나 속박함
- 속박 : 어떤 행위나 권리의 행사를 자유로이 하지 못하도록 강압적으로 얽어매거나 제한함

[오답분석]
① 도전 : 정면으로 맞서 싸움을 걺
② 검열 : 어떤 행위나 사업 따위를 살펴 조사하는 일
④ 반대 : 어떤 행동이나 견해, 제안 따위에 따르지 아니하고 맞서 거스름

04 정답 ①
- 풍부하다 : 넉넉하고 많다.
- 넉넉하다 : 크기나 수량 따위가 기준에 차고도 남음이 있다.

[오답분석]
② 부족하다 : 필요한 양이나 기준에 미치지 못해 충분하지 아니하다.
③ 소박하다 : 꾸밈이나 거짓이 없고 수수하다.
④ 한적하다 : 한가하고 고요하다.

05 정답 ④
- 읍소(泣訴)하다 : 눈물을 흘리며 간절히 하소연하다.
- 애걸(哀乞)하다 : 소원을 들어 달라고 애처롭게 빌다.

[오답분석]
① 읍례(揖禮)하다 : 남을 향하여 읍하여 예를 하다.
② 간색(看色)하다 : 물건의 일부분을 보아 질을 살피다.
③ 가붓하다 : 조금 가벼운 듯하다.

06 정답 ①
- 비추다 : 빛을 내는 대상이 다른 대상에 빛을 보내어 밝게 하다.
- 조명(照明)하다 : 광선으로 밝게 비춤. 또는 어떤 대상을 일정한 관점으로 바라보다.

[오답분석]
② 조회(照會)하다 : 어떠한 사항이나 내용이 맞는지 관계되는 기관 등에 알아보다.
③ 대조(對照)하다 : 둘 이상인 대상의 내용을 맞대어 같고 다름을 검토하다.
④ 투조(透彫)하다 : 조각에서, 재료의 면을 도려내어서 도안을 나타내다.

07   정답 ③

- 간담상조(肝膽相照) : '간과 쓸개를 내놓고 서로에게 내보인다.'는 뜻으로, 서로 속마음을 털어놓고 친(親)하게 사귐을 뜻하는 말
- 문경지교(刎頸之交) : '서로를 위해서라면 목이 잘린다 해도 후회하지 않을 정도의 사이'라는 뜻으로, 생사를 같이할 수 있는 아주 가까운 사이, 또는 그런 친구를 이르는 말

오답분석

① 해로동혈(偕老同穴) : '살아서는 같이 늙고 죽어서는 한 무덤에 묻힌다.'는 뜻으로, 생사를 같이하자는 부부의 굳은 맹세를 이르는 말
② 반포보은(反哺報恩) : '까마귀 새끼가 자라서 늙은 어미 까마귀에게 먹이를 물어다 주어 보답한다.'는 뜻으로, 자식이 자라서 어버이의 은혜에 보답함으로써 효를 행함을 이르는 말
④ 각골통한(刻骨痛恨) : 뼈에 사무칠 만큼 원통(寃痛)하고 한스러움 또는 그런 일

08   정답 ④

- 주장낙토(走獐落兎) : '노루를 쫓다가 생각지도 아니한 토끼가 걸려들었다.'는 뜻으로, 뜻밖의 이익이 생김을 이르는 말
- 사공중곡(射空中鵠) : '무턱대고 쏜 화살이 과녁에 맞았나.'는 뜻으로, 멋모르고 한 일이 우연히 들어맞아 성공하였음을 비유적으로 이르는 말

오답분석

① 이록위마(以鹿爲馬) : '사슴을 말이라고 우겨댄다.'는 뜻으로, 윗사람을 기만하고 권세를 휘두름을 이르는 말
② 정저지와(井底之蛙) : '우물 안 개구리'라는 뜻으로, 세상 물정에 어둡고 시야가 좁음을 나타냄을 이르는 말
③ 견란구계(見卵求鷄) : '달걀을 보고 닭이 되어 울기를 바란다.'는 뜻으로, 지나치게 성급한 것을 이르는 말

09   정답 ①

- 조율이시(棗栗梨柿) : 제사에 흔히 쓰는 대추, 밤, 배, 감 따위의 과실
- 주과포혜(酒果脯醯) : '술·과일·육포·식혜'라는 뜻으로, 간략한 제물을 이르는 말

오답분석

② 과숙체락(瓜熟蔕落) : '오이가 익으면 꼭지가 자연히 떨어진다.'는 뜻으로, 때가 오면 무슨 일이든지 자연히 이루어짐을 두고 이르는 말
③ 도방고리(道傍苦李) : '길가에 있는 쓴 자두 열매'라는 뜻으로, 남에게 버림받음을 비유해 이르는 말
④ 석과불식(碩果不食) : '큰 과실을 다 먹지 아니하고 남긴다.'는 뜻으로, 자기만의 욕심을 버리고 자손에게 복을 줌을 이르는 말

10   정답 ①

- 일람첩기(一覽輒記) : '한 번 보면 다 기억한다.'는 뜻으로, 총명하고 기억을 잘함을 이르는 말
- 과목성송(過目成誦) : '어떤 책이든 한번 보기만 하면 곧 왼다.'는 뜻으로, 기억력이 좋음을 비유적으로 이르는 말

오답분석

② 기문지학(記問之學) : 단순히 책을 외기만 하고 제대로 이해하지 못한 학문을 이르는 말
③ 미진보벌(迷津寶筏) : '길을 헤매는 나루의 훌륭한 배'라는 뜻으로, 삶에 가르침을 주는 책을 이르는 말
④ 현두자고(懸頭刺股) : '상투를 천장에 달아매고, 송곳으로 허벅다리를 찔러서 잠을 깨운다.'는 뜻으로, 학업에 매우 힘씀을 이르는 말

11   정답 ④

- 섬세(纖細) : 곱고 가늠음. 또는 매우 찬찬하고 세밀함
- 둔탁(鈍濁) : 소리가 굵고 거칠며 깊음. 또는 생김새가 거칠고 투박함

오답분석

① 치밀(緻密) : 자세하고 꼼꼼함. 또는 아주 곱고 촘촘함
② 정교(精巧) : 솜씨나 기술 따위가 정밀하고 교묘함. 또는 내용이나 구성 따위가 정확하고 치밀함
③ 둔통(鈍痛) : 둔하고 무지끈하게 느끼는 아픔

12   정답 ④

- 얻다 : 거저 주는 것을 받아 가지다.
- 잃다 : 가졌던 물건이 자신도 모르게 없어져 그것을 갖지 아니하게 되다.

오답분석

① 습득하다 : 주워서 얻다.
② 획득하다 : 얻어 내거나 얻어 가지다.
③ 거두다 : 익은 곡식이나 열매 따위를 따서, 담거나 한데 모으다.

13   정답 ②

- 시끄럽다 : 어수선하여 질서나 통일성이 없다.
- 조용하다 : 말이나 행동, 성격 따위가 수선스럽지 않고 매우 얌전하다.

오답분석

① 소란스럽다 : 시끄럽고 어수선한 데가 있다.
③ 요란하다 : 시끄럽고 떠들썩하다.
④ 산만하다 : 어수선하여 통일성이 없다.

14 정답 ③
- 저열하다 : 질이 낮고 변변하지 못하다.
- 고매하다 : 인격이나 품성, 학식, 재질 따위가 높고 빼어나다.

오답분석
① 졸렬하다 : 옹졸하고 천하여 서투르다.
② 야비하다 : 성질이나 행동이 야하고 천하다.
④ 천하다 : 하는 짓이나 생긴 꼴이 고상한 맛이 없다.

15 정답 ①
- 겸손 : 남을 존중하고 자기를 내세우지 않는 태도가 있음
- 거만 : 잘난 체하며 남을 업신여기는 데가 있음

오답분석
② 고정 : 한번 정한 대로 변경하지 아니함
③ 기발 : 유달리 재치가 뛰어남
④ 염세 : 세상을 괴롭고 귀찮은 것으로 여겨 비관함

16 정답 ①
- 든직하다 : 사람됨이 묵중하다.
- 붓날다 : 말이나 하는 짓 따위가 붓이 나는 것처럼 가볍게 들뜨다.

오답분석
② 사랑옵다 : 생김새나 행동이 사랑을 느낄 정도로 귀엽다.
③ 무덕지다 : 한데 수북이 쌓여 있거나 뭉쳐 있다.
④ 얄망궂다 : 성질이나 태도가 괴상하고 까다로워 얄미운 데가 있다.

17 정답 ③
- 금의환향(錦衣還鄕) : 비단옷 입고 고향에 돌아온다는 뜻으로, 출세하여 고향에 돌아옴을 이르는 말
- 무면도강(無面渡江) : 일에 실패하여 고향에 돌아갈 면목이 없음을 이르는 말

오답분석
①・②・④는 성공 또는 출세와 관련된 사자성어이다.
① 입신양명(立身揚名) : 사회적으로 인정을 받고 출세하여 이름을 세상에 드날림
② 부귀공명(富貴功名) : 재물이 많고 지위가 높으며 공을 세워 이름을 떨침
④ 의금주행(衣錦晝行) : '비단 옷을 입고 낮에 다닌다.'는 뜻으로, 출세하여 고향에 돌아감을 비유하여 이르는 말

18 정답 ③
- 군계일학(群鷄一鶴) : 많은 사람 가운데서 뛰어난 인물을 이르는 말
- 장삼이사(張三李四) : 장씨(張氏)의 셋째 아들과 이씨(李氏)의 넷째 아들이라는 뜻으로, 이름이나 신분이 특별하지 아니한 평범한 사람들을 이르는 말

오답분석
① 철중쟁쟁(鐵中錚錚) : 같은 무리 가운데서도 가장 뛰어남. 또는 그런 사람을 이르는 말
② 태산북두(泰山北斗) : 모든 사람들이 존경하는 뛰어난 인물을 비유하는 말
④ 낭중지추(囊中之錐) : 재능이 뛰어난 사람은 숨어 있어도 저절로 사람들에게 알려짐을 이르는 말

19 정답 ①
- 혼용무도(昏庸無道) : 나라 상황이 마치 암흑에 뒤덮인 것처럼 온통 어지러움
- 일사불란(一絲不亂) : '질서 정연하여 조금도 어지러운 데가 없음'을 뜻하는 말

오답분석
② 평지풍파(平地風波) : 평온한 자리에서 뜻밖의 분쟁이 일어남
③ 옥석혼효(玉石混淆) : '구슬과 돌이 섞여 있다.'는 뜻으로, 좋은 것과 나쁜 것이 뒤섞여 있음
④ 지리멸렬(支離滅裂) : 갈가리 찢기고 마구 흩어져 갈피를 잡을 수 없게 됨

20 정답 ③
- 만시지탄(晚時之歎) : 시기가 늦었음을 안타까워하는 탄식
- 견기이작(見機而作) : 낌새를 알아채고 미리 조치함

오답분석
① 망양보뢰(亡羊補牢) : '양을 잃고 우리를 고친다.'는 뜻으로, 실패한 뒤에 뉘우쳐도 소용없음
② 서제막급(噬臍莫及) : '배꼽을 물려고 하여도 입이 닿지 않는다.'는 뜻으로, 일이 그릇된 뒤에는 후회하여도 아무 소용이 없음을 비유한 말
④ 사후약방문(死後藥方文) : '죽은 뒤에 약방문을 쓴다.'는 뜻으로, 이미 때가 지난 후에 대책을 세우거나 후회해도 소용없다는 말

21 정답 ①

• 반발(反撥)
  1. 탄력이 있는 물체가 퉁겨져 일어남
  2. 어떤 상태나 행동 따위에 대하여 거스르고 반항함

[오답분석]
② 반박(反駁) : 어떤 의견, 주장, 논설 따위에 반대하여 말함
③ 반목(反目) : 서로서로 시기하고 미워함
④ 반복(反復) : 같은 일을 되풀이함

22 정답 ③

• 배분(配分) : 몫몫이 별러 나눔

[오답분석]
① 직분(職分)
  1. 직무상의 본분
  2. 마땅히 하여야 할 부분
② 부분(部分) : 전체를 이루는 작은 범위. 또는 전체를 몇 개로 나눈 것의 하나
④ 여분(餘分) : 어떤 한도에 차고 남은 부분

23 정답 ①

• 석삭다 : 속으로 녹으며 삭아 없어지다.

[오답분석]
② 어름지다 : 두 물건이 맞닿다.
③ 설설하다 : 활달하고 시원하다.
④ 여울지다 : 감정이 설레다.

24 정답 ④

㉠ 전향 : 이전의 정신적 지향이나 신념을 바꾸고 다른 방향으로 나아감
㉡ 의논 : 어떤 일에 대하여 서로 의견을 주고받음
㉢ 혼동 : 구별하지 못하고 뒤섞어서 생각함
㉣ 희망 : 어떤 일을 이루거나 하기를 바람

25 정답 ③

㉠ 꿀리다 : 힘이나 능력이 남에게 눌리다.
㉡ 꿇리다 : 무릎을 구부려 바닥에 닿게 하다.
㉢ 메이다 : 감정이 북받쳐 목소리가 잘 나지 않게 되다.
㉣ 매이다 : 끈이나 줄 따위로 풀어지지 않게 하다.

26 정답 ④

㉠ 관복을 <u>벗다</u>.
㉡ 사장의 책임을 <u>벗다</u>.
㉢ 도둑 누명을 <u>벗다</u>.
㉣ 촌티를 <u>벗다</u>.

27 정답 ①

㉠ 공을 힘차게 <u>질러</u> 골문으로 들어갔다.
㉡ 내 마음에 불을 <u>지른</u> 그 사람, 용서하지 않겠다.
㉢ 머리에 비녀를 <u>지르다</u>.
㉣ 탄 냄새가 코를 <u>지른다</u>.

28 정답 ①

㉠ 가방을 다 <u>추어도</u> 열쇠를 찾을 수가 없다.
㉡ 그녀는 어깨춤을 <u>추면서</u> 말했다.
㉢ 집에 가려면 언덕길을 <u>추어</u> 올라가야 한다.
㉣ 바지춤을 <u>추다</u>.

29 정답 ④

밑줄 친 '기르다.'는 '육체나 정신을 단련하여 더 강하게 만들다.'는 뜻으로 이와 유사한 뜻으로 쓰인 것은 ④이다.

[오답분석]
① 동식물을 보살펴 자라게 하다.
② 아이를 보살펴 키우다.
③ 습관 따위를 몸에 익게 하다.

30 정답 ④

밑줄 친 '넘어서면'은 '어려운 상황을 넘어서 지나다.'라는 뜻으로 이와 유사한 뜻으로 쓰인 것은 ④이다.

[오답분석]
① 높은 부분의 위를 넘어서 지나다.
② 경계가 되는 일정한 장소를 넘어서 지나다.
③ 일정한 기준이나 한계 따위를 넘어서 벗어나다.

31 정답 ②

개요의 흐름상 '전력 소비에 대한 잘못된 인식'은 '대기전력의 발생 원인'에 해당하므로 'Ⅱ-1'의 하위 항목으로 새로 추가하기보다는 'Ⅱ-1-(1)'의 내용으로 들어가는 것이 적절하다.

32

정답 ③

'개인정보유출의 피해 양상'은 개인정보유출로 인해 피해를 입은 경우나 구체적 사례에 어떠한 것들이 있는지 살펴보는 것이므로 'Ⅱ-2'의 내용 보완으로 적절하지 않다.

33

정답 ②

〈가〉의 개요에서 〈나〉의 개요로 수정된 부분은 고령화 사회의 문제점 부분이다. 이는 고령화 사회로 인해 발생할 수 있는 사회적 비용을 의료 및 복지 비용으로, 인구 감소로 인한 노동력 공급 감소 및 생산성 저하로 구체화한 것이다.

오답분석

④ 구체적으로 문제 상황을 한정했다고 해서 논의 대상의 범위가 한정된 것은 아니다. 논의 대상인 고령화 사회의 문제점 자체는 그대로이기 때문이다.

02 나열하기

01	02	03	04	05				
④	③	①	③	③				

01

정답 ④

제시문은 방사능 비상사태 시 조치에 대한 글이다. 따라서 (다) 방사능 비상사태의 보호 조치 – (나) 조치의 부작용 – (가) 부작용의 예시 – (라) 보호 조치의 기본 원칙 순으로 나열하는 것이 적절하다.

02

정답 ③

제시문은 청소년기 영양 섭취의 중요성과 우리나라 학생들의 식습관 실태에 대해 설명하는 글이다. 따라서 (나) 입시 준비를 잘하기 위해서는 체력이 관건임 – (가) 좋은 체력을 위해서는 규칙적인 생활 관리와 알맞은 영양 공급이 필수적이며 특히 청소년기에는 좋은 영양 상태를 유지하는 것이 중요함 – (다) 그러나 우리나라 학생들의 식습관을 살펴보면 충분한 영양 섭취가 이루어지지 못하고 있음의 순으로 나열하는 것이 적절하다.

03

정답 ①

제시문은 환경영향평가제도에 대한 개념과 도입된 원인에 대한 내용의 글이다. 따라서 (가) 환경영향평가제도는 부정적인 환경 영향을 줄이는 방안을 마련하는 수단 – (다) 개발로 인한 환경오염과 생태계가 파괴되어 해결이 어려워짐 – (나) 이러한 이유로 환경영향평가제도가 도입됨 – (라) 환경영향평가제도는 환경 보전에 대한 인식 제고와 개발과 보전 사이의 균형을 맞추는 역할을 수행함 순으로 나열하는 것이 적절하다.

04

정답 ③

제시문은 자연 개발에 대한 찬반 입장과 두 입장을 모두 비판하는 주장을 소개하는 내용의 글이다. 따라서 (다) 자연 개발에 상반된 주장이 대두 – (나) 자연에 손을 대는 것이 불가피하다는 입장 – (가) 자연에 손을 대는 것을 반대하는 입장 – (라) 두 주장을 모두 비판하는 입장 순으로 나열하는 것이 적절하다.

05

정답 ③

제시문은 예술과 도덕의 관계에 대해 서로 다른 입장을 가진 극단적 도덕주의, 온건한 도덕주의, 자율성 주의를 설명하는 글이다. 따라서 (마) 사상사의 중요한 주제인 예술과 도덕의 관계 – (다) 예술과 도덕의 관계에 대한 서로 다른 입장 – (아) 예술작품을 도덕적 가치판단의 대상으로 보는 극단적 도덕주의 – (나) 극단적 도덕주의를 대표하는 톨스토이 – (가) 일부 예술작품만이 도덕적 판단의 대상으로 보는 온건한 도덕주의 – (바) 예술작품의 도덕적 가치와 미적 가치의 관계에 대한 온건한 도덕주의의 입장 – (라) 예술작품은 도덕적 가치판단의 대상이 될 수 없다는 자율성 주의 – (사) 도덕적 가치와 미적 가치의 관계에 대한 자율성 주의의 입장 순으로 나열하는 것이 적절하다.

03 추론하기

01	02	03	04	05	06	07	08	09	10
③	④	②	④	④	④	④	④	④	②

01

정답 ③

제시문은 오존층 파괴 시 나타나는 문제점에 대해 설명하고 있다. 빈칸의 앞 문단에서는 극지방 성층권의 오존구멍은 줄었지만 많은 인구가 거주하는 중위도 저층부에서는 오히려 오존층이 얇아졌다고 언급하고 있다. 따라서 많은 인구가 거주하는 중위도 저층부에서의 오존층 파괴는 극지방의 오존구멍보다 더 큰 피해를 가져올 것이라는 ③이 빈칸에 들어갈 내용으로 가장 적절하다.

오답분석

① 극지방 성층권의 오존구멍보다 중위도 지방의 오존층이 얇아지는 것이 더욱 큰 문제이다.
② 제시문에서 오존층을 파괴하는 원인은 찾아볼 수 없으며, 인구가 많이 거주하는 지역일수록 오존층의 파괴에 따른 피해가 크다는 것이다.
④ 극지방이 아닌 중위도 지방에서의 얇아진 오존층이 사람들을 더 많은 자외선에 노출시키며, 오히려 극지방의 오존구멍은 줄어들었다

02

정답 ④

단순히 젊은 세대의 문화만을 존중하거나, 기존 세대의 문화만을 따르는 것이 아닌 두 문화가 어우러질 수 있도록 기업 차원에서 분위기를 만드는 것이 제시문에 나타난 문제의 본질적인 해결법으로 가장 적절하다.

오답분석

① 급여받은 만큼만 일하게 되는 악순환이 반복될 것이므로 제시문에서 언급된 문제를 해결하는 기업 차원의 방법으로는 적절하지 않다.
② 기업의 전반적인 생산성 향상을 이룰 수 없으므로 기업 차원의 방법으로 적절하지 않다.
③ 젊은 세대의 채용을 기피하는 분위기가 생길 수 있으므로 적절하지 않다.

03

정답 ②

제시문은 글을 잘 쓰기 위한 방법은 글을 읽는 독자에게서 찾을 수 있음을 설명하는 글이다. 그러므로 독자가 필요로 하는 것이 무엇인지 알아야 하며, 독자가 필요로 하는 것을 알기 위해서는 구어체로 적어보고, 독자를 구체적으로 한 사람 정해놓고 쓰는 게 좋다고 설명한다. 또한 빈칸의 뒷 문장에서 '대상이 막연하지 않기 때문에 읽는 사람이 공감할 확률이 높아진다.'라고 하였으므로 빈칸에 들어갈 내용으로 '독자를 정해놓고 쓰면 진정성이 살아난다.'가 가장 적절하다.

04

정답 ④

(가) : 첫 번째 · 두 번째 문단은 완전 국가에서 귀족 정치체제, 과두체제로 퇴화하는 내용을 단계별로 제시하고 있다. 또 뒤의 문장이 그 첫 단계를 언급하고 있으므로 빈칸에는 '타락해 가는 네 가지 국가형태'에 대한 개괄적인 진술이 와야 한다. 따라서 ⓒ이 적절하다.
(나) : 두 번째 문단은 정치가의 야심과 명예욕에 대해 설명하고 있다. 따라서 ⓒ이 적절하다.
(다) : 세 번째 문단은 민주에 대한 플라톤의 기술(記述)을 설명하고 있으므로 '민주 체제에 대한 플라톤의 기술'을 언급하고 있는 ㉠이 적절하다.

05

정답 ④

(가) : 개혁주의자들은 중국의 정신을 서구의 물질과 구별되는 특수한 것으로 내세운 것이므로 ⓒ이 적절하다.
(나) : 개혁주의자들은 서구의 문화를 받아들이는 데는 동의하면서도, 무분별하게 모방하는 것에 대해 반대하는 입장이므로 ㉠이 적절하다.
(다) : 정치 부분에서는 사회주의를 유지한 가운데, 경제 부분에서 시장경제를 선별적으로 수용하자는 입장이다. 즉, 기본 골격은 사회주의를 유지하면서 시장경제(자본주의)를 이용하자는 것이므로 ⓒ이 적절하다.

06

정답 ④

보기는 관심사가 하나뿐인 사람을 1차원 그래프로 표시할 수 있다는 내용이다. 이는 제시문의 1차원적 인간에 대한 구체적인 예시에 해당하므로 (라)에 들어가는 것이 가장 적절하다.

07 정답 ④

제시된 문장의 '묘사(描寫)'는 '어떤 대상이나 현상 따위를 있는 그대로 언어로 서술하거나 그림으로 그려서 나타내는 것'이다. 보기의 앞에는 어떤 모습이나 장면이 나와야 하므로 (다) 다음의 '분주하고 정신없는 장면'이 와야 한다. 또한 보기에서 묘사는 '본 사람이 무엇을 중요하게 판단하고, 무엇에 흥미를 가졌느냐에 따라 크게 다르다.'고 했으므로 보기 뒤에는 '어느 부분에 주목하고, 또 어떻게 그것을 해석했는지에 따라 즐겁기도 하고 무섭기도 하다.'의 (라) 다음 부분이 이어져야 한다.

08 정답 ④

보기의 문장은 20대 여성 환자가 많은 이유에 대한 설명으로 20대 여성 환자가 많다는 사실이 거론된 후에 나오는 것이 자연스럽다. (라)의 앞부분에 그러한 사실이 열거되어 있으므로 보기는 (라)에 들어가는 것이 가장 적절하다.

09 정답 ④

(라)의 앞부분에서는 녹조 현상에 따른 조류의 문제점을 설명하였으나, (라)의 뒷부분에서는 녹조의 원인이 되는 조류가 생태계 유지에 중요한 역할을 담당하고 있다고 설명한다. 즉, (라)의 뒤에서는 앞의 내용과 달리 녹조의 긍정적인 면을 설명하고 있으므로 '녹조가 무조건 나쁜 것은 아니다.'라는 보기의 문장은 (라)에 들어가는 것이 가장 적절하다.

10 정답 ②

(가) 문단은 원시인이라는 개념에 대해 설명하면서 그 자체의 의미상 규정이 명확하지 않음을 설명하고, (나) 문단은 문명이나 규범체계, 과학지식, 기술적 성과 등의 요소를 표준으로 삼을 때 그 구분이 명확하지 못함을 밝히고 있으며 (다) 문단에서는 종교적인 면에 한해 원시인임을 느낄 수 있다고 하였다. 이때 (나) 문단에서 구분 짓는 것이 무엇과 무엇인지를 먼저 밝혀야 문단 내용의 흐름이 자연스럽다. 따라서 '문명인'과 '원시인'에 대한 정의의 어려움을 언급한 보기의 문장은 (나) 문단 앞에 오는 것이 가장 적절하다.

CHAPTER 02 이해력 기출예상문제

01	02	03	04	05	06	07	08	09	10
②	④	④	④	②	②	①	④	①	③
11	12	13	14	15	16	17	18	19	20
④	②	④	②	①	④	②	③	②	②
21	22	23							
④	③	④							

01 정답 ②

[오답분석]
① 그녀는 8년째 도서관에서 일한다.
③ 생활비를 줄이기 위해 핸드폰을 정지시켰다.
④ 매달 말일에 고시 공부를 하는 동생에게 돈을 송금했다.

02 정답 ④

[오답분석]
① 팔은 눈에 띄지 않을 만큼 작다.
② 빌렌도르프 지역에서 발견되었다.
③ 모델에 대해서는 밝혀진 것이 없다.

03 정답 ④

제시문에서 학자는 '순수한 태도로 진리를 탐구'해야 한다고 하였으므로, ④는 적절하지 않다.

04 정답 ④

제시문을 통해 과거에는 치매의 확진이 환자의 사망 후 부검을 통해 가능했다는 사실을 알 수 있다.

05 정답 ②

세 번째 문단에서 이러한 문제가 있더라도 그저 바라볼 수만은 없다고 하였으므로 ②는 적절하지 않다.

[오답분석]
① 마지막 문단을 통해 알 수 있다.
③·④ 두 번째 문단을 통해 알 수 있다.

06 정답 ②

언론매체에 대한 사전 검열은 항상 표현의 자유와 개인의 알 권리를 침해할 가능성을 배제할 수 없다는 논지로 반박을 전개해야 한다.

07 정답 ①

제시문에서는 인간의 생각과 말은 깊은 관계를 가지고 있으며, 생각이 말보다 범위가 넓고 큰 것은 맞지만 그것을 말로 표현하지 않으면 그 생각이 다른 사람에게 전달되지 않는다고 주장한다. 즉, 생각은 말을 통해서만 다른 사람에게 전달될 수 있다는 것이다. 따라서 이러한 주장에 대한 반박으로 ①이 가장 적절하다.

08 정답 ④

수출 주도형 성장전략은 수요가 외부에 존재한다는 측면에서 공급중시 경제학적 관점을 띠고 있다. 따라서 수요가 외부에 존재한다는 점과 공급을 중시하는 점에 대해 비판할 수 있다. ④에서 내부의 수요를 증대시키는 것은 비판의 입장이지만, 수요 증대를 위해 물품 생산의 공급을 강조하는 것은 비판하는 내용으로 적절하지 않다.

09 정답 ①

제시문에서 정보화 사회의 문제점으로 다루고 있는 것은 '정보 격차'로, 지식과 정보에 접근할 수 없는 사람들이 소득을 얻는 데 불리할 수밖에 없다고 주장한다. 또한 정보가 상품화됨에 따라 정보를 둘러싼 불평등은 더욱 심화될 것이라고 전망하고 있다. 따라서 인터넷이나 컴퓨터 유지비 측면에서의 격차 발생은 글의 주장을 강화시키는 것으로, 이 문제에 대한 반대 입장이 될 수 없다.

10 　정답 ③

보기의 밑줄 친 부분을 반박하는 주장은 '인간에게 동물의 복제 기술을 적용해서는 안 된다.'이므로 이를 뒷받침하는 근거이되 인터뷰의 내용과 부합하지 않는 것이 문제가 요구하는 답이다. 인터뷰에서 복제 기술을 인간에게 적용했을 때 발생할 수 있는 문제점으로 지적한 것은 '기존 인간관계의 근간을 파괴하는 사회 문제'와 '바이러스 등 통제 불능한 생물체가 만들어질 가능성' 그리고 '어느 국가 또는 특정 집단이 복제 기술을 악용할 위험성' 등이다. 그러나 ③의 내용은 인간에게 복제 기술을 적용했을 때 나타날 수 있는 부작용인지를 판단할 자료가 인터뷰에 제시되지 않았다. 또한 상식적인 수준에서도 생산되는 복제 인간의 수는 통제할 수 있으므로 밑줄 친 부분을 반박할 근거로는 적절하지 않다.

11 　정답 ④

갑은 노키즈존의 운영에 대하여 반대, 을은 찬성하는 입장이므로 이러한 주장을 도출할 수 있는 질문으로 ④가 가장 적절하나.

12 　정답 ②

자제력이 있는 사람은 합리적 선택에 따라 행위를 하고, 합리적 선택에 따르는 행위는 모두 자발적 행위라고 했다. 따라서 '자제력이 있는 사람은 자발적으로 행위를 한다.'를 추론할 수 있다.

13 　정답 ④

두 번째 문단에 따르면 전문 화가들의 그림보다 문인사대부들의 그림을 더 높이 사는 풍조는 동양 특유의 문화 현상에서만 나타나는 것이므로 서양 문화에서는 아마추어격인 문인사대부들의 그림보다 전문 화가들의 그림을 더 높게 평가하였을 것이다.

[오답분석]
① 문인사대부들은 정교한 기법이나 기교에 바탕을 둔 장식적인 채색풍을 멀리하였고, 동기창(董其昌)은 정통적인 화공보다 이러한 문인사대부들의 그림을 더 높이 평가하였으므로 옳지 않다.
② 두 개의 회화적 전통이 성립된 곳은 오로지 극동 문화권뿐이라고 하였으므로 옳지 않다.
③ 문방사우를 이용해 그린 문인화(文人畫)는 화공들이 아닌 문인사대부들이 주로 그렸다.

14 　정답 ②

첩보 위성은 임무를 위해 낮은 궤도를 비행해야 하므로, 높은 궤도로 비행시키면 수명은 길어질 수 있으나 임무의 수행 자체가 어려워질 수 있다.

15 　정답 ①

제시문에 따르면 외부성은 의도하지 않게 제3자에게 이익이나 손해를 주는 것이며, 이익이든 손해이든 외부성은 사회 전체로 보면 이익이 극대화되지 않는 비효율성을 초래할 수 있다. 따라서 제3자에게 이익을 준다고 해도 사회 전체적으로 비효율성을 초래할 수 있다.

16 　정답 ④

제시문은 금융권, 의료업계, 국세청 등 다양한 영역에서 빅데이터가 활용되고 있는 사례들을 열거하고 있다. 따라서 주제로 가장 적절한 것은 ④이다.

17 　정답 ②

집단 소송제의 중요성과 필요성에 대하여 역설하는 글이다. 집단 소송제를 통하여 기업 경영의 투명성을 높여, 궁극적으로 기업의 가치 제고를 이룬다는 것이 글의 주제이다. 따라서 중심 내용으로 적절한 것은 ②이다.

18 　정답 ③

첫 문단에서 비체계적 위험과 체계적 위험을 나누어 살핀 후 비체계적 위험 아래에서의 투자 전략과 체계적 위험 아래에서의 투자 전략을 제시하고 있다. 그리고 글의 중간부터는 베타계수를 활용하여 체계적 위험에 대응하는 내용이 전개되고 있다. 따라서 제목으로 가장 적절한 것은 ③이다.

19 　정답 ②

제시문은 2016년 경주에 5.8 규모의 지진이 발생하였으나 큰 피해가 없었던 신라시대 문화재의 전통 건축 방식에 대해 설명하는 글이다. 따라서 (라) 경주에 5.8 규모의 지진 발생 후 신라시대 문화재들은 극히 일부만 훼손 – (가) 과거 여러 차례 지진이 발생한 경주는 전통 건축 방식으로 문화재 보존 – (다) 자연석을 활용한 그렝이법 – (나) 그렝이칼을 이용한 그렝이법 순으로 나열하는 것이 가장 적절하다.

20 정답 ②

제시문은 '경주는 언제든지 지진이 발생할 수 있는 양산 단층에 속하는 지역이지만 신라시대에 지어진 문화재들은 현재까지도 굳건히 그 모습을 유지하고 있으며 이는 그랭이법이라는 건축기법 때문이다.'라는 내용이므로 '경주 문화재는 왜 지진에 강할까?'라는 질문의 답이 될 수 있다.

21 정답 ④

그랭이법과 그랭이질은 같은 말이다. 따라서 같은 의미 관계인 한자성어와 속담을 고르면 된다. 망양보뢰(亡羊補牢)는 '양을 잃고서 그 우리를 고친다.'는 뜻으로 실패한 후에 일을 대비함 또는 이미 어떤 일을 실패한 뒤에 뉘우쳐도 소용이 없음을 뜻하는 말이다. 이와 유사한 뜻으로는 '일이 이미 잘못된 뒤에는 손을 써도 소용이 없다.'는 뜻의 '소 잃고 외양간 고친다.'가 적절하다.

[오답분석]
① • 이공보공 : 제자리에 있는 것으로 제자리를 메운다는 말로, 이 세상에는 거저 생기는 이득이 없다는 말
 • 바늘 끝에 알을 올려놓지 못한다. : 쉬울 듯하나 되지 않을 일을 비유적으로 이르는 말
② • 수즉다욕 : 오래 살면 그만큼 욕됨이 많음을 이르는 말
 • 보기 싫은 반찬이 끼마다 오른다. : 너무 잦아서 싫증난 것이 그대로 또 계속되어 눈에 띔을 비유적으로 이르는 말
③ • 함포고복 : 배불리 먹고 배를 두드린다는 뜻으로, 먹을 것이 풍족하여 즐겁게 지냄을 이르는 말
 • 한 가랑이에 두 다리 넣는다. : 정신없이 매우 서두르는 모양을 이르는 말

22 정답 ③

보험료율이 사고 발생 확률보다 높으면 구성원 전체의 보험료 총액이 보험금 총액보다 더 많고 그 반대의 경우, 즉 사고 발생 확률이 보험료율보다 높은 경우에는 구성원 전체의 보험료 총액이 보험금 총액보다 더 적다.

23 정답 ④

• 보전(補塡) : 부족한 부분을 보태어 채움
• 보존(保存) : 잘 보호하고 간수하여 남김

[오답분석]
① 대처(對處) : 어떤 정세나 사건에 대하여 알맞은 조치를 취함
② 인접(隣接) : 이웃하여 있음. 또는 옆에 닿아 있음
③ 상당(相當) : 일정한 액수나 수치 따위에 해당함

CHAPTER 03 수리력 기출예상문제

01 기본계산

01	02	03	04	05	06	07	08	09	10
③	①	①	③	②	③	②	④	②	③
11	12	13	14	15	16	17	18	19	20
④	①	①	④	③	②	④	①	③	④
21	22	23	24	25					
②	①	②	②	④					

01 정답 ③
$(0.9371 - 0.3823) \times 25$
$= 0.5548 \times 25$
$= 13.87$

02 정답 ①
$4.7 + (22 \times 5.4) - 2$
$= 4.7 + 118.8 - 2$
$= 123.5 - 2$
$= 121.5$

03 정답 ①
$2,170 + (1,430 \times 6)$
$= 2,170 + 8,580$
$= 10,750$

04 정답 ③
$27 \times 36 + 438$
$= 972 + 438$
$= 1,410$

05 정답 ②
$79,999 + 7,999 + 799 + 79$
$= (80,000 - 1) + (8,000 - 1) + (800 - 1) + (80 - 1)$
$= 88,876$

06 정답 ③
$15,312 + 32,213 - 3,412$
$= 47,525 - 3,412$
$= 44,113$

07 정답 ②
$40.5 \times 0.23 + 1.185$
$= 9.315 + 1.185$
$= 10.5$

08 정답 ④
$342 \div 6 \times 13 - 101$
$= 57 \times 13 - 101$
$= 741 - 101$
$= 640$

09 정답 ②
$(182,100 - 86,616) \div 146$
$= 95,484 \div 146$
$= 654$

10 정답 ③
$454,469 \div 709 + 879$
$= 641 + 879$
$= 1,520$

11 정답 ④
$7 \times 8 \times 2 + 8 = 112 + 8 = 120$

[오답분석]
① $69 - 17 + 78 = 52 + 78 = 130$
② $10 \times 12 + 10 = 120 + 10 = 130$
③ $5 \times 13 \times 2 = 65 \times 2 = 130$

12 정답 ①

$8-5\div2+2.5=8-2.5+2.5=8$

오답분석

② $14-5\times2=14-10=4$
③ $10\div4+3\div2=2.5+1.5=4$
④ $6\times2-10+2=12-8=4$

13 정답 ①

$3-3.8\times\dfrac{2}{5}=3-1.52=1.48$

오답분석

② $(2.4-1.8)\times2=0.6\times2=1.2$
③ $(68.8\div2-16\times2)\div2=2.4\div2=1.2$
④ $\dfrac{8}{5}+3.8-8.4\div2=5.4-4.2=1.2$

14 정답 ④

$18.5-\dfrac{5}{4}\div2+1.5=18.5-0.625+1.5=19.375$

오답분석

① $13.1\times3-25=39.3-25=14.3$
② $10-6\times1.7+15-\dfrac{1}{2}=10-10.2+14.5=14.3$
③ $32.2-11.3\times2+9.4\div2=32.2-22.6+4.7=14.3$

15 정답 ③

$3\times6\times2+15\div3=36+5=41$

오답분석

① $52+3-\dfrac{9}{2}=52-1.5=50.5$
② $10\div4+24\times2=2.5+48=50.5$
④ $9\times4+87\div6=36+14.5=50.5$

16 정답 ②

$(178-302)\div(-1)=(-124)\div(-1)=124$
$95+147-118=242-118=124$

오답분석

① $571+48-485=619-485=134$
③ $78\times2-48\div2=156-24=132$
④ $36+49+38=85+38=123$

17 정답 ④

$41+42+43=126$
$3\times2\times21=126$

오답분석

① $6\times6\times6=216$
② $5\times4\times9=20\times9=180$
③ $7\times2\times3=7\times6=42$

18 정답 ①

$70.668\div151+6.51=0.468+6.51=6.978$
$3.79\times10-30.922=37.9-30.922=6.978$

오답분석

② $6.1\times1.2-1.163=7.32-1.163=6.157$
③ $89.1\div33+5.112=2.7+5.112=7.812$
④ $9.123-1.5\times1.3=9.123-1.95=7.173$

19 정답 ③

$3\times8\div2=24\div2=12$
$3\times9-18+3=27-18+3=12$

오답분석

① $7+6=13$
② $77\div7=11$
④ $1+2+3+4=10$

20 정답 ④

$36\times145+6,104=5,220+6,104=11,324$
$516\times31-4,672=15,996-4,672=11,324$

오답분석

① $901\times35+27=31,535+27=31,562$
② $385\times12+5,322=4,620+5,322=9,942$
③ $16,212\div28+8,667=579+8,667=9,246$

21 정답 ②

$\dfrac{17}{15}\fallingdotseq1.133$

② $1.138>(1.133)>1.119$

오답분석

① $\dfrac{16}{13}\fallingdotseq1.231$, ③ $\dfrac{19}{17}\fallingdotseq1.118$, ④ $\dfrac{21}{20}=1.05$

22

정답 ①

$\frac{86}{25}=3.44$, $\frac{25}{11}≒2.273$

$\frac{86}{25}>(\quad)>\frac{25}{11}$

→ $3.44>(\quad)>2.273$

① $3.44>(\ 2.345\ )>2.273$

23

정답 ②

$-\frac{13}{8}=-1.625$, $-\frac{2}{5}=-0.4$

$-\frac{13}{8}<(\quad)<-\frac{2}{5}$

→ $-1.625<(\quad)<-0.4$

$-\frac{14}{11}≒-1.273$

② $-1.625<(\ -1.273\ )<-0.4$

오답분석

① $-\frac{16}{9}≒-1.778$, ③ $-\frac{3}{8}=0.375$, ④ $-\frac{1}{7}≒0.143$

24

정답 ②

$\frac{1}{5}<(\quad)<\frac{5}{7}$

→ $\frac{7}{35}<(\quad)<\frac{25}{35}$

② $\frac{7}{35}<(\ \frac{12}{35}\ )<\frac{25}{35}$

오답분석

① $\frac{1}{7}<\frac{1}{5}$, ③ $\frac{21}{25}(=0.84)>\frac{5}{7}(≒0.714)$, ④ $\frac{1}{6}<\frac{1}{5}$

25

정답 ④

$\frac{26}{29}≒0.897$

$0.544<(\quad)<\frac{26}{29}$

→ $0.544<(\quad)<0.897$

④ $0.544<(\ 0.758\ )<0.897$

오답분석

① $\frac{77}{79}≒0.975$, ③ $\frac{91}{96}≒0.948$

---

02 응용수리

01	02	03	04	05	06	07	08	09	10
③	③	③	④	③	④	①	③	①	④
11	12	13	14	15	16	17	18	19	20
③	②	③	①	②	④	④	①	②	①
21	22	23	24	25	26	27			
③	④	①	①	②	④	①			

01

정답 ③

박물관까지의 거리를 $x$km라고 하자.
자전거로 갈 때와 6km/h의 속력으로 걸어갈 때의 시간차가

30분이므로 $\frac{x}{12}=\frac{x}{6}-\frac{1}{2}$ → $x=6$이다.

박물관에 3시에 도착하기 위한 속력을 $v$km/h라고 하자.
자전거로 12km/h의 속력으로 갈 때, 6km 떨어진 박물관에

도착한 시간이 2시 50분이므로 $\frac{6}{12}=\frac{6}{v}-\frac{1}{6}$ → $v=9$이다.

따라서 민솔이가 박물관을 9km/h의 속력으로 향하면 정각 3시에 도착한다.

02

정답 ③

두 지점 A, B 사이의 거리를 $x$km라 하면 식은 다음과 같다.

$\frac{x}{60}-\frac{x}{80}=\frac{1}{2}$

∴ $x=120$

따라서 두 지점 A, B 사이의 거리는 120km이다.

03

정답 ③

집에서 회사까지의 거리를 $x$km라 하면 식은 다음과 같다.

$\frac{x}{16}-\frac{x}{40}=\frac{45}{60}$

∴ $3x=60$

따라서 집에서 회사까지의 거리는 20km이므로 집에서 회사까지 자전거를 타고 가는 데 걸리는 시간은 $\frac{20}{16}×60=75$분이다.

04 정답 ④

농도 5%의 설탕물 500g에 들어있는 설탕의 양은 $\frac{5}{100} \times 500 = 25$g이고, 5분 동안 가열한 뒤 남은 설탕물의 양은 $500-(50 \times 5)=250$g이다.

따라서 가열한 후 남은 설탕물의 농도는 $\frac{25}{250} \times 100 = 10\%$이다.

05 정답 ③

더 넣는 생수의 양을 xL라고 하자.
농도 10%의 소금물에 들어있는 소금의 양은 다음과 같다.
$500 \times \frac{10}{100} = 50$g이므로, $\frac{50}{500+x} \times 100 = 5$
→ $5,000 = 2,500 + 5x$
→ $2,500 = 5x$
∴ $x = 500$
따라서 소금물의 농도를 5%로 줄이기 위해 500L의 생수를 더 넣어야 한다.

06 정답 ④

농도 16%의 소금물 800g에 들어있는 소금의 양은 $\frac{16}{100} \times 800 = 128$g이므로 순수한 물의 양은 $800-128=672$g이다.
증발할 때 걸리는 시간을 x분이라 하면 식은 다음과 같다.
$672 - 3x = 312$
∴ $x = 120$
따라서 120분 후에 순수한 물의 양은 312g이 된다.

07 정답 ①

김대리의 나이는 x살, 조카의 나이를 y살이라 가정하면 4년 전 나이와 3년 후 나이에 대한 다음 두 방정식이 성립한다.
$(x-4)=4 \times (y-4)$ → $x-4=4y-16$
→ $x-4y=-12$ … ㉠
$(x+3)=2 \times (y+3)+7$ → $x+3=2y+6+7$
→ $x-2y=10$ … ㉡
㉠에서 ㉡을 빼면 $y=11$이 나오고, $x=10+2 \times 11=32$가 된다.
따라서 현재 김대리의 조카의 나이는 11살이다.

08 정답 ③

아버지의 나이를 x세라고 하면 식은 다음과 같다.
$(8+a)+(x+a)=8 \times 7$
∴ $x=48-2a$
따라서 현재 아버지의 나이는 $(48-2a)$세이므로 딸의 나이의 $\frac{48-2a}{8}=\frac{24-a}{4}$배이다.

09 정답 ①

여동생의 나이를 x살, 아버지의 나이를 y살이라고 하자.
$y=2(12+14+x)$ … ㉠
$(y-12)=10x$ … ㉡
㉠과 ㉡을 연립하면 다음과 같다.
$52+2x=10x+12$
→ $8x=40$
∴ $x=5$
따라서 철민이의 여동생은 5살이다.

10 정답 ④

원가를 x원이라고 하면 정가는 $(x+3,000)$원이다.
정가에 20%를 할인하여 5개 팔았을 때 순이익과 조각 케이크 1개당 정가에서 2,000원씩 할인하여 4개를 팔았을 때의 매출액은 같다.
$5\{0.8 \times (x+3,000)-x\}=4(x+3,000-2,000)$
→ $5(-0.2x+2,400)=4x+4,000$
→ $5x=8,000$
∴ $x=1,600$
따라서 조각 케이크 1조각의 정가는 $1,600+3,000=4,600$원이다.

11 정답 ③

가방의 원가를 x원이라고 하자.
정가는 $1.40x$원이고, 할인 판매는 $1.40x \times 0.75 = 1.05x$원이므로 식은 다음과 같다.
$1.05x - x = 1,000$
→ $0.05x = 1,000$
∴ $x = 20,000$
따라서 가방의 원가는 20,000원이다.

12 정답 ②

처음 정가를 x원이라 하면 식은 다음과 같다.
$2(0.7x-1,000)=x$
→ $1.4x-2,000=x$
∴ $x=5,000$
따라서 처음 정가는 5,000원이다.

13 정답 ③

갑이 1, 2회전에서 얻은 점수를 x점이라 하면 을의 최종 점수는 $2x$점이다.

또한 갑의 최종 점수는 $x+\frac{3}{7}x=\frac{10}{7}x$점이며, 갑의 최종 점수는 자연수이므로 x로 가능한 수는 7 또는 14이다.

이 중에서 $x=14$인 경우는 20점이므로 $x=7$이 된다.

따라서 갑이 3회전에서 얻은 점수는 3점이다.

14 정답 ①

졸업하기 위해 평균점수가 8점 이상이 되려면 총점은 24점 이상이 되어야 한다.

따라서 A씨는 $24-(7.5+6.5)=24-14=10$점 이상을 받아야 한다.

15 정답 ②

$$\frac{300\times4+100\times8+200\times5}{300+100+200}=\frac{3,000}{600}=5$$

따라서 갑~병 3개 기관의 전체 참여자 평균 평점은 5점이다.

16 정답 ④

해야 할 일의 양을 1로 설정하여 둘째 날까지 일을 하고 남은 일의 비율은 다음과 같다.

$\frac{2}{3}\times\frac{3}{5}\times100=\frac{2}{5}\times100=40\%$

따라서 셋째 날에 해야 할 일의 양은 전체의 40%이다.

17 정답 ④

VIP 초대장을 만드는 일의 양을 1이라고 가정하자.

혼자서 만들 때 걸리는 기간은 A대리는 6일, B사원은 12일이므로 각각 하루에 끝낼 수 있는 일의 양은 각각 $\frac{1}{6}$, $\frac{1}{12}$이다.

두 사람이 함께 일하면 하루에 끝낼 수 있는 양은 다음과 같다.

$\frac{1}{6}+\frac{1}{12}=\frac{3}{12}=\frac{1}{4}$이다.

따라서 A대리와 B사원이 함께 VIP 초대장을 완성할 때까지 4일이 걸린다.

18 정답 ①

A회사는 10분에 5개의 인형을 만드므로 1시간에 30개의 인형을 만든다. 그러므로 40시간 동안 1,200개의 인형을 만들고, 40대의 인형 뽑는 기계를 만든다.

따라서 기계 하나당 적어도 40개의 인형이 들어가야 하므로 최대 30대의 인형이 들어있는 인형 뽑는 기계를 만들 수 있다.

19 정답 ②

$40=2^3\times5$, $12=2^2\times3$이므로 최소공배수는 $2^3\times3\times5=120$이다. 12명의 학생이 10일 동안 돌아가면서 정리하면 처음 같이 정리했던 부원과 함께 정리할 수 있다.

따라서 6월 7일에 정리한 학생들이 처음으로 도서관을 정리하는 날이 같아지는 날은 $10+4=14$일 후인 6월 21일이다.

20 정답 ①

25와 30의 최소공배수는 150이다.

따라서 $150\div7=21\cdots3$이므로 두 장터가 같이 열리는 날은 일요일이다.

21 정답 ③

휴일이 5일, 7일 간격이기 때문에 각각 6번째 날과 8번째 날이 휴일이 된다. 두 회사 휴일의 최소공배수는 24이므로 두 회사는 24일마다 함께 휴일을 맞는다. 4번째로 함께 하는 휴일은 $24\times4=96$이므로 $96\div7=13\cdots5$이다.

따라서 금요일이 4번째로 함께 하는 휴일이다.

22 정답 ④

서로 다른 n개에서 중복을 허락하여 r개를 뽑아 일렬로 배열하는 중복순열의 수는 다음과 같다.

$_n\Pi_r=n\times n\times n\times\cdots\times n=n^r$

따라서 서로 다른 3개의 우체통에 4통의 엽서를 넣는 방법은 $_3\Pi_4=3^4=81$가지이다.

23 정답 ①

• 서로 다른 7권의 소설책 중 3권을 선택하는 경우의 수

 : $_7C_3=\frac{7\times6\times5}{3\times2\times1}=35$가지

• 서로 다른 5권의 시집 중 2권을 선택하는 경우의 수

 : $_5C_2=\frac{5\times4}{2\times1}=10$가지

따라서 구하고자 하는 경우의 수는 $35\times10=350$가지이다.

24

정답 ①

오늘 처리할 업무를 택하는 방법은 발송업무, 비용정산업무를 제외한 5가지 업무 중 3가지를 택하는 조합이다.
$_5C_3 = {_5}C_2 = \frac{5 \times 4}{2 \times 1} = 10$가지

택한 5가지 업무 중 발송업무와 비용정산업무는 순서가 정해져 있으므로 두 업무를 같은 업무로 생각하면 5가지 업무의 처리 순서를 정하는 경우의 수는 $\frac{5!}{2!} = \frac{5 \times 4 \times 3 \times 2 \times 1}{2 \times 1} = 60$가지이다.

따라서 구하고자 하는 경우의 수는 $10 \times 60 = 600$가지이다.

25

정답 ②

- 둘 다 흰 공을 꺼낼 확률 : $\frac{_5C_2}{_9C_2} = \frac{5 \times 4}{9 \times 8} = \frac{20}{72}$

- 둘 다 검은 공을 꺼낼 확률 : $\frac{_4C_2}{_9C_2} = \frac{4 \times 3}{9 \times 8} = \frac{12}{72}$

∴ $\frac{20}{72} + \frac{12}{72} = \frac{32}{72} = \frac{4}{9}$

따라서 구하고자 하는 확률은 $\frac{4}{9}$이다.

26

정답 ④

두 수의 곱이 홀수가 되려면 (홀수)×(홀수)여야 하므로 1에서 10까지 적힌 숫자카드를 임의로 두 장을 동시에 뽑았을 때, 두 장 모두 홀수일 확률을 구해야 한다.

따라서 열 장 중 홀수 카드 두 개를 뽑을 확률은 $\frac{_5C_2}{_{10}C_2} = \frac{\frac{5 \times 4}{2 \times 1}}{\frac{10 \times 9}{2 \times 1}} = \frac{5 \times 4}{10 \times 9} = \frac{2}{9}$이다.

27

정답 ①

A가 합격할 확률은 $\frac{1}{3}$이고 B가 합격할 확률은 $\frac{3}{5}$이다.

따라서 A, B 둘 다 합격할 확률은 $\frac{1}{3} \times \frac{3}{5} = \frac{3}{15} = \frac{1}{5} = 20\%$이다.

03 자료해석

01	02	03	04	05	06	07	08	09	10
④	①	①	④	②	④	④	②	④	②
11	12	13	14	15					
④	③	③	③	②					

01

정답 ④

4개 종목 모두 2020 ~ 2024년까지 전년 대비 경기 수 추이가 '증가 – 감소 – 증가 – 감소 – 증가'를 반복하고 있다.
따라서 빈칸에 들어갈 수치로 옳은 것은 420보다 큰 425이다.

02

정답 ①

전년 대비 매출액이 증가한 해는 2019년, 2021년, 2023년, 2024년이고, 2019년에는 전년 대비 100%의 증가율을 기록했다.
따라서 전년 대비 매출액 증가율이 가장 컸던 해는 2019년이다.

03

정답 ①

제시된 자료에 나타난 프로그램 수입 비용을 모두 합하면 380만 불이며, 이 중 영국에서 수입하는 액수는 150만 불이므로 그 비중은 $\frac{150}{380} \times 100 ≒ 39.5$이다.

따라서 프로그램 수입에서 영국이 차지하는 비율은 약 39.5%이다.

04

정답 ④

2023년 전년 대비 각 시설의 증가량은 축구장 60개소, 체육관 58개소, 간이운동장 789개소, 테니스장 62개소로 가장 적게 늘어난 곳은 체육관이며, 가장 많이 늘어난 곳은 간이운동장이다. 따라서 $639 + 11,458 = 12,097$이다.

05

정답 ②

2021년 전체 공공체육시설 중 체육관이 차지하고 있는 비율은 $\frac{529}{467+529+9,531+428+1,387} \times 100 ≒ 4.3\%$이다.

06   정답 ④

A ~ D의 청년층 정부신뢰율을 구하면 다음과 같다.
A : 14−6.4=7.6%
B : 35−(−14.1)=49.1%
C : 48−(−9.1)=57.1%
D : 82−2=80%
- 첫 번째 조건
  7.6×10<80이므로 A는 그리스, D는 스위스이다.
- 두 번째 조건
  B, C의 청년층 정부신뢰율은 전체 국민 정부 신뢰율보다 높으므로 B와 C는 영국과 미국(또는 미국과 영국)이다.
- 세 번째 조건
  80−30=50%로 미국의 청년층 정부신뢰율은 50% 이하여야 하므로, B는 미국, C는 영국이다.
따라서 A는 그리스, B는 미국, C는 영국, D는 스위스이다.

07   정답 ④

혁신도시개발의 매출총이익의 크기는 법인세비용 차감 전 순이익의 $\frac{771}{903} \times 100 ≒ 85.4\%$로 75% 이상이다.

오답분석
① 주택관리사업의 판매비와 관리비는 공공주택사업의 판매비와 관리비의 $\frac{1,789}{2,764} \times 100 ≒ 64.7\%$로 80% 미만이다.
② 금융원가가 가장 높은 사업은 주택관리사업이고, 기타수익이 가장 높은 사업은 일반사업이므로 순위는 동일하지 않다.
③ 행정중심복합도시의 영업이익이 2024년 총영업이익에서 차지하는 비율은 $\frac{2,976}{26,136} \times 100 ≒ 11.4\%$로 20% 미만이다.

08   정답 ②

26 ~ 30세 응답자는 총 51명이다. 그중 4회 이상 방문한 응답자는 5+2=7명이고, 비율은 $\frac{7}{51} \times 100 ≒ 13.72\%$로 10% 이상이다.

오답분석
① 전체 응답자 수는 113명이다. 그중 20 ~ 25세 응답자는 53명이므로, 비율은 $\frac{53}{113} \times 100 ≒ 46.90\%$로 50% 미만이다.
③ 제시된 자료만으로는 31 ~ 35세 응답자의 1인당 평균 방문 횟수를 정확히 구할 수 없다. 그 이유는 방문 횟수를 '1회', '2 ~ 3회', '4 ~ 5회', '6회 이상' 등 구간으로 구분했기 때문이다. 다만 구간별 최소값으로 평균을 냈을 때, 평균 방문 횟수가 2회 이상이라는 점을 통해 2회 미만이라는 것은 틀렸다는 것을 알 수 있다.
1, 1, 1, 2, 2, 2, 2, 4, 4 → 평균=$\frac{19}{9} ≒ 2.11$회
④ 응답자의 직업에서 학생과 공무원 응답자의 수는 51명이다. 즉, 전체 113명의 절반에 미치지 못하므로 비율은 50% 미만이다.

09   정답 ④

ㄱ. 제시된 자료를 통해 대도시 간 예상 최대 소요 시간은 모든 구간에서 주중이 주말보다 적게 걸림을 알 수 있다.
ㄴ. 주중 전국 예상 교통량 중 수도권에서 지방으로 가는 예상 교통량의 비율은 $\frac{4}{40} \times 100 = 10\%$이다.
ㄹ. 서울−광주 구간 주중 예상 소요 시간과 서울−강릉 구간 주말 예상 소요 시간은 3시간으로 같다.

오답분석
ㄷ. 지방에서 수도권으로 가는 주말 예상 교통량은 주중 예상 교통량의 $\frac{3}{2} = 1.5$배이다.

10   정답 ②

- 2022년 초·중·고등학교 수의 총합
  : 6,001+3,209+2,353=11,563개교
- 2024년 초·중·고등학교 수의 총합
  : 6,064+3,214+2,358=11,636개교
따라서 총합은 2022년 대비 2024년에 증가하였다.

오답분석
ㄱ. 2024년을 보면 고등학교 수는 전년 대비 감소하였지만 초등학교 수는 증가하였으므로 동일하지 않다.
ㄴ. 2020년부터 2024년까지 초등학교 수와 중학교 수의 차이를 구하면 다음과 같다.
  - 2020년 : 5,934−3,186=2,748개교
  - 2021년 : 5,978−3,204=2,774개교
  - 2022년 : 6,001−3,209=2,792개교
  - 2023년 : 6,040−3,213=2,827개교
  - 2024년 : 6,064−3,214=2,850개교
따라서 초등학교 수와 중학교 수의 차이가 가장 큰 해는 2024년이다.

11 정답 ④

2023년 구성비 순위는 경북 – 전남 – 충남·경남 – 경기 – 전북 – 충북 – 강원 – 제주 순서이고, 2024년 구성비 순위는 경북 – 전남 – 충남 – 경남 – 경기 – 전북 – 충북 – 강원 – 제주 순서로, 충남과 경남의 순위가 동일하지 않다.

오답분석

① 2023년 185명, 2024년 181명으로 경북 지역 농가가 가장 많다.
② 강원, 충북, 제주의 2023년 대비 2024년 농가 수는 변하지 않았다.
③ • 경북 지역 농가 감소율 : $\frac{181-185}{185} \times 100 ≒ -2.2\%$

• 전국 평균 농가 감소율 : $\frac{1,069-1,088}{1,088} \times 100 ≒ -1.7\%$

따라서 경북 지역 농가 감소율이 전국 평균 농가 감소율보다 크다.

12 정답 ③

2022년에 국유재산의 규모가 10조를 넘는 국유재산은 토지, 건물, 공작물, 유가증권으로 총 4개이다.

13 정답 ③

ㄱ. 2022년과 2024년에 종류별로 국유재산 규모가 큰 순서는 토지 – 공작물 – 유가증권 – 건물 – 입목죽 – 선박·항공기 – 무체재산 – 기계·기구 순으로 동일하다.
ㄴ. 2020년과 2021년에 규모가 가장 작은 국유재산은 기계·기구로 동일하다.
ㄷ. 2021년 국유재산 중 건물과 무체재산, 유가증권 규모의 합계는 616,824억+10,825억+1,988,350억=2,615,999억 원으로 260조 원보다 크다.

오답분석

ㄹ. 2022년 대비 2023년에 국유재산 중 선박·항공기는 감소하였으나, 기계·기구는 증가하였다.

14 정답 ③

서울 외 지역에서 2023년에 전년 대비 가장 높은 비율로 증가한 곳은 요양병원이다.

• 상급종합병원 : $\frac{79.26-76.85}{76.85} \times 100 ≒ 3.1\%$

• 종합병원 : $\frac{46.32-44.96}{44.96} \times 100 ≒ 3.0\%$

• 병원 : $\frac{13.69-12.73}{12.73} \times 100 ≒ 7.5\%$

• 요양병원 : $\frac{7.44-6.45}{6.45} \times 100 ≒ 15.3\%$

• 의원 : $\frac{5.63-5.23}{5.23} \times 100 ≒ 7.6\%$

오답분석

① 2020년 서울 지역의 100병상당 간호사 수 추이는 병원과 요양병원에서 감소한 적이 있다.
② • 상급종합병원 : $\frac{111.78-61.52}{61.52} \times 100 ≒ 81.7\%$

• 요양병원 : $\frac{13.83-9.69}{9.69} \times 100 ≒ 42.7\%$

따라서 서울 지역에서 2019년 대비 2024년의 증가율은 요양병원보다 상급종합병원이 높다.
④ 2022년에 전년 대비 100병상당 간호사 수는 서울 외 지역의 상급종합병원이 12.73명으로 가장 많이 증가하였다.

15 정답 ②

서울과 서울 외 지역의 병원별 100병상당 간호사 수를 합치면 다음과 같다.

(단위 : 명)

구분	2019	2020	2021	2022	2023	2024
서울	152.39	158.66	179.74	190.25	207.06	237.51
서울 외 지역	117.76	115.28	130.72	146.22	152.34	175.4
차이	34.63	43.38	49.02	44.03	54.72	62.11

ㄱ. 전체 서울 지역의 100병상당 간호사 수 추이는 계속 증가하고 있다.
ㄷ. 2024년의 전체 서울과 서울 외 지역의 100병상당 간호사 차이는 62.11명으로 60명 이상이다.

오답분석

ㄴ. 전체 서울과 서울 외 지역의 100병상당 간호사 차이는 2022년에 2021년보다 차이가 작아졌다.
ㄹ. 2021년의 전체 서울과 서울 외 지역의 100병상당 간호사 차이는 49.02명으로 50명 이하이다.

CHAPTER 04 공간지각력 기출예상문제

01 평면도형

01	02	03	04	05	06	07	08	09	10							
①	①	②	③	①	④	③	②	③	①							

01 정답 ①

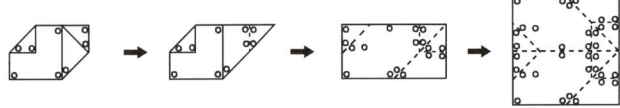

02 정답 ①

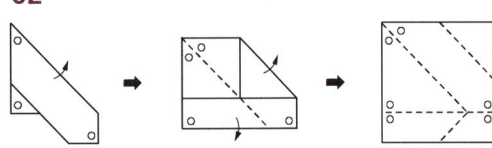

03 정답 ②

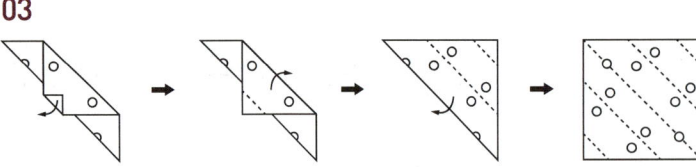

04 정답 ③

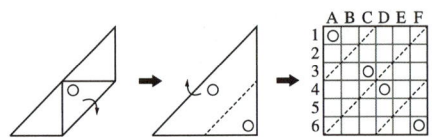

05

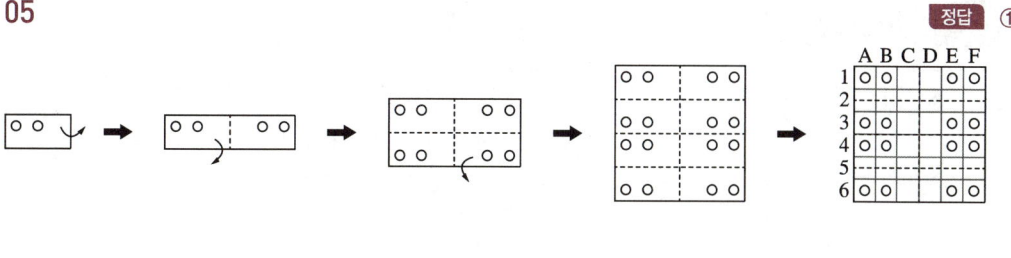

정답 ①

06

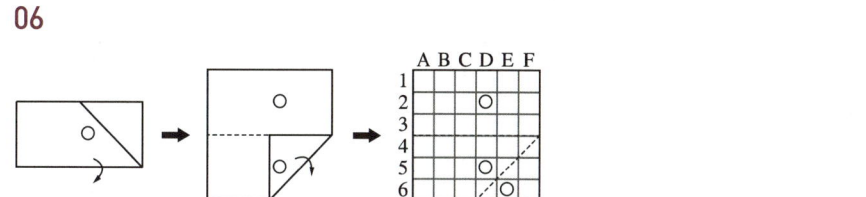

정답 ④

07

정답 ③

큰 사각형 안의 작은 사각형은 45° 회전하고, 검은 삼각형은 시계 반대 방향으로 90° 회전하며 흰색 원은 큰 사각형 중심을 기준으로 시계 방향으로 이동한다.

08

정답 ②

정사각형 4개가 합쳐진 도형을 가장 큰 도형이라고 할 때, 가장 큰 도형의 바깥쪽 도형인 화살표 모양의 도형은 가장 큰 도형의 변을 따라서 시계 방향으로 한 칸씩 이동하며, 시계 방향으로 90° 회전한다. 그리고 다른 바깥쪽 도형인 직각삼각형 모양의 도형은 가장 큰 도형의 변을 따라서 시계 반대 방향으로 한 칸씩 이동하면서 시계 반대 방향으로 90° 회전하며 한 칸씩 이동할 때마다 색 반전이 이루어진다. 가장 큰 도형의 안쪽 도형인 정삼각형 모양의 도형은 가장 큰 도형 안에서 시계 방향으로 한 칸씩 움직이며, 다른 안쪽 도형인 십자가 모양의 도형은 가장 큰 도형 안에서 시계 반대 방향으로 한 칸씩 이동하고 있다.

09

정답 ③

규칙은 가로로 적용된다. 첫 번째 도형을 반으로 나눴을 때 왼쪽이 두 번째 도형, 오른쪽을 y축 대칭하고 시계 방향으로 90° 회전한 것이 세 번째 도형이다.

10

정답 ①

규칙은 세로로 적용된다. 첫 번째 도형과 두 번째 도형의 꼭짓점 수를 합하면 마지막 도형의 꼭짓점 수가 된다. 따라서 ?에 들어갈 도형은 총 7개의 꼭짓점을 가진 ①번 도형이다.

02　입체도형

01	02	03	04	05	06	07	08	09	10	11	12	13	14	15	16	17	18	19	20
④	③	④	④	③	④	①	②	①	④	③	①	③	②	①	③	②	④	④	④
21	22	23	24	25															
①	②	②	③	①															

01

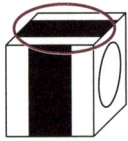

02

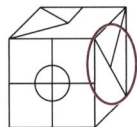

03

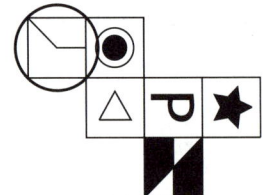

04

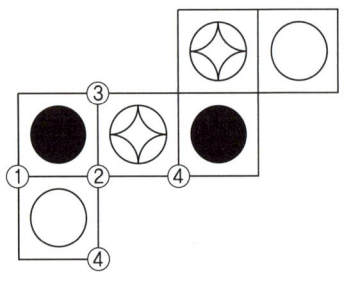  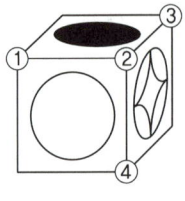

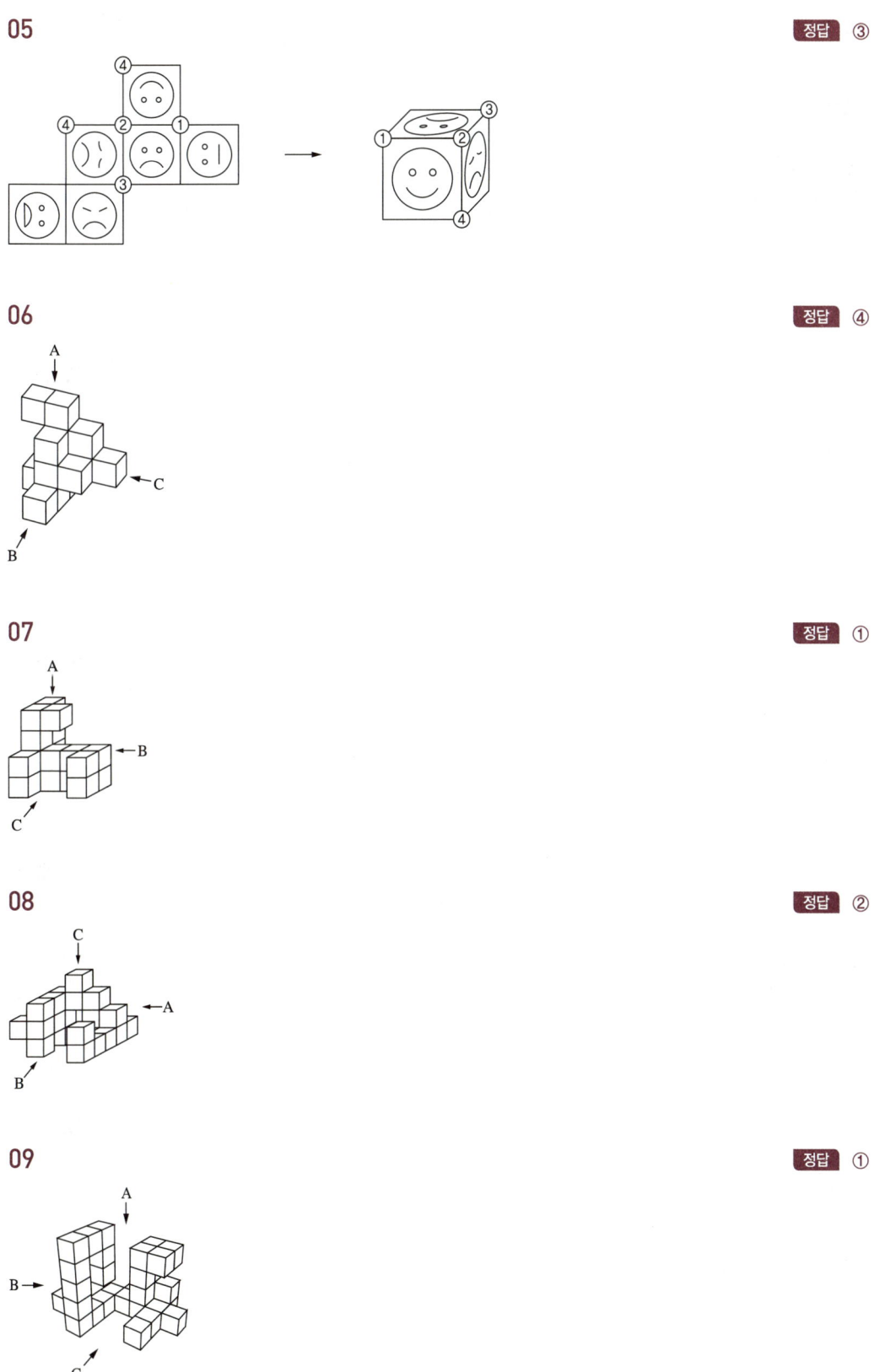

10

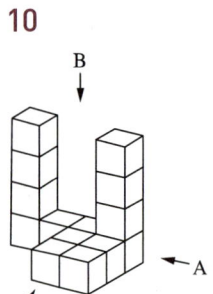

11

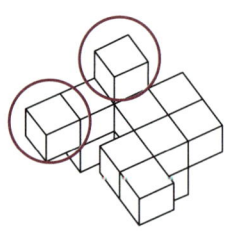

12 정답 ①

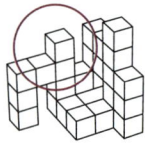

13 정답 ③

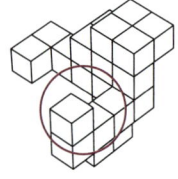

14

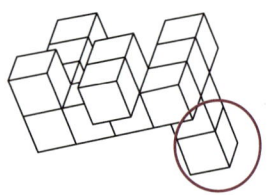

15

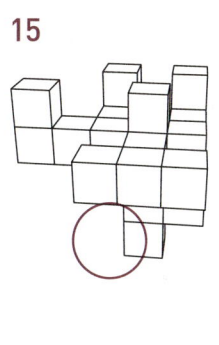

16

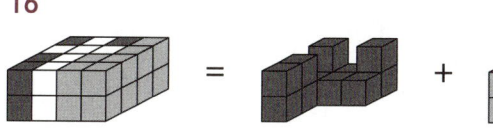

17

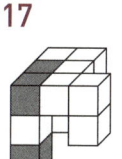 + 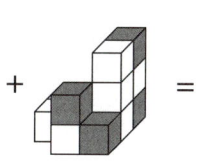 =

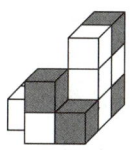 →  →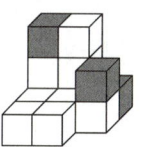

18 정답 ④

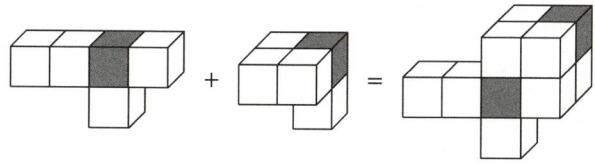

19 정답 ④

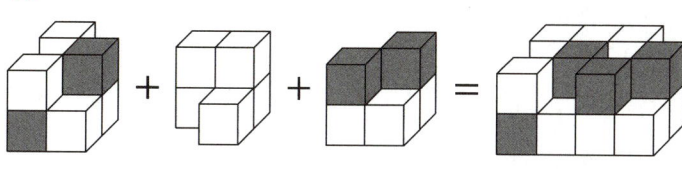

20

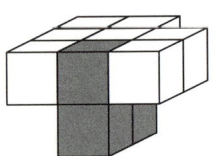

정답 ④

21

- 1층 : 7×6−2=40개
- 2층 : 42−8=34개
- 3층 : 42−15=27개
- 4층 : 42−29=13개
∴ 40+34+27+13=114개

정답 ①

22

- 1층 : 4×5−4=16개
- 2층 : 20−9=11개
- 3층 : 20−15=5개
∴ 16+11+5=32개

정답 ②

23

- 1층 : 4×5−3=17개
- 2층 : 20−7=13개
- 3층 : 20−13=7개
∴ 17+13+7=37개

정답 ②

24

- 1층 : 4×4−2=14개
- 2층 : 16−8=8개
- 3층 : 16−11=5개
∴ 14+8+5=27개

정답 ③

25

- 1층 : 4×4−3=13개
- 2층 : 16−5=11개
- 3층 : 16−11=5개
∴ 13+11+5=29개

정답 ①

CHAPTER 05 문제해결력 기출예상문제

01 수·문자추리

01	02	03	04	05	06	07	08	09	10
③	③	④	②	②	④	①	④	①	③
11	12	13	14	15	16	17	18	19	20
③	①	②	④	②	④	④	④	③	④
21	22	23	24	25					
④	④	④	②	②					

01 정답 ③
앞의 항에 +5, -10, +15, -20, …을 하는 수열이다.
따라서 ( )=(-4)+15=11이다.

02 정답 ③
(앞의 항)×(-2)=(다음 항)
따라서 ( )=128×(-2)=-256이다.

03 정답 ④
홀수 항은 +10, 짝수 항은 ÷3을 하는 수열이다.
따라서 ( )=63÷3=21이다.

04 정답 ②
+2.7, ÷2가 반복되는 수열이다.
따라서 ( )=10.2÷2=5.1이다.

05 정답 ②
앞의 항에 -0.7, +1.6이 반복되는 수열이다.
따라서 ( )=6.5+1.6=8.1이다.

06 정답 ④
분자와 분모에 교대로 3씩 곱하는 수열이다.
따라서 ( )=$\frac{18\times3}{45}=\frac{54}{45}$이다.

07 정답 ①
n을 자연수라고 하면 n항과 $(n+1)$항의 역수를 곱한 값이 $(n+2)$항인 수열이다.
따라서 ( )=$\frac{9}{2}\times\frac{81}{20}=\frac{729}{40}$이다.

08 정답 ④
나열된 수를 각각 A, B, C라고 하면 다음과 같은 식이 성립한다.
$\underline{A\ B\ C} \to (A\times B)-5=C$
따라서 ( )=(3+5)÷(-4)=-20이다.

09 정답 ①
나열된 수를 각각 A, B, C라고 하면 다음과 같은 식이 성립한다.
$\underline{A\ B\ C} \to (A+B)\times5=C$
따라서 ( )=60÷5-10=20이다.

10 정답 ③
나열된 수를 각각 A, B, C라고 하면 다음과 같은 식이 성립한다.
$\underline{A\ B\ C} \to (A+B)\div3=C$
따라서 ( )=6×3-8=10이다.

11 정답 ③
홀수 항은 2씩 곱하고, 짝수 항은 3씩 빼는 수열이다.

E	N	(J)	K	T	H
5	14	10	11	20	8

12 정답 ①

앞의 항에서 4씩 더하는 수열이다.

ㄱ	E	9	ㅍ	Q	21	ㅋ	(C)
1	5	9	13	17	21	11(25)	29

13 정답 ②

앞의 항에 +1, +2, +3, … 씩 더하는 수열이며 '알파벳 – 숫자 – 숫자' 순서로 나열되어 있다.

G	8	10	M	17	22	B	(35)
7	8	10	13	17	22	2(28)	35

14 정답 ④

앞의 항에 +1, +2가 반복되는 수열이다.

ㄱ	ㄴ	ㄹ	ㅁ	ㅅ	ㅇ	ㅊ	(ㅋ)
1	2	4	5	7	8	10	11

15 정답 ②

앞의 항에 +1, +2, +3을 더하는 것을 반복하는 수열이다.

D	E	G	J	K	M	P	(Q)
4	5	7	10	11	13	16	17

16 정답 ④

홀수 항은 2씩 빼고, 짝수 항은 4씩 더하는 수열이다.

ㅜ	ㄷ	(ㅗ)	ㅅ	ㅓ	ㅋ
7	3	5	7	3	11

17 정답 ④

'대문자 알파벳 – 한글 자음 – 숫자 – 한자' 순서로 나열되며, +1을 하는 수열이다.

A	ㄴ	3	(四)	E	ㅂ	7	八
1	2	3	4	5	6	7	8

18 정답 ④

홀수 항은 2씩 곱하는 수열이고, 짝수 항은 2씩 더하는 수열이다.

ㄱ	ㄷ	ㄴ	(ㅁ)	ㄹ	ㅅ
1	3	2	5	4	7

19 정답 ③

+3, ÷2가 반복되는 수열이다.

캐	해	새	채	매	애	(래)
11	14	7	10	5	8	4

20 정답 ④

홀수 항은 ×2, 짝수 항은 ÷2인 수열이다.

B	X	D	L	H	F	P	(C)
2	24	4	12	8	6	16	3

21 정답 ④

오답분석

①・②・③ 앞 문자에 +2로 나열한 것이다.

22 정답 ④

오답분석

①・②・③ 맨 처음 문자에 순서대로 ×2, −3, +1로 나열한 것이다.

23 정답 ④

오답분석

①・②・③ 앞 문자에 ×2, ×1, ×2로 나열한 것이다.

24 정답 ②

오답분석

①・③・④ 앞 문자에 −4, −3, ×2로 나열한 것이다.

25 정답 ②

오답분석

①・③・④ 앞 문자에 ×3, −2, ×2로 나열한 것이다.

02 언어추리

01	02	03	04	05	06	07	08	09	10
②	①	①	①	④	②	①	②	①	②

01 정답 ②

'매일 자전거를 탄다.'를 A, '폐활량이 좋아진다.'를 B, '주말에 특별한 일이 있다.'를 C라고 하면 첫 번째 명제는 A → B, 두 번째 명제는 ~C → A이다. 삼단논법에 의해 ~C → A → B가 성립하므로 결론은 ~C → B나 ~B → C이다. 따라서 빈칸에 들어갈 내용으로 '주말에 특별한 일이 없으면 폐활량이 좋아진다.'가 적절하다.

02 정답 ①

'비가 온다.'를 A, '산책을 나간다.'를 B, '공원에 들른다.'를 C라고 하면, 첫 번째 명제는 ~A → B, 두 번째 명제는 ~C → ~B이다. 두 번째 명제의 대우가 B → C이다. 삼단논법에 의해 ~A → B → C가 성립하므로 결론은 ~A → C나 ~C → A이다. 따라서 빈칸에 들어갈 내용으로 '공원에 들르지 않으면 비가 온 것이다.'가 적절하다.

03 정답 ①

'아침에 운동을 한다.'를 A, '건강한 하루를 시작한 것'을 B, '일찍 일어났다.'를 C라고 하면, 첫 번째 명제는 A → B, 마지막 명제는 ~B → ~C이다. 첫 번째 명제의 대우가 ~B → ~A이므로 ~B → ~A → ~C가 성립하기 위한 두 번째 명제는 ~A → ~C나 C → A이다. 따라서 빈칸에 들어갈 내용으로 '일찍 일어나면 아침에 운동을 한다.'가 적절하다.

04 정답 ①

어떤 학생 → 음악을 즐김 → 나무 → 악기이므로 '어떤 학생은 악기이다.'를 추론할 수 있다.

05 정답 ④

주어진 조건에 따라 데스크탑 > 노트북 > 만년필 > 손목시계 순으로 가격이 형성된다.

06 정답 ②

첫 번째 · 두 번째 명제를 통해서 '어떤 안경은 유리로 되어 있다.'는 결론을 도출할 수 있다. 따라서 '유리로 되어 있는 것 중 안경이 있다.'고 할 수 있다.

07 정답 ①

1) C가 참이면 D도 참이므로 C, D는 모두 참을 말하거나 모두 거짓을 말한다. 그런데 A와 E의 진술이 서로 상치되고 있으므로 2중에 1명은 참이고 다른 1명은 거짓인데, 만약 C, D가 모두 참이면 참을 말한 사람이 적어도 3명이 되므로 2명만 참을 말한다는 조건에 맞지 않는다. 그러므로 C, D는 모두 거짓을 말한다.
2) 1)에서 C와 D가 모두 거짓을 말하고, A와 E 중 1명은 참, 다른 1명은 거짓을 말한다. 그러므로 B는 참을 말한다.
3) 2)에 따라 A와 B가 참이거나 B와 E가 참이다. 그런데 A는 '나와 E만 범행 현장에 있었다.'라고 했으므로 B의 진술(참)인 '목격자는 2명이다.'와 모순된다(목격자가 2명이면 범인을 포함해서 3명이 범행 현장에 있어야 하므로). 또한 A가 참일 경우, A의 진술 중 '나와 E만 범행 현장에 있었다.'는 참이면서 E의 '나는 범행 현장에 있었고'는 거짓이 되므로 모순이 된다.

따라서 B와 E가 참이므로 E의 진술에 따라 A가 범인이다.

08 정답 ②

'D가 훔쳤다.'는 진술이 참일 경우, D의 진술 중 '나는 훔치지 않았다.'와 'A가 내가 훔쳤다고 말한 것은 거짓말이다.'는 거짓이 되고, 이는 모순이다. 그러므로 D는 지갑을 훔치지 않았다. 그러면 A의 진술에 따라 A, C는 지갑을 훔치지 않았다. B의 '나는 훔치지 않았다.'는 진술이 참일 경우, 'E가 진짜 범인을 알고 있다.'는 B의 진술과 'B가 훔쳤다.'는 E의 진술이 모순된다. 따라서 B가 지갑을 훔친 범인이다.

09

정답 ①

B와 E의 말이 서로 모순되므로 2명 중 1명은 반드시 거짓을 말하고 있다.

- B의 말이 거짓일 경우
  E의 말이 참이 되므로 D의 말에 따라 아이스크림을 사야 할 사람은 A가 된다. 또한 나머지 A, C, D의 말 역시 모두 참이 된다.
- E의 말이 거짓일 경우
  B의 말이 참이 되므로 아이스크림을 사야 할 사람은 C가 된다. 그러나 B의 말이 참이라면 참인 C의 말에 따라 D의 말은 거짓이 된다. 결국 D와 E 2명이 거짓을 말하게 되므로 1명만 거짓말을 한다는 조건이 성립하지 않으며, A의 말과도 모순된다.

따라서 거짓말을 하는 사람은 B이며, 아이스크림을 사야 할 사람은 A이다.

10

정답 ②

E사원의 진술에 따라 C사원과 E사원의 진술은 동시에 참이 되거나 거짓이 된다.

- C사원과 E사원이 모두 거짓말을 한 경우
  참인 B사원의 진술에 따라 D사원이 금요일에 열리는 세미나에 참석한다. 그러나 이때 C와 E 중 1명이 참석한다는 D사원의 진술과 모순되므로 성립하지 않는다.
- C사원과 E사원이 모두 진실을 말했을 경우
  C사원과 E사원의 진술에 따라 C, D, E사원은 세미나에 참석할 수 없다. 그러므로 D사원이 세미나에 참석한다는 B사원의 진술은 거짓이 되며, C와 E사원 중 1명이 참석한다는 D사원의 진술도 거짓이 된다. 또한 A사원은 세미나에 참석하지 않으므로 결국 금요일 세미나에 참석하는 사람은 B사원이 된다.

따라서 B사원과 D사원이 거짓말을 하고 있으며, 이번 주 금요일 세미나에 참석하는 사람은 B사원이다.

PART

3

최종점검
모의고사

제1회 최종점검 모의고사
제2회 최종점검 모의고사
제3회 최종점검 모의고사
제4회 최종점검 모의고사

제1회 최종점검 모의고사

01	02	03	04	05	06	07	08	09	10	11	12	13	14	15	16	17	18	19	20
②	②	①	①	③	③	③	①	①	③	④	④	①	③	②	①	③	④	③	④
21	22	23	24	25	26	27	28	29	30	31	32	33	34	35	36	37	38	39	40
③	④	④	③	①	②	④	④	①	①	②	②	①	③	④	④	①	②	③	①
41	42	43	44	45															
③	④	④	③	④															

01
정답 ②

- 소소리바람 : 이른 봄에 살 속으로 스며드는 듯한 차고 매서운 바람
- 열풍(熱風) : 뜨거운 바람

[오답분석]
① 선풍(旋風) : 회오리바람. 또는 돌발적으로 일어나 세상을 뒤흔드는 사건을 비유적으로 이르는 말
③ 질풍(疾風) : 몹시 빠르고 거세게 부는 바람
④ 소풍(逍風/消風) : 휴식을 취하기 위해서 야외에 나갔다 오는 일

02
정답 ②

민철이가 걸린 시간을 x분, 현민이가 걸린 시간을 y분이라고 하자.
$x=y+24 \cdots \bigcirc$
$50x=200y \cdots \bigcirc$
㉠, ㉡을 연립하면 다음과 같다.
$50(y+24)=200y$
$150y=1,200$
$\therefore y=8$
따라서 민철이가 도서관까지 가는 데 걸린 시간은 $x=8+24=32$분이다.

03
정답 ①

주어진 조건대로 돌의 관계를 정리하면 다음과 같다.
ⓑ > ⓐ, ⓑ > ⓕ, ⓑ < ⓒ < ⓓ, ⓔ < ⓒ
따라서 ⓐ와 ⓕ의 관계는 알 수 없다.

04

- 首丘初心(수구초심) : 여우는 죽을 때 구릉을 향(向)해 머리를 두고 초심으로 돌아간다는 뜻으로, 근본을 잊지 않음. 또는 죽어서라도 고향 땅에 묻히고 싶어 하는 마음
- 亡羊補牢(망양보뢰) : 양을 잃고서 그 우리를 고친다는 뜻으로, 실패한 후에 일을 대비함. 또는 이미 어떤 일을 실패한 뒤에 뉘우쳐도 소용이 없음
- 堂狗風月(당구풍월) : 서당에서 기르는 개가 풍월을 읊는다는 뜻으로, 그 분야에 대하여 경험과 지식이 전혀 없는 사람이라도 오래 있으면 얼마간의 경험과 지식을 가짐을 이르는 말

따라서 제시된 사자성어에서 연상할 수 없는 동물은 ① 소이다.

05

C사원은 10개의 도장에서 2개의 도장이 모자라므로 현재 8개의 도장을 모았으며, A사원은 C사원보다 1개의 도장이 적으므로 현재 7개의 도장을 모은 것을 알 수 있다. 또한 B사원은 A사원보다 2개 적은 5개의 도장을 모았으며, D사원은 무료 음료 1잔을 포함하여 3잔을 주문하였으므로 10개의 도장을 모은 쿠폰을 반납하고, 새로운 쿠폰에 2개의 도장을 받았음을 추론할 수 있다. 따라서 D사원보다 6개의 도장을 더 모은 E사원은 8개의 도장을 받아 C사원과 같은 개수의 도장을 모았음을 추론할 수 있다.

06

A원두의 100g당 원가를 a원, B커피의 100g당 원가를 b원이라고 하면 다음과 같다.
- $1.5(a+2b)=3,000 \cdots \text{㉠}$
- $1.5(2a+b)=2,850 \cdots \text{㉡}$

㉠과 ㉡을 연립하면 $a+b=1,300$이므로 $a=600$, $b=700$이다.
따라서 B원두의 100g당 원가는 700원이다.

07

'인터넷 공간에서의 인권 의식 부재'는 '2. 사이버 폭력의 원인'의 하위 항목으로 들어가는 것이 가장 적절하다.

[오답분석]
① '인터넷 실명제 실시'는 '2. - (1) 인터넷 공간의 익명성과 비대면성'을 해결하기 위한 방안으로서 '3. 사이버 폭력에 대한 대처 방안'에서 논할 수 있는 내용이다.
② '사이버 폭력의 심각성'은 '1. - (2)'의 문제점을 뒷받침할 수 있는 내용이다.
④ 사이버 폭력 신고 현황 통계는 '1. - (1) 사이버 폭력의 실태'에 포함되는 내용이다.

08

일주일은 7일이므로 $30 \div 7 = 4 \cdots 2$이다.
따라서 나머지가 2이므로 월요일에서 이틀 뒤인 수요일이다.

09

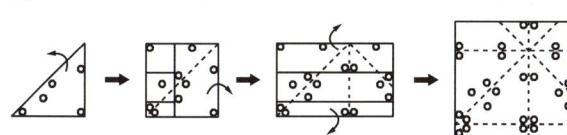

10   정답 ③

제시문은 철도 발달로 인한 세계 표준시 정립의 필요성, 세계 표준시 정립에 기여한 샌퍼드 플레밍과 본초자오선 회의 등의 언급을 통해 세계 표준시가 등장하게 된 배경을 구체적으로 소개하고 있다.

11   정답 ④

우리나라에 세계 표준시가 도입된 대한제국 때는 동경 127.5도 기준으로 세계 표준시의 기준인 영국보다 127.5÷15=8.5=8시간 30분이 빨랐다. 그러나 현재 우리나라의 표준시는 동경 135도 기준으로 변경되었기 때문에 영국보다 135÷15=9시간이 빠르다. 따라서 현재 우리나라의 시간은 대한제국 때 지정한 시각보다 30분 빠르다.

12   정답 ④

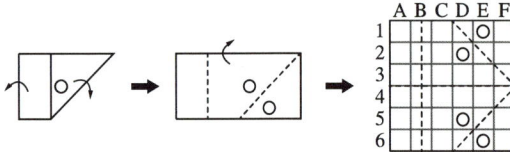

13   정답 ①

농도를 구하는 식은 $\frac{(용질)}{(용액)} = \frac{(녹차 가루의 양)}{(녹차 가루)+(물)}$ 이므로, B사원이 마시는 녹차 농도에 대한 식은 다음과 같다.

$$\frac{(50-35)}{(200-65)+(50-35)} \times 100 = \frac{15}{135+15} \times 100 = 10\%$$

따라서 B사원이 마시는 녹차의 농도는 10%이다.

14   정답 ③

인구성장률 그래프의 경사가 완만할수록 인구수 변동이 적으므로 2025~2030년 기간의 인구 증가가 덜할 것이다.

오답분석
① 제시된 자료를 통해 인구성장률은 1970년 이후 계속 감소하고 있음을 알 수 있다.
② 총인구가 감소하려면 인구성장률 그래프가 (-)값을 가져야 하는데 2011년과 2015년에는 (+)값을 갖는다.
④ 2040년의 총인구보다 1990년 총인구가 더 적다.

15   정답 ②

제시문은 민주주의의 특성과 과거 전제주의와의 차이점, 입헌군주제와 전제주의의 차이점, 입헌군주제의 특성과 입헌군주제를 폐기하려는 움직임에 대하여 차례대로 설명하고 있다. 제시된 문단의 마지막에서 민주주의에 대해 '여태까지 성립된 정치체제 중에서 가장 나은 체제라는 평가를 받고 있다.'고 하였으므로 민주주의에 대하여 설명하고 있는 (가) 문단이 이어지는 것이 적절하다. 따라서 (가) 민주주의의 특성과 전제주의와의 차이점 - (라) 민주주의의 탄생국이면서 동시에 입헌군주제인 영국 - (나) 입헌군주제 국왕의 특징 - (다) 입헌군주제를 폐기하려는 영국 내 공화파 순으로 나열하는 것이 적절하다.

16

올해 직원 수를 x명이라고 하면, 작년 직원 수는 $1.05x$명, 내년 직원 수는 $1.04x$명이다.
올해 직원 수의 4%가 28명이므로 $0.04x=28$ → $x=700$에 따라 올해 직원 수는 700명이다.
- 작년 직원 수 : $1.05 \times 700 = 735$명
- 내년 직원 수 : $1.04 \times 700 = 728$명

따라서 작년 직원 수와 내년 직원 수의 차이는 $735-728=7$명이다.

17

고령화 시대에 발생하는 노인 주거 문제에 대한 일본의 정책을 제시하여 우리나라의 부족한 대처 방안을 문제 삼고 있으며, 이러한 문제를 해결하기 위해 공동 주택인 아파트의 공유 공간을 활용하자는 방안을 제시하고 있다. 따라서 노인 주거 문제를 공유를 통해 해결하자는 ③이 글의 제목으로 가장 적절하다.

오답분석
① 고령화 속도에 대한 내용은 제시문에 나타나 있지 않다.
② 일본의 정책으로 '유니버설 디자인'의 노인 친화적 주택을 언급하고 있으나, 제시문의 일부 내용이므로 글의 제목으로 적절하지 않다.
④ 제시문에서 주로 문제 삼고 있는 것은 사회 복지 비용의 증가가 아닌 부족한 노인 주거 정책이며, 그에 대한 해결 방안을 제시하고 있다.

18

깍정이는 깍쟁이의 잘못된 표현으로, '이기적이고 인색한 사람, 아주 약빠른 사람'을 일컫는 말은 '깍정이'가 아니라 '깍쟁이'이다.

19

분자는 ×5이고, 분모는 −1인 수열이다.
따라서 ( )=$\dfrac{250 \times 5}{4-1}=\dfrac{1,250}{3}$이다.

20

나열된 수를 각각 A, B, C, D라고 하면 다음과 같은 식이 성립한다.
$\underline{A\ B\ C\ D}$ → $\dfrac{A \times C}{B}=D$
따라서 ( )=$75 \times 5 \div 15 = 25$이다.

21

홀수 항과 짝수 항에 각각 +5, +6, +7, …인 수열이다.

E	C	J	H	P	N	(W)
5	3	10	8	16	14	23

22

정답 ④

단 1명이 거짓말을 하고 있으므로 C와 D 중 1명은 반드시 거짓을 말하고 있다. 즉, C의 말이 거짓일 경우 D의 말은 참이 되며, D의 말이 참일 경우 C의 말은 거짓이 된다.
- D의 말이 거짓일 경우
  C와 B의 말이 참이므로 A와 D가 모두 1등이 되어 모순이다.
- C의 말이 거짓일 경우
  A는 1등 당첨자가 되지 않으며, 나머지 진술에 따라 D가 1등 당첨자가 된다.

따라서 C가 거짓말을 하고 있으며, 1등 당첨자는 D이다.

23

정답 ④

2021 ~ 2024년 동안 SOC 투자 규모의 전년 대비 증감 방향은 '증가 – 감소 – 감소 – 감소'이고, 총지출 대비 SOC 투자 규모 비중은 '증가 – 증가 – 감소 – 감소'로 동일하지 않다.

오답분석

① 2024년 총지출을 a조 원이라고 가정하면 $a \times 0.069 = 23.1$조 원임에 따라 $a = \dfrac{23.1}{0.069} ≒ 334.8$이므로 300조 원 이상이다.

② 2021년 SOC 투자 규모의 전년 대비 증가율은 $\dfrac{25.4 - 20.5}{20.5} \times 100 ≒ 23.9\%$이다.

③ 2021 ~ 2024년 동안 SOC 투자 규모가 전년에 비해 가장 큰 비율로 감소한 해는 $\dfrac{23.1 - 24.4}{24.4} \times 100 ≒ -5.3\%$인 2024년이다.

- 2022년 : $\dfrac{25.1 - 25.4}{25.4} \times 100 ≒ -1.2\%$
- 2023년 : $\dfrac{24.4 - 25.1}{25.1} \times 100 ≒ -2.8\%$

24

정답 ③

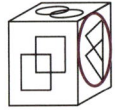

25

정답 ①

제시문의 중심 내용은 프루시너가 발견한 프리온 단백질을 소개하는 글로, 프루시너의 이론이 발표되기 전 분자 생물학계의 중심 이론을 함께 설명하고 있다. 프루시너의 이론을 설명하기 전에 이와 대립하는 기존 분자 생물학계의 주장을 먼저 제시하고 있다.

26

정답 ②

빈칸을 경계로 앞 문단에서는 골관절염과 류머티즘 관절염이 추위로 인해 증상이 악화될 수 있음을 이야기하고 있으며, 뒤 문단에서는 외부 온도 변화에 대응할 수 있는 체온 유지 방법을 설명하고 있다. 즉 온도 변화에 증상이 악화될 수 있는 질환들을 예방하기 위해 체온을 유지·관리해야 한다는 것이 제시문의 주된 내용이므로, 빈칸에는 앞에서 말한 일이 뒤에서 말할 일의 근거가 될 때 쓰는 접속어 '따라서'가 들어가는 것이 적절하다.

27
정답 ④

착륙하여 들어오는 항공기가 시간당 9대이고, 이륙하는 항공기가 시간당 3대이므로 시간당 6대의 항공기가 쌓이는 셈이 된다. 따라서 항공기의 보관 여유는 70−30=40대이므로 40대가 모두 꽉 차기까지는 $\frac{40}{6}=6\frac{2}{3}$이므로 6시간 40분이 걸린다.

28
정답 ④

규칙은 세로로 적용된다.
첫 번째 도형과 두 번째 도형의 색칠된 부분을 합치면 세 번째 도형이 된다.

29
정답 ①

선분은 시계 방향으로 45° 회전하고, 사각형 안의 도형의 위치는 변하지 않으나 색상은 시계 방향으로 회전한다.

30
정답 ①

제시문은 '발전'에 대한 개념을 설명하고 있다. 이러한 유형의 문제는 빈칸 앞뒤의 문맥을 먼저 살피는 것도 하나의 요령이다. 빈칸 앞에는 '발전'에 대해 '모든 형태의 변화가 전부 발전에 해당하는 것은 아니다.'라고 하면서 '교통신호등'을 예로 들고, 빈칸 뒤에는 '사태의 진전 과정에서 나중에 나타나는 것은 적어도 그 이전 단계에 내재적으로나마 존재했던 것의 전개에 해당한다는 것이다.'라고 상술하고 있다. 여기에 첫 번째 문장까지 고려한다면, ①이 빈칸에 들어갈 내용으로 가장 적절하다.

31
정답 ②

연도별 황사의 발생횟수는 2022년에 최고치를 기록했으므로 옳지 않다.

32
정답 ②

제시문에 따르면 농업은 과학기술의 발전성과를 수용하여 새로운 상품과 시장을 창출할 수 있는 잠재적 가치를 가지고 있으므로, 농업의 성장을 위해서는 과학기술의 문제점을 성찰하기보다는 과학기술을 어떻게 활용할 수 있는지를 고민해 보는 것이 적절하다. 따라서 과학기술의 문제점을 성찰해야 한다는 ②는 적절하지 않다.

33
정답 ①

$$\frac{2{,}000 \times 8 + 500 \times 6}{2{,}000 + 500} = \frac{19{,}000}{2{,}500} = 7.6$$

따라서 A, B형 설문조사 전체 평균 만족도는 7.6점이다.

34
정답 ③

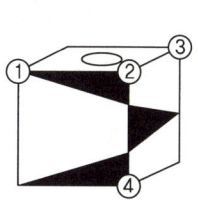 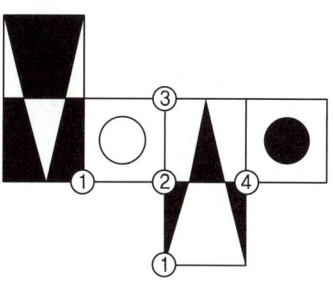

35 　　　　　　　　　　　　　　　　　　　　　　　　　　　　　　　　정답 ④

69,980+6,980+680+70
=(70,000-20)+(7,000-20)+(700-20)+70
=77,710

36 　　　　　　　　　　　　　　　　　　　　　　　　　　　　　　　　정답 ④

세 번째 조건에 따라 B는 익산을 반드시 방문하므로 이에 근거하여 논리식을 전개하면 다음과 같다.
- 네 번째 조건의 대우 : 익산 → 대구
- 첫 번째 조건 : 대구 → ~경주
- 마지막 조건 : ~경주 → 대전∧전주
- 두 번째 조건 : 전주 → ~광주

따라서 B는 익산, 대구, 대전, 전주를 방문하고 광주, 경주를 방문하지 않는다.

37 　　　　　　　　　　　　　　　　　　　　　　　　　　　　　　　　정답 ①

제시문에 따르면 기존의 경제학에서는 인간을 철저하게 합리적이고 이기적인 존재로 보았지만, 행동경제학에서는 인간을 제한적으로 합리적이고 감성적인 존재로 보았다. 따라서 글의 흐름상 ㉠에는 '다른'이 적절하다.

38 　　　　　　　　　　　　　　　　　　　　　　　　　　　　　　　　정답 ②

$\frac{3}{11} < (\ ) < \frac{36}{121} \rightarrow \frac{33}{121} < (\ ) < \frac{36}{121}$

오답분석

① $\frac{1}{11} = \frac{11}{121}$

③ $\frac{4}{11} = \frac{44}{121}$

④ $\frac{32}{121}$

39 　　　　　　　　　　　　　　　　　　　　　　　　　　　　　　　　정답 ③

- 1층 : 6×5-6=24개
- 2층 : 30-8=22개
- 3층 : 30-12=18개
- 4층 : 30-17=13개

∴ 24+22+18+13=77개

40 　　　　　　　　　　　　　　　　　　　　　　　　　　　　　　　　정답 ①

제시문과 ①의 '모으다'는 '다른 이들의 관심이나 흥미를 끌다.'의 의미이다.

오답분석

② 정신, 의견 따위를 한곳에 집중하다.
③ 한데 합치다.
④ 돈이나 재물을 써 버리지 않고 쌓아 두다.

41

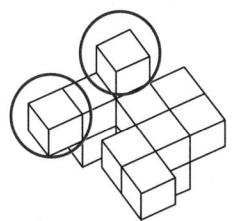

정답 ③

42

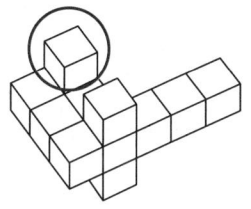

정답 ④

43

정답 ④

- 2024년 도시의 인구 : 300,000−40,000+50,000−30,000+60,000−10,000+70,000=400,000명
- 2024년 농촌의 인구 : 150,000−50,000+40,000−60,000+30,000−70,000+10,000=50,000명

44

정답 ③

- 2022년 도시의 인구 : 300,000−40,000+50,000=310,000명
- 2024년 도시의 인구 : 400,000명
- 2022년 농촌의 인구 : 150,000−50,000+40,000=140,000명
- 2024년 농촌의 인구 : 50,000명
- 2022년 대비 2024년 도시의 인구 증감률 : $\frac{400,000-310,000}{310,000}\times100 ≒ 29\%$
- 2022년 대비 2024년 농촌의 인구 증감률 : $\frac{50,000-140,000}{140,000}\times100 ≒ -64\%$

45

정답 ④

① 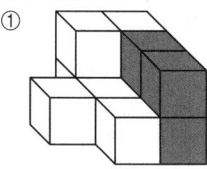 ② 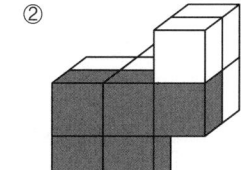 ③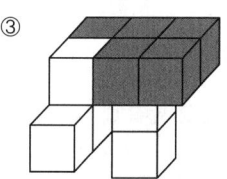

제2회 최종점검 모의고사

01	02	03	04	05	06	07	08	09	10	11	12	13	14	15	16	17	18	19	20
③	④	③	②	④	②	④	③	②	④	②	④	③	③	③	②	②	②	④	④
21	22	23	24	25	26	27	28	29	30	31	32	33	34	35	36	37	38	39	40
②	③	②	④	②	②	②	③	②	③	③	④	④	②	④	①	②	④	②	③
41	42	43	44	45															
④	②	①	②	②															

01 정답 ③

등화가친(燈火可親)은 '등불을 가까이 할만하다.'라는 뜻으로 서늘한 가을밤은 등불을 가까이 하여 글 읽기에 좋음을 이르는 말이다.

[오답분석]
① 천고마비(天高馬肥) : 하늘이 높고 말이 살찐다는 뜻으로, 하늘이 맑아 높푸르게 보이고 온갖 곡식이 익어가는 가을철을 이르는 말
② 형설지공(螢雪之功) : 반딧불·눈과 함께 하는 노력이라는 뜻으로, 고생을 하면서 부지런하고 꾸준하게 공부하는 자세를 이르는 말
④ 위편삼절(韋編三絕) : 공자가 주역을 즐겨 읽어 책의 가죽끈이 세 번이나 끊어졌다는 뜻으로, 책을 열심히 읽음을 이르는 말

02 정답 ④

• 이목 : 주의나 관심
• 시선 : 주의 또는 관심을 비유적으로 이르는 말

[오답분석]
① 괄목 : 눈을 비비고 볼 정도로 매우 놀람
② 경계 : 사물이 어떠한 기준에 의하여 분간되는 한계
③ 기습 : 적이 생각지 않았던 때에, 갑자기 들이쳐 공격함

03 정답 ③

정직한 사람은 이웃이 많고, 이웃이 많은 사람은 외롭지 않을 것이다. 따라서 정직한 사람은 외롭지 않을 것이다.

04 정답 ②

상위 항목을 고려하였을 때 '탄소 배출 제한 제도에 따른 국가 간 협력 필요'는 탄소 배출과 관련된 문제점으로 적절하지 않으며, 오히려 탄소 배출 제한 제도의 보완 방안이 될 수 있다. 또한 ⓒ의 '탄소 배출 제한 제도 운영상의 문제점은 'Ⅱ'의 하위 항목으로 적절하므로 수정할 필요가 없다.

05 정답 ④

라이코노믹스는 우리가 내리는 거의 모든 결정에 영향을 미치는 것은 논리가 아니라 관계이며, 이것의 기반은 대상을 향한 높은 호감도라는 개념을 내포한다. 따라서 논리보다 관계가 더 중요하다는 것을 추론할 수 있다.

06 정답 ②

3.3×3+2.2÷2+44.4
=9.9+1.1+44.4
=11+44.4
=55.4

07 정답 ④

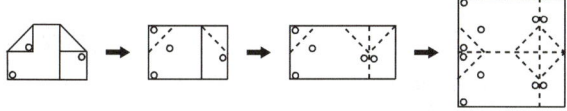

08 정답 ③

- 1층 : 8×4-4=28개
- 2층 : 32-14=18개
- 3층 : 32-20=12개
∴ 28+18+12=58개

09 정답 ②

까르보나라, 알리오올리오, 마르게리따피자, 아라비아따, 고르곤졸라피자의 할인 후 금액을 각각 a원, b원, c원, d원, e원이라 하자.
- $a+b=24,000$ ⋯ ㉠
- $c+d=31,000$ ⋯ ㉡
- $a+e=31,000$ ⋯ ㉢
- $c+b=28,000$ ⋯ ㉣
- $e+d=32,000$ ⋯ ㉤

㉠~㉤식의 좌변과 우변을 모두 더하면 다음과 같다.
$2(a+b+c+d+e)=146,000$ → $a+b+c+d+e=73,000$ ⋯ ㉥
㉥식에 ㉢식과 ㉣식을 대입하면 다음과 같다.
$a+b+c+d+e=(a+e)+(c+b)+d=31,000+28,000+d=73,000$
∴ $d=73,000-59,000=14,000$
따라서 아라비아따의 할인 전 금액은 14,000+500=14,500원이다.

10 정답 ④

병과 무의 진술에 따르면 무가 열쇠를 잃어버렸으므로 병과 무는 동시에 거짓을 말하거나 진실을 말한다.
- 병과 무가 거짓말을 했을 경우
  병과 무의 진술에 따라 무는 열쇠를 잃어버리지 않았으며, 진실인 을의 진술에 따라 열쇠를 잃어버린 사람은 정이 된다. 그러나 이때 진실인 정의 진술에 따르면 열쇠를 잃어버린 사람은 갑과 을 중 한 명이어야 한다. 결국 을과 정의 진술이 모순되므로 성립하지 않는다.
- 병과 무가 진실을 말했을 경우
  병과 무의 진술에 따라 무가 열쇠를 잃어버렸으므로 을과 정의 진술은 거짓이 된다.

따라서 을과 정이 거짓말을 하고 있으며, 열쇠를 잃어버린 사람은 무이다.

11
정답 ②

마지막 문단에서 '의리의 문제는 사람과 때에 따라 같지 않습니다.'라고 하였으므로 신하들이 임금에 대해 의리를 실천하는 방식이 누구에게나 동일하다는 것은 제시문의 내용으로 적절하지 않다.

오답분석
ㄱ. 부자관계는 천륜이어서 자식이 어버이를 봉양하는 데 한계가 없고, 이때는 은혜가 항상 의리에 우선하므로 관계를 떠날 수 없다고 하였으므로 적절하다.
ㄴ. 군신관계는 의리로 합쳐진 것이라 한계가 있는데 이 경우에는 때때로 의리가 은혜보다 앞서기도 한다고 하였으므로 적절하다.

12
정답 ④

홀수 항은 $+20$, $+19$, $+18$, …이고, 짝수 항은 $+5$, $+6$, $+7$, …인 수열이다.
따라서 ( )$=63+8=71$이다.

13
정답 ③

(분자)+(분모)$=500$인 수열이다.
따라서 ( )$=\dfrac{19}{481}$이다.

14
정답 ③

나열된 수를 각각 A, B, C라 하면,
$\underline{A\ B\ C} \to A^B = C$의 관계가 성립한다.
따라서 $4^4 = 256$이므로 ( )$=4$이다.

15
정답 ③

숫자 항 앞의 문자 항 2개를 숫자로 변환하였을 때의 합으로 나열된 수열이다.

A	B	3	T	V	42	X	Y	(49)
1	2	3	20	22	42	24	25	49

16
정답 ②

제시문은 강이 붉게 물들고 산성으로 변화하는 이유인 티오바실러스와 강이 붉어지는 것을 막기 위한 방법에 대하여 설명하고 있다. 따라서 (가) 철2가 이온(Fe^{2+})과 철3가 이온(Fe^{3+})의 용해도가 침전물 생성에 중요한 역할을 함 - (라) 티오바실러스가 철2가 이온(Fe^{2+})을 산화시켜 만든 철3가 이온(Fe^{3+})이 붉은 침전물을 만듦 - (나) 티오바실러스는 이황화철(FeS_2)을 산화시켜 철2가 이온(Fe^{2+}), 철3가 이온(Fe^{3+})을 얻음 - (다) 티오바실러스에 의한 이황화철(FeS_2)의 가속적인 산화를 막기 위해서는 광산의 밀폐가 필요함 순으로 나열하는 것이 적절하다.

17

정답 ②

$$\frac{1}{7} < (\quad) < \frac{4}{21} \rightarrow \frac{12}{84} < (\quad) < \frac{16}{84}$$

$$\frac{1}{6} = \frac{14}{84}$$

오답분석

① $\frac{1}{28} = \frac{3}{84}$

③ $\frac{1}{3} = \frac{28}{84}$

④ $\frac{3}{7} = \frac{36}{84}$

18

정답 ②

(적어도 한 번은 안타를 칠 확률)=1−(한 번도 안타를 치지 못할 확률)
타율이 2할인 타자가 안타를 치지 못할 확률은 1−0.2=0.8이므로, 한 번도 안타를 치지 못할 확률은 0.8×0.8=0.64이다.
따라서 구하고자 하는 확률은 1−0.64=0.36이다.

19

정답 ④

규칙은 가로로 적용된다.
첫 번째 도형을 시계 방향으로 90° 회전시킨 도형이 두 번째 도형이고, 두 번째 도형을 x축 대칭시킨 도형이 세 번째 도형이다.

20

정답 ④

첫 번째 도형을 기준으로 3번째와 4번째 행 왼쪽 하단에 있는 두 개의 사각형은 대각선 방향으로 반복하여 대칭하고 있으며, 1번째 행 오른쪽에 색칠된 사각형은 시계 방향으로 90° 이동하고 있다.

21

정답 ②

지역별 정신건강예산의 증가폭은 다음과 같다.
• 서울 : 58,981,416−53,647,039=5,334,377천 원
• 부산 : 24,205,167−21,308,849=2,896,318천 원
• 대구 : 12,256,595−10,602,255=1,654,340천 원
• 인천 : 17,599,138−12,662,483=4,936,655천 원
• 광주 : 13,479,092−12,369,203=1,109,889천 원
• 대전 : 14,142,584−12,740,140=1,402,444천 원
• 울산 : 6,497,177−5,321,968=1,175,209천 원
• 세종 : 1,515,042−1,237,124=277,918천 원
• 제주 : 5,600,120−4,062,551=1,537,569천 원
따라서 증가폭이 가장 큰 지역은 서울 − 인천 − 부산 − 대구 − 제주 − 대전 − 울산 − 광주 − 세종 순서이다.

22

정답 ③

B와 A의 관계에 대한 설명이 없어 참인지 거짓인지 알 수 없다.

오답분석

① C는 A의 오빠이므로 A의 아들과는 친척관계이므로 참이다.
② H빌라의 모든 주민은 A와 친척이므로 D도 A의 친척이므로 참이다.
④ C가 A의 오빠라는 말에서 알 수 있듯이 A는 여자이므로 거짓이다.

23

아리스토텔레스는 천상계를 완벽한 세상으로 보고 천체의 모습과 원운동도 모두 완벽할 것이라고 생각했으므로 ㉠에는 앞 문장이 뒤 문장의 원인임을 나타내는 '따라서'가 적절하다. 다음으로 ㉡ 뒤의 문장에서는 아리스토텔레스가 주장했던 달의 모습이 갈릴레오가 직접 관측한 달의 모습과 달랐다고 이야기하므로 ㉡에는 '반면에'가 자연스럽다. 마지막으로 ㉢ 뒤의 문장은 앞 문장에서 언급한 관측 결과를 통해 얻은 갈릴레오의 발견을 이야기하므로 ㉢에는 '즉'이 적절하다.

24

밑줄 친 현상은 농촌의 고령화이다. 고령화에 대한 문제점을 해결하기 위해서는 노령층을 위한 시니어 산업을 확대해야 한다.

25

영희의 나이를 x살이라 하면, 어머니의 나이는 $x+20$살이 된다.
$x+20=6x$
→ $5x=20$
∴ $x=4$
따라서 영희는 4살, 어머니는 24살이다.

26

제시문은 윤리적 상대주의가 참이라는 결론을 내리기 위한 논증이다. 어떤 행위에 대한 문화 간의 지속적인 시비 논란(윤리적 판단)은 사람들의 윤리적 기준 차이에 의하여 한 문화 안에서 시대마다 다르기도 하고, 동일한 문화와 시대 안에서도 다를 수 있다. 올바른 윤리적 기준은 그것을 적용하는 사람에 따라 상대적이고 그러므로 윤리적 상대주의가 참이라는 논증이다. 따라서 이 논증의 반박은 '절대적 기준에 의한 보편적 윤리 판단은 존재한다.'가 되어야 한다. 그러나 ②는 '윤리적 판단이 항상 서로 다른 것은 아니다.'라는 내용이다. 이 글에서도 윤리적 판단이 '~ 다르기도 하다.', '다른 윤리적 판단을 하는 경우를 볼 수 있다.'고 했지 '항상 다르다.'고는 하지 않았다. 결국 ②는 글의 주장을 반박하는 것으로 적절하지 않다.

27

㉠ '딴생각'은 '주의를 기울이지 않고 다른 데로 쓰는 생각'을 의미하는 하나의 단어이므로 붙여 쓴다.
㉡ '사사(師事)'는 '스승으로 섬김. 또는 스승으로 삼고 가르침을 받음'의 의미를 지닌 단어로, 이미 '받다'라는 의미를 자체적으로 지니고 있기 때문에 '사사받다'가 아닌 '사사하다'가 올바른 표기이다.
㉢ '파토'는 '일이 잘못되어 흐지부지됨을 비유적으로 이르는 말'인 '파투'의 잘못된 표현이므로 '파투'가 올바른 표기이다.

28

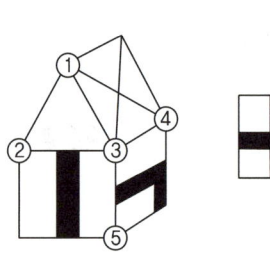 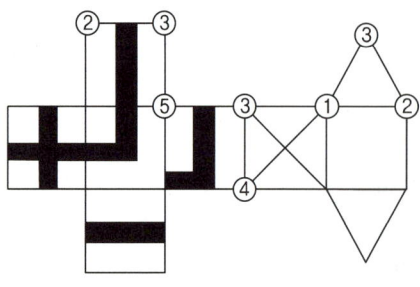

29

집에서 마트까지 거리를 $x$km라 하면 (집에서 마트까지 걸은 시간)+(물건을 구매하는 시간)+(마트에서 집까지 걸은 시간)=(2시간 30분)이다.

$\frac{x}{6} + \frac{2}{3} + \frac{x}{4} = \frac{5}{2} \rightarrow \frac{5}{12}x = \frac{11}{6}$

$\therefore x = \frac{22}{5} = 4.4$

따라서 집에서 마트까지의 거리는 4.4km이다.

30

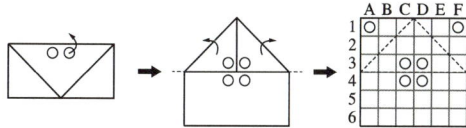

31

마지막 명제의 대우인 '얼굴에 구김살이 있으면 온화한 사람이 아니다.'와 두 번째 명제를 통해 ③은 반드시 참인 것을 알 수 있다.

32

제시문은 전통의 본질을 설명하면서 연암의 문학, 신라의 향가, 고려의 가요, 조선 시대의 사설시조, 백자, 풍속화를 예로 들고 있다.

33

한국, 중국의 개인주의 지표는 유럽, 일본, 미국의 개인주의 지표에 비해 항상 아래에 위치한다.

오답분석
① 세대별 개인주의 가치성향 차이는 한국이 가장 크다.
② 대체적으로 모든 나라가 나이와 개인주의 가치성향이 반비례하고 있다.
③ 제시된 자료를 보면 중국의 1960년대생과 1970년대생의 개인주의 지표가 10 정도 차이가 난다.

34

뱀과 같은 파충류, 번데기와 같은 곤충, 막걸리와 같은 알코올이 들어간 음식, 순대 등의 돼지 창자로 만든 음식은 '하람(Haram)'으로 분류된다. 따라서 이슬람 친구에게 추천할 수 있는 식품을 선택지에서 고르면 ②이다.

35

A와 C의 진술은 서로 모순되므로 동시에 거짓이거나 참일 경우 성립하지 않는다. 또한 A가 거짓인 경우 불참한 스터디원이 2명 이상이 되므로 A는 반드시 참이어야 한다. 그러므로 성립 가능한 경우는 다음과 같다.
• B와 C가 거짓인 경우
  A와 C, E는 스터디에 참석했으며 B와 D가 불참하였으므로 B와 D가 벌금을 내야 한다.
• C와 D가 거짓인 경우
  A와 D, E는 스터디에 참석했으며 B와 C가 불참하였으므로 B와 C가 벌금을 내야 한다.
• C와 E가 거짓인 경우
  불참한 스터디원이 C, D, E 3명이 되므로 성립하지 않는다.
따라서 B와 D 또는 B와 C가 함께 벌금을 내야하므로 보기 중 옳은 것은 ④이다.

36

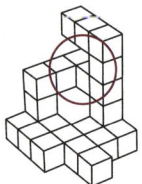

정답 ①

37

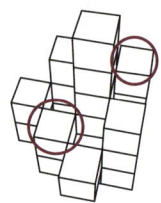

정답 ②

38

정답 ④

- 담백하다 : 욕심이 없고 마음이 깨끗하다.

[오답분석]
① 결제 → 결재
② 갱신 → 경신
③ 곤혹 → 곤욕

39

정답 ②

40

정답 ③

5명을 한 팀으로 조직했을 때, 만들어지는 팀의 수를 x팀이라 하면 식은 다음과 같다.
$5 \times x + 2 = 6 \times (x-2)$
$\therefore x = 14$
따라서 총 14팀이 만들어진다.

41

정답 ④

빈칸 뒤에 나오는 내용을 살펴보면, 양안시에 대해 설명하면서 양안시차를 통해 물체와의 거리를 파악한다고 하였으므로 빈칸에는 거리와 관련된 내용이 나왔음을 짐작해 볼 수 있다. 따라서 빈칸에 들어갈 내용으로 ④가 가장 적절하다.

42

정답 ②

제시문에서는 OECD 회원국 가운데 꼴찌를 차지한 한국인의 부족한 수면 시간에 대해 언급하며, 이로 인해 수면장애 환자가 늘어나고 있음을 설명하고 있다. 또한 불면증, 수면무호흡증, 렘수면 행동장애 등 다양한 수면장애를 설명하며, 이러한 수면장애들이 심혈관계질환, 치매, 우울증 등의 원인이 될 수 있다는 점을 통해 심각성을 이야기한다. 마지막으로 이러한 수면장애를 방치해서는 안 되며, 전문적인 치료가 필요하다고 제시하고 있다. 따라서 이 글을 바탕으로 '한국인의 수면 시간'과 관련된 글을 쓴다고 할 때, 글의 주제로 가장 적절하지 않은 것은 수면 마취제와 관련된 내용인 ②이다.

43

정답 ①

65세 이상 인구 비중이 높은 지역은 '전남 – 경북 – 전북 – 강원 – 충남 – …' 순서이다.
따라서 65세 이상 인구 비중이 세 번째로 높은 전북의 64세 이하 비율은 100−19=81%이다.

44

정답 ②

인천 지역의 총 인구가 300만 명이라고 할 때, 65세 이상 인구는 300×0.118=35.4만 명이다.

오답분석
① 울산의 40세 미만 비율과 대구의 40세 이상 64세 이하 비율 차이는 48.5−40.8=7.7%p이다.
③ 40세 미만 비율이 높은 다섯 지역을 차례로 나열하면 '세종(56.7%) – 대전(49.7%) – 광주(49.4%) – 경기(48.8%) – 울산(48.5%)'이다.
④ 조사 지역의 인구가 모두 같을 경우 40세 이상 64세 이하 인구가 두 번째로 많은 지역은 그 비율이 두 번째로 높은 지역을 찾으면 된다. 따라서 첫 번째는 41.5%인 울산이며, 두 번째는 40.8%인 대구이다.

45

정답 ②

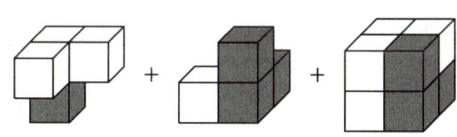

제3회 최종점검 모의고사

01	02	03	04	05	06	07	08	09	10	11	12	13	14	15	16	17	18	19	20
③	④	②	④	①	②	④	①	②	③	③	③	③	③	④	④	①	③	①	④
21	22	23	24	25	26	27	28	29	30	31	32	33	34	35	36	37	38	39	40
④	②	④	②	④	②	③	②	②	④	①	④	①	④	③	②	④	④	④	④
41	42	43	44	45															
④	④	④	②	①															

01 정답 ③

현수>주현, 수현>주현으로 주현이가 가장 늦게 일어남을 알 수 있다.
그러나 제시된 사실만으로는 현수와 수현의 기상 순서를 서로 비교할 수 없다.

02 정답 ④

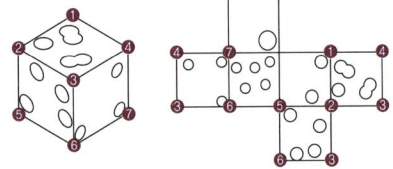

03 정답 ②

5,752＋4,755＋3,452＋2,111
＝10,507＋5,563
＝16,070

04 정답 ④

제시문에서는 서로 반대 관계에 있던 사우디아라비아와 러시아가 미국의 석유 생산에 함께 대응하는 모습을 이야기하고 있다. 따라서 제시문과 관련 있는 한자성어로는 오나라 사람과 월나라 사람이 같은 배를 탔다는 뜻으로, '서로 적의를 품은 사람들이 한자리에 있게 된 경우나 서로 협력하여야 하는 상황을 비유적으로 이르는 말'인 '오월동주(吳越同舟)'가 적절하다.

오답분석
① 면백(免白) : 머리에 아무 관도 쓰지 못하는 신세를 면한다는 뜻으로, 늙어서야 처음으로 변변치 못한 벼슬을 하게 됨을 이르는 말
② 천재일우(千載一遇) : 천 년 동안 단 한 번 만난다는 뜻으로, 좀처럼 만나기 어려운 좋은 기회를 이르는 말
③ 비분강개(悲憤慷慨) : 슬프고 분하여 의분이 북받침

05 정답 ①

범죄유형별 남성 범죄자 비율을 정리하면 다음과 같다.
- 살인죄 : $193 \div 247 \times 100 \fallingdotseq 78.14\%$
- 폭행죄 : $171 \div 221 \times 100 \fallingdotseq 77.38\%$
- 강간죄 : $146 \div 195 \times 100 \fallingdotseq 74.87\%$
- 절도죄 : $144 \div 188 \times 100 \fallingdotseq 76.60\%$
- 사기죄 : $156 \div 202 \times 100 \fallingdotseq 77.22\%$

따라서 남성 범죄자 비율이 가장 높은 범죄는 살인죄이다.

06 정답 ②

주어진 명제를 정리하면 다음과 같다.
- A : 의류를 판매한다.
- B : 핸드백을 판매한다.
- C : 구두를 판매한다.
- D : 모자를 판매한다.

A → ~B, B → ~C, ~A → D, D → ~C, D → ~C의 대우는 C → ~D이고, ~A → D의 대우는 ~D → A이므로 C → ~D → A라는 명제가 성립된다. 따라서 ② C → A가 빈칸에 들어갈 명제로 적절하다.

07 정답 ④

민간부문에서 역량 모델의 도입에 대한 논의가 먼저 이루어진 것으로 짐작할 수는 있지만, 이것이 민간부문에서 더욱 효과적으로 작용한다는 것을 의미한다고 보기는 어렵다.

08 정답 ①

현재의 특허법은 인위적으로 분리·확인된 것을 발명으로 간주한다. 따라서 ①은 적절하지 않은 내용이다.

09 정답 ②

A, B의 일급이 같으므로 하루에 포장한 제품의 개수는 A의 작업량인 $310 \times 5 = 1,550$개로 서로 같다.
B가 처음 시작하는 1시간 동안 x개의 제품을 포장한다고 하면 다음과 같은 식이 성립한다.
$x + 2x + 4x + 8x + 16x = 1,550$
→ $31x = 1,550$
∴ $x = 50$
따라서 B는 처음 시작한 1시간 동안 50개의 제품을 포장한다.

10 정답 ③

'Ⅱ-1.-1)'에서는 청소년의 신체활동 시간 부족의 원인을 IT 기기 사용 시간의 증가라는 개인적 차원의 문제로 보고 있다. 반면, ③의 '학기당 체육 이수 시간 확대'는 학교 교육 과정과 관련된 내용이므로 개인적 차원보다는 제도적 차원의 해결 방안으로 볼 수 있다. 따라서 ⓒ은 'IT 기기 사용 시간을 줄이고, 신체활동 시간을 늘림'과 같은 개인적 해결 방안으로 수정하는 것이 적절하다.

11
정답 ③

$\frac{8}{15} ≒ 0.53$

오답분석

① $\frac{7}{20} = 0.35$

② $\frac{10}{9} ≒ 1.11$

④ $\frac{35}{33} ≒ 1.06$

12
정답 ③

• 가열하다 : 어떤 물질에 열을 가하다.
• 냉각하다 : 식혀서 차게 하다.

오답분석
① 감시하다 : 단속하기 위하여 주의 깊게 살피다.
② 가득하다 : 분량이나 수효 따위가 어떤 범위나 한도에 꽉 찬 상태에 있다.
④ 냉철하다 : 생각이나 판단 따위가 감정에 치우치지 않고 침착하며 사리에 밝다.

13
정답 ③

두 번째・마지막 명제를 통해 '달걀이 클수록 건강한 병아리가 태어난다.'는 반드시 참이다.

14
정답 ③

규칙은 가로로 적용된다.
첫 번째 도형과 두 번째 도형을 합친 후, 겹치는 부분을 색칠한 도형이 세 번째 도형이다.

15
정답 ④

정사각형 4개의 칸에 있는 작은 원들은 시계 방향으로 이동하고 있으며, 정사각형 4개의 칸은 시계 반대 방향으로 한 칸씩 이동한다. 그리고 이동이 끝난 후 회색 칸에 있는 작은 원은 원래 원의 개수에서 한 개 더 늘어나게 된다.

16
정답 ④

D강당은 수용 가능 인원, 구역 수, 거리가 조건과 일치하며 30+7=37만 원으로 예산 이하로, 대관료 또한 조건에 부합한다.

오답분석
① 거리가 조건에 맞지 않다.
② 수용 가능 인원과 구역 수가 조건에 맞지 않다.
③ 대관료가 조건에 맞지 않다.

17

정답 ①

기차의 길이를 xm라 하면 다음과 같은 식이 성립한다.

$$\frac{480+x}{36} = \frac{600+x}{44}$$

→ $11 \times (480+x) = 9 \times (600+x)$

→ $2x = 120$

∴ $x = 60$

따라서 기차의 길이는 60m이므로 기차의 속력은 $\frac{480+60}{36} = 15$m/s이다.

18

정답 ③

삶의 만족도가 한국보다 낮은 국가는 에스토니아, 포르투갈, 헝가리이다. 세 국가의 장시간 근로자 비율 산술평균은 $\frac{3.6+9.3+2.7}{3}$ = 5.2이다. 따라서 이탈리아의 장시간 근로자 비율은 5.4%이므로 옳지 않다.

[오답분석]
① 삶의 만족도가 가장 높은 국가는 덴마크이며, 덴마크의 장시간 근로자 비율이 가장 낮음을 제시된 자료에서 확인할 수 있다.
② 삶의 만족도가 가장 낮은 국가는 헝가리이며, 헝가리의 장시간 근로자 비율은 2.7%이다.
   $2.7 \times 10 = 27 < 28.1$이므로 한국의 장시간 근로자 비율은 헝가리의 장시간 근로자 비율의 10배 이상이다.
④ • 여가·개인 돌봄시간이 가장 긴 국가 : 덴마크
   • 여가·개인 돌봄시간이 가장 짧은 국가 : 멕시코
   따라서 두 국가의 삶의 만족도 차이는 $7.6 - 7.4 = 0.2$점이다.

19

정답 ①

[오답분석]
② 다릴 → 달일
③ 으시시 → 으스스
④ 치루고 → 치르고

20

정답 ④

• 1층 : $6 \times 4 - 2 = 22$개
• 2층 : $24 - 5 = 19$개
• 3층 : $24 - 6 = 18$개
• 4층 : $24 - 12 = 12$개

∴ $22 + 19 + 18 + 12 = 71$개

21

정답 ④

빈칸의 앞 문장에서는 치매안심센터의 효과적인 운영을 위한 정부차원의 적극적인 지원의 필요성을 다루고, 빈칸의 뒤 문장에서는 치매케어의 전문적 수행을 위한 노력과 정책적 지원의 필요성을 다루므로 두 문장은 치매국가책임제를 효과적으로 추진하기 위해 필요한 것들로 볼 수 있다. 따라서 두 문장을 연결해 주는 접속어로 '그 위에 더, 또는 거기에다 더'를 뜻하는 '또한'이 적절하다.

22

정답 ②

소연이가 시계를 맞춰 놓은 시각과 다음 날 독서실을 나선 시각의 차는 24시간이다. 4시간마다 6분씩 늦어진다고 하였으므로 24시간마다 36분씩 늦어진다.
따라서 소연이가 오전 8시에 독서실을 나설 때 시계가 가리키고 있는 시각은 8시 - 36분 = 7시 24분이다.

23

정답 ④

매우 노력함과 약간 노력함의 비율 합은 다음과 같다.

구분	남성	여성	취업	실업 및 비경제활동
비율	13.6+43.6=57.2%	23.9+50.1=74.0%	16.5+47.0=63.5%	22.0+46.6=68.6%

따라서 여성이 남성보다 비율이 높고, 취업자보다 실업 및 비경제 활동자의 비율이 높다.

[오답분석]

① 10세 이상 국민들 중 '전혀 노력하지 않음'과 '매우 노력함'은 '약간 노력함'과 '별로 노력하지 않음'에 비해 숫자의 크기가 현저히 작음을 알 수 있다. 따라서 '약간 노력함'과 '별로 노력하지 않음'만 정확하게 계산해 보면 된다.
- 약간 노력함 : 41.2+39.9+46.7+52.4+50.4+46.0+44.8=321.4%
- 별로 노력하지 않음 : 39.4+42.9+36.0+29.4+25.3+21.6+20.9=215.5%

따라서 약간 노력하는 사람 비율의 합이 더 높은 것을 알 수 있다.

② 10세 이상 국민들 중 환경오염 방지를 위해 매우 노력하는 사람의 비율이 가장 높은 연령층은 31.3%인 70세 이상이다.
③ 우리나라 국민들 중 환경오염 방지를 위해 전혀 노력하지 않는 사람의 비율이 가장 높은 연령층은 6.4%인 20~29세이다.

24

정답 ④

제시문과 ④의 '풀다'는 '금지되거나 제한된 것을 할 수 있도록 터놓다.'의 의미이다.

[오답분석]

① 일어난 감정 따위를 누그러뜨리다.
② 마음에 맺혀 있는 것을 해결하여 없애거나 품고 있는 것을 이루다.
③ 모르거나 복잡한 문제 따위를 알아내거나 해결하다.

25

정답 ④

제시문은 딸기에 들어있는 비타민 C와 항산화 물질, 식물성 섬유질, 철분 등을 언급하며 딸기의 다양한 효능을 설명하고 있다.

26

정답 ②

ⅰ) A의 진술이 참일 경우

구분	대전지점	강릉지점	군산지점
A		○	○
B		○	
C		○	○

3명 중 누구도 대전지점에 가지 않았으므로 각각 다른 지점에 출장을 다녀왔다는 조건에 부합하지 않는다. 그러므로 A의 진술은 거짓이다.

ⅱ) B의 진술이 참일 경우

구분	대전지점	강릉지점	군산지점
A	○		
B			○
C		○	

A는 대전지점에, B는 군산지점에, C는 강릉지점에 다녀온 것이 되므로 각각 다른 지점에 출장을 다녀왔다는 조건에 부합한다.

ⅲ) C의 진술이 참일 경우

구 분	대전지점	강릉지점	군산지점
A	O		
B		O	
C	O		

3명 중 누구도 군산지점에 가지 않았고 A와 C가 모두 대전지점에 갔으므로 각각 다른 지점에 출장을 다녀왔다는 조건에 부합하지 않는다. 그러므로 C의 진술은 거짓이다.
따라서 B의 진술이 참이 되고, A~C의 출장지를 바르게 연결한 것은 ②이다.

27   정답 ③

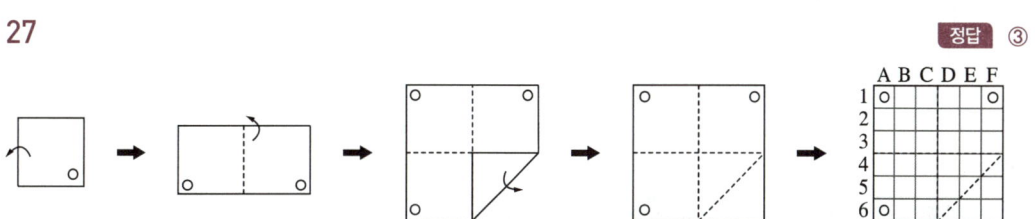

28   정답 ②

증발된 물의 양을 xg이라 하면 다음과 같은 식이 성립한다.

$\frac{4}{100} \times 400 = \frac{8}{100} \times (400-x)$

· $1,600 = 3,200 - 8x$

∴ $x = 200$

따라서 남아 있는 물의 양은 $400 - 200 = 200$g이다.

29   정답 ②

제시문의 글쓴이는 마지막 부분에서 자신의 경험을 '백성을 좀먹는 무리'에 적용하고 있는데, 백성들을 괴롭히는 이들은 미리 제거해야 나중에 큰일을 당하지 않게 된다고 하였다. 따라서 하늘의 뜻을 따르는 임금의 통치에 대한 평가는 임금이 죽은 후에 해야 한다는 보기의 글쓴이에 대해 가렴주구(苛斂誅求, 가혹한 정치로 백성을 못살게 들볶음)를 내버려 두었다가 맞게 될 결과를 비판할 것이다.

30   정답 ④

· 2023년 – 23
· 경상남도 제1공장 – 6M
· 화장대 – 01004
따라서 상품 코드로 옳은 것은 ④이다.

31   정답 ①

23063G0200700123 – 23063F0200700258

[오답분석]
② 22081C0301200025 – 22087Q0301102421
③ 22126O0100101002 – 22123H0301400274
④ 23015K0301301111 – 23016M0100401020

32

먼저 '빅뱅 이전에는 아무것도 없었다.'는 '영겁의 시간 동안 우주는 단지 진공이었을 것이다.'를 의미한다는 (라) 문단이 오는 것이 적절하며, 다음으로 '이런 식으로 사고하려면', 즉 우주가 단지 진공이었다면 왜 우주가 탄생하게 되었는지를 설명할 수 없다는 (다) 문단이 오는 것이 자연스럽다. 그 뒤를 이어 우주 탄생 원인을 설명할 수 없는 이유를 이야기하는 (나) 문단과 이와 달리 아예 다른 방식으로 해석하는 (가)의 순으로 나열하는 것이 적절하다.

33

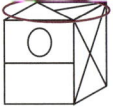

34

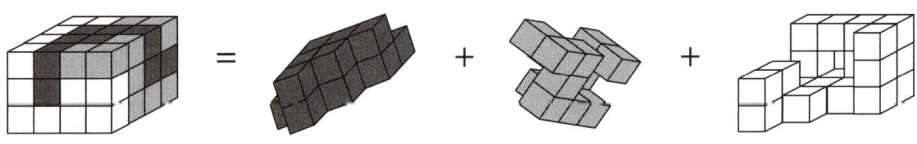

35

정답 ③

+2, +1, +3이 번갈아 가며 적용되는 수열이다.
따라서 (　)=16+3=19이다.

36

정답 ②

나열된 수를 각각 A, B, C, D라고 하면 다음과 같은 식이 성립한다.
$\underline{A\ B\ C\ D} \rightarrow A+C=B+D$
따라서 (　)=23+1−8=16이다.

37

+1, +2, +3, …를 하는 수열이다.

ㄴ	ㄷ	ㅁ	ㅇ	ㅌ	ㄷ	(ㅈ)
2	3	5	8	12	17	23

38

정답 ④

미생물을 끓는 물에 노출하면 영양세포나 진핵포자는 죽일 수 있으나, 세균의 내생포자는 사멸시키지 못한다. 멸균은 포자, 박테리아, 바이러스 등을 완전히 파괴하거나 제거하는 것이므로 물을 끓여서 하는 열처리 방식으로는 멸균이 불가능함을 알 수 있다. 따라서 빈칸에 들어갈 내용으로는 소독은 가능하지만, 멸균은 불가능하다는 ④가 가장 적절하다.

39

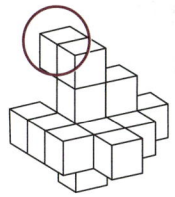

정답 ④

40

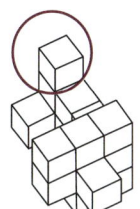

정답 ④

41

정답 ④

2021년 배구의 관중 수는 4,843×0.304≒1,472.3천 명, 핸드볼의 관중 수는 2,756×0.438≒1,207.1천 명이다.
따라서 2021년 관중 수는 배구가 핸드볼보다 많다.

[오답분석]
① 2020년에는 전년 대비 농구의 관중수용률이 증가했다.
② 2023년에는 야구의 관중수용률이 더 높다.
③ 관중수용률이 매년 증가한 종목은 야구와 축구뿐이다.

42

정답 ④

관중수용률을 소수점 첫째 자리에서 반올림하면 야구 경기장 관중수용률은 66%, 축구 경기장 관중수용률은 35%이다. 2023년 야구 관중 수는 19,450×0.66≒12,837천 명, 축구 관중 수는 33,320×0.35≒11,662천 명이다.
따라서 야구 관중 수가 1,175천 명 더 많다.

43

정답 ④

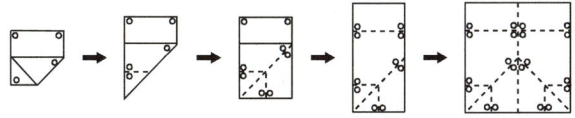

44

정답 ②

2017년 7월에 항공안전법 개정안이 통과되면서 허가를 받을 경우 드론의 야간 비행이 가능하도록 규제가 완화됐다.

45

정답 ①

제시문은 드론에 대해 설명하면서 다른 나라의 예를 들어 자세하게 설명하고 있다.

제4회 최종점검 모의고사

01	02	03	04	05	06	07	08	09	10	11	12	13	14	15	16	17	18	19	20
③	②	③	②	④	②	①	②	③	②	④	③	①	①	③	③	④	③	②	④
21	22	23	24	25	26	27	28	29	30	31	32	33	34	35	36	37	38	39	40
①	④	③	④	②	③	①	③	④	④	④	①	③	③	②	②	①	④	③	④
41	42	43	44	45															
②	②	③	②	③															

01

정답 ③

- 내로라하다 : 어떤 분야를 대표할 만하다.
- 그러다 보니 : 보조용언 '보다'가 앞 단어와 연결 어미로 이어지는 '-다 보다'의 구성으로 쓰이면 앞말과 띄어 쓴다.

[오답분석]

① 무엇 보다 → 무엇보다 / 인식해야 만 → 인식해야만
- 무엇보다 : 앞말이 부사어임을 나타내는 조사로 붙여 쓴다.
- 인식해야만 : '만'은 한정, 강조를 의미하는 보조사로 붙여 쓴다.

② 두가지를 → 두 가지를 / 조화시키느냐하는 → 조화시키느냐 하는
- 두 가지를 : 수 관형사는 뒤에 오는 명사 또는 의존 명사와 띄어 쓴다.
- 조화시키느냐 하는 : 어미 다음에 오는 말은 띄어 쓴다.

④ 심사하는만큼 → 심사하는 만큼 / 한 달 간 → 한 달간
- 심사하는 만큼 : 뒤에 나오는 내용의 원인, 근거를 의미하는 의존 명사로 띄어 쓴다.
- 한 달간 : '동안'을 의미하는 접미사로 붙여 쓴다.

02

정답 ②

정부나 지자체의 지난 관광 정책이 중요한 것이 아니라, 현재 시행되고 있는 국내여행 정책을 조사하고 분석해서 국내여행을 활성화할 수 있는 방안을 마련해야 한다.

[오답분석]

① 외국의 여행 정책의 특성을 파악해서 국내여행 정책과 비교하면 더 나은 방안을 찾을 수 있다.
③ 국내 관광객 수를 파악하는 것은 기본이다.
④ 국내여행과 해외여행의 목적을 분석하면 정책에서 어떤 부분에 역점을 두어야 하는지 파악할 수 있다.

03

정답 ③

제시문에서는 서로 도움을 주고받는 기업과 정부의 관계에 대해 언급하면서 기업과 정부의 관계가 좋지 않으면 경제 역시 힘들어지므로 협력의 관계를 구축해야 한다고 주장한다. 따라서 제시문과 관련 있는 한자성어로는 '입술이 없으면 이가 시리다.'는 뜻의 '서로 이해관계가 밀접한 사이에 어느 한쪽이 망하면 다른 한쪽도 그 영향을 받아 온전하기 어려움'을 의미하는 '순망치한(脣亡齒寒)'이 가장 적절하다.

오답분석
① 수복강녕(壽福康寧) : 오래 살고 복을 누리며 건강하고 평안함
② 괄목상대(刮目相對) : 눈을 비비고 상대편을 본다는 뜻으로, 남의 학식이나 재주가 놀랄 만큼 부쩍 늚을 이르는 말
④ 가화만사성(家和萬事成) : 집안이 화목하면 모든 일이 잘 된다는 말

04   정답 ②

기본요금이 x원이고 추가요금이 y원이므로 식은 다음과 같다.
$x+19y=20,950 \cdots$ ㉠
$x+30y=21,390 \cdots$ ㉡
㉠과 ㉡을 연립하면 $11y=440$이므로 $y=40$, $x=20,190$이다.
따라서 엄마의 통화 요금은 $20,190+40\times40+(2\times40)\times1=21,870$원이다.

05   정답 ④

- 1층 : $3\times4-2=10$개
- 2층 : $12-5=7$개
- 3층 : $12-9=3$개
∴ $10+7+3=20$개

06   정답 ②

13 ~ 18세의 청소년이 가장 많이 고민하는 문제는 53.1%로 공부(성적, 적성)이고, 19 ~ 24세는 38.7%로 직업이 첫 번째이고, 16.2%로 공부가 두 번째이므로 ②가 적절하다.

07   정답 ①

'본받다'는 '본을 받다'에서 목적격 조사가 생략되고, 명사 '본'과 동사 '받다'가 결합한 합성어이다. 즉, 하나의 단어로 '본받는'이 적절한 표기이다.

08   정답 ②

$17\times409\times23=159,919$

09   정답 ③

$(16+4\times5)\div4=(16+20)\div4=36\div4=9$

10   정답 ②

제시문은 원래의 어휘가 가진 의미와는 관계없이 이를 받아들이는 사람들의 태도에 따라 어휘의 위상이 결정되는 상황을 제시한 글이다. 이는 언중들의 사회적 가치가 언어에 반영된다는 것을 의미한다.

11

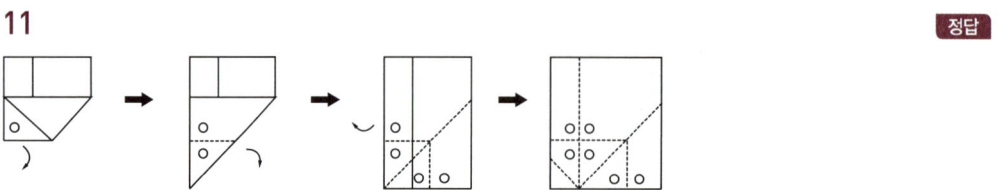

정답 ④

12

정답 ③

이 자리를 <u>빌려</u> 감사의 뜻을 전한다.
'빌리다'에는 '어떤 일을 하기 위해 기회를 이용하다.'라는 뜻이 있다. 따라서 '빌어'가 아닌 '빌려'로 써야 옳은 표현이다.

13

정답 ①

① $-\dfrac{1}{2}$

[오답분석]

②・③・④ 1

14

정답 ①

착한 사람 → 거짓말을 하지 않음 → 모두가 좋아함, 성실한 사람 → 모두가 좋아함이므로 '착한 사람은 모두가 좋아한다.'를 추론할 수 있다.

15

정답 ③

• 마수걸이 : <u>맨 처음으로 물건을 파는 일</u>. 또는 거기서 얻은 소득
③ 개시(開市) : 하루 중 처음으로, 또는 가게 문을 연 뒤 <u>처음으로 이루어지는 거래</u>

16

정답 ③

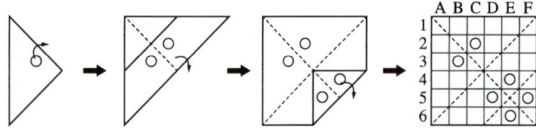

17

정답 ④

제시문은 아리스토텔레스가 강조한 서양의 중용과 동양에서 강조한 중용을 번갈아 설명하며 그 차이점에 대해 설명하고 있다.

[오답분석]
① 아리스토텔레스의 중용은 제시문의 주제인 서양과 우리의 중용에 대한 차이점을 말하기 위해 언급한 것일 뿐이다.
② 우리는 의학에 있어서도 중용관에 입각했다는 것을 말하기 위해 부연 설명한 것이다.
③ 중용을 바라보는 서양과 우리의 차이점을 말하고 있다.

18

정답 ③

증발시키는 물의 양을 xg이라 가정할 때, 소금의 양은 처음과 변함없으므로 이에 대한 방정식은 다음과 같다.
$0.05 \times 800 = 0.08 \times (800-x) \rightarrow 0.08x = 24$
$\therefore x = 300$
따라서 300g의 물을 증발시키면 농도 8%의 소금물이 된다.

19

정답 ②

상위 100대 기업까지 48.7%이고, 200대 기업까지 54.5%이다.
따라서 상위 101~200대 기업이 차지하고 있는 비율은 54.5−48.7=5.8%이므로 5% 이상이다.

[오답분석]
①・③ 제시된 자료를 통해 쉽게 확인할 수 있다.
④ 제시된 자료를 통해 0.2%p 감소했음을 알 수 있다.

20

정답 ④

(나)는 '반면', (다)는 '이처럼', (라)는 '가령'으로 시작하므로 첫 번째 문장으로 적합하지 않다. 따라서 (가)가 첫 번째 문장으로 오는 것이 적절하다. 다음으로 전통적 인식론자의 의견을 예시로 보여준 (라)가 적절하며, 이어서 그와 반대되는 베이즈주의자의 의견이 제시되는 (나)가 오는 것이 자연스럽다. 마지막으로 (나)의 내용을 결론짓는 (다) 순으로 나열하는 것이 적절하다.

21

정답 ①

'나뉘다'는 '나누다'의 피동형으로 피동을 만드는 접사인 '-어지다'를 결합할 경우 이중피동이 되기 때문에 적절한 표현은 '나뉘어'이다.

22

정답 ④

원형 테이블은 회전시켜도 좌석 배치가 동일하다. 이를 고려하여 좌석에 인원수만큼의 번호 1~6번을 임의로 붙인 다음, A가 1번 좌석에 앉았다고 가정해 배치하면 다음과 같다.

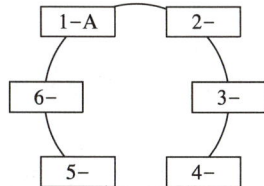

• 두 번째 조건 : E는 A와 마주보는 4번 자리에 앉게 된다.
• 세 번째 조건 : C는 E 기준으로 왼쪽인 5번 자리에 앉는다.
• 첫 번째 조건 : B는 C와 이웃한 자리 중 비어있는 6번 자리에 앉는다.
• 마지막 조건 : F는 A와 이웃한 2번이 아닌, 나머지 자리인 3번 자리에 앉는다.
그러므로 D는 남은 좌석인 2번 자리에 앉게 된다.
위의 내용을 정리하면 다음과 같다.

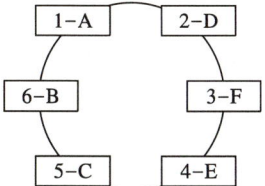

따라서 F와 이웃하여 앉는 사람은 D와 E이다.

23

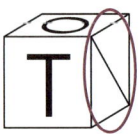

24

첫 번째 문장에서 경기적 실업이란 노동에 대한 수요가 감소하여 고용량이 줄어들어 발생하는 실업이라고 하였다. 따라서 빈칸에는 기업이 생산량을 줄임으로써 노동에 대한 수요가 감소한다는 내용이 들어가는 것이 적절하다.

25

레드 와인 잔의 넓은 둘레는 와인의 향기를 풍성하게 느끼도록 해주고, 화이트 와인 잔의 작은 크기는 와인의 온도 상승을 막아준다. 따라서 와인을 마실 때 레드 와인은 와인의 향(㉠)을, 화이트 와인은 와인의 온도(㉡)를 고려하여 와인 잔을 선택하는 것을 알 수 있다.

26

2019년의 보통우표와 기념우표 발행 수의 차이는 115,820천 장으로 가장 크다.

[오답분석]
① 2020년에는 기념우표가 전년보다 증가했지만 나만의 우표는 감소했으며, 2022년에는 그 반대 현상을 보였으므로 옳지 않다.
② 기념우표의 경우에는 2023년의 우표 발행 수가 가장 낮다.
④ 2021년 전체 발행 수는 113,900천 장인데 나만의 우표는 1,000천 장이므로 약 0.88%로 1% 미만이다.

27

제시된 조건과 A ~ E사원의 진술을 보기에 따라 확인하면 다음과 같다.
ⅰ) ㉠의 경우
B, C의 진술이 모두 참이거나 거짓일 때 영업팀과 홍보팀이 같은 층에서 회의를 할 수 있다. 그러나 B, C의 진술은 동시에 참이 될 수 없으므로, A·B·C 진술 모두 거짓이 되어야 한다. 따라서 기획팀은 5층, 영업팀과 홍보팀은 3층에서 회의를 진행하고, E는 5층에서 회의를 하는 기획팀에 속하게 되므로 ㉠은 항상 참이 된다.
ⅱ) ㉡의 경우
기획팀이 3층에서 회의를 한다면 A의 진술은 항상 참이 되어야 한다. 이때 B와 C의 진술은 동시에 거짓이 될 수 없으므로, 둘 중 하나는 반드시 참이어야 한다. 또한 2명만 진실을 말하므로 D와 E의 진술은 거짓이 된다. 따라서 D와 E는 같은 팀이 될 수 없으므로 ㉡은 참이 될 수 없다.
ⅲ) ㉢의 경우
• 두 팀이 5층에서 회의를 하는 경우 : (A·B 거짓, C 참), (A·C 거짓, B 참)
• 두 팀이 3층에서 회의를 하는 경우 : (A·B 참, C 거짓), (A·C 참, B 거짓), (A·B·C 거짓)
따라서 두 팀이 5층보다 3층에서 회의를 하는 경우가 더 많으므로 ㉢은 참이 될 수 없다.

28

$${}_{10}C_2 \times {}_8C_2 = \frac{10 \times 9}{2 \times 1} \times \frac{8 \times 7}{2 \times 1} = 1,260\text{가지}$$

29

정답 ④

주로 보통 활동을 하는 성인 남성의 하루 기초대사량이 1,728kcal라면 하루에 필요로 하는 총 칼로리는 $1,728 \times (1+0.4) = 2,419.2$kcal가 된다. 이때, 지방은 전체 필요 칼로리 중 20% 이하로 섭취해야 하므로 하루 $2,419.2 \times 0.2 = 483.84$g 이하로 섭취하는 것이 좋다.

[오답분석]
① 신장 178cm인 성인 남성의 표준 체중은 $1.78^2 \times 22 = 69.7$kg이 된다.
② 표준 체중이 73kg인 성인의 기초대사량은 $1 \times 73 \times 24 = 1,752$kcal이며, 정적 활동을 하는 경우 활동대사량은 $1,752 \times 0.2 = 350.4$kcal이므로 하루에 필요로 하는 총 칼로리는 $1,752 + 350.4 = 2,102.4$kcal이다.
③ 표준 체중이 55kg인 성인 여성의 경우 하루 평균 $55 \times 1.13 = 62.15$g의 단백질을 섭취해야 한다.

30

정답 ④

주어진 조건을 종합해 보면 A상자에는 테니스공과 축구공이, B상자에는 럭비공이, C상자에는 야구공이 들어가게 됨을 알 수 있다. 그리고 남은 농구공과 배구공은 각각 B상자나 C상자에 들어갈 수 있으므로 B상자에는 럭비공·농구공 또는 럭비공·배구공, C상자에는 야구공·농구공 또는 야구공·배구공이 들어갈 수 있다. 따라서 럭비공은 배구공과 같은 상자에 들어갈 수도 있고 아닐 수도 있다.

[오답분석]
① 농구공을 C상자에 넣으면 배구공이 들어갈 수 있는 상자는 B밖에 남지 않게 된다.
② 세 가지 조건을 종합해 보면 테니스공과 축구공이 들어갈 수 있는 상자는 A밖에 없다.
③ A상자는 이미 꽉 찼고 남은 상자는 B와 C인데, 이 두 상자에도 각각 공이 하나씩 들어가 있으므로 배구공과 농구공은 각각 두 상자에 나누어져 들어가야 한다.

31

정답 ④

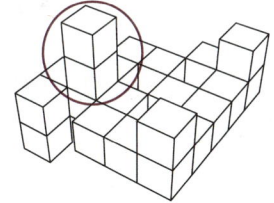

32

정답 ①

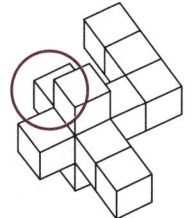

33 정답 ③

일본은 2023년도 평균 교육기간이 2022년 평균 교육기간보다 12.8−12.7=0.1년 높다.

오답분석
① 한국은 2021~2023년까지 평균 교육기간은 12.1년으로 동일하다.
② 2021년보다 2022년의 평균 교육기간이 높아진 국가는 중국, 인도, 인도네시아, 일본, 튀르키예로 총 5개국이다.
④ 2021~2023년 동안 항상 평균 교육기간이 8년 이하인 국가는 중국, 인도, 인도네시아, 튀르키예로 총 4개국이다

34 정답 ③

2021년도 평균 교육기간이 8년 이하인 국가는 중국, 인도, 인도네시아, 튀르키예로 네 국가의 평균 교육기간 평균은
$\frac{7.7+6.3+7.9+7.8}{4}=\frac{29.7}{4}=7.425$년이다.

35 정답 ②

−5, ×(−2)가 번갈아 반복되는 수열이다.
따라서 ( )=14−5=9이다.

36 정답 ②

홀수 항은 −4, 짝수 항은 −7인 수열이다.
따라서 ( )=27−4=23이다.

37 정답 ①

+5, −2가 번갈아 반복되는 수열이다.

b	g	e	j	(h)	m	k	p
2	7	5	10	(8)	13	11	16

38 정답 ④

숫자 항 앞의 알파벳 2개 항을 숫자로 변환했을 때, 그 수를 곱한 값이 숫자 항으로 나열되는 수열이다.

E	F	30	D	H	32	J	L	(120)
5	6	30	4	8	32	10	12	120

39 정답 ③

마지막 문단에 따르면 사람들은 자신은 대중 매체의 전달 내용에 쉽게 영향받지 않는다고 생각하면서도 다른 사람들이 영향받을 것을 고려하여, 자신의 의견을 포기하고 다수의 의견을 따라가는 경향이 있다.

오답분석
① 첫 번째 문단에 의하면 태평양 전쟁 당시 백인 장교들에게 제3자 효과가 나타나, 일본군의 선전에 흑인 병사들이 현혹되리라고 생각하여 부대를 철수시켰다.
② 제3자 효과의 원인은 자신보다 타인들이 대중매체의 영향을 크게 받는다고 믿기 때문이며, 때문에 제3자 효과가 크게 나타나는 사람일수록 대중매체에 대한 법적·제도적 조치에 찬성하는 경향이 있다.
④ 세 번째 문단에 따르면 사람들은 대중매체가 바람직한 내용보다는 유해한 내용을 전달할 때 다른 사람들에게 미치는 영향이 크다고 생각한다.

40
정답 ④

규칙은 세로로 적용된다. 첫 번째 도형과 두 번째 도형을 합쳤을 때, 색이 같은 부분만을 나타낸 도형이 세 번째 도형이다.

41
정답 ②

가장 큰 도형은 그대로, 외부도형은 꼭짓점과 변을 기준으로 번갈아 가며 시계 방향으로 이동하는 규칙이다.

42
정답 ②

- (가) : 청소년의 척추 질환을 예방하는 대응 방안과 관련된 ⓒ이 적절하다.
- (나) : 책상 앞에 앉아 있는 바른 자세와 관련된 ⓒ이 적절하다.
- (다) : 틈틈이 척추 근육을 강화하는 운동을 해 주는 것과 관련된 자세인 ㉠이 적절하다.

43
정답 ③

제품 4개 중 2개를 불량품으로 고르는 경우의 수는 $_4C_2=6$가지이고, 불량품이 들어 있을 확률은 $\frac{1}{10}$ 이다.

그러므로 임의로 4개의 제품을 택할 때, 2개의 제품이 불량품일 확률은 $_4C_2 \times \left(\frac{1}{10}\right)^2 \times \left(\frac{9}{10}\right)^2 = \frac{486}{10,000}$ 이다.

따라서 구하고자 하는 확률은 0.0486이다.

44
정답 ②

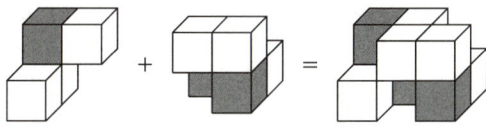

45
정답 ③

헤겔은 국가를 사회 문제를 해결하고 공적 질서를 확립할 최종 주체로 설정했고, 뒤르켐은 사익을 조정하고 공익과 공동체적 연대를 실현할 도덕적 개인주의의 규범에 주목하면서, 이를 수행할 주체로서 직업 단체의 역할을 강조하였다. 즉, 직업 단체가 정치적 중간 집단으로서 구성원의 이해관계를 국가에 전달하는 한편 국가를 견제해야 한다고 보았다.

오답분석
① 뒤르켐이 주장하는 직업 단체는 정치적 중간 집단의 역할로 빈곤과 계급 갈등의 해결을 수행할 주체이다.
②·④ 헤겔의 주장이다.

부산광역시교육청 직무능력검사 답안카드

성명	
지원 분야	

문제지 형별기재란	( )형 Ⓐ Ⓑ

수험번호: ⓪①②③④⑤⑥⑦⑧⑨ (7 columns)

감독위원 확인: (인)

번호	①	②	③	④	번호	①	②	③	④
1	①	②	③	④	21	①	②	③	④
2	①	②	③	④	22	①	②	③	④
3	①	②	③	④	23	①	②	③	④
4	①	②	③	④	24	①	②	③	④
5	①	②	③	④	25	①	②	③	④
6	①	②	③	④	26	①	②	③	④
7	①	②	③	④	27	①	②	③	④
8	①	②	③	④	28	①	②	③	④
9	①	②	③	④	29	①	②	③	④
10	①	②	③	④	30	①	②	③	④
11	①	②	③	④	31	①	②	③	④
12	①	②	③	④	32	①	②	③	④
13	①	②	③	④	33	①	②	③	④
14	①	②	③	④	34	①	②	③	④
15	①	②	③	④	35	①	②	③	④
16	①	②	③	④	36	①	②	③	④
17	①	②	③	④	37	①	②	③	④
18	①	②	③	④	38	①	②	③	④
19	①	②	③	④	39	①	②	③	④
20	①	②	③	④	40	①	②	③	④
					41	①	②	③	④
					42	①	②	③	④
					43	①	②	③	④
					44	①	②	③	④
					45	①	②	③	④

※ 본 답안카드는 마킹연습용 모의 답안카드입니다.

부산광역시교육청 직무능력검사 답안카드

부산광역시교육청 직무능력검사 답안카드

부산광역시교육청 직무능력검사 답안카드

부산광역시교육청 직무능력검사 답안카드

성명

지원 분야

문제지 형별기재란
( )형 Ⓐ Ⓑ

수험번호

감독위원 확인 (인)

1	①	②	③	④
2	①	②	③	④
3	①	②	③	④
4	①	②	③	④
5	①	②	③	④
6	①	②	③	④
7	①	②	③	④
8	①	②	③	④
9	①	②	③	④
10	①	②	③	④
11	①	②	③	④
12	①	②	③	④
13	①	②	③	④
14	①	②	③	④
15	①	②	③	④
16	①	②	③	④
17	①	②	③	④
18	①	②	③	④
19	①	②	③	④
20	①	②	③	④
21	①	②	③	④
22	①	②	③	④
23	①	②	③	④
24	①	②	③	④
25	①	②	③	④
26	①	②	③	④
27	①	②	③	④
28	①	②	③	④
29	①	②	③	④
30	①	②	③	④
31	①	②	③	④
32	①	②	③	④
33	①	②	③	④
34	①	②	③	④
35	①	②	③	④
36	①	②	③	④
37	①	②	③	④
38	①	②	③	④
39	①	②	③	④
40	①	②	③	④
41	①	②	③	④
42	①	②	③	④
43	①	②	③	④
44	①	②	③	④
45	①	②	③	④

〈절취선〉

※ 본 답안카드는 마킹연습용 모의 답안카드입니다.

부산광역시교육청 직무능력검사 답안카드

**2026 최신판 시대에듀 부산광역시교육청
교육공무직원 소양평가 인성검사 3회+모의고사
7회+면접+무료공무직특강**

개정5판3쇄 발행	2025년 10월 30일 (인쇄 2025년 10월 16일)
초 판 발 행	2021년 01월 05일 (인쇄 2020년 11월 13일)
발 행 인	박영일
책 임 편 집	이해욱
편 저	SDC(Sidae Data Center)
편 집 진 행	안희선・윤지원
표지디자인	김경모
편집디자인	김경원・장성복
발 행 처	(주)시대고시기획
출 판 등 록	제10-1521호
주 소	서울시 마포구 큰우물로 75 [도화동 538 성지 B/D] 9F
전 화	1600-3600
팩 스	02-701-8823
홈 페 이 지	www.sdedu.co.kr
I S B N	979-11-383-9587-8 (13320)
정 가	26,000원

※ 이 책은 저작권법의 보호를 받는 저작물이므로 동영상 제작 및 무단전재와 배포를 금합니다.
※ 잘못된 책은 구입하신 서점에서 바꾸어 드립니다.